U0794866

新编21世纪公共管理系列教材

公共组织学

第四版

李传军 编著

Public Organization

中国人民大学出版社

·北京·

内容简介

中国人民大学李传军副教授的《公共组织学》是一部系统介绍和阐述公共组织的结构、运行和发展规律的教材。全书在广泛收集资料、集百家之长的基础上，从静态、动态、生态和心态等各个角度和各个方面对公共组织进行深入分析，对公共组织建立、运行、发展的全过程进行系统研究，以帮助读者获得对公共组织的全面认识。本书紧跟公共组织理论发展前沿，系统反映了公共组织绩效、公共组织战略、公共组织学习、公共组织创新、公共组织变革等领域的理论研究新进展。

与第三版相比，本书第四版更加注重适应新时代高等教育教学的新要求，将课程思政的理念融入教材相关章节内容中，特别注重引导学生树立正确的世界观、人生观、价值观。同时，本书第四版聚焦我国公共组织实践变化，系统反映近年来我国政治生活的重大变化，特别是党和国家机构改革的新变化和新成果。在本次修订中，作者更新了相关章节末尾的阅读材料，并对全书各章正文中的专栏进行了更新和替换，以反映公共组织与管理理论和实践的新成果，并通过学术争论、扩展阅读、延伸思考、案例分析等各种形式启发、引导读者，帮助读者更好地运用理论去分析和解决具体的现实问题。

本书适合作为行政管理、公共事业管理及相关专业教材，也是政府及企事业单位工作人员系统学习公共组织理论知识的理想参考书。

作者简介

李传军　中国人民大学公共管理学院行政管理学系副教授、硕士生导师，主要研究方向为公共组织、行政伦理、电子政务等。出版了《管理主义的终结——服务型政府兴起的历史与逻辑》《服务行政与服务型政府》《电子政府与服务型政府》《公共组织学》《电子政府管理》《电子政务》《行政伦理学》《公共管理伦理学》《公共行政学》《一般管理学原理》等专著和教材；发表学术论文100余篇；主持和参与国家级、省部级课题多项。获得北京市高等教育教学成果奖一等奖一项、二等奖一项，中国人民大学优秀教学成果奖一等奖三项、二等奖一项；担任国家级精品课程“行政伦理学”主讲教师、国家级一流本科课程“公共管理学”项目主要成员。

出版说明

现代意义上的公共行政与公共管理研究和教育始于20世纪初。时至今日，随着公共管理职业化的发展，公共行政与公共管理的研究和教育事业在许多国家方兴未艾。自20世纪80年代起，为了适应政府改革与公共管理人才培养的需要，我国的公共行政与公共管理研究和教育在经历了发展的挫折之后，开始了恢复和重建的工作。经过多年的发展，特别是公共管理一级学科的设置和我国公共管理硕士（MPA）教育的启动以及高校公共管理类本科专业的大量开设，公共管理已成为当代中国社会科学和管理科学领域的一个充满生机活力、具有远大发展前景的学科。

为了满足广大高校公共管理类专业的教学需要，在历届教育部高等学校公共管理类学科专业教学指导委员会的指导和支持下，中国人民大学出版社自1999年起，陆续出版了“21世纪公共行政系列教材”“21世纪公共管理系列教材”“21世纪公共事业管理系列教材”“公共管理系列教材”“公共管理核心课程系列教材”等多个系列教材。这些教材被国内高校公共管理类专业广泛选用，并得到了公共管理学界的支持和认可，数十种教材被评为“十五”“十一五”“十二五”国家级规划教材、普通高等教育精品教材，以及各省市精品教材、规划教材，为我国公共管理学科发展和人才培养做出了积极的贡献。

我国高等教育改革的进一步深化，以及新技术和新媒体的不断发展，对高校教材提出了更高的要求。为了回应这种要求，我们在广泛调研的基础上，对上述系列教材进行整合和提升，推出“新编21世纪公共管理系列教材”，以满足国内高校公共管理一级学科下设的行政管理、公共事业管理、劳动与社会保障、土地资源管理、城市管理、海关管理、交通管理、海事管理、公共关系学、健康服务与管理等专业的教学需要。

“新编21世纪公共管理系列教材”将秉承中国人民大学出版社“出教材学术精品，育人文社科英才”的宗旨，从公共管理教育的特点出发，为广大高校公共管理类专业师生提供一套高质量的教材。在教材编写和内容安排上，“新编21世纪公共管理系列教材”强调基础知识、基本理论和基本技能，同时，也尽可能地体现创新性和前沿性，反映相关领域理论与实践的最新发展情况。

“新编 21 世纪公共管理系列教材”由中国人民大学、中山大学、北京大学、清华大学、复旦大学、厦门大学、武汉大学、浙江大学、吉林大学、东北大学、北京师范大学、山东大学、四川大学、暨南大学、西北大学等著名高校的知名学者领衔著述。我们期望通过这种强强联合、优势互补、资源共享的方式，为公共管理学界奉上一套体现系统性、权威性、通用性，并兼具创新性、前沿性、启发性的精品教材。

公共管理的实践是不断发展和变化的。随着公共管理实践的不断发展，公共管理学科研究的范围、主题和内容也在不断地发展和变化。我们将紧跟公共管理学科的发展，与所有作者一起，不断对本套教材进行修订和完善。望广大读者给我们反馈信息，对本套教材提出批评和建议，以使我们能够在所有读者和作者的帮助下，与中国公共管理学科共同成长。

中国人民大学出版社

第四版前言

在本科生和研究生教学实践中，我有一个比较真切的体会，那就是公共组织与管理的实践远远地走在了理论的前边，迫切需要理论研究者及时地对鲜活的公共组织与管理的实践进行总结、概括和提升。当然，理论不能简单地摹画现实，理论源于实践，但必须高于实践，并对实践起着指导作用。

今年是 2024 年，距离这本书第一版出版的 2008 年，已经过去了 16 年时间。其间，2011 年修订出版了《公共组织学》第二版，2015 年修订出版了《公共组织学》第三版。现在，《公共组织学》第四版即将付梓。在第三版出版后，我国政治生活和社会生产等诸领域发生了巨大的变化，特别是 2018 年党和国家机构改革，2022 年党的二十大胜利召开，以及 2023 年党和国家机构改革，这些重大事件都需要在公共组织学的理论研究方面予以反映。

本次修订坚持马克思主义指导地位，反映习近平新时代中国特色社会主义思想的精神和内容；反映党的二十大的精神和内容；将课程思政的理念融入教材内容，反映中国在相关领域取得的伟大成就，并努力构建中国特色、融通中外的概念范畴、理论范式和话语体系，用中国理论阐释中国实践；注意引导学生树立正确的世界观、人生观和价值观。

在技术层面，主要进行了以下几个方面内容的修订：（1）更正了第三版教材中的部分错谬；（2）更新过于陈旧的数据；（3）根据最新法律法规和国家政策，重新梳理了相关章节的内容；（4）替换了绝大多数的案例，以反映公共组织与管理最新的实践成果。

本书参考和借鉴了有关专家、学者的最新研究成果，引用了一些新闻媒体的案例，在此谨向他们表示诚挚的谢意。

最后，感谢中国人民大学出版社的朱海燕编辑以及其他为本书出版付出辛苦劳动的编辑。

李传军

于中国人民大学

第一版前言

公共组织学是专门研究公共组织的结构、运行和发展等问题的科学。它以提高公共组织效能为核心，以增进社会公共利益为目的。

近年来，公共管理学科和 MPA 教育发展的势头良好。公共管理学科的发展是公共组织学兴起的根源。公共管理理论和实践的发展，促使人们对公共管理的主体进行专门研究。传统的行政组织学无法承担这样的重任。因为，行政组织学是以行政管理主体为研究对象，而公共管理主体的范围要远远大于行政管理主体。公共管理主体包括政府组织和非政府组织两大类。对政府组织研究的任务由行政组织学来承担，行政组织学并不涉及非政府组织的研究，对全部公共管理主体进行研究是公共组织学的任务。

为了提高我国公共组织管理社会公共事务的水平，以有限的公共资源投入产出更多的公共产品和服务，就必须研究公共组织的构成原则和形式，研究公共组织的运行规律。这说明，对公共组织的研究不仅是一种需要，更是一种必要。

1998 年，教育部将公共管理设为一级学科。此后，许多高校开设了公共管理专业、公共事业管理专业，并结合 MPA 教育，组建了公共管理学院。在公共管理专业课程体系中，专门研究公共管理主体的公共组织学应有非常重要的地位。以中国人民大学公共管理学院行政管理学专业为例：本科层次开设公共组织与管理课程；研究生层次，在校脱产研究生开设公共组织研究课程，学位班和研修班开设公共组织课程。不仅如此，各级党校、行政学院，公共管理相关专业的在职硕士教育（含研修班），也需要开设公共组织学课程。以上方面，均为公共组织学的发展提供了广阔的空间。

本书在广泛收集材料，集百家之长的基础上，对公共组织学的理论体系进行了多维度、多视角的剖析和解构。本书内容可以概括为六部分：公共组织的总体研究（绪论、公共组织理论）；公共组织的静态研究（公共组织结构、公共组织人员）；公共组织的生态研究（公共组织环境）；公共组织的动态研究（公共组织过程）；公共组织的心态研究（公共组织心理、公共组织沟通、公共组织文化）；公共组织的目的研究（公共组织绩效、公共组织战略、公共组织发展）。

总之，本书对公共组织的研究力求涵盖公共组织的静态、动态、生态和心态等各个角度、各个方面，既进行综合、抽象的概括，又进行微观、具体的分析，将公共组织建立、运行、发展的全过程都囊括其中，以求获得对公共组织现象全面的认识，而公共组织研究归根结底又是为了提高公共组织绩效，明确公共组织战略，促进公共组织发展。本书紧跟公共组织理论发展的前沿，将公共组织绩效、公共组织战略、公共组织发展、公共组织学习、公共组织创新、公共组织变革等问题均纳入其中。

本书主要面向公共管理相关专业的以下学生：本科生、在职研究生、拟攻读硕士学位的跨专业考生、本科阶段未修过公共组织学的在校研究生。本书也可供 MPA 及各类公共管理部门的在职人员学习培训使用。为了方便广大教师和学生使用本书，作者将把相关教学课件放在教学网站上，网址是 http：//www. xzgl. net。

本书在写作过程中参考和借鉴了公共管理学界有关专家、学者的最新研究成果，引用了有关学者出版的案例，在此特向他们表示诚挚的敬意和感谢。同时，还要感谢中国人民大学出版社的刘晶老师以及为本书出版付出辛苦劳动的编辑们。

由于作者水平有限，经验不足，错误疏漏之处在所难免，敬请读者批评指正。

李传军

2007 年 6 月于中国人民大学

目录

第 3 章　公共组织结构

第 4 章　公共组织人员

第 5 章　公共组织环境

第 6 章　公共组织过程

第1章

绪　论

公共组织是社会公共事务的管理者和公共服务的提供者，它与人们的生活息息相关。因此，学习和研究公共组织理论，掌握公共组织管理的基本原理和方法技术，已成为从事公共管理理论研究与实际管理工作的重要任务和基本前提。本章主要介绍组织的含义、公共组织的含义、公共组织的构成要素、公共组织的分类、公共组织的特征、公共组织的功能；公共组织的研究途径；公共组织学的学科定位、发展前景和理论体系。

1.1　组织与公共组织概述

1.1.1　组织的含义

组织既是人类社会的普遍现象又是人类社会的特有现象。在远古时代，人类与豺狼虎豹相比，显得弱小可欺，处于完全的劣势；在水火雷电等引发的自然灾害面前也缺少防御的本领，更谈不上具备征服的能力。然而，人类最终生存了下来，并成为万物之灵，关键在于人类具有理智，能够合群。合群是群体力量表现和进行组织活动的必要条件。古代埃及的胡夫金字塔，据说每年动用十万人，花了几十年的时间，使用230万块巨石才建成；中国的万里长城是秦朝征集了几十万人，花了很多年才基本连接起来的。如果没有严密的组织，这些工程的完成是难以想象的。

随着时代的发展，组织的作用得到更加突出的体现。现代社会已经成为高度组织化的社会，组织的发展呈现出多样化和复杂化的趋势。组织的影响已经渗透到社会的各个角落，各种组织纵横交错、相互依存，共同构成社会大厦的基础和框架。

那么，如何界定组织的概念呢？“组织”一词，不同国家、不同历史时期的人对其理解各不相同。在中国，“组织”的原意是“编织”，如“饬国人树桑麻，习组织”（《辽史·食货志》）。在西方，“组织”一词源于器官。英语中 organization 的词根是 organon，指器官。19 世纪，英国哲学家赫伯特·斯宾塞（Herbert Spencer）第一次把它延伸运用到社会科学的研究过程，“组织”一词有了社会学的含义，即“人为组织”。

20 世纪初，组织理论的兴起为“组织”一词赋予了更广泛的含义。管理学家弗里蒙特·卡斯特（Fremont E. Kast）和詹姆斯·罗森茨韦克（James E. Rosenzweig）关于组织的定义如下：“组织是：（1）有目标的，即怀有某种目的的人群；（2）心理系统，即群体中相互作用的人群；（3）技术系统，即运用知识和技能的人群；（4）有结构的活力整体，即在特定关系模式中一起工作的人群。”① 切斯特·巴纳德（Chester I. Barnard）将组织定义为：“一个有意识地协调两人或两人以上活动与力量的系统。”② 斯蒂芬·罗宾斯（Stephen P. Robbins）和玛丽·库尔特（Mary Coulter）认为：组织这个术语是指一种实体，它具有明确的目的，包含成员和其他人员，并且具有某种精细的结构。③ 他们之所以对组织做出较为笼统的概括，是因为组织处于不断变化之中。

通过对各种组织的研究，人们发现了组织所具有的共性：（1）组织是人们在相互交往中形成的一定行为关系的集合；（2）组织是为了实现某种目标有意识地建立起来的；（3）组织是人们相互协作的表现，这种协作建立在工作分工的基础上；（4）组织有一定的结构和行为方式；（5）组织有其内在的精神，这种精神并非自发形成，而是有意养成的，最终系统化为组织文化；（6）组织是一个开放系统，随着环境的变化而有机发展。④

根据上述特征，我们可以将组织定义为：组织是人们为了达成共同的目标，按照特定的结构方式和活动规律组合起来的开放性的、动态的人类共同体。它是包括组织成员、组织目标、组织结构、组织制度、组织行为和组织环境等基本要素在内的稳定的和不稳定的人类组合系统。

1.1.2 公共组织的含义

在现实社会中，有一些组织以实现自身利益最大化为目标，这就是私人组织。最典型的私人组织是企业。企业就是将众多人按一定结构组织起来，以获取利润为直接目的的最基本的社会经济细胞。对于当今绝大多数企业来说，经济性不只是一种需求，实现利润的最大化往往被认为是企业活动最高且唯一的目的。

公共组织是社会组织中一种重要而独特的类型，与私人组织相对。公共组织在与私人组织的对比中更能彰显自身特色。公共组织不同于私人组织之处在于，公共组织的目的是服务于公共利益，或者说具有非营利性。人们用不同的标准区分公共组织与其他组织尤其是私人组织，以求给公共组织找到一个贴切的定义。其中，“最基本的问题就是所谓‘边界问题’（demarcation problem），其中包含对‘公共’与‘私人’的概念，用以

---

① 唐兴霖．公共行政组织原理：体系与范围．广州：中山大学出版社，2002：3.
② 亨利．公共行政与公共事务：第 8 版．北京：中国人民大学出版社，2002：94.
③ 罗宾斯，库尔特．管理学：第 7 版．北京：中国人民大学出版社，2004：16.
④ 陈振明，孟华．公共组织理论．上海：上海人民出版社，2006：2.

指导选择哪些属于公共、私人或公私混合以及这些决策如何执行等问题的思考”①。

广义的公共组织就是以管理社会公共事务和提供公共服务为目的的组织，不仅指政府及其执行部门，而且包括立法机关、司法机关、学校、医院、教会、军队和政党等以实现公共利益为目标的社会组织和社会团体。狭义的公共组织仅指政府及其执行部门，以及具有行政授权的社会组织。本书主要以行政组织为典型进行分析，因而未具体指明的公共组织均指狭义的公共组织。

理解公共组织的含义，有不同的角度：

(1) 静态的公共组织结构。公共组织是一种特定的静态组织结构，即公共组织的实体，包括各种公共管理机关及其相互关系，是国家机器和社会治理主体的重要组成部分。

(2) 动态的公共组织过程。公共组织是一种特定的动态组织行为，即公共组织依法行使公共管理权力，管理公共事务和自身事务，提供公共服务的各种组织行为。

(3) 生态的公共组织环境。公共组织是一个开放的社会生态系统，由目标与价值分系统、技术分系统、社会心理分系统、结构分系统和管理分系统等组成，并与特定的环境进行物质、能量和信息的交流，受环境的影响和制约，随环境的发展变化而变化，是一个不断自求适应、自我调整的社会有机体。

(4) 心态的公共组织意识。公共组织是一个群体心理系统，受工作人员的责任心、荣誉感、工作态度、组织意识、合作观念及服务精神等一系列心理因素的影响和制约，并与社会心理系统相互作用、相互渗透。

1.1.3 公共组织的构成要素

公共组织是一个由若干要素组成的有机整体。了解各构成要素的目的在于建立科学的分析单元，进而寻求考察和优化公共组织效能的有效途径。公共组织是由多种要素构成的，这些要素可以从不同角度进行分类：

(1) 实体性要素（硬件）和非实体性要素（软件）。前者包括行政机构、行政人员、行政设备、行政资金等，后者包括职能目标、权责划分、职位分类与配置、运行程序、管理方法、法律规范等。

(2) 物质要素、结构要素和运营要素。物质方面的构成要素包括人员、经费、物资等；结构方面的构成要素包括职务、部门、权力等；运营方面的构成要素包括领导、决策、控制等。

(3) 有形要素和无形要素。有形要素是组织构成的物质条件，包括实现预期目标所需开展的工作、确定开展工作的人员、确定必备的物质条件、确定权责结构；无形要素是组织构成的精神条件，包括共同的目标、工作的主动性和积极性、良好的沟通网络和制度、和谐的人际关系。②

一般认为，公共组织的构成要素主要包括以下几个方面：

---

① 莱恩．公共部门：概念、模型与途径：第3版．北京：经济科学出版社，2004：15.

② 吴爱明．公共管理理论与实践．太原：山西人民出版社，2004：158-160.

（1）组织人员。人是组织活的灵魂。任何组织都是以人为核心的，组织首先不是物质关系的体现，而是人际关系的体现。组织目标的实现和任务的完成都离不开组织成员的共同努力。组织人员的结构及其素质，直接影响公共组织的效能，因此组织人员是公共组织的一个重要因素。

（2）物质因素。物质因素包括公共组织赖以存在的载体，如场地、房屋、办公设备、用品、经费等。没有这些条件，公共组织就无法实施管理，甚至无法存在。其中，行政经费是物质因素的核心。物质因素在不同的国家、地区、机关、层级有很大的差距。物质因素配置过多，不仅会影响国家对其他组织的投入，而且会浪费社会资源；物质因素配置不足，则可能妨碍日常工作，抑制公共组织的发展。

（3）职能目标。组织都是为了实现某个目标而建立起来的，它决定着组织行为的方式和组织发展的方向，是组织成员认为可以追求并达到的某种未实现的状态或条件。公共组织的目标是实施对公共事务的管理和协调公共利益关系。围绕组织目标，组织必须对其职能范围进行界定，明确组织的工作任务与活动领域。职能范围是组织目标的具体化，它决定着组织规模、内部职位设置等方面的内容。

（4）机构设置。机构设置是承载组织权力的一系列特定的机构的确定，它是组织内部分工的结果。公共组织通过一定的机构体现出来，机构设置必须依据行政目标按照一定的法定程序来进行。机构设置是公共组织的核心，是决定效率的关键。

专　栏

国家疾控局三定方案公布　国家卫生健康委内设机构迎来调整

中国机构编制网2022年2月16日公布《国家疾病预防控制局职能配置、内设机构和人员编制规定》和《中共中央办公厅 国务院办公厅关于调整国家卫生健康委员会职能配置、内设机构和人员编制的通知》，明确国家疾病预防控制局是国家卫生健康委员会管理的国家局，为副部级单位。同时，对国家疾病预防控制局的职能配置、内设机构和人员编制等做出规定，对国家卫生健康委员会内设机构进行调整。

规定指出，国家疾病预防控制局主要职责包括：组织拟订传染病预防控制及公共卫生监督的法律法规草案、政策、规划、标准；负责疾病预防控制网络和工作体系建设；领导地方各级疾病预防控制机构业务工作；制定并组织落实国家免疫规划以及严重危害人民健康的公共卫生问题的干预措施等。

根据规定，国家疾病预防控制局内设机构（副司局级）包括：综合司、规划财务与法规司、监测预警司、应急处置司、传染病防控司、卫生与免疫规划司、综合监督一司、综合监督二司、科技教育与国际合作司（港澳台办公室）和机关党委（人事司）。

规定强调，国家疾病预防控制局应当强化对各级疾病预防控制机构的业务领导和工作协同，建立健全疾病预防控制工作体系和网络，为维护人民健康提供有力保障。

根据通知，国家卫生健康委员会负责管理国家疾病预防控制局，将制定并组织落实传染病预防控制规划、国家免疫规划以及严重危害人民健康的公共卫生问题的干预措施等职责划入国家疾病预防控制局。

同时，国家卫生健康委员会内设机构迎来调整。通知明确，国家卫生健康委员会医政医管局更名为医政司；国家卫生健康委员会卫生应急办公室（突发公共卫生事件应急指挥中心）更名为医疗应急司；国家卫生健康委员会机关党委（党组巡视工作领导小组办公室）负责机关和在京直属单位党的建设和纪检等工作；撤销国家卫生健康委员会疾病预防控制局、综合监督局。

资料来源：国家疾控局三定方案公布 国家卫健委内设机构迎来调整．(2022-02-16)．新华网．

（5）职位设置。职位设置是指一定机构内职位（包括职级、职数、职责等）的确定。职位是公共组织运行最基本的要素之一，职位设置保证了组织权力的流动和组织资源的整合与分配。职位的设置与规范是有规定的。现代组织的一个基本要求是，职位不是因人而设的，而是因事而设的。组织成员一旦占据某一职位，就应受到职位规范的约束。

（6）权责划分。权责划分是指公共组织中各个部门、层次、成员之间若干从属、并列等相互关系的确认。权责划分是保证组织角色明晰化的基本手段。权力是指影响他人的能力，职权是指被组织正式承认的权力，它主要来自组织的认可，与职位密切相关。公共组织强调有权必有责，权责对等，职责与职权密切相关。权责划分合理将使上级与下级、机关与机关、成员与成员之间既彼此分工又相互合作，形成提升整体效能的内在机制。

（7）法律规范。公共组织是规模庞大、人员众多、对象复杂、范围广大的组织形态。这种组织单纯依靠首长意志和个性实施管理是难以奏效的，必须建立一整套的法律规范。法律规范以书面文件等形式对组织构建、组织行为、运行程序等进行严格规范。法律规范对组织成员具有普遍的约束力。完善的法律规范是公共组织合法地位和依法行使权力的保证。法律规范的完善程度，是公共组织健全程度的标志。

（8）技术和信息。公共组织构成因素中的技术不仅指组织活动过程中所采用的科学技术，也指包括组织决策原则、方式在内的“政治技术”；信息是组织活动不可缺少的因素，信息传递的途径和方式也是组织各部分相互协调的途径和方式，组织过程在一定意义上是一个信息收集、整理、传递、反馈的过程。

1.1.4 公共组织的分类

公共组织是在与其他组织的区分中才得以确立自身地位的。如果要进一步研究和分析公共组织的分类，就有必要先探讨组织的分类。依据不同的标准，组织可以划分为不同的类别。比如，以组织人数的多少来分类，可分为小型组织、中型组织、大型组织和巨型组织；以组织对于环境的适应情况来分类，可分为机械组织和有机组织；以组织的专业化程度来分类，可分为专业组织、半专业组织、非专业组织；以组织是否有正式的规范来分类，可分为正式组织和非正式组织。

组织目标是区分公共组织与私人组织的一个重要标准，同样可以作为研究组织分类的重要依据。以组织的目标来分类，所有的组织可以分为：

（1）互益性组织，如各种党派团体、职业团体、群众社团组织、宗教组织等。这类组织重视组织内部成员的利益和共同目标。

（2）营利性组织，如工商企业、金融机构等以营利为目的的组织。这类组织以其所有者、经营者的利益为目标。

（3）服务性组织，如公立学校、公立医院、社会福利工作机构等组织。这类组织的存在以其特定的服务对象的需要为目标。

（4）公益性组织，如政府部门、公共安全机关、消防队等。这类组织以国家及社会公众的整体利益为目标。

按照我们对公共组织和私人组织的理解，互益性组织、服务性组织和公益性组织均属于公共组织。公共组织包括政府组织和非政府组织。

狭义的政府组织仅指行政组织，广义的政府组织还应包括立法机关和司法机关，甚至军事机关。在当代，由于政党组织（特别是执政党）与国家权力紧密相连，人们倾向于把政党组织视为准国家权力组织。这样，广义的政府组织还应把政党组织也包括进去。

非政府组织，是指主要由志愿人员组成，不以营利为目的，主要开展公益性或互益性社会服务活动，处于政府组织和市场组织以外的，地位合法的自治型社会组织。

对于非政府组织，较普遍的是用剩余法来界定：政府为第一部门，企业为第二部门，剩下的为第三部门即非政府组织。严格地说，非政府组织中不应包括政府出资成立的各种政府附属性组织或外延性组织，如某些政府机构下设的服务中心、医疗室以及各种形式的特殊法人等。非政府组织中一般也不包含政党组织和宗教组织。

将公共组织分为政府组织和非政府组织是一种较为流行的分类方式。这种分类在某种程度上也考虑到了公共组织公共权力的强制性大小。由于公共事务管理指向的是多元的利益关系，仅靠说服、动员等手段是难以达到其目标的，事实上，更多的公共事务管理是依靠公共权力的强制性来完成的。因此，以所拥有公共权力的强制性大小来划分公共组织，相对其他标准而言，更能揭示公共组织的本质特征。按此标准划分，公共组织主要可分为三种类型：

（1）强制型公共组织。这类公共组织主要是指政府部门。强制型公共组织的主要特点之一就是根据宪法和法律的授权，依靠公共权力对公共事务实行强制性管理。它对某一事务做出的管理决定，有关组织和个人必须遵从。比如，司机和行人必须接受交通管理部门的管理，不得违反《中华人民共和国道路交通安全法》，否则将受到惩罚。

（2）半强制型公共组织。这类公共组织实施公共管理更多地依靠市场手段而不是行政手段，它们的管理行为对当事人有一定的强制性，要求当事人遵守。但这类公共组织的强制性在一定程度上是可对抗的，当事人也可拒绝其裁决。这类公共组织典型的如各种形式的仲裁委员会。通常情况下，仲裁委员会要求当事人遵守其裁决。但若当事人对裁决结果持有异议，则不一定必须执行，而是可以向法院起诉，法院的裁决才是最终的裁定。此外，消费者协会、各种行业协会等也是现实生活中人们最常接触到的半强制型公共组织。

专栏

中国消费者协会

中国消费者协会于1984年12月经国务院批准成立，是对商品和服务进行社会监督的保护消费者合法权益的全国性社会组织。

截至2021年6月，全国县以上消费者协会已达3 000多个。中国消费者协会的主要组织机构是理事会。协会的日常工作由常设办事机构承担，秘书长、副秘书长专职管理，并向会长负责。中国消费者协会的经费由政府资助和社会赞助。

根据《中华人民共和国消费者权益保护法》，消费者协会履行下列公益性职责：(1) 向消费者提供消费信息和咨询服务，提高消费者维护自身合法权益的能力，引导文明、健康、节约资源和保护环境的消费方式；(2) 参与制定有关消费者权益的法律、法规、规章和强制性标准；(3) 参与有关行政部门对商品和服务的监督、检查；(4) 就有关消费者合法权益的问题，向有关部门反映、查询，提出建议；(5) 受理消费者的投诉，并对投诉事项进行调查、调解；(6) 投诉事项涉及商品和服务质量问题的，可以委托具备资格的鉴定人鉴定，鉴定人应当告知鉴定意见；(7) 就损害消费者合法权益的行为，支持受损害的消费者提起诉讼或者依照本法提起诉讼；(8) 对损害消费者合法权益的行为，通过大众传播媒介予以揭露、批评。

(3) 非强制型公共组织。除上述两类公共组织，还有一类公共组织不仅数量多，而且担负着重要的公共管理任务。这类公共组织的最大特点是非强制性和服务性，其中多数是非营利组织。非强制型公共组织主要是学校、研究所、基金会、医疗保健机构、文化和科学团体、咨询服务机构等。

以上我们划分了公共组织的三种类型，也反映出公共管理的三个基本层次。实践证明，仅靠强化强制型公共组织的管理并不能适应社会的需要，只有这三种类型的公共组织协调发展，才能建立起功能完备的公共管理组织体系。

在我国，根据公共组织在管理国家公共事务中所处的层次和所发挥的作用，再结合基本国情，可以把我国的公共组织划分为如下几种：

(1) 中国共产党组织。在我国，通常把中国共产党组织认定为准政府组织。根据《中华人民共和国公务员法》等有关法律法规制定的《公务员范围规定》，将中国共产党各级机关中除工勤人员以外的工作人员列入公务员范围，这也在一定程度上赋予了中国共产党组织从事国家公共事务管理的法律地位。从实践上来看，中国共产党是执政党，是执掌国家公共权力的核心力量，领导着各级国家机关，承担着国家和社会公共事务的管理职责。中国共产党是中国最广大人民群众根本利益的忠实代表，以全心全意为人民服务为宗旨。中国共产党不同于西方国家的政党，后者只是某些利益集团或阶层的利益代表。因而，中国共产党组织是一个处于领导地位的公共组织。当然，这种领导并非事无巨细地包办、代替其他公共组织的活动，而是政治领导、思想领导和组织领导。中国共产党组织对国家和社会公共事务的管理作用主要体现在制定方针政策、做出重大决策、为国家机关推荐干部等方面，它不直接干预各级国家机构行使国家权力。

（2）人民政协组织。人民政协组织是在中国共产党领导下，以中国人民政治协商会议（简称人民政协）的形式，就国家重大事务进行自由、民主、平等讨论协商的一种组织形式。人民政协虽然不属于国家机关体系，但它不同于一般的人民团体。在人民政协中，有来自各民主党派和各人民团体的代表。《中国人民政治协商会议章程》规定：中国人民政治协商会议是中国人民爱国统一战线的组织，是中国共产党领导的多党合作和政治协商的重要机构。这说明人民政协的重要职能就是政治协商，即对国家和地方的大政方针以及政治、经济、文化和社会生活中的重要问题在决策之前进行协商，就决策执行过程中的重要问题进行协商。人民政协的另一重要职能是民主监督，就是对国家宪法、法律和法规的实施，重大方针政策的贯彻执行，国家机关及其工作人员的工作，通过建议和批评进行监督。正因为人民政协组织是以参政议政、民主协商为方式，以科学、有效地管理国家事务和社会公共事务为指向，以实现、维护和发展全国各族人民的公共利益为最终目的，所以人民政协组织是我国公共组织的重要组成部分。

（3）国家权力机关。在我国，国家权力机关是指全国人民代表大会和地方各级人民代表大会。全国人民代表大会是最高国家权力机关，在国家机构体系中居于首要地位。它的常设机关是全国人民代表大会常务委员会。全国人大及其常务委员会行使国家立法权。地方各级人民代表大会，包括省（自治区、直辖市）、设区的市（自治州）、县（自治县、不设区的市、市辖区）的人民代表大会，以及乡（民族乡、镇）的人民代表大会，是地方各级国家权力机关，也是本行政区域内行使最高权力的国家机关。其中，县级以上的地方各级人民代表大会设立常务委员会。省级人大及其常委会、设区的市（自治州）的人大及其常委会，拥有地方立法权，可以制定和颁布地方性法规。人民代表大会是由经直接选举或间接选举产生的人大代表组成的机关，是中国国家政权的重要组织形式，也是政治民主的主要体现形式。

（4）行政机关。行政机关即狭义的政府机关，是贯彻国家权力机关和执政党的意志、管理国家行政事务的机关，是国家行政权的组织体现。中国采取单一制国家结构形式，行政机关由中央行政机关和地方各级行政机关共同组成。中央行政机关即国务院，也称中央人民政府，是管理国务和政务的国家最高行政机关，是最高国家权力机关的执行机关。国务院拥有广泛、全面、统一领导国家行政活动的直接权力，以及为了保障这种领导得以实现的间接权力。国家范围内任何地方政府在任何问题上，均须服从国务院的领导。地方各级行政机关，即地方各级人民政府，是地方各级权力机关的执行机关。按照我国宪法和地方组织法的规定以及我国实际情况，地方政府的层次分为省级、地市级、县级和乡级。地方各级人民政府对本级人民代表大会和上一级人民政府负责并报告工作。

（5）司法机关。中国的司法机关包括人民法院和人民检察院。人民法院是审判机关，审理民事案件、刑事案件和行政诉讼案件。人民法院实行四级两审终审制，设有基层、中级、高级、最高人民法院。此外还有各类专门法院。最高人民法院对全国人大及其常委会负责，地方各级人民法院对产生它的国家权力机关负责。最高人民法院监督地方各级人民法院和专门法院的审判工作，上级人民法院监督下级人民法院的审判工作。人民检察院行使法律监督权，提起公诉，对法院的错误判决和裁定依法提起抗诉。人民检察院分为最高人民检察院、地方各级人民检察院（省级人民检察院、设区的市级人民检察院、基层人民检察院）、军事检察院等专门人民检察院。各级人民检察院实行双重领导体制。最高人民检察院是最高检察机关，对全国人大及其常委会负责，地方各级检察院对产生它的国家权力机关和上级检察院负责。最高人民检察院领导地方各级检察院的检察工作，上级检察院领导下级检察院的检察工作。

（6）监察机关。监察机关是行使国家监察职能的专责机关，对所有行使公共权力的公职人员进行监察，调查职务违法和职务犯罪，开展廉政建设和反腐败工作。监察机关不是行政机关，而是政治机关。2018 年 3 月，第十三届全国人民代表大会第一次会议审议通过了宪法修正案，设立中华人民共和国国家监察委员会，不再保留监察部。国家监察委员会是最高监察机关，由全国人民代表大会产生，负责全国监察工作。省、自治区、直辖市、自治州、县、自治县、市、市辖区设立监察委员会。地方各级监察委员会由本级人民代表大会产生，负责本行政区域内的监察工作。国家监察委员会领导地方各级监察委员会的工作，上级监察委员会领导下级监察委员会的工作。

（7）事业单位。事业单位是指国家为了社会公益目的，由国家机关或者其他组织利用国有资产举办的，从事教育、科技、文化、卫生等活动的社会服务组织。事业单位是一种特殊的公共组织，第一，它与国家机构一样，主要依靠和利用公共资源开展活动，但它又不具有国家机关的公共权力；第二，它替政府承办一些具有较强专业性的社会公共事务，如教育、科技、文化、卫生等，这些公共事务由于专业性强，政府直接承办往往效率较低，因此不宜由政府直接出面解决。这决定了事业单位与政府之间是一种承办和委托关系，虽然在业务工作上事业单位有很大的独立性、自主性，但在宏观上它要接受政府的管理和指导。政府与事业单位之间不是领导与被领导的关系，政府不能干预事业单位的事务，政府只能以政策引导、法律监督的方式管理事业单位。目前，我国的事业单位主要包括：农、林、水利、气象事业单位，如农业技术推广站、气象台等；文教卫生事业单位，如电视台、图书馆、学校、医院等；科学研究事业单位，如科学院、社会科学院等；社会福利事业单位，如养老院、社会福利院等；城市公用事业单位，如公园、动物园等。

专 栏

事业单位分类

事业单位是指由政府利用国有资产设立的，从事教育、科技、文化、卫生、交通等活动的社会服务组织。事业单位一般是国家设置的带有一定的公益性质的机构，事业单位接受政府领导，但不属于政府机构。事业单位是现代政府职能扩张的产物，是政府履行社会职能的一种有效的组织形式。

从事业单位分类标准的历史轨迹来看，传统的事业单位主要按行业和行政隶属关系进行分类，1985 年至 2002 年事业单位主要按行业和经费来源不同进行分类，2002 年以来事业单位探索和实行按社会功能进行分类。现在，事业单位一般划分为行政类、公益类和经营服务类三个类别。

第一，行政类事业单位。指依据法律法规授权，按规定程序批准设立，行使行政管理职能的事业单位。比如动物防疫监督单位、植物检疫单位、卫生监督单位、劳动监察单位等。改革方向是职能归位、调整机构。

第二，公益类事业单位。具体划分为三个类别：

(1) 公益一类事业单位。指涉及国家安全、公共安全、公共卫生、公共文化、经济社会秩序和公民基本权利，政府必须予以保障，不能或不宜由市场配置资源的事业单位，以及只为政府履行职能提供支持保障的事业单位。这类单位的宗旨和业务范围由政府确定并严格监管，不得从事经营活动。比如中小学、公共图书馆、福利院、救助站、乡镇卫生院等。

(2) 公益二类事业单位。指面向全社会提供涉及人民群众普遍需求和经济社会发展需要的公益服务，政府予以支持，可部分实现由市场配置资源的事业单位，以及主要为政府履行职能提供支持保障的事业单位。这类单位按照国家确定的公益目标和相关标准开展活动，在确保实现公益目标的前提下，可依法开展相关的经营活动，依法取得的经营性收入主要用于公益事业发展。比如普通高中、高校、幼儿园、公园、公立医院等。

(3) 公益三类事业单位。指从事的业务活动具有一定公益属性，但社会化程度较高，与市场接轨能力较强，可基本实现由市场配置资源的事业单位。比如公证处、殡仪馆、房产交易所等。

第三，经营服务类事业单位。指从事生产经营服务活动，已经实现或经过调整后可以实现由市场配置资源的事业单位，其改革方向是转为企业，且国家今后不再批准设立此类事业单位。比如设计院等。

(8) 基层群众性自治组织。基层群众性自治组织包括居民委员会和村民委员会。《中华人民共和国宪法》第一百一十一条规定："城市和农村按居民居住地区设立的居民委员会或者村民委员会是基层群众性自治组织。"根据宪法和《中华人民共和国城市居民委员会组织法》《中华人民共和国村民委员会组织法》的规定，以及现行宪法实施以来我国城乡基层社会组织建设的实际情况，基层群众性自治组织指的是依照有关法律规定，以城乡居民（村民）一定的居住地为纽带和范围设立，并由居民（村民）选举产生的成员组成的，实行自我管理、自我教育、自我服务的社会组织。

(9) 社会中介组织。社会中介组织是指那些非营利性的、带有志愿性的、致力于公益事业的社会组织。社会中介组织多半从事慈善、信息、社区服务、青年和特殊人群的教育、老年人关照、学术研究、文化发展、环境保护等工作。社会中介组织之所以是公共组织，是因为它不以营利为目的，并致力于社会公益性事业。这类组织可以协助政府承担管理大量公共事务的职能，它们的存在不仅会大大方便社会公众的日常生活，还可以帮助政府真正实现精干、高效的目的。社会中介组织通常是由具有共同公益性目标的人志愿地以相当松散的方式结合在一起而形成的。我国社会中介组织分为五类：行业自律性组织，如行业协会、商会等；监督社会行为的中介组织，如消费者协会等；为市场活动提供经营性、技术性服务的中介组织，如证券登记结算公司、拍卖行等；为社会劳动力就业、再就业提供服务的中介组织，如人才交流中心等；促进科学、文化、教育、体育、卫生等事业发展的中介组织，如各类学会、研究会、基金会等。①

专 栏

中国中小商业企业协会等8家单位联合倡议：主动为中小企业减费让利

2023年4月3日，中国中小商业企业协会、中国中小企业国际合作协会、中国民营经济国际合作商会、中国美发美容协会、中国汽车保修设备行业协会、中国连锁经营协会、中国生产力促进中心协会、中国广告协会共8家行业协会商会共同发起倡议，架好政府与企业之间的桥梁，及时向党和政府反映中小企业合理诉求和实际情况，为政府科学决策提供信息参考，帮助中小企业争取各类帮扶政策。

在这个倡议中，8家行业协会商会表示，将发挥自身资源链接优势，积极构建一批服务中小企业的新型平台，推动各类要素资源向中小企业集聚，推动中小企业加快数字化转型步伐；引导行业龙头企业“以大带小”，支持中小企业参与协作配套，提高要素运行效能；发挥组织协调、信用担保等功能，帮助中小企业与金融机构进行精准对接，为中小企业发展提供信贷支持；推动中小企业加强协同创新和产学研融合，为中小企业转型升级提供技术和智力支持；组织中小企业参加各类展销会、博览会，进一步拓宽中小企业产品销售市场和销售渠道。

8家行业协会商会将结合自身实际情况，主动减免经营困难会员企业尤其是中小微企业会费和其他项目费用，主动降低盈余较多收费项目的收费标准，力所能及地为进一步减轻企业负担、激发市场主体活力贡献力量；建立健全收费内部管理和监督机制，严格约束收费行为，努力提升收费管理规范化水平；持续提高专业化服务能力，巩固和打造一批优势品牌服务项目，力争为中小企业提供更多、更有针对性的优质服务，切实增强中小企业的获得感和满足感。

资料来源：中国中小商业企业协会等8家单位联合倡议：主动为中小企业减费让利．(2023-04-04)．中国经济网．

1.1.5 公共组织的特征

与私人组织相比，公共组织有其自身的特点。

（1）公共性。公共组织的公共性集中体现在其组织目标和组织的基本功能上，同时也会影响组织的形成过程、组织的规则和组织的效率等方面。公共组织是为全社会服务的。如对经济、科技、文教、卫生、交通、电信、社会保障、环境保护、防灾和救灾等公共事务的管理，都具有实现公共利益的属性。公共组织的公共性是其政治性的基础。如果公共组织“私有化”“市场化”，以自身利益最大化为追求目标，就必然背离公共性的要求，也会危及其政治合法性，甚至会导致政权的崩溃。

（2）政治性。公共组织的主要类型是政府组织。政府是国家进行政治统治的主要机关，是实现国家意志（实质上是统治阶级的意志）的工具。政府组织必须执行国家的政

① 王乐夫，许文惠．行政管理学．北京：高等教育出版社，2000：214.

治意志，执行国家的政治决策。超阶级、政治中立的政府组织是不存在的。即便是非政府组织，其目标和执行过程，也不可能脱离政治文化的制约。非政府组织所受到的政治因素的影响比企业组织要大得多。公共组织的行动必定发生在具有政治意义的环境中，其制定的政策无论是文化的、教育的还是经济的都具有政治意义，即使公共管理人员按照标准处理公务，其所产生的结果也有政治上的影响。

（3）法治性。公共组织是合法成立的正式组织，应在宪法和法律规定的范围内开展公共管理活动。公共组织，特别是政府组织具有明确的法律地位，组织结构、宗旨、目标、运作程序、人员编制、行为规范、管理方式、财政预算等都由宪法和有关法律规定。公共组织必须依据法律规定行使职权，不得超越权限甚至滥用职权。法治首先体现为对公共权力的约束。公共组织在管理社会公共事务时，必须严格贯彻执行宪法和法律，不得随意变更和曲解这些法律规定。

（4）权威性。任何组织都必须有权威，没有权威就不能进行有效的管理。私人组织权威的作用对象仅限于其组织成员，而公共组织，特别是政府组织权威的作用对象不仅有其组织成员，还包括广大的被管理者。政府是接受人民的委托行使公共权力的组织，在整个社会中有着至高无上的地位和权威，起着其他任何组织都无法起到的作用。这种权威是政府进行公共管理所必需的条件。政府凭借行政权力，对国家的政治、经济、文化等公共事务进行广泛的管理。其权力覆盖每个组织和公民，其政策和命令等，在其管辖范围内的每个组织和公民都必须遵守和执行。非政府组织具有由政府授权进行公共管理的特点，因此，一般来说，它不具有最终强制性的特性。

（5）广泛性。政府是典型的公共组织，现代政府作为社会全体成员共同利益的代表，是通过法定的公共程序产生的，其权力是得到社会公众认同的，政府的管理具有典型的合法性和强制性。在社会生活中，政府负有维护公共利益、管理公共事务、提供公共服务的主要责任，因此，政府的各部门和各层级是公共管理的主要组织依托，政府进行的行政管理也是公共管理的主要形式。但是，除了政府这一公共组织，还有其他多种多样的公共组织。这是因为，随着社会生活的复杂化和多样化，社会公共事务也日益呈现出多样性的特点。为了有效地实现社会公共利益，保证社会生活的正常进行，人们在政府组织之外组成了非政府的公共组织。因此，非政府的公共组织也成为公共管理的重要组织依托。

（6）独占性。一方面，公共组织可以通过政治权威或公共权力的行使而提供某些物品或服务，形成一种独占的局面；另一方面，政府所提供的物品或服务大多具有公共产品的属性，因为公共产品的非排他性和非竞争性，很少有私人组织乐意提供。此外，有些公共工程规模相当庞大，并非私人组织所能担负，只能由政府来承担，由于政府是几乎唯一的生产者，因此也就没有市场竞争的问题。公共组织的独占性还表现在：在一定的行政区域内，只有一个行政系统；在每个行政系统内部，只能有一个行政权力中心。这一点不同于竞争性的企业组织。

1.1.6 公共组织的功能

公共组织的功能是指公共组织在依法管理社会公共事务过程中所具有的独特作用。

公共组织的主要功能与其在公共管理系统中的地位和特性是密切联系的。具体来说，公共组织的功能主要体现在以下几个方面：

（1）公共组织是公共管理的主体。公共组织是对社会事务进行管理的主体，是进行公共管理活动的物质基础和力量源泉。一切公共管理活动都是由公共组织来进行的。虽然公共管理人员在某种意义上具有承担公共管理活动以及处理公共管理事务的权力和责任，但是，从根本上讲，公共管理人员的权责仍然来自公共组织的职位。因此，公共组织是公共管理事务的承担者、实施者和责任者，是公共管理的主体。

（2）公共组织是公共管理人员的归属。第一，公共管理人员是公共组织的力量之源。公共组织把孤立的公共管理人员聚合到一起，通过分工与合作，使他们组成一个能动的团体，使全体工作人员朝着组织的目标共同努力。组织通过分工，使每个公共管理人员各负其责、各司其职，有效地发挥个人的专长。同时，通过合作、协调和配合，汇聚组织单个成员的力量，产生一种新的组织合力，使组织的集体力量大于各个体力量简单相加之和。第二，公共组织是公共管理人员工作的物理环境和精神家园的总和。公共组织内部的物质设置、职责关系等构成公共管理人员工作的主要条件，影响和决定公共管理人员的工作绩效。同时，公共组织内部的组织文化、组织心理、人际关系也是影响公共管理人员工作积极性的重要因素。

（3）公共组织是公共管理的支点。组织与人事是一切管理活动的两个基本支点，它们构成了管理活动的基本框架。在公共管理活动中，公共组织是公共管理人员的载体，没有公共组织就没有公共管理人员，更谈不上公共管理人员作用的发挥和公共管理职能的履行。同时，组织的纵横结构、机构设置、权责分配是否科学，组织制度是否健全，又是公共管理人员能否发挥正面作用的关键。公共管理人员之间分工是否明确、合理，合作是否良好，沟通是否顺畅，关系是否融洽，是公共管理顺利开展的必要条件。总之，科学有效的公共组织能充分发挥每个公共管理人员的主动性、积极性，能使他们发挥所长，更有效地开展工作。反之，如果公共组织的建立和运行缺乏科学合理的原则和依据，组织管理混乱，则会妨碍公共管理人员积极性、主动性的发挥，公共管理也就无法顺利展开。

1.2 公共组织的研究途径

近年来，学者们从不同的角度对公共组织进行了研究，从而总结出了各自对公共组织研究途径的认识。其中，美国公共行政学者戴维·罗森布鲁姆（David H. Rosenbloom）总结了在公共组织中存在的三种主要的研究途径，即管理途径、政治途径和法律途径。[①] 英国学者简-埃里克·莱恩（Jan-Erik Lane）认为，公共部门的研究途

① 罗森布鲁姆，克拉夫丘克．公共行政学：管理、政治和法律的途径：第5版．北京：中国人民大学出版社，2002：16-41.

径有三种，即传统的公共行政学派、管理途径和政策途径。① 我国台湾地区著名公共行政学者吴琼恩认为，研究公共行政有三个途径，即管理途径、政治途径和文化途径。② 20世纪90年代以后，随着信息技术和互联网的发展，电子政府作为一种新型的网络组织出现了，与公共组织相关的网络问题研究日益增多，网络途径也成为公共组织的重要研究途径之一。因此，公共组织的研究途径可以概括为管理途径、政治途径、法律途径、政策途径、文化途径和网络途径。

1.2.1 管理途径

公共组织研究的管理途径大部分脱胎于马克斯·韦伯（Max Weber）和弗雷德里克·泰罗（Frederick W. Taylor）的"古典"途径。从20世纪20年代开始，由于企业的"科学管理"所带来的效率，科学管理原则被引入政府机构管理中。管理途径强调效率（efficiency）、经济或节约（economy）和效能（effectiveness）的价值，认为这些价值应该主导公共组织的结构和过程。管理途径包括七个职能，分别是计划（planning）、组织（organizing）、人事（staffing）、指挥（directing）、协调（co-ordinating）、报告（reporting）和预算（budgeting）。

管理途径是从两个方面来认识公共组织的：一是从管理功能及过程来考察公共组织，从组织活动的程序和技术上来界定公共组织；二是最大限度地提高组织效率成为公共组织的主要价值。

20世纪80年代以来兴起的新公共管理运动，是管理途径的复兴。新公共管理强调结果取向、绩效为本、解除管制、授权、竞争机制、顾客导向等。在这些价值导向下，许多新公共管理技术在公共组织中得到应用，主要有目标管理、全面质量管理和标杆管理。

专栏

新公共管理运动

20世纪70年代末80年代初，一场声势浩大的行政改革浪潮在世界范围内掀起。对于这场运动有诸多阐释的词语："管理主义""新公共管理""以市场为基础的公共行政""后官僚制典范""企业型政府"等。到90年代后期，人们越来越倾向于使用"新公共管理"的概念。对世界上123个国家进行的一项调查表明，重要的政府改革正在全世界进行。在很大程度上，类似的改革也发生在其他国家。这场运动从两个方面看是国际性的：一是它已经扩展到了瑞典、新西兰和美国等一系列国家。二是改革范围很广，政府已经利用管理改革来重塑国家的作用及其与国民的关系。

由于各国具体实践的差别，对于新公共管理有诸多定义，比如，经济合作与发展组织所做的界定是：(1) 企业管理技术的采用；(2) 服务及顾客导向的强化；(3) 公共行

① 莱恩．新公共管理．北京：中国青年出版社，2004：37-40.

② 吴琼恩．行政学．2版．台北：三民书局，2001：18-36.

政体系内的市场机制及竞争功能的引入。尽管表述不同，但各种定义的基本取向是一致的，即新公共管理是一种以采用商业管理的理论、方法及技术，引入市场竞争机制，提高公共管理水平及公共服务质量为特征的管理主义。

1.2.2 政治途径

管理途径隐含一个假定：政治与行政二分，行政事务脱离了政治过程，在科学方法的帮助下，可以找到管理的最佳方法。然而，随着政府职能的不断扩张，尤其是二战后，政治与行政二分的传统看法受到严重挑战，公共组织研究的政治途径得以兴起。[①] 实证地看，许多政府改革的目的就在于争取行政代表性（representation）、回应性（responsiveness）与责任性（accountability）的最大化，以充分体现出宪法的民主价值等，因而政治价值同样主宰着公共行政。公共组织活动之所以区别于其他管理活动，就在于其政治特性。

政治途径的三个前提是：第一，主张政府不同于私人组织，必须对公共组织与私人组织加以区分。第二，政治途径强调政治权力的发展、维持和定位。第三，代表性是公共组织背后的主要力量。

政治途径的主要观点有：

（1）多元主义。政治途径强调公共行政中的政治多元主义。公共组织应该是多元的。它们应当是社会中不同政治、社会和经济团体的代表。公共组织应该为这些利益团体提供代表机会，同时，公共政策应该通过组织间的政治竞争来制定。多元主义认为组织任务应当是复合的而非一元化的，或应当同时建立多个不同的组织。组织任务的多样化使公共组织获得了广泛支持，并使行政人员能将工作重心从计划的某一方面转移到其他方面，以维持和强化选民的支持。

（2）自主性。多元主义要求政府机构反映社会不同的利益。代表性则进一步要求在政府机构内的组织单位具有高度的自主性。自主能够使不同的单位将工作集中于向民众提供代表意见。通过强调代表性需要，公共组织获取某种程度的自主性是可能的，但这也可能使公共组织的一致行动和行政控制变得困难。

（3）与立法机构的联系。公共组织研究的政治途径也强调立法机构和行政机构之间的联系。许多人认为立法机构是行政机构的重要的附属物。行政机构的扩张和立法机构内小组委员会的成长齐头并进。行政人员可能感受到负有责任，需要在心理上和政治上对立法机构的成员及政府任命的官员和其他行政部门负责。

（4）分权。公共组织研究的管理途径从效率和经济的观点提出集权与分权的问题。从这个角度来看，分权是一种方便公民获得政府服务的有效方式。但是，分权也使行政单位之间的协调和控制复杂化。从政治的观点来看，分权不能和代表性分开来考虑。因

① 吴琼恩．行政学．2版．台北：三民书局，2001：24.

此，组织分权是政治性的。

1.2.3 法律途径

公共组织研究法律途径的兴起有三个源头。第一个源头是行政法。它主要是指规定一般行政过程的法律法规。第二个源头是公共行政“司法化”的发展。司法化趋势主要是将行政运作程序视为与司法程序一样，目的在于确保个人合法权益不受侵犯。法律在行政活动中发挥越来越重要的作用。第三个源头是宪法。宪法为公民个人提供更多的保护。

法律途径强调法治。它包含几个核心的价值。首先是“正当法律程序”。这一价值意味着基本的正当性，被认为是保护个人免于遭受政府恶意的、武断的、错误的或反复无常的违宪剥夺生命、财产与自由权利的必要程序。其次是个人应享有的实质权利和法律的平等保护。最后是公平，主要体现在授权法官对那些其宪法或法律规定的权利遭受行政人员的侵害的人进行救济。

法律途径的主要观点如下：

（1）独立性。支持法律途径的公共组织理论认为，行使裁决功能的行政机构必须具有很大的独立性，独立于政府的其他部门。

（2）委员会形式。行使准司法功能的机构通常由一个委员会来领导。而且，这些机构的任务被定义成为了公共利益而进行管制，因此它们就不该被某一政党或其他政党控制。它们应该被允许发展长期的、非党派的观点。因此，对委员会中属于同一政党的人的数量通常都有限制。这样的安排能保证少数成员在一定程度上拥有参与和表达意见的机会。

专 栏

天津：将行政争议实质化解贯穿行政复议全过程

2023年，《天津市关于开展行政复议质量提升年专项行动的实施方案》（以下称《方案》）出台，将行政争议实质化解贯穿行政复议全过程，提出减少经行政复议后被诉案件数量、减少经行政复议后败诉案件数量的“双减目标”，同时要求全市行政复议首选率达到60%、平均结案期限少于55天。

《方案》拟定后，天津市司法局召开座谈会，听取了全国政协委员、天津市人大代表、天津市政协委员、人民法院与公安机关的意见，针对代表委员提出的基层复议队伍专业化水平问题，增加了提升队伍业务能力水平的举措。

《方案》要求高质量打造“立审分离”的天津名片。开展立案轮训和职前培训，注重在咨询接待过程中化解矛盾，提高案前调解案件比例。检视不予受理决定，逐一核查2022年和2023年做出的全部不予受理决定，切实解决无正当理由不予受理问题。提升服务群众能力，研究论证异地接收和转送行政复议申请材料的可行性，努力做到全市行政复议咨询接待“一个窗口”。

《方案》还提出高质量开展案件审理和复议监督。推动“繁简分流”取得实效，加大调解和解力度，逐案检视行政复议败诉问题，进一步优化审理方式。开展行政复议文书评优活动、交流办案体会活动和道路运输执法领域专项整治，加大对复议决定按期履行的监督力度，检视意见书、建议书制发及落实情况，补强复议高质量发展的短板弱项。

资料来源：天津：将行政争议实质化解贯穿行政复议全过程．(2023-06-18)．法治网．

（3）替代性争端解决。替代性争端解决比传统裁决方式具有更大的弹性，公共管理积极支持这种方法。在替代性争端解决问题上，法律途径主张共享权威和回应性，甚至是以某种程度的责任丧失和对专家的依赖为代价的。

1.2.4 政策途径

公共组织研究的政策途径是在二战以后提出的，其研究重点是政策或公共项目。政策途径将项目作为基本的分析单位，机构方面的重要性不再由其自身所决定，而是由它与公共项目绩效的相关性所决定的。政策途径从政策周期的分析开始，政策周期包括政策制定和政策执行。

政策途径的主要观点是[①]：

（1）公共治理构成一个在政策制定和政策执行之间不断循环的政策周期。这个模式否定了任何将政策制定和政策执行截然分开的理论。

（2）分权的政策执行，即所谓的自下而上政策执行比自上而下政策执行更有效，这反映了政策执行策略的问题。

（3）政策周期主要是政治过程，而不是管理效率。政策科学倾向于强调公共部门中的政治，强调政策过程中的冲突。

（4）在政策执行过程中，政策网络比科层组织效率更高。

1.2.5 文化途径

公共组织研究的文化途径始于20世纪70年代，与行政理论发展的趋势是一致的。行政理论研究由之前较多地注重组织结构与行政控制问题，渐渐转向重视行政主体的文化研究。

文化途径的主要观点有[②]：

（1）文化即组织成员所共享的信念，在潜移默化地发生着作用，并以基本上“视为理所当然的”方式来界定组织对其本身及其环境的观点。

（2）20世纪60年代以前，成功的管理者强调特定技术的精熟。20世纪七八十年代

---

① 莱恩．新公共管理．北京：中国青年出版社，2004：37-40.

② 吴琼恩．行政学．2版．台北：三民书局，2001：32-33.

则着重于“如何做正确的事情”以及“如何把它做好”，强调能力。现在则不只是强调技术与能力，还要有态度、价值与思维倾向的发展，使管理人员能面对、理解，并适应组织内外各种因素的影响，当然也要发展操作的技术。

（3）在过去数百年的西方文化中，有一个词很少用到，它是学习型组织的精神，这个词即“metanoia”，为心灵转变之意。这是学习的深层意义，即通过学习，重新创造自我，能做到从未能做到的事情，重新认知世界及其与我们的关系，以及增强创造未来的能量，而非仅吸收知识获得信息。

（4）超越理性的管理并非贬低理性思考，而是朝向深层次，使我们能够容忍、思考，并运用目的性、全景式的架构，以便在多种选择的困境下和竞争的需求中更有效地运作。

（5）进步的公共管理人员越来越重视价值，以寻求组织的基本转变，这种转变远远超过组织结构所能产生的变迁。所有有关的管理人员，都在建构一套适应组织未来的新信念和价值，这一变动不在于组织结构，而在于组织文化。

从文化途径来研究公共组织，强调人的主观方面的改变，如人的价值、态度、思维倾向、心理转变等深层次的改变，这些改变都需经过深入的学习和改造，而这种学习和改造必须放在一种有利于这种学习和改造的组织结构内才有可能成功。

1.2.6 网络途径

随着经济全球化和科学技术的飞速发展，组织所面对的外部环境已经发生了根本性的变化，知识的更新、技术的进步和市场的变化之快，需要研究或获得的知识之广，是任何传统的组织都无法应对的。为了求得生存和发展，组织必须具有高度的柔性和快速反应能力来应对动态变化的环境。越来越多的组织管理者开始关注组织外部资源的优化整合，在组织结构的设计中采取新的思维方式或在新型技术的基础上，摆脱过去层级负担过重的职能式结构，以市场为导向，围绕着工作流程而非职能部门进行设计，取消了或打破了纵向层级和旧的部门界限，建立起新的组织形态。在这样的背景下，网络组织应运而生，并成为现代组织在21世纪赢得持续竞争优势的一个核心工具。

20世纪90年代以来，公共管理中对组织间网络问题的研究日益增多，1997年第27届世界经济论坛年会的中心议题就是“建立网络社会”。公共部门网络治理作为一种新的研究已初见端倪，且大有成为主流的趋势。网络是两个或更多的组织，为了解决共同问题而建立合作伙伴关系的一种联合。公共部门网络是一种相互依存的结构。公共部门应重视网络，网络治理已成为公共部门治理的核心方式。

专 栏

从网格化管理到网络化治理

网格化管理以信息平台为基础，搜索、研判、回应城市基层治理问题，是城市治理实践的原创经验。从现实情况看，网格化管理特别适应于管制、应急、动员类事务，但对基层服务、协调类事务易出现“内卷化”问题。因此，需要改变单纯行政控制的思维，走向共治的网络化治理。

网格化管理模式旨在针对公共问题，打破感知发现问题与处理解决问题脱节、“条块分割”与“碎片化”、责任关系不清、回应民众需求不力及治理绩效低下等困局，使分散的条块、层级组织、跨部门乃至社区、社会组织等多元治理主体协同共治。但在现实运行中，受到压力型体制与人员执行因素的影响，网格化管理模式的实践与其理想的制度设计存在着一定差距，“内卷化”是执行过程中出现的明显问题。

改变单纯行政控制的思维，走向共治的网络化治理应是基层创新治理的方向。在网格化管理基础上，网络化治理侧重三方面的努力：

首先，有赖于以解决问题为中心，聚合治理共同体的力量和能力。公共问题依然是治理的纽带，不同的是，网络化治理围绕问题，基于协商讨论和价值共识，协调多元利益主体和社会资本力量，建立具有韧性和持续能力的治理模式。

其次，理顺职能关系，合理配置职责。权责关系的法定化和规范化是确立政府合理行为边界的基础，网络化治理通过“放管服”改革、清单制度，进一步明确层级、部门的权责归属，使权责相配，保障基层治理职责履行到位。

最后，运用大数据人工智能技术优势，增强基层治理。网络化治理利用更智能化的技术，在更大空间范围内提升政府整体性能力，增进政府部门间的信息共享和“一网通办”，整合各种平台和流程，建立规范的标准，助力基层实现有质量的公共服务与社会治理。

资料来源：孙柏瑛．从网格化管理到网络化治理．中国纪检监察报，2020－09－10.

1.3 公共组织学的研究视阈

1.3.1 公共组织学的学科定位

公共组织学是专门研究公共组织的结构、运行和发展等问题的科学。它以提高公共组织效能为核心，以增进社会公共利益为目的。

与公共组织相关的学科众多，如行政组织学、组织行为学、公共管理学、行政管理学、管理学、组织学等。把公共组织学与这些学科进行一定的比较，有利于我们更加深入地认识和了解公共组织学的学科特点和学科性质，从而明确公共组织学的学科定位。

1. 公共组织学与行政组织学

公共组织是管理公共事务、提供公共服务、增进公共利益的组织体系的总和，包括政党组织、立法组织、行政组织、司法组织、军事组织、事业组织等。行政组织是指管理国家和社会事务，行使行政权的组织，即狭义的政府组织。因而，公共组织与行政组织之间是包含与被包含的关系。毫无疑问，公共组织学应当包括行政组织学。

行政组织学是公共组织学的分支学科。行政组织是公共组织的核心部分，行使国家行政权，在管理国家事务和社会公共事务的过程中起着至关重要的作用。另外在公共组织中它的规模又是最大的，因此为了探讨其构成及活动的特殊规律，需要把它从公共组织学中分离出来进行单独研究。虽然它有行政组织的特殊性所带来的特殊规律，但它仍然要接受公共组织学所确认的价值理念、活动规则、管理方式等的指导。

当然，行政组织学与公共组织学又是密不可分的，行政组织学的研究不但丰富了公共组织学的研究内容及视野，而且深化了人们对公共组织的认识。

在中国，行政组织学的研究要早于公共组织学。这与行政管理学的研究自 20 世纪 80 年代恢复，而公共管理学在 20 世纪 90 年代才兴起有一定关系。行政组织学研究行政管理组织，而公共组织学研究公共管理组织。所以，虽然公共组织学包含着行政组织学，但是二者又有“新”“旧”之分：公共组织学是一门“新”课程，而行政组织学则是一门“旧”课程。

在课程设置上，公共管理相关专业（公共管理专业、行政管理专业、公共事业管理专业、公共政策专业、社会保障专业、土地资源管理专业、公共卫生管理专业等）均应开设公共组织学课程。而行政组织学仅适用于行政管理专业。

2. 公共组织学与组织行为学

从研究对象的范围来看，公共组织学并不研究所有组织，而只以公共组织为研究对象；组织行为学以所有组织为研究对象。如果仅限于公共组织的范围内来考察公共组织学与组织行为学，二者的共性在于都以提高组织效能为核心。

从研究侧重点来看，二者之间的差异是显而易见的。组织行为学侧重从微观角度进行研究，而公共组织学则侧重宏观研究。组织行为学侧重于个体和群体的行为，其研究的重点是组织中个体和群体的行为表现和态度的变化。如个体的劳动效率、价值观、学习能力、需求，以及激励的作用等，群体的角色、地位、成员及领导的个性、权力分配，以及群体内的信息传播、群体内的冲突等。与组织行为学不同，公共组织学则主要研究公共组织结构、公共组织环境、公共组织文化、公共组织战略、公共组织变革等。这些方面均涉及公共组织的宏观层面。

总之，公共组织学侧重于对公共组织整体行为和整体效益的研究，而组织行为学则以个体、群体的行为和效益为其研究的重点。

3. 公共组织学与公共管理学、行政管理学

公共管理学是研究公共组织如何依法对国家事务和社会公共事务进行有效管理的学科。公共管理学研究的内容十分广泛，其中就包括对公共组织自身的研究，如研究建立怎样的公共组织才是最有效的，在公共组织内部权力如何分配，对公共组织如何进行控制才能使它有效地达成目标等。可见，公共组织学是公共管理学的一门分支学科。公共组织是实施公共管理的主体，是公共管理学需要研究的基础内容之一。之所以把公共组织从公共管理学中分离出来独立研究，就是因为要全面、深入、细致地认识公共组织所具有的独特规律。

公共管理学与公共组织学虽然存在广泛的联系，但它们之间也有区别。公共组织学以研究公共组织自身为己任，不涉及对组织外的具体社会公共事务的管理；公共管理学的研究就显得较为全面，它既研究组织自身的问题，又研究对社会公共事务进行管理的问题。

行政管理学是公共管理学的分支学科。公共管理学是一级学科，行政管理学是二级学科，公共管理学包括行政管理学。从研究范围来看，公共管理学是一门研究有关社会公共事务管理的科学，社会公共事务的管理主体，既有政府组织，也有社会组织。但行政管理学仅研究政府行政组织对社会公共事务的管理。

公共组织学的研究对象包含行政组织，因而，行政管理的理论和实践对于丰富公共组织学的理论也有着重要的意义。反之，公共组织学的研究也拓展了行政管理学科的学术视野。

4. 公共组织学与管理学、组织学

管理是指社会组织通过计划、组织、指挥、协调、控制等手段，优化配置组织资源，以实现预期目标的活动。管理学就是研究上述活动规律的学科，其中对组织活动规律的研究是管理学研究中最基础的部分。所以，在管理研究的早期，管理研究就是指组织研究。只是在后来，管理研究的领域迅速扩展，不仅要研究组织问题，而且要研究决策、控制、领导、协调等问题，使管理研究和组织研究开始出现分化，于是组织学从管理学中分化出来，成为隶属于管理学的一门分支学科。

管理学作为一门基础学科，其所阐释的管理的一般规律，始终对组织学的研究起到指导作用。而公共组织学则是在组织学的基础上进一步分化的结果，它属于组织学的分支学科，它把组织学所确定的一般原理、原则用于对公共组织的研究，并结合公共组织的特殊性，进一步阐释公共组织的演化、发展、构成、运行的特殊规律。组织学要接受管理学所确认的一般规律的指导，作为组织学分支学科的公共组织学也必须接受管理学的指导。管理学和组织学都是公共组织学的基础学科。

5. 公共组织学的交叉学科属性

通过以上分析，我们可以发现，公共组织学是一门交叉学科，如图 1－1 所示。

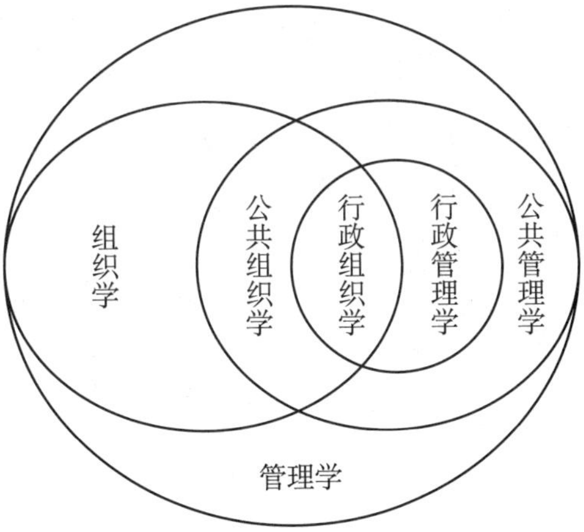

图 1－1　公共组织学与相关学科的关系

公共组织学是公共管理学和组织学的交叉学科。公共管理学和组织学都属于管理学门类。公共管理学和组织学构成公共组织学的重要理论基础，是公共组织学生存和发展的土壤。组织学的理论是公共组织学的立身之本，公共管理的实践为公共组织学的发展之源。

行政组织学是行政管理学与组织学的交叉学科，也是行政管理学与公共组织学的交叉学科。行政组织学包含于公共组织学之中。

公共组织学包含于公共管理学，行政组织学包含于行政管理学。正如公共管理学包含行政管理学一样，公共组织学亦包含行政组织学。

由此可见，公共组织学的研究范围要大于行政组织学，二者是一般与特殊的关系。

1.3.2 公共组织学的发展前景

近年来，公共管理学科和公共管理硕士（Master of Public Administration，MPA）教育发展的势头良好。公共管理学科研究领域的广泛性和 MPA 培养目标的务实性是其获得发展的重要原因。公共管理学是一门与政府部门和社会组织的实践紧密结合的学科，它在公共部门改革的实践中产生，反过来又指导公共部门的管理活动，并在这个过程中不断完善和发展。公共管理学科的发展是公共组织学兴起的根源。

专 栏

MPA 教育

MPA 是为适应公共管理现代化、科学化和专业化的要求而设立的。MPA 是建立在公共管理及政府研究领域（学科）基础上的硕士研究生教育项目，与公共管理硕士类似的有公共政策硕士（MPP）、公共政策与管理硕士（MPPA）、公共卫生硕士（MPH）等，相对的有工商管理硕士（MBA）、高级管理人员工商管理硕士（EMBA）等。

MPA 项目专门为公共部门尤其是政府机构培养公共服务高级人才，同时兼顾为私人部门培养具有优秀分析、管理能力的高级人才，与 MBA 为私人部门尤其是企业培养管理人才相对应。

1999 年国务院批转教育部制定的《面向 21 世纪教育振兴行动计划》，其中指出，积极稳步发展专业学位研究生教育，进一步完善专业学位体系。根据国务院学位委员会《专业学位设置审批暂行办法》和国务院审议通过的《公共管理硕士专业学位设置方案》，MPA 教育在中国正式启动。2001 年 2 月 9 日由国务院学位委员会、教育部、人事部联合发文，成立了全国公共管理硕士专业学位教育指导委员会，2 月 22 日召开了成立大会，其常设执行机构——秘书处设在中国人民大学。

公共组织是公共管理活动的主体，是公共事务的管理者和公共服务的提供者。在所有的社会组织中，政府组织（行政组织）无疑是最重要的一种组织，这是因为政府组织肩负着国家行政管理的重任，大到国家的兴衰存亡，小到个人的衣食住行，无不和政府组织的管理息息相关。因而，对于政府行政管理以及行政组织的研究早在19世纪末20世纪初的西方国家就开始了。1910年，韦伯的《社会与经济组织理论》出版。该书提出了“理想型官僚组织体系论”，后来被引入国家行政管理中。韦伯亦被称为“组织理论之父”。1926年，伦纳德·怀特（Leonard D. White）出版了世界上第一本行政学教材——《行政学导论》。在该书中，作者把复杂的行政要素归纳为组织原理、人事行政、财务行政、行政法规四大部分。可以说，这是最早对行政组织进行系统研究的教科书。一个世纪以来，管理学、行政管理学领域所取得的成果，都大大促进了行政组织的建设和发展。

然而，当社会发展到20世纪中后期时，对行政管理和行政组织的研究遇到了新的挑战。公共事务日益增多，传统的管理理念、管理内容和管理模式不得不随之发生变化，政府组织也不再是唯一的社会公共事务的管理主体，大量的非政府组织不断涌现，它们在公共管理中日益发挥着十分重要的作用。这也恰恰是公共管理学产生的时代背景。

公共管理理论和实践的发展，促使人们对公共管理的主体进行专门研究。传统的行政组织学无法承担这样的重任。因为，行政组织学是以行政管理主体为研究对象的，而公共管理主体的范围要远远大于行政管理主体的范围。公共管理主体包括政府组织和非政府组织两大类。政府组织研究的任务由行政组织学来承担，对非政府组织的专门研究也得以开展。但是，将政府组织与非政府组织合为一个整体进行研究的公共组织学专著并不多见。

要实现公共组织的科学化、民主化和法制化，必须对公共组织进行系统研究。因为，公共组织的构成、运行与发展状况直接决定着公共管理效能的高低。如果公共组织目标明确、权责配置合理、结构科学、规程健全、文化完善，则该组织内耗少、系统功能强，管理公共事务的效能就会比较高。反之，如果公共组织目标模糊、权责关系混乱、部门间职能交叉、机构臃肿，则会造成组织中人浮于事、内耗加剧的局面，使公共资源浪费严重，组织效能低下。因此，为了提高我国公共组织管理社会公共事务的水平，以有限的公共资源投入产出更多的公共产品和服务，就必须研究公共组织的构成原则和形式，研究公共组织的运行规律。这说明，对公共组织的研究不仅是一种需要，更是必要的。

1998年，教育部将公共管理设为一级学科。此后，许多高校开设了公共管理专业、公共事业管理专业，并结合MPA教育，组建了公共管理学院。在公共管理专业中，专门研究公共管理主体的公共组织学应有非常重要的地位。不仅如此，各级党校、行政学院，公共管理相关专业的在职硕士教育（含研修班），也需要开设公共组织学课程。以上方面，均为公共组织学的发展提供了广阔的空间。

1.3.3 公共组织学的理论体系

作为研究公共组织构成、建立、运行和发展规律的学科，公共组织学有其独特的理论体系。而研究公共组织的理论体系，应当从明确其研究对象开始。

公共组织学与其他学科相区别正在于它特殊的研究对象——公共组织。公共组织负有行使公共权力、维护公共利益、履行公共职责、追求社会公平和正义的使命，这就决定了它在行为方式、运行规律等方面区别于其他组织，特别是以营利为目的的企业组织。

因此，对公共组织进行系统研究就成为公共管理中非常重要的任务。

公共组织的类型是多样的，层次也是非常繁杂的，但不管这些公共组织的职能存在何种差异，所处的位置重要与否，它们都必须遵循相同的运行规律，都必须捍卫相同的公共价值观，承担相同的公共使命。应该说，公共组织的共性是建立在公共组织的特殊性基础之上的，而这种共性正是公共组织学所需要探究的。

基于上述对公共组织学研究对象的分析，本书将阐述公共组织的以下知识内容：

第一部分是公共组织的总体研究。其中包括：

第 1 章：绪论。主要分析公共组织的含义、构成要素、分类、特征和功能等一般性原理和综合知识；公共组织的研究途径；公共组织学的学科定位、发展前景和理论体系。

第 2 章：公共组织理论。主要研究公共组织的理论基础，介绍和评价前管理学时期的组织管理思想、古典管理时期的组织理论、行为科学时期的组织理论、系统科学时期的组织理论、当代组织理论以及行政组织理论。

第二部分是公共组织的静态研究。其中包括：

第 3 章：公共组织结构。主要研究公共组织结构的概念、基础、本质、功能；传统公共组织结构的类型；新型公共组织结构的类型；公共组织设计。

第 4 章：公共组织人员。主要介绍公共组织人员的概念、公共组织人员的来源和公共组织人员的专业化；公共组织人员的职业特征；公共组织人员的职业素质；公共组织的人力资源管理。

第三部分是公共组织的生态研究。其中包括：

第 5 章：公共组织环境。主要研究公共组织环境的概念、类型和特点；在组织环境分析理论的指导下进行公共组织的内部环境和外部环境分析；探讨公共组织与环境的关系；介绍公共组织环境管理。

第四部分是公共组织的动态研究。其中包括：

第 6 章：公共组织过程。主要介绍公共组织过程的含义和意义；公共组织决策过程；公共组织执行过程；公共组织监督过程。

第五部分是公共组织的心态研究。其中包括：

第 7 章：公共组织心理。主要介绍公共组织心理的内涵、公共组织的心理学基础；公共组织中的个体心理；公共组织中的群体心理。

第 8 章：公共组织沟通。主要介绍公共组织沟通的含义、类型和过程；公共组织中的群体沟通与人际沟通；公共组织中的冲突与谈判；公共组织沟通的改善。

第 9 章：公共组织文化。主要研究公共组织文化的含义与类型；公共组织文化的内容与特征；公共组织文化的结构与功能；公共组织文化建设。

第六部分是公共组织的目的研究。其中包括：

第 10 章：公共组织绩效。主要介绍效率与绩效、公共组织绩效的概念、公共组织绩效的影响因素、公共组织绩效管理；公共组织绩效评估的概念、目的、类型；公共组织绩效评估的实践。

第 11 章：公共组织战略。主要研究战略与公共组织战略、公共组织战略制定者、公共组织战略的层次；战略管理与公共组织战略管理、公共组织战略管理的兴起、公共组织战略管理的意义；公共组织战略管理过程。

第12章：公共组织发展。主要介绍公共组织发展的含义、动因和内容；公共组织学习；公共组织创新；公共组织变革。

总之，对公共组织的研究应力求涵盖公共组织的静态、动态、生态和心态等各个角度、各个方面，既进行综合、抽象的概括，又进行微观、具体的分析，将公共组织建立、运行、发展的全过程都囊括其中，以求获得对公共组织现象全面的认识，而公共组织研究归根结底又是为了提高公共组织绩效，明确公共组织战略，促进公共组织发展。

本章小结

组织是人们为了达成共同的目标，按照特定的结构方式和活动规律组合起来的开放性的、动态的人类共同体。公共组织是社会组织中一种重要而独特的类型。广义的公共组织就是以管理社会公共事务和提供公共服务为目的的组织；狭义的公共组织仅指政府及其执行部门，以及具有行政授权的社会组织。公共组织的构成要素主要包括组织人员、物质因素、职能目标、机构设置、职位设置、权责划分、法律规范以及技术和信息。

公共组织与私人组织相比有其自身的特点：公共性、政治性、法治性、权威性、广泛性、独占性。公共组织的功能是指公共组织在依法管理社会公共事务过程中所具有的独特作用，具体体现为：公共组织是公共管理的主体；公共组织是公共管理人员的归属；公共组织是公共管理的支点。

公共组织的研究途径可以概括为管理途径、政治途径、法律途径、政策途径、文化途径和网络途径。公共组织学是专门研究公共组织的结构、运行和发展等问题的科学。与公共组织相关的学科众多，如行政组织学、组织行为学、公共管理学、行政管理学、管理学、组织学等。对公共组织的研究应力求涵盖公共组织的静态、动态、生态和心态等各个角度、各个方面，既进行综合、抽象的概括，又进行微观、具体的分析，将公共组织建立、运行、发展的全过程都囊括其中，以求获得对公共组织现象全面的认识。

关键术语

组织　公共组织　互益性组织　营利性组织　服务性组织　公益性组织　行政组织　非政府组织　社会中介组织　公共组织学　行政组织学　组织行为学　公共管理学　行政管理学　管理学　组织学

复习思考题

1. 简述组织的含义。
2. 简述公共组织的含义。
3. 简述公共组织的构成要素。
4. 论述公共组织的分类。

5. 论述公共组织的特征。
6. 论述公共组织的功能。
7. 论述公共组织的研究途径。
8. 论述公共组织学的理论体系。

阅读材料

2023年6月13日内江市东兴区城管与摊贩发生冲突一事，由东兴区公安、纪委监委、司法等部门组成的联合调查组通过调取视频，走访当事人和相关商贩、群众，已将基本事实调查清楚。现将有关调查及处理情况通报如下。

经调查，钟甲（男，32岁）和钟乙（男，27岁）兄弟系东兴区郭北镇人，二人长期驾驶小型货车，在内江城区流动售卖鸡蛋。6月13日19时左右，东兴区城管执法大队机动巡查人员李某、刘某某等6人在开展市容秩序巡查过程中，发现钟氏兄弟驾驶小型货车及其他多名流动摊贩占道经营，便上前进行政策宣传，劝导摊贩到该小区附近政府划定的临时经营区域经营。其他摊贩陆续离开，钟氏兄弟不肯离开。经巡查人员反复劝导10多分钟，钟氏兄弟仍然拒绝离开，巡查人员遂对其经营使用的电子秤进行暂扣。钟乙上前争夺电子秤，巡查人员刘某某扭拖钟乙进行阻止，钟甲上前阻挡，刘某某随即放手。钟乙脱离后自行倒地，并呼喊“救命啊，城管打人啦”，引发较多群众聚集围观。19时25分，城管巡查人员拨打110报警，东兴区公安分局民警到达现场处警并通知120。救护车将钟乙送往东兴区人民医院检查，经两次对钟乙进行头部、腹部、胸部CT等诊断，均未见异常。

经认定，涉事城管巡查人员、流动摊贩均未构成刑事、治安案件。城管巡查人员刘某某在执法过程中存在简单粗暴情形，违反相关纪律和规定。

根据调查情况，东兴区委、区政府决定，对东兴区城管执法大队巡查人员刘某某予以解聘，对带队巡查的李某予以批评教育，由区纪委监委对区综合行政执法局领导班子进行约谈，并责令向区委、区政府做出深刻检讨。

东兴区将深刻汲取教训，举一反三，加强执法队伍教育整顿，强化执法人员法制教育和规范文明执法培训，做到公正文明执法。

资料来源：四川内江再通报“城管与摊贩冲突”事件：1名涉事巡查人员被解聘．(2023-06-15)．央视网．

思考题

1. 从公共组织的性质来看，城管机构是否属于公共组织？为什么？
2. 结合本案例，你认为应如何实现城管执法的规范化？

第2章
公共组织理论

要对公共组织理论进行深入探讨，就必须对公共组织的发展脉络有一个清楚的认识。随着阶级和国家的出现，对国家和各种社会事务进行管理的组织就产生了。但此时的组织尚不能称为公共组织。因为公共领域的形成是公共组织产生的时代背景。公共领域的出现是非常晚近的事情。在农业社会，公共和私人尚未分化。只是到了工业化的进程开始启动的时候，才开始出现了公共领域与私人领域、公共部门与私人部门、公共利益与私人利益分化和分立的情况。但是，在公共组织形成之前，人们就对组织问题进行了大量深入而卓有成效的研究，总结出许多关于组织建设和发展的经验和教训。当然，系统的组织理论是在19世纪末20世纪初管理学产生后才出现的。自此之后，随着社会的不断发展和生产力水平的不断提高，对管理和组织问题的研究越来越深入、越来越细致，相应的有关管理和组织方面的理论也越来越丰富、越来越全面。本章主要介绍前管理学时期的组织管理思想、古典管理时期的组织理论、行为科学时期的组织理论、系统科学时期的组织理论、当代组织理论、行政组织理论。

2.1 前管理学时期的组织管理思想

2.1.1 中国古代的组织管理思想

中国是一个历史悠久的文明古国，在社会实践中形成的管理思想源远流长，历经数千年的演变和发展，逐渐形成了具有特色的管理思想体系和传统，在世界范围内受到普遍的关注和重视。中国古代的组织管理思想主要包括以下几个方面：

（1）国家管理方面。关于治国策略，古代思想家有三种不同的主张：德治与王道，法治与霸道，礼法相济与王霸相杂。孔子较系统地阐述了“为政以德”的德治说，主张德治的核心是“仁者爱人”，德治优于法治。孟子则从性善论出发提出了仁政、王道的思想。韩非是法治思想的集大成者，他把慎到的“势”、商鞅的“法”、申不害的“术”结合起来，创立了一套系统的治国思想。他的法治思想包括：一是有统一的法度；二是法要严峻；三是法要公平合理；四是执法要信。荀子则提出礼法相济、王霸相杂的主张。

(2) 组织管理方面。中国古人已经注意到组织结构对生产力水平的影响，并且总结出一套行之有效的组织办法。儒家经典《周礼》一书区分了天、地、春、夏、秋、冬六官，以天官职位最高；六官分三百六十职，各有职掌，层次分明、职责清楚。在组织管理实践上，自周朝以后，历代封建王朝为了提高国家管理效率，都很重视组织管理，封官定职，编有详细的官职表。

(3) 人事管理方面。我国素有“选贤任能”“任人唯贤”的主张和“禅让制度”。《墨子·尚贤》中提出用人的原则是“察其所能而慎予官”，强调确立唯贤不用亲的制度，倡导不辨贫富、贵贱、远近、亲疏，“贤者举而上之”“不肖者抑而废之”。孔子则主张“礼义治国”，希望推行以“礼”为核心的管理目标，以“义”为特征的管理方法。孟子则认为“以佚道使民，虽劳不怨；以生道杀民，虽死不怨杀者”。《管子》提出“凡治国之道，必先富民”，“毋与不可，毋强不能”，因材施用，扬其所长，避其所短，不可求全责备。“德以合人”，“人以德使”，这样众心所归，方能群英荟萃。

(4) 军队管理方面。在周朝初年，姜尚所著的《六韬》《三略》就包含着许多军队管理思想，提出了管军要爱军的思想，赏罚分明、赏罚结合的思想，进贤士、斥不肖的思想等。春秋战国时期，经常发生投入几十万人的大战役。战争给人类带来了死亡和灾难，但也推动了治理军队、带兵作战的军事思想的发展，产生了许多不朽的军事著作。《孙子兵法》就是其中最著名的代表作。《孙子兵法》所体现出来的管理思想主要包括：第一，国事为重。《孙子兵法》所论述的军事管理、战争策略和指导原则，都是围绕着夺取战争胜利这个目标。第二，将为国辅。《孙子兵法》讲：“夫将者，国之辅也。辅周则国必强，辅隙则国必弱。”（《孙子兵法·谋攻篇》）第三，视卒如子。这是取得战争胜利的基础。第四，以法治军。这是《孙子兵法》治军之基本方略。第五，知者必胜。《孙子兵法》很多地方都讲到了“知”，如“知之者胜，不知者不胜”“知彼知己者，百战不殆”等。第六，谋略取胜。孙子认为“庙算”是军事行动取得胜利的前提。

专栏

《孙子兵法》与现代战争

《孙子兵法》重战与慎战相统一的战争观启发现代战争思维高度重视国家安全问题。《孙子兵法》从揭示战争中“利”和“害”的矛盾运动规律出发来确立自己对战争的根本态度，从而决定其军事思想中功利主义的主导倾向。孙子正是从功利主义价值出发提出了重战与慎战相统一的战争观。《孙子兵法》产生的春秋时期，是我国由奴隶社会向封建社会转变的过渡时期，激烈的社会变革反映到社会的政治生活中即为频繁的战争。据《春秋》记载，在 242 年里，就发生过 483 次大的战争。孙子从当时朝盟夕散、不宣而战的社会现实中认识到，战争只能暂时平息而不会从此废止。因此，他开宗明义地指出："兵者，国之大事，死生之地，存亡之道，不可不察也。"提醒人们要重视战争、研究战争和准备战争。

当前，冷战已成为历史陈迹。两极战略格局解体，国际形势发生新的变化，出现新的力量组合，逐步形成与孙子时代相似的多极战略格局。和平与发展成为当今世界的两大主题。在这种形势下，孙子的重战和慎战思想，更显示出强大的生命力，它为人们认识多极形势下的军事斗争，驾驭局部战争形势的发展变化，提供了有益的借鉴。

资料来源：《孙子兵法》与现代战争．光明日报，2009-02-23.

2.1.2 外国古代的组织管理思想

外国古代的组织管理思想主要记载于古埃及、古巴比伦和古罗马的史籍与宗教文献中。

《圣经》曾记载了西方最早的组织管理思想。希伯来人（今犹太人的祖先）的领袖摩西在率领希伯来人摆脱埃及人的奴役而出走的过程中，他的岳父对他处理政务事必躬亲、东奔西忙的做法提出了批评，并向他建议：一要制定法令，昭告民众；二要建立等级，授权委任管理；三要责成专人专责管理，问题尽量在下面处理，只有最重要的政务才提交摩西处理。

古埃及在行政组织管理方面的主要贡献是设立宰相职务，从而把神权和世俗权力区分开来。古罗马从一个小城市发展成为横跨亚欧非三大洲的大帝国，并且延续了几个世纪的强盛，在很大程度上归功于其统治者卓越的组织才能。他们采取了分权的组织管理形式：按地理区域划分基层组织，在此基础上又采取具有较高效率的职能分工，在各级组织中配备参谋人员，从而使专业人员和下级能够参与决策的制定过程，但又不破坏指挥的统一。

说到古代的组织管理思想，不能不提到欧洲中世纪的教会管理。如以年代计算，罗马天主教会也许是西方文明史上最持久而有效的正式组织。它之所以能历久而不衰，其组织之严密、管理技术之高超，无疑是重要原因。它所实行的既分级又分领地而且分部门的一套管理体制，使之能够控制世界各地教徒的几乎全部生活。其中央机构——罗马教廷，几乎就是一个复杂的政府组织。

2.1.3 近代西方的组织管理思想

近代社会的组织管理思想主要包含在一些经济学著作中，也有一些实践者（主要是工厂主、经理）注重总结自己的经验，探讨有关组织管理问题。这一时期的著作大体上分为两类：一类偏重于理论的研究，即管理职能、管理原则；另一类偏重于管理技术、方法的研究。在管理职能、管理原则的研究方面，较有代表性的有亚当·斯密（Adam Smith）的《国富论》（1776年）、塞缪尔·纽曼（Samuel P. Newman）的《政治经济学原理》（1835年）、约翰·斯图亚特·穆勒（John Stuart Mill）的《政治经济学原理》

(1848 年)、阿尔弗雷德·马歇尔（Alfred Marshall）的《经济学原理》(1890 年)。当时的军事理论家、数学家、思想家以及工厂主、经理等对具体的管理技术和方法做了探讨，促进了组织管理思想的发展。

英国著名经济学家亚当·斯密在其所著的《国富论》一书中，系统分析了劳动分工的经济效益，提出了生产合理化的概念。

纽曼、马歇尔等人则提出了对工厂主（同时也是管理者）的要求：选择厂址、控制财务、进行购销活动、培训工人、分配任务、观察市场动向、富有新思想、开拓市场、具有对采用新发明的判断力等。

普鲁士军事理论家卡尔·冯·克劳塞维茨（Carl von Clausewitz）认为，企业简直就是类似于打仗的人类竞争的一种形式，因此，他关于军队管理的概念也被运用于大型组织的管理中。其主要观点有：管理大型组织的必要条件是精心地计划工作，必须规定组织的目标；管理者应该承认不确定性，从而按照旨在使不确定性降到最低限度的要求来全面分析与计划；决策要以科学而不是预感为根据，管理要以分析而不是直觉为根据。

1800 年，改良蒸汽机的工程师詹姆斯·瓦特（James Watt）在他的博尔顿-瓦特联合公司所属苏霍制造厂里运用了科学管理的方法，主要包括：市场研究与预测技术；生产计划技术；生产过程规范化和产品部件标准化；依据工作流程有顺序地安装机器；建立详尽的生产统计记录，按机床、部门进行成本利润核算；培训工人与管理人员；按成果支付工人工资；工人福利由工人自己管理等。

空想社会主义的代表人物之一、英国的罗伯特·欧文（Robert Owen）为实践自己的政治主张而进行了“新拉纳克”和“新协和村”的实验。实验的主要内容有：改善工厂内的工作条件；限制童工的最低年龄；缩短工人的劳动时间；为工人提供厂内膳食；设立按成本向工人出售生活必需品的商店；通过建造房舍与修筑街道改善工人居住条件等。实验虽然没有成功，但是罗伯特·欧文的实践与思想却对管理学的形成和发展产生了重要影响。由于他试图在企业内建立起一种全新的人际关系，因此，被誉为人事管理的先驱者、“人际关系之父”。

2.2 古典管理时期的组织理论

19 世纪末 20 世纪初产生了以泰罗为代表的科学管理理论、以法约尔为代表的一般管理理论和以韦伯为代表的科层组织理论。这是管理理论发展的最初阶段，这一时期的管理理论，我们称其为古典管理理论。古典管理理论主要是围绕提升组织的内部效率而展开的，因而，这些管理理论的核心实质上就是组织理论。

2.2.1 科学管理理论

美国管理学家弗雷德里克·泰罗于 1911 年出版了其代表作《科学管理原理》，科学管理理论集中体现在该书中。在管理思想史上，泰罗被誉为“科学管理之父”。泰罗提出通过以下几个方面来改进组织管理：

（1）制定标准定额。泰罗倡导把每一项工作分解为一些最简单的基本动作，确定必要的动作，然后通过观察熟练工人的操作，找出最快最好的操作方法，记录下每一动作所耗费的时间，加上必需的休息时间和其他延误时间，得出完成该项工作所需要的时间，在这一时间的基础上制定出一个工人“合理的日工作量”，这就是标准定额。

（2）挑选一流的工人。所谓一流工人，就是具有与工作性质相匹配的能力，并从内心愿意从事这项工作的工人。泰罗认为，所有的人都可以成为一流工人，管理层的责任就在于使每个员工都找到最适合自己的工作，并加以培训，使之成为一流工人。

（3）设置计划层，实行职能制。泰罗认识到，他的制度是否有效取决于计划，而计划的制订又必须依据精确的时间与动作研究。这就需要专职的管理人员。他们每天给工人分配工作任务，并提供完成这项任务的详细指示与明确的时间规定，还要承担各项组织工作，对工作过程进行指导，做好统计记录等。显然，由同一管理机构或人员全部承担上述任务是不可能的，因此应把计划和执行分开，由专门的部门负责制订计划，由不同的职能工长带领工人负责执行。

（4）实行新的奖励制度。为了鼓励工人努力工作、完成定额，泰罗提出用计件工资制取代计时工资制并提出利润分享制，具体做法是：1）通过工时研究进行观察和分析，以确定工资标准。2）实行差别计件工资制的刺激性付酬制度，即完成定额的可按工资标准的125%计算工资，而完不成定额的只按80%计算工资，以鼓励工人千方百计地完成工作定额。3）工资支付的对象是工人而不是职位，即根据工人的实际工作表现而不是根据工作类别来支付工资。这样做，能够克服工人“磨洋工”的现象，更重要的是能调动工人的积极性。

（5）对组织机构的管理控制实行例外原则。所谓例外原则，就是企业的高级管理人员把一般日常事务处理权交给下级管理人员，而自己只保留对例外事项（即重要事项）的决策与监督权。

2.2.2　一般管理理论

一般管理理论的主要代表人物是法国的亨利·法约尔（Henri Fayol）。法约尔的管理理论集中反映在其1916年出版的《工业管理与一般管理》一书中，这是他一生的管理经验和管理思想的总结。法约尔对管理理论的发展做出了重大贡献，被称为“管理理论之父”。概括起来，法约尔的一般管理理论中与组织管理相关的内容有以下几点：

（1）企业的基本活动与管理的五项职能。任何企业都存在着六种基本的活动，而管理只是其中之一。这六种活动是：1）技术活动，指生产、制造、加工等；2）商业活动，指购买、销售、交换等；3）财务活动，指资金的筹措及运用；4）安全活动，指设备和人员保护；5）会计活动，指存货盘点、成本核算、统计等；6）管理活动，指组织内行政人员所从事的计划、组织、指挥、协调和控制活动，即管理的五项职能。在这六种基本活动中，管理活动处于核心地位。

（2）组织管理的十四条原则。法约尔归纳了组织管理的原则，具体包括：1）劳动分工。分工不仅限于技术工作，也适于管理工作，但专业分工要适度。2）权力与责任。责任是权力的衍生物，是权力的当然结果和必要补充，凡有权力行使的地方，就有责任。3）纪律。纪律对于企业取得成功是绝对必要的，纪律是领导人创造的，组织的纪律状况取决于领导者的道德状况。4）统一指挥。无论什么时候，一个下属都应接受而且只应接受一个上级的命令。5）统一领导。凡是具有同一目标的全部活动，仅应有一个领导人和一套计划。6）个人利益服从集体利益。要实现这一原则，领导者必须以身作则并经常监督，尽可能签订公平的协议。7）人员的报酬。人员的报酬是其服务的价格，应保证合理，尽可能使雇主和雇员都满意。8）集中。集中作为一项管理制度，本身无所谓好或坏，领导者应根据实际情况的不同把握集中的程度。9）等级序列。这是从企业的最高领导到最基层的上下级序列。它显示出权力执行的路线和信息传递的渠道。为了使尊重等级序列与保持行动迅速结合起来，法约尔提出跳板原则，也称“法约尔桥”（Fayol bridge），以便横跨过权力执行的路线而直接联系。但只有在有关各方都同意且上级知情的情况下才能这样做。10）秩序。一切要素应各有其位，特别强调按照事物的内在联系事先选择好要素的恰当位置。11）公平。公平是由善意和公道产生的，公道是指实现已订立的协定，但这些协定要经常加以阐明和补充。领导者应经常发挥自己最大的能力使公平感深入人心。12）人员的稳定。人们熟悉自己的工作需要时间，这就要根据实际情况，有秩序地安排人员并补充人力资源。13）首创精神。全体人员的首创精神对企业来说，是一种巨大的力量，尤其是在困难时刻。14）团结精神。团结就是力量，要努力在企业内部建立起和谐与团结的气氛。

法约尔强调指出，以上十四条原则在管理工作中不是死板和绝对的东西，应当注意各种可变因素的影响。因此，这些原则是灵活的，是可以适应一切需要的，但关键在于懂得如何运用它们。

2.2.3 科层组织理论

马克斯·韦伯是德国著名的社会学家、经济学家和政治学家。他在管理理论上的研究主要体现在组织理论方面，这集中反映在他的代表作《社会组织和经济组织的理论》一书中。韦伯提出的科层组织（通常也称作“官僚制”）理论对工业化以来各种不同类型的组织产生了广泛而深远的影响，官僚制成为现代大型组织广泛采用的一种组织管理方式。在管理思想史上，韦伯被誉为“组织理论之父”。韦伯的科层组织理论主要包括以下内容：

（1）权威的类型。组织赖以建立的权威有三种类型：第一种是魅力型权威（charismatic authority），是个人奋斗得来的，它来自领导者的意志和强制性的权威；第二种是传统型权威（traditional authority），是世袭的，它来自对传统文化的信仰和对个人明确而特殊的尊重；第三种是法理型权威（legal authority），是选举产生的，它来自法律和社会契约。

韦伯还提出了分别与这三种权威相对应的组织形式：1）神秘型组织。又称魅力型组织。这种组织是与魅力型的领袖人物联系在一起的。神秘型组织大多由领袖及其追随者组成，维系组织的是领袖的个人魅力权威与组织成员的个人感情。2）传统型组织。这种组织的合法性建立在遗留下来的制度和习俗基础之上，统治者（或若干统治者）是依照传统的规则确定的。3）法理型组织。法理型组织是符合现代社会与资本主义经济发展需要的组织结构形式。法理型组织的典型形态即官僚制组织。官僚制组织被认为是唯一既符合理性精神又具有合法权力的现代组织形式。

专　栏

古代的世袭制

世袭制是指帝位、爵位等职位父死子继，代代相传。世袭制的产生和私有制的确立有很大关系。在远古氏族社会时期，已经有了私有财产，对于私有财产的占有欲滋生了对权力的渴望。虽然当时不可能出现严格意义上的世袭制，但这种观念已经开始萌芽。到了有史可考的商朝，世袭制已经出现雏形。商朝的世袭制和后世略有不同，当时以弟弟继承兄长的职位为主，儿子继承父亲的职位为辅。也就是说，没有弟弟才传给儿子。弟弟的继承权利优先于儿子。

到了商朝末年，子继父业取代了兄终弟及，标志着世袭制正式形成。在周朝发生了一件大事，周公旦摄政期间，为了避免王室内部对权力的争夺，确立了嫡长子继承制。对于嫡长子地位的强调，让世袭制有了操作执行的细则，避免了统治者内部的流血事件。嫡长子继承制此后延续了两千余年，废止于清朝末年。

世袭制的确立，可以保证权力顺利交接，但也会造成权力被滥用。在西晋，智商有缺陷，曾说出“何不食肉糜”这样的蠢话的司马衷都能成为皇帝（晋惠帝）。由此可见，世袭制的弊端也是很大的。

（2）官僚制组织的基本特征。韦伯认为，官僚制组织的基本特征有：1）实现劳动分工，明确规定每一成员的权力与责任，并作为正式职责使之合法化。2）各种公职或职位按权力等级严密组织起来，形成指挥体系。3）通过正式考试的成绩或在培训中取得的技术资格来挑选组织的所有成员。4）实行任命制，只有个别职位才实行选举制。5）公职人员都必须是专职的，并有固定薪金保证。6）职务活动被认为是私人事务以外的事情，受规则和制度制约，而且是毫无例外地适用于各种情况。

（3）官僚制组织的结构。官僚制组织的结构性要素包括：1）专门化的权限和任务，即为完成组织目标而进行的工作和权威的分工；部门及其官员有明确划定的权限，包括特定的义务、权力及强制手段的使用等正式条文说明。2）职位按照“层级制”（等级制）的原则加以组织，明确规定层级之间的控制关系，协调专门化的部门行动。3）官员的选任以专业技术资格为标准，官员可在不同的专业化分工和层级中进行职位升迁。韦伯认为，官僚制组织体系的结构可分为三个层次，即最高领导层、行政官员层和一般工作人员层。

2.3　行为科学时期的组织理论

行为科学是指运用心理学、社会学等理论和方法，从人的工作动机、情绪、行为与工作、工作环境之间的关系出发，探索影响劳动生产率的因素的科学。从产生和发展来看，行为科学可分为两大时期。前期叫作人际关系学说时期，后期行为科学学派理论众多，其中影响较大的有需求层次理论、双因素理论、期望理论、X 理论-Y 理论。

2.3.1 人际关系学说

人际关系学说的代表人物是乔治·埃尔顿·梅奥（George Elton Mayo）。根据霍桑试验，梅奥等人于 1933 年出版了《工业文明中人的问题》一书，提出了与古典管理理论不同的新观点，主要可归纳为以下几个方面：

1. “社会人”的观点

古典管理理论把人看作仅仅为了追求物质利益而工作的“经济人”，把人看成是对工作条件的变化能做出直接反应的“机器的模型”。但霍桑试验表明，物质条件的变化并非是劳动生产率提高或降低的决定性因素。梅奥等人创立了“社会人”假说，即人不是孤立存在的，而是属于某一集体，并受这一集体影响制约的社会人。他们不单纯追求金钱收入，更重要的是他们有社会和心理方面的需求，期望得到满足。

2. “非正式组织”的观点

梅奥等人认为，现代工业管理不能满足人们的社会和心理需求，割断了他们之间的感情纽带，使之成为“孤独者”，产生“失落感”，这是造成效率普遍低下的主要原因。由于职工在正式组织中得不到社会和心理满足，于是产生了各种各样的非正式组织。所谓非正式组织，是指企业职工在共同劳动过程中，由于共同爱好、情感、价值观念以及其他原因而自发形成的群体。非正式组织与正式组织相互依存，对生产率的提高有很大影响。

专　栏

七类人最不受同事待见

● 鲨鱼型：自以为是，自我感觉良好，不愿与人合作。这样的人如果再一意孤行，势必使自己陷入孤立，且容易被倡导团队精神的职业社会抛弃。

● 古董型：墨守成规，不愿意甚至拒绝任何新鲜事物，陈腐发愚。这样的人不能满足变化着的时代的需求。

● 机器型：推一推才会动一动，缺少积极主动精神。想一想瞬息万变的社会愿意要这样的人吗？

● 喇叭型：只喊不做，或雷声大雨点小，同那些“少说多做”的实干家相比，在竞争中更容易失去机会。

● 狐狸型：未来社会需要真正的实干家而非阴谋家。智慧与品德的结合，会天下无敌。

● 迟缓型：在市场竞争中，那些动作迟缓、办事效率低下的人，将毫无疑问地被竞争大潮淹没。

● 多病型：弄坏身体既是自己的损失，也会给集体添麻烦。

3. 管理职能的观点

泰罗是通过改变工人的操作方式和通过计件工资制加强工人之间的竞争来提高生产效率的，法约尔和韦伯则是通过强化组织原则和组织权威来提高生产效率。梅奥不同，他认为，提高生产效率的主要途径是提高职工的满足度，即使职工在生理尤其是心理方面的需要得到满足。不同人的需要各异，这主要取决于两个方面：职工个人的情况，包括由于不同经历、不同家庭状况、不同社会生活所形成的对工作所持的不同态度；工作场所的情况，包括职工相互之间和职工与上级之间的人际关系状况。因此，新的领导能力在于提高职工的满足度，激发士气。管理的职能就在于倾听下属意见，沟通上下思想，在正式组织的经济需求和非正式组织的社会需求之间创造平衡，从而最大可能地提高工人的士气。

2.3.2 需求层次理论

需求层次理论的提出者是美国社会心理学家亚伯拉罕・马斯洛（Abraham H. Maslow），其1943年出版的《人类动机理论》是需求层次理论方面的代表作。

马斯洛把人的各种需求按其重要程度和产生的先后顺序依次分为生理需求、安全需求、感情和归属需求、地位或受人尊重的需求、自我实现的需求。生理需求包括对维持生活和繁衍后代所必需的各种物质的需求。安全需求是有关免除危险和威胁的各种需求。感情和归属需求包括和家属、朋友、同事、上级等保持良好的关系，给予别人并从别人那里得到关爱和帮助，自己有所归属，即成为某个集体公认的成员等。地位或受人尊重的需求包括自尊心、自信心、能力、知识、成就和名誉地位的需求，能够得到别人的承认和尊重等。自我实现的需求作为最高层次的需求，是指一个人需要做他最适宜做的工作，发挥他最大的潜力，实现理想，并能不断自我创造和发展。

专栏

女皇的挂念

俄罗斯帝国女皇叶卡捷琳娜二世非常喜爱厨师查理做的奶油鸡。后来，查理因为年老退休。一天，女皇叹气说：“许久没吃到查理做的奶油鸡了，心里像缺了点什么。”侍从听了慌忙去找查理。

查理听到女皇还惦记着奶油鸡，一改往日的萎靡，精神焕发地进了宫。菜端上来后，女皇对查理关切地说：“你辛苦了，早点回吧。”她目送查理出了宫，尝了一口鸡，然后叫来其他厨师交代了一番，待他们把它重新加工过才吃起来。

如此这般多次，侍从忍不住问：“查理上了年纪，他做的奶油鸡不再合您的胃口了，为何还非要找他来呢?”女皇笑了：“年岁越大的人，越需要被尊重。查理的确不再擅长做奶油鸡了，但在他心里，还是希望手艺一直被我认可。我不时地让他来，他就会感到自己还受重视，日子也会过得愉悦而充实。”

侍从这才知道：女皇挂念一道鸡，其实是表达对一位老厨师的尊重。

资料来源：女皇的尊重．生命时报，2014-07-18.

一个人首先产生的是最低层次的需求，当这一需求基本满足后，才关注更高层次的需求；在同一个人身上，这几种需求可能同时存在，但由于其心理发展程度等不同，占主导地位的需求也就不同；人的需求带有发展的、动态的性质。管理人员必须根据不同人的不同需求，研究调动积极性问题，开展具体管理活动。

2.3.3 双因素理论

双因素理论是由美国行为科学家弗雷德里克·赫茨伯格（Frederick Herzberg）于1959年提出的一种理论。

赫茨伯格在美国匹兹堡地区对200名工程师和会计人员进行了访问调查。他向这些人询问，在他们的工作中，有哪些事项是使他们感到满意的，并估计这种积极情绪持续多长时间；又有哪些事项是使他们感到不满意的，并估计这种消极情绪持续多长时间。结果他发现，使员工感到满意的都是属于工作本身或工作内容方面的；使员工感到不满的，都是属于工作环境或工作关系方面的。他把前者叫作激励因素，后者叫作保健因素。所谓保健因素，是指其满足对员工产生的效果类似于卫生保健对身体健康所起的作用。卫生保健不能直接提高健康水平，但有预防疾病的效果。同样，保健因素不能直接起到激励职工的作用，但能防止员工产生不满情绪。当保健因素改善后，职工的不满情绪会消除，但并不会导致积极的效果，而只是处于一种既非满意又非不满意的中性状态。只有激励因素才能产生使员工满意的积极效果。激励因素包括成就、上级赏识、工作本身、责任、进步等，保健因素包括公司的政策、管理、监督、工资、同事关系、工作条件等。但是，这两类因素有若干重叠现象。如赏识属于激励因素，基本上起积极作用；但当没有受到赏识时，又可起消极作用。

2.3.4 期望理论

期望理论是由美国行为科学家维克托·弗鲁姆（Victor H. Vroom）在1964年出版的《工作与激励》一书中提出来的。

期望理论是一种通过考察人们的努力行为与其所获得的最终奖酬之间的因果关系，来说明激励过程并选择合适的行为，以达到最终奖酬目标的理论。弗鲁姆认为，管理中各种激励因素作用力的大小，取决于员工对他所能得到的结果的全部预期价值乘以他认为得到该结果的概率。用公式可表示为：$M=E\cdot V$（式中，M是“激励力量”，E是“期望值”，V是“效价”）。激励力量是指被激发出的工作动机和强度。期望值是指人们根据个人的经验，对自己的行为导致所想得到的工作绩效和奖酬的概率的主观判断。效价是指人们对某一目标（奖酬）的重视程度与评价高低。这一公式说明，作为激励的某种目标如实现的可能性很大，而实现后对本人的效价又很高，那么其激励力量就大，人的积极性就高。期望值与效价二者之中任何一项为零，其激励作用就不存在。

要调动员工的积极性，必须处理好三方面的关系：第一，个人努力与绩效的关系；第二，绩效与奖励的关系；第三，奖励与满足个人需要的关系。一个人总是根据以往的经验，判定自身的努力与管理人员所配置任务的关系。任务太重，他可能感到经过努力也不能完成，就会失去信心，不能产生激励力量。人总是期望在达到预期工作目标、取得成绩后能得到合理的奖励。如果只要求组织成员努力工作，而没有相应奖励或者口惠而实不至，时间一长，人们被激发起来的工作动机会逐渐消退。为此，管理者要树立自己言必信、行必果的形象。奖励能否满足个人需要，这要看奖励本身的价值大小，以及个人对这一价值的需要程度。人的需要是不同的，因而同样的奖励对不同人的激励力量不同。即使是同一个人，其需要也是不断变化的。管理者应根据不同情况，区别对待。

2.3.5 X理论-Y理论

1957年，美国行为科学家道格拉斯·麦格雷戈（Douglas M. McGregor）在《管理评论》杂志上发表了一篇文章——《企业的人性方面》（1960年该文以书的形式出版）。在这篇文章中，麦格雷戈归纳了基于对人性的不同看法而形成的两种理论。

麦格雷戈把传统管理理论中对人性的看法称为X理论。这一理论的要点是：（1）多数人天生是懒惰的，他们都尽可能逃避工作。（2）多数人都没有雄心壮志，不愿负任何责任，并非心甘情愿受别人的指导。（3）多数人的个人目标都是与组织的目标相矛盾的，必须用强制、惩罚的办法，才能迫使他们为达到组织的目标而工作。（4）多数人干工作都是为了满足基本的生理需求和安全需求，因此，只有金钱和地位才能鼓励他们努力工作。（5）人大致可以分为两类，多数人都是符合上述设想的人，另一类是能够自己鼓励自己、能够克制感情冲动的人，这些人应负起管理的责任。

基于以上假设，以X理论为指导思想的管理理论的要点是：（1）重视完成任务，而不考虑人的感情。（2）管理工作只是少数人的事，与广大员工无关。员工的主要任务是听从管理者的指挥。（3）在奖励制度方面，主要用金钱来刺激员工生产的积极性，同时对消极怠工者采用严厉的惩罚措施。

麦格雷戈总结了马斯洛、克里斯·阿吉里斯（Chris Argyris）等人的观点，结合管理问题，提出了Y理论。Y理论是与X理论根本对立的，其基本内容如下：（1）一般人都是勤奋的，如果环境条件有利，工作如同游戏或休息一样自然。（2）控制和惩罚不是实现组织目标的唯一方法。人们在执行任务中能够自我指导和自我控制。（3）在正常情况下，一般人不仅会接受责任，而且会主动寻求责任。（4）在人群中广泛存在着高度的想象力、智谋和解决组织中问题的创造性。（5）在现代工业条件下，一般人的潜力只利用了一部分。

以Y理论为管理工作的指导思想的管理要点是：（1）管理重点的改变。管理要创造一种适宜的工作环境、工作条件，使人们能够充分挖掘自己的潜力，充分发挥自己的才能。（2）管理人员职能的改变。管理者的主要任务在于为发挥人的才智创造适宜的条件，减少和消除职工自我实现过程中所遇到的障碍。（3）奖励方式的改变。只有内在奖励（是指人们在工作中能获得知识，增长才干，充分发挥自己的潜力等）才能满足人的自尊和自我实现的需要，从而极大地调动起职工的积极性。（4）管理制度的改变。管理制度应保证员工能充分地施展自己的才能，取得自己所希望获得的成就。

专 栏

尊重员工是企业发展的前提

2020年9月5日，在江苏昆山，某公司一管理人员点名后，将员工证件一个个随手扔地上，员工一个个弯腰拾起。公司回应，管理失职，主管率团队致歉。对当事者不当行为将依厂规处理。

员工是人，不是机器。每一个普通员工的人格，都应该得到尊重。企业内部有职务高低之分，可人格没有高低。企业管理人员必须把员工的人格放在与自己对等的位置。虽说随手扔证件属个人行为，但是扔证件者是该企业管理层的一员，代表的是企业形象。这一管理失职的背后，是滥用职权欺凌员工，侮辱员工人格，赤裸裸地践踏了员工的尊严。

每个企业的发展都离不开员工的辛勤付出，尊重员工是企业发展的前提和保障。试想，一个被侮辱了人格，被迫弯腰捡拾证件的员工心里是什么滋味？他能为这样的企业尽心尽责工作吗？

办好企业，首先要学会尊重员工。尊重员工的人格是每一位企业经营者和管理者必须具备的最基本素养。企业无论规模大小，经济效益好坏，只有把员工当家人一样对待，员工才会把企业当作家一样爱护。一个懂得尊重员工的企业，才会得到社会的尊重。一个得不到社会尊重的企业，又怎能在社会上立足？

那些不尊重员工人格的企业该按"停止键"了。当然要杜绝类似侮辱员工人格、践踏员工尊严的现象，员工也应该增强自我维权的意识，该抵制时也要依法大胆说"不"。

资料来源：周家和．尊重员工是企业发展的前提．(2020-09-07)．华声在线．

2.4 系统科学时期的组织理论

从20世纪60年代到80年代，系统论、信息论、控制论等科学理论的应用和发展，为人们提供了一种综合、全面考虑问题的思维方式和卓有成效的科学研究工具，使人们能够融会各种知识和方法，注重学科的综合性，同时，用一种全新的视野从更广阔的范围对古典管理时期和行为科学时期的组织理论进行归纳和总结，克服其片面性与不足，吸取其精华要义，从而使组织理论的研究进入一个新的时期，即系统科学时期。这一时期的理论主要包括组织协作理论、决策组织理论、系统组织理论、生态组织理论和权变组织理论。巴纳德的组织协作理论和西蒙的决策组织理论较早地运用了系统方法对组织进行研究，尽管从时间上来看，远早于系统科学时期的其他组织理论，而与行为科学时期的组织理论在时间上更接近，但是，我们仍可以将它们归入系统科学时期。

2.4.1 组织协作理论

组织协作理论的代表人物是美国的切斯特·巴纳德。他的主要观点集中表现在其所著的《经理人员的职能》一书中，该书出版于1938年，但其中阐述的思想却是现代的。巴纳德被誉为“现代管理理论之父”，其主要贡献是从系统理论出发，运用社会学的观点，对正式组织与非正式组织、团体及个人做出了全面分析。

巴纳德的基本观点可以概括为：

（1）社会的各种组织都是一个协作系统。组织的产生是人们协作的结果，许多个人办不到的事情，通过协作可以办到。

（2）非正式组织对于正式组织的积极作用。非正式组织可能对正式组织产生某些不利的影响，但它对正式组织也产生积极的作用，其积极作用至少有三个：1）非正式组织具有促进信息传递的机能；2）非正式组织具有通过影响成员的协作意愿来维持正式组织内部团结的机能；3）非正式组织具有保护个人人格和自尊心的机能，并且能抵制正式组织在这方面的不利影响。

（3）正式组织有三个基本要素，即成员的协作意愿、组织的共同目标和组织内的信息交流。

（4）权威接受理论。权威的存在必须以下级的接受为前提，下级对权威的接受是有条件的。领导具有权威的条件是：领导的命令必须能让人们理解；命令必须与组织的目标一致；命令必须照顾组织成员的利益；命令应当让人乐意去执行。

（5）组织平衡论。一个组织必须保证对内平衡和对外平衡，这是组织存续的条件。所谓组织的对内平衡，是指通过把创造出来的经济和非经济诱因有效地分配给各个成员，保持各个成员的“诱因”和“牺牲”的平衡，从而确保成员协作积极性的过程。所谓组织的对外平衡，是指组织作为一个整体不断适应外部环境变化的过程。这个外部环境主要包括社会、经济、技术等环境。

（6）经理人员的职能。组织中经理人员有以下三项职能：1）建立和维持一个信息流动的系统；2）从组织成员那里获得必要的服务；3）规定组织目标。上述三项职能是相互联系和相互依存的。其中一项职能自动产生其他两项职能，并以它们为依据，它们是一个有机整体中的组成要素。

2.4.2 决策组织理论

决策组织理论的代表人物是美国的赫伯特·西蒙（Herbert A. Simon），其代表作为《管理决策新科学》。在西蒙丰富的管理理论中，有关决策组织的理论主要归纳为以下几个方面：

（1）组织决策论。组织就是作为决策者的个人所组成的系统。在组织中，决策贯穿管理的全过程，管理就是决策。决策存在于组织的各个层次和各级各类人员当中，正是通过这种层层决策、人人决策，组织才得以统一起来，形成一个整体。

（2）组织目标论。西蒙认为，组织的目标就是追求决策的合理性，而合理性则取决于为实现某一目标而合理选择的手段。通过对目标与手段的关系的分析，西蒙找到了一种新的决策方法。这种方法的核心是：首先为要实现的总目标找到一些手段和措施，然后把这些手段和措施看成是下一层次的目标，再为完成这些下一层次的目标找出一些更详尽的手段和措施来，这种目标与手段的互相转化便构成一个“目标层级体系”，在这个层级体系中反复找下去，直到有了现成的解决办法为止。

（3）组织设计论。西蒙认为，组织的设计要有利于组织决策，有利于决策所需的信息传递和信息处理。因此，他的组织设计思想主要体现在以下几个方面：1）组织的结构形态。这是组织设计的首要问题。2）组织的专业分工。西蒙主张将作为整个决策系统的组织分解为彼此相对独立的子系统，使各个子系统的信息处理能力和技术手段同其决策任务相适应。3）组织的工作重心。由于组织成员的信息处理能力有限，组织必须把自己有限的能力投入重要的决策任务。4）组织的权力配置。在组织设计中，权力的配置方式有集权与分权两种。西蒙主张集权和分权要适度。

专 栏

“三重一大”事项决策程序

一、酝酿决策

1. 在“三重一大”事项决策前，必须进行广泛深入的调查研究，充分听取各方面意见。对专业性、技术性较强的事项，应进行专家论证、技术咨询、决策评估；对与人民群众利益密切相关的事项，应实行听证和公示制度，扩大人民群众参与度；对涉及稳定方面的重大决策，还应进行稳定风险评估。

2. 在充分征求各方面意见的基础上，按规定程序提出初步议题，并将议题的有关材料在领导班子会议召开前送达参加人员，保证其有充分时间了解相关情况，最后提交领导班子集体研究。

3. 提请党政领导班子联席会议审议的“三重一大”事项议题应按规定程序提出，除遇突发事件和紧急情况外，不得临时动议。

二、集体决策

1. 讨论决定“三重一大”事项时，局长必须到会，班子成员原则上不得少于2/3，以超过到会领导人数的1/2通过形成决定。

2. 在决策“三重一大”事项的会议上，班子成员应对决策建议逐个明确表示同意、不同意或保留意见，并说明理由。因故未到会的班子成员可以书面形式表达意见。局长应在其他班子成员充分发表意见的基础上，最后发表意见。班子成员的表决意见和理由等情况，应形成会议记录。

3. 对讨论中意见分歧较大或发现有重大问题尚不清楚的，除在紧急情况下按多数意见执行外，应暂缓决策，待进一步调查研究后再做决策。

三、执行决策

1. “三重一大”事项经党政领导班子联席会议决策后，由班子成员按分工和职责组织实施。遇有分工和职责交叉的，明确一名班子成员牵头。

2. 个人对集体决策有不同意见的，可以保留，但在没有做出新的决策前，应无条件执行。同时，可按组织程序向上级党组织反映意见。

3. 个人不得擅自改变集体决策，确需变更的，应由党政领导班子联席会议重新做出决策；遇重大突发事件和紧急情况做出临时处置的，应在事后及时向班子成员通报，未完成事项如需重新做出决策的，经再次决策后，按新的决策执行。

资料来源："三重一大"事项集体决策制度．（2020-03-27）．平顶山市教育体育局网站．

2.4.3　系统组织理论

最早将一般系统论运用于组织研究的是美国哈佛大学社会学教授塔尔科特·帕森斯（Talcott Parsons），他把组织看作一个由相互依赖和相互作用的部分构成的具有一定功能的有机整体，他认为任何一种组织，其本身就是一个社会系统，在这个社会系统内又包括了许多小的社会系统。帕森斯的系统组织思想为美国学者理查德·约翰逊（Richard A. Johnson）、弗里蒙特·卡斯特、詹姆斯·罗森茨韦克等人所继承，他们三人于1963年合著了《系统理论和管理》。此后，卡斯特和罗森茨韦克于1970年又合作出版了《组织与管理——系统方法与权变方法》。

系统组织理论从系统观点出发，认为企业组织是一个由相互联系的各个要素（子系统）组成的，能够达到一定目标（既有组织的目标，又有其成员的个人目标）的系统。在组织的系统模式中，五个子系统分别是：

（1）目标与价值分系统。处于社会环境中的组织，在实现组织目标的过程当中，必须考虑影响目标及与目标相适应的基本价值观念。由于价值观是影响人们社会作用和选择行动的规范性的标准，因此，组织的生存依赖于其内部参与者及外界社会共同持有的最低限度的价值观念。

（2）技术分系统。它是指组织为达成目标所需运用的各种技术与知识，这是开展日常工作所必需的。

（3）社会心理分系统。它由相互作用的个人和群体所组成，包括个人的行为动机、地位与角色的关系、团体动态性以及影响力系统等，个人的价值观念、情绪、态度、期望等因素也会在一定程度上影响这个子系统。

（4）结构分系统。它可以被看作一个组织内各构成部分或各个部分间所确立的关系的形式。如组织中人员的地位等级和权责分配关系、上下指挥监督关系、平行业务关系等的正式说明，通常可以通过组织系统图表示出来。此外，像工作说明书、办事细则、组织规程等，也都是规范的结构分系统必要的条件。

（5）管理分系统。它贯穿整个组织，主要作用是整合、协调、设计及控制，如组织目标的确立、策略的运用、结构的设计、工作的分配、控制过程的安排等。从结构层次方面看，管理分系统可以分为作业分系统、协调分系统和战略分系统三个层次；从基本职能方面看，管理分系统可以分为决策、计划和控制三种职能。

系统组织理论认为，企业组织是一个开放的系统，它同周围环境之间存在着动态的相互作用，并具有内部和外部的信息反馈网络，能够不断地自动调节，以适应环境和自身的需要。

2.4.4 生态组织理论

生态是指生物体的生存空间和条件，它与生物体共同构成生态系统。在这个系统中，生物体与环境进行物质、能量和信息的交换，从而实现自身新陈代谢的生命过程，并维持生态系统的动态平衡。从生态学的角度来考察和研究组织，就是强调组织的环境适应性和变动性，使组织与其内外环境始终保持良性互动关系。

最早提出借用生态学的方法来研究公共行政问题的学者是美国哈佛大学教授约翰·高斯（John M. Gaus）。1936 年，他在一次演讲中首次提出政府组织与行政行为必须考虑环境因素，要对行政环境做集中研究。同年，在《美国社会与公共行政》一文中，他又指出行政环境与公共行政有着密切的关系。由于高斯的方法是生态研究的方法，因此，在高斯那里，行政环境被称为行政生态环境，对行政环境做专门研究的学科叫作行政生态学。

高斯开创的研究方法在哈佛大学的另一名教授弗雷德·里格斯（Fred W. Riggs）那里得以发扬光大。1961 年，里格斯出版了《行政生态学》一书，系统运用生态学的方法来研究行政与环境的互动关系，取得了巨大成功，为行政学的研究开辟了一条新途径。里格斯从各国不同的政治、经济、文化和历史等因素出发，运用“物理学光谱分析”和“结构功能分析法”，提出了三种行政组织模式并阐述了它们的功能，如图 2-1 所示。

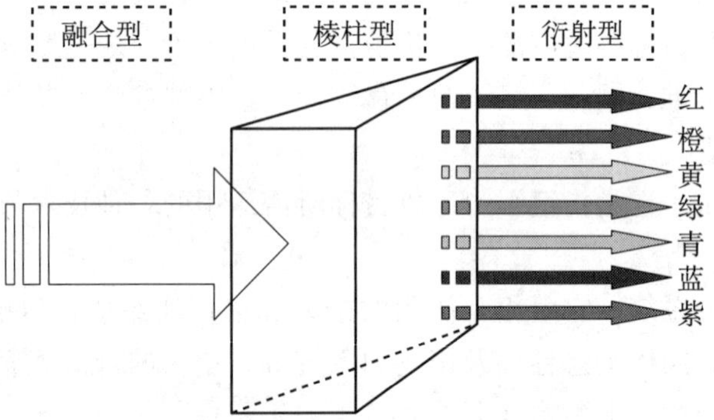

图 2-1　三种行政组织模式及其功能

（1）与农业社会相适应的融合型模式（fused model）。在农业社会中，社会结构是混沌不分的，如同折射前的自然光是白光一样。它以农业为经济基础，没有明确、细致的社会分工。与之相适应，行政行为与其他行为，如政治行为、立法行为、司法行为、战争行为等，是混杂在一起的，没有专业化的行政机构，因而行政效率低下。其权力来自君主；官吏往往来自特殊阶层，实行世卿世禄制度；政府与民众沟通很少，官僚职位重于政府政策，行政风格带有浓厚的亲属主义色彩。

（2）与工业社会相适应的衍射型模式（diffracted model）。白光经过棱柱体的折射后，分解为红橙黄绿青蓝紫七色光，这如同现代化工业社会，整个社会有着明确的、细致的分工。故政府职能也是明确的，有着分工极细的行政机构，执行着不同的行政职能，讲求行政效率与科学性；民众与政府沟通较多，有影响政府决策的渠道；行政风格体现平等主义、成就取向。

(3) 与过渡社会相适应的棱柱型模式（prismatic model）。里格斯将介于农业社会和现代化工业社会之间的社会形态称为过渡社会。由于其过渡性，故既保持着传统社会的一些特征，又具有现代社会的一些因素。在行政方面，行政行为已经渐渐与其他社会行为区分开来，但还未完全分化；专业化的机构已经建立起来，但还不能正常运作，功能有限；行政过程仍受各种传统势力的制约；等等，因而行政效率低下。这种情形，如同光进入棱柱中的折射过程，所以可称为棱柱型模式。

2.4.5 权变组织理论

权变组织理论是在系统组织理论和生态组织理论基础上发展起来的一种侧重于组织管理方式与管理技术的理论。这一理论形成于20世纪六七十年代，代表人物有英国的琼·伍德沃德（Joan Woodward）等人。

权变理论的形成是以开放系统为基础的，权变理论强调每个组织的环境和内部子系统都各有其特点，并直接影响了组织的设计和管理。权变方法试图把所有的条件和状况归纳为几个基本类型，给每一类型找出一种解决模型，以保证各种不同的管理方法都有成功的机会。其基本假设是，虽然不存在为所有组织解决所有管理问题的最好办法，但是必然存在为某个组织解决特定的管理问题的最好办法。

权变理论的内容可以简单表示为管理因变量和环境自变量之间的一种函数关系。权变方法强调管理者的实际操作方式取决于既定的环境（或称为情境）。这一方法可以归纳为“如果……那么……”的关系。如果情境变化，那么管理者就应该采取相应的行为。权变理论认为：管理中并不存在什么最好的方法，相反，管理者必须明确每一情境中的各种变数，了解这些变数之间的关系及其相互作用，把握原因与结果的复杂关系，从而针对不同情况灵活变通。管理学的任务就在于，归纳出管理中的情境究竟由哪些因素组成，它们又有多少种存在状态，有多少种管理方法。对管理中的各种可变因素，可以着重从六个方面加以考察，它们是：组织的规模；组织中人员的相互联系和影响程度；组织成员的技巧、能力、志向、兴趣以及个人性格；目标的一致性；决策层次的高低；组织目标的实现程度。

2.5 当代组织理论

进入20世纪七八十年代以后，国际政治动荡起伏，世界经济变幻莫测，科学技术日新月异，各种文化相互渗透，市场竞争日益激烈。管理学对在全球竞争条件下的企业的生存和发展进行了深入的思考，形成了一些新的理论。这些管理理论我们称之为当代管理理论。当代管理理论是一个异彩纷呈的理论体系，其中与组织管理直接相关的理论有目标管理理论、全面质量管理理论、绩效管理理论、学习型组织理论、网络组织理论等。

2.5.1 目标管理理论

1954年，彼得·德鲁克（Peter Drucker）在《管理的实践》一书中，首先提出了“目标管理”（management by objectives，MBO）的概念，比较系统地提出了企业目标管理的基本理论，之后在《卓有成效的管理者》《管理：任务、责任、实践》《为成果而管理》等著作中，又多次做过阐述。

一般说来，实行目标管理需要遵循以下三个步骤：

（1）制定目标。制定目标要进行科学的预测和决策，整体目标与基本方针应明确与精练，目标与方针要让群众了解，从上而下层层分解，目标应形成体系。制定目标的原则是：目标要有重点；目标应具体，以定量的方法表示；目标要适合执行者的工作能力，经过努力可以完成；制定目标要考虑各方面关系的协调；相互关联的部门之间应制定共同目标。

（2）实施目标。目标分解后，按照目标体系的要求，协调各方面的关系，努力实现目标是实施目标阶段的内容。实施目标的中心环节是建立严格的责任制，实行自我控制。在实施目标的过程中，下级要及时将完成目标的情况向上级汇报，上级在下级完成目标的过程中要进行必要的指导、帮助和检查。实施目标阶段应遵循的原则是：根据目标逐级主动地实施；上级对步骤、方法不能干涉，应尽力协助，支持目标的实施；目标的修正要慎重、全面、细致，要充分了解群众的想法，了解完成目标的可能性。

（3）评价目标。评价目标阶段是在实施目标阶段完成后进行的。不同目标有不同的实施周期，从整个目标管理过程看，评价目标阶段又是同制定目标阶段和实施目标阶段交叉进行的。评价目标应遵循的原则是：赏罚分明，奖勤罚懒；根据实现目标的程度和工作成绩的大小、好坏进行奖惩；对完成目标的情况进行分析，肯定成绩、纠正错误；着手新的目标管理循环，制定新目标，确定实施措施，把目标管理推向一个新水平。

专 栏

以SMART法则制定年度目标

- S（specific，特定性）：别说去找客户，要说“每天都会去开发新客户”。
- M（measurable，可测性）：要说“每天开发出50个具有100万元以上消费能力、有购买意愿的新客户”。
- A（attainable，可实现性）：别制定遥不可及的目标。
- R（relevant，相关性）：勇于拒绝跟目标无关的事，用词可婉转。
- T（time-based，有期限性）：这样才能评估成效。

2.5.2 全面质量管理理论

20世纪中期，费根鲍姆（A. Feigenbaum）提出了全面质量管理（亦称全面质量控制）的概念。

全面质量管理的实施大致是由以下步骤构成的：

（1）对全体员工进行全面质量管理思想的教育，以达到以下目的：将满足顾客的需求放在首位，让每个人深刻理解“顾客满意”的思想。为了理解并实施“顾客满意”，可以将员工分组进行“换位思考”。要树立百分之百合格产品的责任感，使全体员工都成为抓质量的主人。

（2）明确顾客需求，搞清楚什么样的产品是让用户满意的产品。要使全体员工充分了解市场，例如，经常向大家展示别的厂商的产品并进行研究，让大家明白别人是怎么做的，自身有何差距，真正明白什么是好的合格的产品。

（3）建立明确的质量基准和质量测评制度以及激励机制。产品好坏一定要有一个明确公开的标准来衡量。每个人都可以把自己的工作结果与之对照，从而知道自己做得是好是坏。而且，这种标准要以一种制度的形式切实付诸实施，才能增加可信度，建立相对完善的激励机制。

（4）改变质检人员“挑问题者”的角色，消除他们同开发者之间的隔阂与对立。可以采取三种措施：1）让质检人员与开发者一起参加有关培训，使他们彼此更好地理解对方的工作；2）让质检人员成为开发小组的一部分，让小组成员有更多的了解；3）提高质检人员与开发者的沟通技巧。

（5）建立一套明确一致的解决问题的方法。一旦出现问题，大家能够按照此方法去解决问题，而不是互相埋怨或手足无措。常用于解决问题的方法是六步法：讨论并确定问题；找出问题的根源；提出可能的解决方法；选择最佳办法；建议、批准和实施；测试、评估、调整。

（6）把质量管理与企业文化建设结合起来，在全体员工中培育主人翁意识和敬业精神。要让员工有一定的自由和权利。只有员工们有了权利，才会有主动性。

（7）建立质量小组，加强团队工作中的培训。质量小组可以由不同角色的人员组成，负责发现质量问题，讨论解决方法，提出并实施解决方案；培训员工，尤其是团队负责人；教给大家如何更好地交流，如何更好地合作，如何在解决问题时对事不对人。

专　栏

加强全面质量管理 加快推进质量强国建设

习近平总书记指出，质量是人类生产生活的重要保障。在人类社会发展历程中，每一次质量领域变革创新都促进了生产技术进步、提高了人民生活品质。中国致力于质量提升行动，提高质量标准，加强全面质量管理，推动质量变革、效率变革、动力变革，推动高质量发展。

近年来，我国质量强国建设取得显著成效。在经济转向高质量发展的关键节点和“十四五”规划开局之年这个关键时期，开展2021年全国“质量月”活动，评选第四届中国质量奖、举办中国质量（杭州）大会等意义重大，有助于把握新发展阶段、贯彻新发展理念、构建新发展格局，大力实施质量强国战略，深入开展质量提升行动，全面加强质量安全监管，有力支撑经济社会高质量发展。

资料来源：加强全面质量管理 加快推进质量强国建设．（2021-12-20）．人民网．

2.5.3 绩效管理理论

目前世界范围内被广泛谈论和应用的绩效管理的理论方法体系主要有两个，即关键绩效指标法（key performance indicator，KPI）和平衡计分卡法（balance scorecard，BSC）。

关键绩效指标法对绩效管理的最大贡献，是指出企业绩效指标的设置必须与企业的战略挂钩，其“关键”两字的含义即指在某一阶段一个企业战略上要解决的最主要的问题。关键绩效指标法的注意力集中在绩效指标与企业战略的挂钩上，其弱点主要是：其一，虽然它正确地强调了战略的成功实施必须有一套与战略实施紧密相关的关键绩效指标来保证，但没有进一步将绩效目标分解到企业的基层管理及操作人员；其二，关键绩效指标法没能提供一套完整的对操作具有具体指导意义的指标框架体系。

平衡计分卡法是由哈佛大学商学院著名的教授罗伯特·卡普兰（Robert S. Kaplan）创立的。它既强调了绩效管理与企业战略之间的紧密关系，又提出了一套具体的指标框架体系。平衡计分卡法的指标框架体系包括四部分（或称为四个指标类别）：（1）学习与成长性的；（2）内部管理性的；（3）客户价值的；（4）财务的。平衡计分卡法明确地提出，绩效管理就是要让企业的每一位员工每天的行动都与企业的战略挂钩。

绩效管理具体包括如下四个环节：

（1）绩效计划（performance planning）。绩效计划是一个确定组织对员工的绩效期望并得到员工认可的过程。由于绩效包括结果绩效和行为绩效两个部分，因此，绩效计划必须清楚地说明期望员工达到的结果以及为达到该结果所期望员工表现出来的行为和技能，即确定工作目标（work objectives）和发展目标（development objectives）。

（2）管理绩效（managing performance）。管理绩效主要采用以下三种形式：辅导（coaching）、咨询（counseling）和进展回顾（progress review）。由于组织的扁平化和分散化，必须鼓励员工进行自我管理，员工应该能够管理自己的绩效，而不过多地依赖领导。

（3）绩效考核（performance appraisal）。绩效考核是一个按照事先确定的工作目标和发展目标及其衡量标准，考查员工实际绩效情况的过程。绩效合同是进行绩效考核的依据。

（4）奖励绩效（rewarding performance）。奖励系统应能反映不同员工的需要。通常的奖励方式有绩效工资、表扬、晋升、个人奖金、团队奖金、奖品、特殊津贴等。

2.5.4 学习型组织理论

学习型组织是由美国学者彼得·圣吉（Peter M. Senge）提出并做出系统阐发的组织理论。所谓的学习型组织是这样一种组织类型，它能够在组织整体层面充分开发每个员工的创造性，努力形成一种弥漫于组织整体的学习气氛，因学习而使组织成员的个人价值得到体现，并促进组织绩效大幅度提高。

组织要持续发展，必须重视组织变革、组织创新和制度创新，必须强化目标和公共价值观，严格制度，培训人员，必须增强组织的整体能力，提高整体素质。这是学习型组织的基本精神。

从组织结构上看，学习型组织所拥有的是一种以“基层”为主的扁平的组织结构。所谓以基层为主，是指这种组织尽最大可能让决策权向组织结构的下层移动，让基层单位拥有充分的自主权，并对产生的结果负责。

学习型组织所突出的学习是不能简化为组织成员个体学习的，它强调组织成员学习的意义，但更注重组织学习，是组织成员个体学习与组织学习的统一。也就是说，虽然学习型组织必然会为其组织成员主动、自觉的学习提供良好的氛围，却不能够归结为其成员的学习。对于一个组织来说，即使有很多成员在刻苦学习，也并不意味着它就成了学习型组织。所以，对于学习型组织，应当更多地从组织学习这个概念上来加以认识。所谓组织学习，往往是通过这样几种方式实现的：

（1）系统地解决问题。组织学习表现在利用科学的方法收集数据，系统地分析组织所遇到的问题产生的原因，把握不同因素之间的联系，并能够从中找出解决问题的最有效的方法。

（2）注重试验。组织学习还表现在不断地进行探索性的试验，而且这种试验主要是面向未来的，是为了把握机会、拓展空间而开展的创造和检验新知识的活动。

（3）从自己过去的经验中学习。组织能够时时审视自己过去的成败得失，系统地、客观地对其做出评价，并将其评价向所有成员开放，从而使整个组织认清“有价值的失败”与“无意义的成功”对组织的影响。

（4）向他人学习。组织能够不断地向同行学习，不断地揭示、分析、采纳与实施业界最佳管理经验。

（5）在组织内部实现充分的知识共享。组织能够保证全体成员、所有团队或部门积极行动，促进知识在组织内部快捷流畅地传播。

专栏

如何建立学习型组织?

1. 树立共同的学习目标，使组织中的每个人都成为具备单独学习能力的人。

2. 不断地审视自己，经常评价自己，让自己处于不断思考、不断学习、不断进步的良性循环当中。

3. 员工之间相互学习，对在日常工作中总结出的行之有效的办法和经验进行分享，打通内部的信息交流。

4. 在组织中营造一种学习的氛围，学习的形式应该不拘一格，只要对于整体的学习氛围有帮助，那么不管是交流会还是座谈会，都是可以的。

5. 将每次学习的经验总结下来，在总结中，对组织的经验、文化进行收集、整理、加工和再编辑，形成组织的核心竞争力。

6. 不断地调整组织的结构，减少不必要的、无效的沟通，提升组织中信息的传递效率，这样更利于学习型组织的建立。

2.5.5 网络组织理论

网络组织是一种适应知识社会、信息经济与组织创新要求的新型组织模式。就目前而言，人们对于网络组织还没有完全达成共识，对其研究仍然处于一个不断探索的阶段。广义的网络组织是指两个或两个以上的独立的实体为迅速提供产品和服务，在一定时间内结成动态联盟，从而以强大的成本优势和机动性，完成单个组织难以承担的任务。这种定义并不强调必须以信息技术为工具，而是强调合作和外部资源整合，以及对外部环境的反应速度和联盟的相对动态性。狭义的网络组织在组织特征方面比较理想化，强调运用信息技术（特别是网络技术）达成一种完全松散、平等的组织形态。一般地说，网络组织是由多个独立的个人、部门、企业为了共同的任务而组成的联合体，其运行不是靠传统的层级控制，而是在界定各成员角色和任务的基础上，通过密集的多边联系、互利和交互式的合作共同完成目标。

网络组织由几个有共同目标和合作协议的组织组成，其成员之间原先可以是合作伙伴，也可以是竞争对手。这种组织形式改变了传统组织之间你死我活的输赢关系，形成一种双赢或多赢关系。它通过整合各成员的核心能力和资源，在管理、技术、资源等方面拥有得天独厚的竞争优势。作为一种新型的组织形式，网络组织具有自身独特的优势，但也存在其内在的弊端。一般说来，它具有以下一些特点：(1) 组织边界模糊；(2) 高度的流动性和灵活性；(3) 并行作业，共享各成员的核心能力；(4) 高协作成本；(5) 蕴含高风险。

从网络组织的构建和运作看，有两个重要因素：一是合作关系；二是运作平台的网络。在网络组织之间形成良好的合作关系是网络组织构建过程中面临的挑战，除了需要成立一个由盟主和合作伙伴的相关人员构成的协调总部这一组织上的保证外，网络组织还必须采取各种手段来防范合作关系中存在的“机会主义倾向”，一般说来有两种手段：契约和信任。网络组织的运作平台包括四个网络：信息网络、知识网络、物流网络和契约网络。其中，信息网络是网络组织最基础的运作平台；知识网络则是在组织内部与合作对象之间建立的增强性或互补性的网络；合作所产生的大量物流形成了物流网络；契约网络实际上就是合作网络，其关系的维护主要不是依靠制度规范和再谈判来对契约进行适应性调整，而是依靠彼此间的信任和每次合作对对方的较高满意度。

2.6 行政组织理论

以上所探讨的组织理论在一定程度上可以理解为一般组织理论，对公共组织进行专门的理论研究是从公共行政学产生以后才开始的，当然这种研究是以行政组织理论为核心的。西方行政组织理论的发展经历了传统公共行政学时期、新公共行政学时期和新公共管理时期。马克思主义组织理论对于社会主义国家的政府组织建设有着极为重要的意义。

2.6.1 传统公共行政学组织理论

行政学诞生的标志性文献是威尔逊（T. W. Wilson）的《行政学研究》，这篇文章发表在1887年美国的《政治学季刊》上。在这篇文章中，威尔逊通过回顾行政研究的历史，指出行政与政治的不同，认为有必要建立一门独立的行政科学，去研究政府能够做什么，以及如何以最高的效率和最低的成本去做这些事情。威尔逊为行政学的研究确立了一个大概的范围，认为行政学需要研究人事问题、组织问题和一般性的管理问题，特别是应当把注意力集中在组织的有效性和效率问题上。但是，威尔逊的主要贡献并不在于为行政学确定研究的范围，他的贡献在于提出了行政学赖以独立的前提，即政治与行政二分原则。

在威尔逊之后，古德诺（F. J. Goodnow）在1900年出版了《政治与行政》一书，对威尔逊的这一思想做了进一步的阐发，从而使"政治与行政不同"的思想得到了广泛的传播。根据古德诺的看法，政治是国家意志的表达，行政是国家意志的执行；政治主要与政策的制定相关联，而行政则是对政策的执行。由于具有这些不同，行政完全可以避开政治的纷乱和冲突，从而成为一个纯粹技术性的领域，它在国家意志和政策的执行中，要求合乎技术标准并追求最高的效率。

马克斯·韦伯通过他的科层组织理论的建构，解决了威尔逊思想付诸实施的技术性问题，也就是说，韦伯的科层组织理论把威尔逊的思想变成了可以实施的制度性方案。韦伯认为，理想的官僚制组织是建立在"合理-合法"权威基础上的，是从属于技术理性原则的，拥有工具的合理性，是层次分明、制度严格、权责明确的等级制组织模式。而行政学正是要根据这些精神来分析和研究政府，对政府在实际运行中的一切不合乎技术理念和技术标准的方面提出改进意见。

伦纳德·怀特于1926年出版了《行政学导论》，这是世界上第一本行政学教材。在此书中，他对行政组织进行了系统、全面的阐述，为行政组织理论的发展提供了如下基本框架：

（1）行政组织体制。组织体制是行政组织的核心。他结合英美当时行政组织体制的状况，将行政组织体制分为三类，即自治型与官僚型、中央集权型与地方分权型、独立型与权力汇一型。

（2）行政责任与权力的分配。政府的行政效率从根本上来说是以行政组织中责任与权力的适当分配为基础的。适当的权力必须与确定的责任同时存在。

（3）优良行政组织的标准。优良行政组织的标准包括：能够获得优秀的人才；组织成员有一致的责任和适当的权力；将行政官员区分为政务官和事务官，明确各自的权责和任务，以职务划分原则，确定指标；设置协调机构，专门从事综合协调工作；设计有效的测量标准，对组织的管理效率进行精确合理的测量。

2.6.2 新公共行政学组织理论

新公共行政学是相对于传统公共行政学而言的，代表人物有沃尔多（D. Waldo）、弗雷德里克森（H. G. Frederickson）等人。

新公共行政学在对传统公共行政学进行反思和批判的基础上，提出了新公共行政学的组织理论。新公共行政学认为，传统公共行政学对组织问题研究的不足在于：一是只注重研究行政组织本身；二是理论上太空洞。而新公共行政学是把政府的内部行政管理置于次要地位，从一种全新的角度去认识组织的运作和对行政现象进行分解。新公共行政学认为在公共行政组织中，存在以下四种基本的运作过程：

（1）分配过程。新公共行政学必须关心分配形式，必须依据从公共行政项目实施中取得的效益来处理对特定人员的物质和服务的分配问题。“成本-效用”或“成本-效益”分析是主要的技术和有效手段，是新公共行政学的核心内容。

（2）整合过程。整合过程是指通过权威层级来协调公共行政组织中人的工作的过程。权威层级是基本手段，组织中的成员所要完成的任务通过层级串联在一起，以建构一个有内聚力的、能有效实现目标的组织整体，并使其运行机制更加有利于各种行政任务的完成。

（3）边际交换过程。这是指公共行政组织与其他相关组织及目标群体之间建立共生关系的过程。这些相关组织、群体包括立法机关、被选任的行政官员、辅助参谋机构、服务对象以及有组织的利益集团。

（4）社会情感过程。这实际上是一种社会情感训练的过程，它可以被视为一种技术，如敏感性训练、组织开发方法等。社会情感训练技术是行政管理变革的基本工具，这些技术到目前为止对行政官僚机构一直起着加强和改进作用，今后对分权化的和有可能按项目设置的组织也应该起到促进作用。社会情感训练能使行政人员降低对权威层级的依赖，接受各种风险的挑战，对各种冲突采取宽容的态度，以提高行政机构整体适应各种社会环境的能力。

2.6.3 新公共管理组织理论

按照新公共管理组织理论的观点，政府不应该是一个高高在上的、自我服务的官僚机构，而应该是一个为公众服务的机构；公众作为为政府提供税收的“纳税人”，是政府的顾客，理应享受政府提供的良好服务，公共部门有义务提高服务质量。为了提高公共部门的服务效率，政府有必要引进私营部门的管理方法，因为私营部门具有比公共部门优越的管理创新能力、管理方式、管理手段、服务理念、服务质量和经济效率。政府管理应按照顾客的要求，倾听顾客的意见，建立明确的服务标准，提供回应性服务，以实现改善公共服务的目的。在他们看来，政府应是一种企业型政府，像企业那样，尊重顾客，按照顾客的需求提供服务。公共服务不应只考虑投入，还要重视产出，重视服务质量。

专　栏

行政管理、公共行政与公共管理

在中国，行政管理一词是由英语“public administration”翻译过来的。在20世纪50年代以前，该词一般被译为公共行政。1952年院系调整时，公共行政学被取消，我国公共行政学的研究被迫中断，尽管行政的概念被保留下来，但公共行政的概念被停止使用了。

20世纪80年代，许多学者为了突出管理性，把“public administration”译为行政管理。当时成立的相关教学、研究机构叫作“行政管理学研究所”“行政管理学系”等。今天众所周知的“行政管理”就是沿袭当年称呼的结果。因此，具有中国特色的“行政管理”其实就是西方意义上的“公共行政”。

虽然是由西方的“public administration”翻译而来，但是，在中文意义上，行政管理的概念侧重于技术问题，追求行政行为的效率。自从有了国家，就有了行政管理的问题，但只有服务于公共利益和以满足公众需求为出发点的行政体系才能够被称为公共行政。

随着新公共管理运动的兴起，公共管理（public management）这一概念也被引入我国。20世纪90年代中期，有的学者建议引进西方公共行政硕士（Master of Public Administration，MPA）专业教育，为了区别于常规教育的公共行政专业，有意把专业学位译作公共管理硕士。这样一来，中文的“公共管理”就有了两个对应的英文：“public management”和“public administration”。

在西方，“公共管理”（public management）是“公共行政”（public administration）的分支内容，由其管属；而在中国，“公共管理”（public administration）涵括“公共行政”（public administration）。按照我国现行的学科分类，行政管理学属于公共管理学的二级学科。公共管理学作为一个一级学科，下面包含了多个二级学科。这些二级学科分别是行政管理、土地资源管理、社会保障、公共政策、教育政策与管理等。

在进行国际学术交流时，公共行政和行政管理都译作“public administration”；公共管理则需要视情况翻译，比如，新公共管理要译作“new public management”，而公共管理学院则译作“school of public administration”而不是“school of public management”。这说明，我们在对待这些概念时，是“内外有别”的。

新公共管理组织理论的突出代表是“重塑政府理论”，该理论是由美国学者戴维·奥斯本（David Osborne）和特德·盖布勒（Ted Gaebler）在《改革政府：企业家精神如何改革着公共部门》一书中提出的。在这本被称作20世纪90年代美国联邦政府改革蓝图的著作中，作者勾勒出了一种新的政府形象：起催化作用的政府，掌舵而不是划桨；社区拥有的政府，授权而不是服务，服务由社区提供；竞争性的政府，把竞争机制注入提供服务中去；有使命感的政府，改变照章办事的组织；讲究效果的政府，按效果而不是按投入拨款；受顾客驱使的政府，满足顾客的需要，而不是官僚政治的需要；有事业心的政府，有收益而不浪费；有预见的政府，预防而不是治疗；分权的政府，从等级制到参与和协作；以市场为导向的政府，通过市场力量进行变革。

2.6.4　马克思主义组织理论

马克思、恩格斯在总结巴黎公社经验的基础上，对社会主义国家政府组织的建设提出了重要的原则构想。主要是：（1）人民参加政府管理；（2）建立“廉价政府”，简化机构；（3）在政府组织形式上，采取巴黎公社“议行合一”的形式；（4）彻底清除国家等级制，“以随时可以罢免的勤务员来代替骑在人民头上作威作福的老爷们，以真正的责任制来代替虚伪的责任制”[①]，同时，使这些勤务员经常处于公众监督之下。

列宁亲自领导和建立了世界上第一个苏维埃政权，对社会主义国家政府组织的建设进行了实践的探索和理论的总结，提出了行政组织建设的若干重要理论原则，主要是：（1）精简机构；（2）民主管理；（3）强调政府组织的效能问题；（4）为克服政府组织中的官僚主义现象，应把行政机构改革提到重要位置。

以毛泽东为代表的中国共产党人在民主革命时期的革命根据地建立了人民政权，在政府组织建设方面积累了丰富经验，创立了一些适合我国实际的行政组织原则。主要是：（1）坚持共产党对政府组织的领导；（2）依靠人民群众管理政府；（3）政府组织的设置必须适应革命中心任务的需要；（4）实行民主集中制的原则，较好地划分中央政府与地方政府的职权，调动各方面积极性；（5）精兵简政；（6）注重政府组织的作风建设，强调实事求是、密切联系群众等；（7）加强思想政治工作，形成官兵一致、军政一致、军民一致的良好人际关系。新中国成立后，这些经验和原则被应用到政府行政组织的建设上，并得到了进一步的补充和完善。

邓小平在领导我国社会主义现代化建设和改革开放的过程中，进一步丰富和发展了马克思主义的行政组织理论：（1）针对我国存在的机构臃肿、层次重叠、手续繁杂、效率低下的问题，明确提出“精简机构是一场革命”[②] 的论断；（2）提出改革的目标是建立“精简、统一、效能”的行政组织体系；（3）提出改革的方针是“胆子要大，步子要稳，走一步，看一步”[③]。邓小平的行政组织理论为我国机构改革的深化指明了道路和方向。

20 世纪 80 年代以来，我国所进行的以机构改革和行政管理体制改革为主要内容的行政组织改革都取得了阶段性成果。但是，也出现了机构的“精简—膨胀—再精简—再膨胀”的循环怪圈。而且，由于机构改革只在国家机关和政府机关内部进行，因而机构改革的效果民众体会不到，改革的成果很难巩固。因此，江泽民在党的十五大报告中严肃指出：机构庞大，人员臃肿，政企不分，官僚主义严重，直接阻碍改革的深入和经济的发展，影响党和群众的关系。这个问题亟待解决，必须通盘考虑，组织专门力量，抓紧制定方案，积极推进。

行政管理体制改革是行政组织改革的重要内容，也是深化改革的重要环节。胡锦涛在党的十七大报告中指出，“要抓紧制定行政管理体制改革总体方案，着力转变职能、理顺关系、优化结构、提高效能，形成权责一致、分工合理、决策科学、执行顺畅、监督有力的行政管理体制。健全政府职责体系，完善公共服务体系”“规范垂直管理部门和地方政府的关系。加大机构整合力度，探索实行职能有机统一的大部门体制，健全部门间协调配合机制。精简和规范各类议事协调机构及其办事机构，减少行政层次，降低行政

① 马克思恩格斯选集：第 3 卷 . 2 版 . 北京：人民出版社，1995：96.

② 邓小平文选：第 2 卷 . 2 版 . 北京：人民出版社，1994：396.

③ 邓小平文选：第 3 卷 . 北京：人民出版社，1993：113.

成本，着力解决机构重叠、职责交叉、政出多门问题”。

党的十八大报告从我国发展全局出发，提出了深化行政体制改革的要求和任务，强调要按照建立中国特色社会主义行政体制目标，深入推进政企分开、政资分开、政事分开、政社分开，建设职能科学、结构优化、廉洁高效、人民满意的服务型政府。

行政体制改革是推动上层建筑适应经济基础的必然要求。习近平指出，实现全面建成小康社会和全面深化改革开放的目标，必须深化已进行30多年并取得重要成果的行政体制改革，破除制约经济社会发展的体制机制弊端。进入新时代以来，以习近平同志为核心的党中央把深化党和国家机构改革作为推进国家治理体系和治理能力现代化的一项重要任务，按照坚持党的全面领导、坚持以人民为中心、坚持优化协同高效、坚持全面依法治国的原则，全面深化党和国家机构改革，党和国家机构职能实现系统性、整体性重构，为党和国家事业取得历史性成就、发生历史性变革提供了有力保障，也为继续深化党和国家机构改革积累了宝贵经验。

本章小结

中国古代的组织管理思想主要包括国家管理方面、组织管理方面、人事管理方面、军队管理方面。外国古代的组织管理思想主要记载于古埃及、古巴比伦和古罗马的史籍与宗教文献中。

近代社会的组织管理思想主要包含在一些经济学著作中，也有一些实践者（主要是工厂主、经理）注重总结自己的经验，探讨有关组织管理问题。这一时期的著作大体上分为两类：一类偏重于理论的研究，即管理职能、管理原则；另一类偏重于管理技术、方法的研究。

19世纪末20世纪初产生了以泰罗为代表的科学管理理论、以法约尔为代表的一般管理理论和以韦伯为代表的科层组织理论。这是管理理论发展的最初阶段，这一时期的管理理论，我们称其为古典管理理论。古典管理理论主要是围绕提升组织的内部效率而展开的，因而，这些管理理论的核心实质上就是组织理论。

从产生和发展来看，行为科学可分为两大时期。前期叫作人际关系学说时期，后期行为科学学派理论众多，其中影响较大的有需求层次理论、双因素理论、期望理论、X理论-Y理论。

20世纪60—80年代，组织理论的研究进入一个新的时期，即系统科学时期。这一时期的理论主要包括组织协作理论、决策组织理论、系统组织理论、生态组织理论和权变组织理论。

当代管理理论是一个异彩纷呈的理论体系，其中与组织管理直接相关的理论有目标管理理论、全面质量管理理论、绩效管理理论、学习型组织理论、网络组织理论等。

对公共组织进行专门的理论研究是从公共行政学产生以后才开始的，当然这种研究是以行政组织理论为核心的。西方行政组织理论的发展经历了传统公共行政学时期、新公共行政学时期和新公共管理时期。马克思主义组织理论对于社会主义国家的政府组织建设有着极为重要的意义。

关键术语

古典管理　科学管理理论　一般管理理论　科层组织理论　例外原则　跳板原则　魅力型权威　传统型权威　法理型权威　神秘型组织　传统型组织　法理型组织　行为科学　人际关系学说　社会人　经济人　非正式组织　需求层次理论　双因素理论　期望理论　X 理论　Y 理论　组织协作理论　决策组织理论　系统组织理论　生态组织理论　权变组织理论　目标管理理论　全面质量管理理论　绩效管理理论　学习型组织理论　网络组织理论　新公共行政学　新公共管理

复习思考题

1. 简述科学管理理论的主要观点。
2. 简述一般管理理论的主要观点。
3. 简述官僚制组织的基本特征。
4. 简述组织协作理论的主要观点。
5. 简述系统组织理论的主要观点。
6. 论述生态组织理论的主要观点。
7. 简述权变组织理论的主要观点。
8. 简述绩效管理理论的主要观点。
9. 简述学习型组织理论的主要观点。
10. 简述新公共行政学组织理论的主要观点。
11. 简述新公共管理组织理论的主要观点。
12. 论述马克思主义组织理论的主要观点。

阅读材料

2023 年 6 月 20 日，河北省召开推进京津冀协同发展工作领导小组第十一次扩大会议，深入学习贯彻习近平总书记视察河北重要讲话精神，听取全省推进京津冀协同发展重点工作情况汇报，安排部署下一阶段重点任务。

会议指出，5 月 10 日至 12 日，习近平总书记到河北视察，主持召开高标准高质量推进雄安新区建设座谈会、深入推进京津冀协同发展座谈会，发表重要讲话，做出重要指示，为我们在新的起点推进京津冀协同发展提供了根本遵循。各地各部门要深入学习贯彻习近平总书记重要讲话精神，以对历史、对河北发展高度负责的精神，抢抓重大机遇，积极主动作为，以更大力度推进京津冀协同发展，在对接京津、服务京津中加快发展自己，为把京津冀建设成为中国式现代化建设的先行区、示范区做出积极贡献。

会议强调，要持续破除行政壁垒和体制机制障碍，进一步激发协同发展动力活力。

各地各有关部门要坚持问题导向，在“破”上下功夫，在“立”上求突破，认真梳理问题，做好基础工作，充分发挥市场在资源配置中的决定性作用，更好发挥政府作用，形成更加有利于协同发展、高质量发展的制度保障。要学习借鉴长三角、粤港澳大湾区的成功做法，持续用力破解制约协同发展的深层次问题，推动形成更为紧密的协同发展格局。

会议指出，要着力抓好重点对接事项落地落实，推动承接北京非首都功能疏解取得新的更大进展。要以推动空天信息和卫星互联网产业高质量发展为抓手，巩固扩大与相关央企的对接成果，同步推进疏解高校协同创新，大力引进高端人才，真正把雄安新区创新主链条做实做强，推动高端高新产业集聚发展。要以打造和开放创新应用场景为抓手，争取更多科研院所、重点实验室在河北布局；围绕河北省主导产业发展，大力支持企业、高校和科研机构创新，强化科技中介、科技金融服务，构建一流创新生态链；要把提供创新应用场景作为优化营商环境的重要内容，政府和市场双向发力，为技术创新、产品创新提供平台，促进新技术快速转化、新产品快速推向市场。要以专项考核为抓手，紧扣央企战略布局，畅通信息渠道，做好产业配套和服务保障，推动更多在京央企总部及二、三级子公司或创新业务板块落户河北。

会议强调，要充分利用京津冀常态化对接合作机制，系统梳理协同发展重大合作事项，聚焦交通、生态、科技、产业等重点领域，围绕服务北京非首都功能疏解、推动河北省高质量发展、推进公共服务共建共享等重点工作，加强三地沟通对接，共同推进协同发展在深度广度上拓展。

资料来源：倪岳峰主持召开河北省推进京津冀协同发展工作领导小组第十一次扩大会议．(2023－06－21)．石家庄新闻网．

思考题

1. 请运用公共组织理论分析京津冀协同发展的必要性与可行性。
2. 你认为应如何推进京津冀协同发展?

第3章

公共组织结构

任何组织都有一定的结构，合理的组织结构是组织存在和发展的基本前提。不同的组织结构承担着不同的组织功能。公共组织结构是公共组织内部的基本架构，是公共组织存在和发展的基础。公共组织管理依赖于组织结构的合理性。组织结构是否合理，对于组织运转的效率影响极大。在公共管理活动中，良好的公共组织结构是实现公共组织目标、提高公共管理效率的基础。在当今变化迅速的社会中，公共组织能否根据环境的变化选择相应的组织结构，将直接影响自身功能的正常发挥，而组织结构的选择有赖于组织设计工作的顺利开展。本章主要介绍公共组织结构的概念、基础、本质、功能；传统公共组织结构的类型；新型公共组织结构的类型；公共组织设计。

3.1　公共组织结构概述

3.1.1　公共组织结构的概念

结构，原本是生物学和建筑学中的概念，是指一个系统中，其构成诸要素之间的排列组合形式。结构决定功能。在自然科学领域，同素异构现象能够很好地说明结构对功能的决定性作用：石墨和金刚石都是由碳原子构成的，但由于碳原子排列组合的方式不同，即结构不同，形成了性能明显不同的物质。

所谓组织结构，是指社会组织中建立起来的各种部门机构之间，以及以部门机构为依托的组织成员之间的权力和责任关系的结合方式，是表现组织各部分排列顺序、空间位置、聚集状态、联系方式以及各要素之间相互关系的一种模式，是执行管理和经营任务的体制。组织结构在整个管理系统中起着框架的作用，有了它，系统中的各个要素及其资源才能正常地发挥作用，组织的目标也才可能实现。

公共组织结构，简单地说，就是公共组织的构成要素及其组合方式。构成要素相似，组合方式不同，也会形成不同性质的公共组织。因此，研究公共组织的结构，必须同时考虑这两个因素。公共组织的构成要素包括职能目标、职位、职权、职责以及人员划分等。其中职位是最基本的要素，是公共组织结构的支撑点和联结点。

职位的组合方式可以分为纵向组合和横向组合。职位的纵向组合形成了公共组织的纵向结构；横向组合形成了公共组织的横向结构。

为了管理的方便，公共组织从上到下设有若干层级，结构呈金字塔形，这种公共组织上下层级有序的构成形式，就是公共组织的纵向结构。纵向结构有宏观与微观之分。宏观上的纵向结构是指各级公共组织间的层级关系，我国的公共组织可分为中央公共组织和地方公共组织两大层级。微观上的纵向结构是指公共组织内部的工作层级关系，如我国的国务院内部按职能分工，设有部、司（局）、处等层级；省级政府内设有厅、处、科等层级。

随着社会的发展和科学技术的进步，政府的事务越来越多，分工也越来越细，为适应公共管理的专业化和技术化，公共组织的横向分工就产生了。任何一个国家的公共组织为完成公共管理任务，都必须在纵向结构的基础上，进一步地进行科学合理的横向分工，以适应公共组织职能的需要。这种横向分工构成了公共组织的横向结构，也叫作公共组织的部门化。部门化是指同级公共组织之间平衡分工的构成形式，实质上是对公共管理职能目标的分解，同时也是一种分权。

专　栏

某县政府机构设置

- 行政审批局
- 社会事务局
- 发展和改革局
- 卫生健康局
- 烟草专卖局
- 税务局
- 审计局
- 自然资源和规划局
- 应急管理局
- 司法局
- 气象局
- 教育和体育局
- 生态环境局
- 交通运输局
- 住房和城乡建设局
- 公安局
- 农业农村局

- 文化广电和旅游局
- 市场监督管理局
- 民族宗教事务局
- 医疗保障局
- 财政局
- 城市管理综合行政执法局
- 信访局

3.1.2 公共组织结构的基础

组织层级与管理幅度是公共组织结构的两个基本范畴，二者共同构成公共组织结构的基础。前者构成组织的纵向结构，后者则指组织的横向结构，纵横结合，构成组织的完整结构。

组织层级，是指组织自上而下地实施指挥与监督的权力级差，在这种权力级差中，较低一级主管人员的权力是由较高一级主管人员授予的。组织理论所研究的一切组织都是由多层级构成的组织，因而，在我们所见的组织中，总是存在着不同的组织层级。因为任何一个组织都有着一定的规模，是由若干成员组成的，而对于管理者来说，一个管理者所能有效管理的人数是有限的，这样他就不得不通过增加组织层级来实现管理。一般说来，组织的规模越大，其组织层级也就越多。

管理幅度是指一名主管人员能够有效地监督、管理其直接下属的人数。如上所述，人的能力是有限的，因而任何一个管理者所能够直接管理的下属也是有限的。在一定的限度内，管理是高效的，当超过这个限度时，管理的效率就会随之下降。

组织层级与管理幅度是影响组织结构功能的两个决定性因素，二者密切联系在一起。在组织规模一定的情况下，组织层级与管理幅度呈反比关系，较大的管理幅度意味着较少的组织层级，较小的管理幅度则意味着较多的组织层级。因而，按照管理幅度和组织层级的相关关系，就可以形成两种组织结构：直式结构和扁平结构。

直式结构是指组织层级多而管理幅度小的结构。直式结构的优点表现为管理严密、分工明确、上下级易于协调。直式结构的缺点则是，由于层级较多，带来的问题也就多。因为层级越多，需要从事管理工作的人员迅速增加，彼此之间的协调工作也急剧增加，互相扯皮的事会层出不穷；组织层级的增多，会使管理上所花费的精力、时间和金钱等都相应地增加；组织层级的增多，还会使上下级的意见沟通和交流受阻，最高层主管人员所要求实现的目标、所制定的政策和计划，不是下层不完全了解，就是层层传达到基层之后变了样；组织层级的增多，还会使上层管理者对下层的控制变得困难，易造成一个单位整体性的破裂，同时，直接的下属则可能会由于管理较严密而失去主动性和创造性。

扁平结构，就是组织层级少而管理幅度大的结构。扁平结构的优点在于有利于缩短上下级距离，密切上下级关系，信息纵向流动快，管理成本低，而且由于管理幅度较大，被管理者有较大的自主性、积极性、满足感，同时也有利于更好地选择和培训下层人员。扁平结构的缺点在于不能严密地监督下级，致使上下级协调较差，管理幅度的加大也加重了同级间相互沟通联络的困难。扁平结构由于管理幅度较大，多利用多功能、跨等级的团队来进行工作，组织的正规化程度较低，信息自由流动，员工参与决策程度较高，是一种分权型结构，适用于教育、科研、文艺团体等公共组织。

专　栏

扁平化管理模式

扁平化管理是相对于等级式管理架构的一种管理模式。它较好地解决了等级式管理的“层次多、冗员多、组织机构运转效率低下”等弊端，加快了信息流的速率，提高了决策效率。

扁平化管理模式的特点，是精炼了管理层次，是由决策者直接面对职能部门和基层生产单位的“一对多”的组织构架，这只是物理意义上的扁平化管理。由于实施“面对面”的管理，大量的数据和管理信息的交流只能在决策者及其所面对的管理部门之间进行，而部门与部门之间的信息资源的交流及相互调用亦只能通过决策者来进行。此时的决策者在扁平化管理平台上主要起到“数据库”（存储和交换信息资源）的作用，无法集中有限的精力去研究企业的市场对策和企业发展的战略问题。面对企业内部各种管理信息流（资金流、物资流、计划流……）的迅速汇集，决策者如何把握时效，有序整合相关的数据，合理配置企业资源，提高决策效率，是实施扁平化管理的难点所在。

扁平化管理模式通过减少管理层次、压缩职能部门和机构、裁减人员，使企业的决策层和操作层之间的中间管理层级尽可能减少，以便企业快速地将决策落实到企业生产、营销的最前线，从而提高企业效率。

3.1.3　公共组织结构的本质

要探讨公共组织结构的本质，我们就需要深入分析公共组织的层次结构、横向部门结构和组织管理体制以及权力结构和职责结构。

公共组织结构实质上就是公共组织内部相对稳定关系的一种模式，它既表现为静态的组织结构，又体现在动态的组织活动中。

一般认为，公共组织结构主要包括纵向层级结构、横向部门结构和组织管理体制三种因素。纵向层级结构是指公共组织指挥系统的等级或者纵向管理层级；横向部门结构是指公共组织根据工作的性质、管理的职能、办事的程序，以及地区、成员或者物资的特点等而分设的部门机构；组织管理体制是公共组织结构中各层级、各部门之间的管理关系制度化的表现形式。不同特点的纵向层级结构、横向部门结构和组织管理体制的有机结合，便可构成各种具有不同特点的组织结构。

组织结构是由组织的目标任务以及环境情况决定的，其中既包含组织内部的指挥系统和沟通网络，又包含组织成员在不同层次的责权系统中的地位和相互关系。因此，组织结构是维持组织内部正常运转的关键因素。设置恰当的组织结构并维持其健康发展对于提高组织活动效率、实现组织目标至关重要。

组织的结构系统内部包含组织的权力系统，也就是说，组织结构中的上下层次关系包含相应的权力分配关系，组织结构中的横向分工包含同一权力层级的分割。如果说，组织结构是由上下层级和横向分工构成的话，那么，这种组织结构的本质，正是组织权力的分配和分割。

在考察组织权力分配与分割问题时，职位、职权和职责是三个关键性的概念。在组织现象中，我们首先看到的是职位，这是一个组织结构的概念，一定的职位有其相对应的权力和权限，这种职位与权力的统一就是职权。从一个组织内部来观察，我们可以看到，其中存在权力中心和权力分支，这便是组织结构中的上下级关系，由此在一个组织内部又分化出不同的职位，每一个职位都有不同的权限，这样在这个组织中就形成了由不同职权构成的权力系统。如果对职权进行进一步的考察，我们又可以发现职权本身仍有其本质内容，这就是职责，它具有边界的要求。在这种边界要求的范围内做出的承诺，便是一种责任。与职位相伴随的还有完成职责要求的报酬，就是我们通常所说的“利”。组织进行合理的权力分配与分割，就是为了做到职、权、责、利的结合，从而使组织能保持正常的活动，实现组织的发展。

组织内部的权力系统说明，组织内部既有差异又统一。承认差异性，要求各个权力分支之间做到职责分明，这是提高组织工作效率的重要条件。而权力的差异性又在权力中心得到统一。所谓统一，一方面是指各种职责协调统一，组织机构正常运作；另一方面是指职责虽然不同，但服务于同一组织目标，从各个不同的方面实现组织的目标。

需要指出的是，在组织结构的权力系统中，就权力本身的结构而言，存在着抽象权力与具体权力的区分。抽象权力是一种应然的权力，是根据某种理念而应有的权力，因而人们在组织结构的确立和权力体制的设计中，总是极力对这种权力加以规范。所以，抽象权力总是表现为一种规范化的和制度化的权力。这种权力与组织职位有着一致性，职位的高低也就意味着权力的大小。人们在组织结构中所思考的权力，就是这种应然的权力。但是，作为应然的权力只是一种可能的权力，是一种可能发挥作用的权力。具体的权力则不同，是一种在现实中行使的权力，这种权力直接与权力的执掌者和调节对象联系在一起。正是抽象权力与具体权力的存在决定了权力与职位之间关系的复杂性，使组织结构中的“职-权”关系可能出现不对称的问题。

3.1.4 公共组织结构的功能

组织结构与功能有着密切的关系：一方面，结构决定着功能，有什么样的结构就有什么样的功能；另一方面，功能又反作用于结构，功能的转变必然带动结构发生相应的变化。因而，组织结构的研究目的，并不在于组织结构本身，而在于如何通过组织结构的完善和改进来更好地发挥组织的功能。一般而言，一个组织结构应该具有以下四项基本功能：

（1）整合功能。组织是个人为既定目标的完成而形成的群体，必须通过有效的沟通与协调，群策群力，方能完成组织目标。组织结构的功能便在于通过分工与权责的安排，使个人之努力及行动趋同，使个人的目标与组织的目标统一起来。

（2）沟通功能。不论是上行沟通、下行沟通还是平行沟通，良好的组织结构皆能使其达至畅通无阻的状态，因为良好的组织结构具有沟通的渠道，能够促使行政组织系统保持良好的沟通关系，发挥沟通的功能。

（3）激励功能。组织结构构建了人员的任务、责任、权力关系，并提供人员的地位与归属关系。合理的行政组织结构有利于稳定人员情绪，调动人员的工作积极性。所以，大部分人员都能努力工作，从而获得工作满足感。

（4）效率功能。良好的行政组织结构能够促进行政目标的实现。组织结构之所以建立，就在于它使组织能够有效地运用资源，以最小的投入获得最大的产出。组织结构应具有实现组织效率的功能。

从公共组织结构的纵横两方面来看，公共组织结构的功能有着截然不同的意义。

公共组织的纵向结构要求下一层级必须服从上一层级的领导、指挥、命令和调度，其目标也必须与上一层级相一致。正是这种层级结构，保证了公共组织权力的垂直分布，保持了政令和指挥的统一，各级组织目标明确、责任清楚；行动迅速，能因地制宜做出决策；各级首长负责全面管理工作，有利于培养全面型的管理人才；能充分发挥各级组织的积极性和创造性。但它同样可能造成一些负面影响，比如各级首长管辖事务过多，责重事繁，难以事事精通；容易形成地方保护主义，不利于各地经济文化的交流和发展，不利于中央对地方的宏观控制等。

公共组织的横向结构要求按照职能的不同，分工管理，公共组织人员较容易掌握专门技能；从上到下归口管理，利于形成统一的方针政策，使社会事务得到有序处理；各级首长分工明确，能集中精力办大事。但也容易产生副作用，比如各个部门之间由于业务不同，难以沟通与协调，妨碍了中央的统一指挥；中央各部门按门类直接统到基层，不利于地方政府因地制宜组织管理，压抑了地方的积极性。

专　栏

同素异构法则

法则内容：事物的成分及要素因在空间组合关系和方式上的不同，即在结构形式和排列次序上的不同，会产生不同的结果，引起不同的变化。

本质：结构决定性质，性质决定用途。同素异构原理例子：金刚石与石墨、田忌赛马。

应用范围：组织管理、企业管理、竞争和博弈。

同素异构法则在管理上的应用：在群体成员的组合上，同样数量和素质的一群人，由于组织网络及其功能的差异，形成不同的权责结构和协作关系，可以产生不同的协同效应。

3.2 传统公共组织结构的类型

3.2.1 直线制组织结构

直线制是指在组织结构中权力从组织上层流向基层，组织中每一位主管人员对其下属有直接的命令权。这是一种垂直领导的结构形式。在这种结构中，职位、职权、职责从组织的最高层到组织的最低层垂直分布，形成等级序列，通过自上而下的指挥领导关系，一切权力集中在组织的最高层。作为一种最简单的组织结构形式，某个机构和人员都只有一个直接上司，他们之间的关系是指挥和服从、命令和执行的关系。同一层次的机构和成员之间不发生任何领导关系，有关信息上下传递。组织职位按照垂直系统直线排列，各级主管对自己的下级拥有直接的指挥权，职权和命令从上而下纵向贯穿于组织之中。直线制组织结构的具体形式如图 3－1 所示。

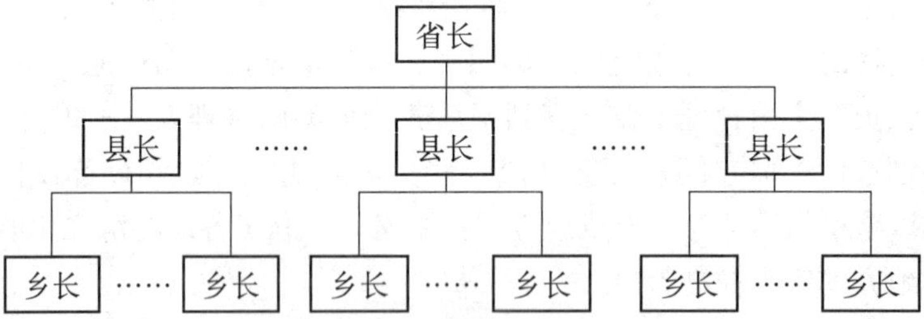

图 3－1　直线制组织结构

直线制组织结构的优点是：线条清楚，单一领导，结构简单，关系清晰，上下级权责明确；政令统一，行动迅速，决策快，效率高。组织中的人明确自己的权责，知道自己的使命，明了自己的目标，这样有利于组织效率的提高，确保指挥控制的有效性。这种结构的缺点是：缺乏专业化的分工管理，下级一切问题都须向上级请示汇报，领导工作繁忙，容易陷入日常事务当中，难以集中时间和精力思考与规划重大问题。同时，由于权力集中，且受专业、个人素质等方面的影响，难以保证领导、决策、指挥不出现失误。此外，由于信息只沿着直线上下传递，对左右协调、沟通不利。当同层次的单位之间需要合作时，常常十分困难。由于这种组织结构是比较典型的、传统的金字塔式等级结构，容易使下属产生依赖心理。它要求下对上的绝对服从，也会引起下属的反感。因此，直线制组织结构的组织形式适用的范围比较有限，一般只适用于那些规模较小、活动内容比较简单、工作程序少、同级单位较少合作的组织系统。

3.2.2 职能制组织结构

职能制组织结构是在上级组织的领导下，按专业分工设置若干职能部门，各职能部门直接对上级领导负责，并在其业务范围内对下级有指挥、协调、监督、控制的权力。它是根据组织职能划分部门，并由此建立组织领导和指挥关系的组织结构。它采用按职能分工实行专业化管理的办法来代替直线制的全能管理，在上层主管下面设立各个职能机构，把相应的管理职责和权力交给这些职能机构，各职能机构在自己的业务范围之内可以直接向下级下达命令和指示，直接指挥下属（见图3-2）。

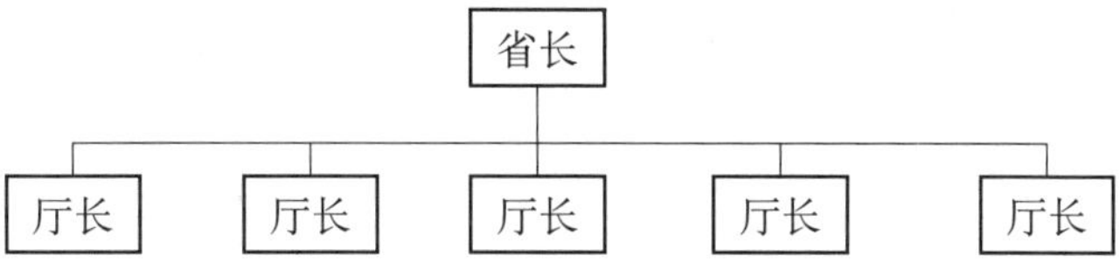

图3-2 职能制组织结构

专 栏

三省六部制

三省六部制发端于秦汉，经过长时间的演变发展，最终成为较为成熟的行政管理体制。隋代正式确立了尚书、门下、内史三省长官共为宰相的制度，三省制因此形成。但三省的分工和运行机制还不明确。三省虽共同参与政事，但实际地位和权力并不平衡，行政运作之重心在尚书。门下、内史仍然具有皇帝机要秘书的性质。到唐代，确立了中书出令、门下封驳、尚书执行的三省分职制度。唐代的三省制度被视为古代行政体制的典范，历来受到人们的重视。六部指尚书省下属的吏部、户部、礼部、兵部、刑部、工部。每部各辖四司，共为二十四司。在发展过程中，三省六部的组织形式和权力各有演变，不同时期的统治者做过一些有利于加强君主专制的调整和补充。

与直线制组织结构相比，职能制组织结构的优点是：实行专业化分工，各级管理者分工明确，可以利用自己的专业特长和技能，有效地处理比较复杂的问题，可以提高组织和人员的积极性、主动性和创造性。另外，也可以减轻上级领导的工作负担，使其能集中精力考虑本组织的战略问题，处理本组织中的重大问题。其缺点如下：第一，这种结构形式要求各单位分别听命于许多上级，容易造成多头指挥或多重领导，出现政出多门、指示冲突、互相推诿的现象，影响统一指挥，增加协调的困难，造成管理上的混乱。第二，各职能机构容易从各自专业领域和部门利益出发，同级之间不能很好配合，缺乏整体观念，各自为政，导致组织管理效能低下。第三，职能制组织结构对环境变化的适应性较差，反应不够灵敏，过分强调专业化，使主管人员容易忽视本专业领域以外的知识，不利于培养领导人才。

3.2.3 直线参谋制组织结构

直线参谋制组织结构是以直线制组织结构为主线，在组织的最高领导之下设立相应的职能部门，实行首长统一领导与专业化管理相结合的结构形式。它是一种以直线制为基础、以参谋制为补充的组织结构形式。在单纯的直线制组织结构中，最高领导掌握全部权力，当组织规模扩大、目标多样、关系复杂时，处理问题需要多方面的专门知识和才能，最高领导往往难以做到。为了补充最高领导的这种不足，就需要设置参谋机构（见图 3-3）。

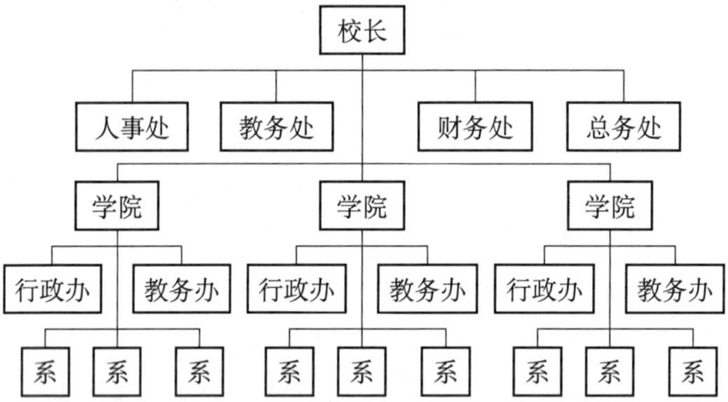

图 3-3　直线参谋制组织结构

直线部门中的管理者有独立的指挥权、决策权，对其下属进行指挥和控制，并负全部责任。直线主管的参谋，只有建议权，没有决策权。参谋机构只向最高领导提供有关方面的专门知识，起的是助手和咨询的作用。如果没有得到最高领导的授权，参谋机构无权直接向下级发布命令。在某种意义上，参谋机构仅仅是最高领导个人权力的延伸。在增加参谋机构这一点上，这种结构形式和单纯的直线制是不同的，但在只具有上下级的直接关系、整个组织命令统一这一点上，这种结构形式又保留了直线制的特点。

在这种组织结构形式中比较容易出现的问题就是参谋机构越权或不能起到应有的作用。具体地说，各参谋机构之间的横向联系差，容易出现沟通的障碍，甚至发生冲突，使管理工作陷入混乱。也正因为它包含了两种结构形式，容易在二者之间出现矛盾。一方面，如果参谋机构将其意图强加给管理者，会干扰、限制管理者的正常工作。另一方面，如果直线管理者过于武断，自行其是，将置参谋机构于可有可无的地位，也会给组织带来不利的后果。

3.2.4　直线职能制组织结构

直线职能制组织结构是在设置横向职能机构的同时，又设置由最高层垂直领导的机构，垂直机构有时是比较稳定的，有时是为完成某些临时性的任务而建立的。职能机构并不能直接向垂直机构发布命令，相互的关系只能通过协商解决，是直线制组织和职能制组织两种结构形式的综合。具体地说，直线职能制组织结构具有两套系统：一套是按照命令统一原则组织的指挥系统；另一套是按照专业化原则组织的管理职能系统。垂直机构直接从最高层接受命令，完成直线领导交给它们的任务。这种组织结构形式既实行职能的分类，发挥专业人员的作用，又保证了权力的集中、指挥的统一（见图 3-4）。

直线职能制组织结构是以职能制组织结构为基础，以直线制组织结构为辅的一种较

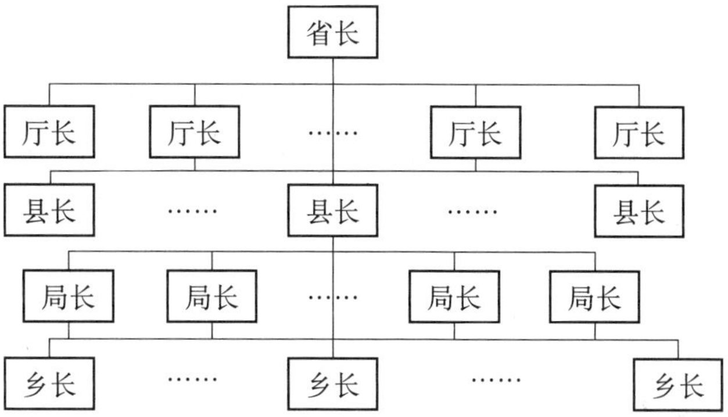

图 3-4 直线职能制组织结构

为复杂的结构形式。它综合了二者的优点，既具有直线制组织结构统一指挥、职责清楚、秩序井然、效率较高、组织稳定的优点，又具有职能制组织结构专业化分工、适应性强的优点。但是，与直线参谋制组织结构类似，这种形式由于各方面的关系更加复杂，容易产生各机构之间职责划分不明确的情况，造成组织机构内部的摩擦，在采用这种结构形式时，如何协调组织内部各机构之间的关系显得尤为重要。

3.2.5 事业部制组织结构

事业部制组织结构又称 M 形结构或多部门结构，它是由美国企业家艾尔弗雷德·斯隆（Alfred Sloan）于 20 世纪 20 年代设计研究出来的，因此也被称为“斯隆模型”。

事业部制组织结构是在组织的服务对象、活动领域等基础上，把组织划分为若干事业部而组成的组织结构，它是适应经济性社会组织的规模日益扩大、活动内容日益复杂、基层部门自主经营日益重要的形势而产生的。作为一种分权式的组织结构形式，它所划分的事业部具有很大的权力，组织最高领导除保留人事管理、财务控制、组织监督等权力外，把很大的权力下放到了事业部。事业部进行独立的业务活动和核算，并设有自己的职能部门，因此，是组织最高权力下设置的具有半独立性质的管理部门。这是一种大权独揽、小权分散，集中决策、分散经营的组织结构形式，是集中领导下的分权管理模式（见图 3-5）。

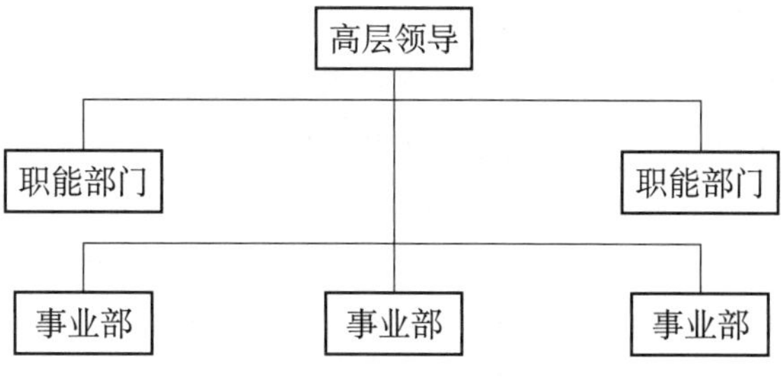

图 3-5 事业部制组织结构

事业部制组织结构的主要优点是：提高了管理的灵活性和适应性，有利于组织对环境的变化迅速做出回应；使决策层摆脱具体的日常事务，有利于集中精力进行战略研究和长远规划，减少决策失误；可以使事业部具有很大的自主性，有利于其主动性和积极性的发挥，有利于组织的专业化发展；有利于提高管理效率，有利于培养和训练领导人才。其缺点是：由于机构设置重复，管理部门和管理人员增加，造成资源的浪费；各个事业部独立经营，人员交流比较困难，相互支援性较差；各事业部领导往往从本部门的利益出发，忽视组织的整体性，容易形成本位主义；由于职权下放过多，指挥不灵，各事业部之间的竞争造成协调困难，影响先进技术和科学管理方法的交流和共享，影响组织的整体性发展。

3.2.6 矩阵制组织结构

矩阵制组织结构也称作“规划-目标”结构，是在直线参谋制组织结构或者直线职能制组织结构的基础上，增设横向管理系统而形成的一种多维式组织结构，它既保留了职能制组织的形式，又设立了按照项目划分的横向管理系统。矩阵既指英文“matrix”的原意——“基体”“母体”，又指数学中的矩阵，即把多种要素进行纵向和横向排列（见图 3－6）。

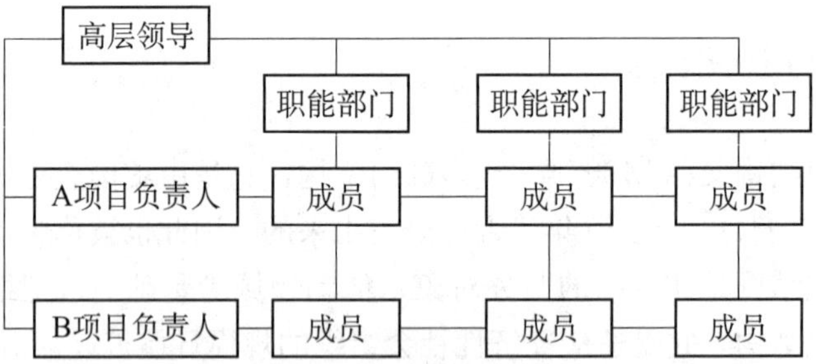

图 3－6 矩阵制组织结构

矩阵制组织结构的主要特点是，在组织结构中存在着纵向和横向两种管理系统。纵向管理系统以职能部门为其稳定结构，按照“指挥-职能”关系进行管理。横向管理系统是为了完成某项专门的任务而临时增设的，通常称为任务（项目）小组。它没有独立的职能部门，其人员安排在原来的参谋或者职能部门里面，依照“规划-目标”关系进行管理。任务（项目）小组负责人由领导者选拔并授权，他们也直接向领导者负责，其成员也是临时抽调的，任务完成后，他们还会回到原来的职能部门中去。在矩阵制组织结构中，既有作为专业化活动固定基地的永久性的职能部门，也有对各种专业化活动起协调作用的单位，因此，矩阵制组织结构具有双重的权力和责任。双重的权力是指矩阵制组织结构具有两条权力线：一条是来自职能部门负责人的垂直的权力线，另一条是来自任务（项目）小组负责人的水平权力线。双重的责任是指编入任务（项目）小组中的几乎每一个人都既要对职能部门负责人负责，又要对任务（项目）小组负责人负责。当社会组织中这种任务（项目）小组有若干个时，这些小组的横向领导系统和原来的纵向领导系统便构成了一个矩阵形式。

矩阵组织也可以称为非长期固定性组织。矩阵制组织结构的独特之处在于同时具备事业部制与职能制组织结构的特征。其优点是：实行集权与分权的整合，有利于发挥专业人员的潜能，有利于人才的培养；加强了各职能部门的横向联系，有利于各种专业人员取长补短，发挥综合优势，具有较大的灵活性和适应性；有利于精简机构，裁减冗员，提高组织效率。其缺点是：由于组织成员同时接受来自两个方向的指挥，如果上级意见不一致，就会使下属左右为难，无所适从，导致指挥和协调上的困难；人员位置不固定，有临时性的特点，有时会导致责任心不够强；人员受双重领导，有时不易分清责任；由于组织关系比较复杂，对任务或项目负责人素质要求也较高。

3.3 新型公共组织结构的类型

3.3.1 委员会制组织结构

严格来说，委员会制组织结构不是一种新的组织形式，在人类社会的早期就已经存在，但并不普遍。它的广泛运用是在20世纪之后，随后它又有了一些新的发展形式，如董事会、理事会、基金会等。为方便理解，我们将委员会制组织结构的基本形式称为常规委员会制组织结构，而把常规委员会制组织结构以及董事会、理事会、基金会等组织结构形式统称为委员会制组织结构。

1. 常规委员会制组织结构

委员会是一种由两个以上的人组成的行使组织最高决策权的集体。委员会制组织结构突出了集体领导的特征。在各种公共组织中，根据管理的需要，委员会的形式和类型可以是多种多样的。常见的像全委会、常委会、工作组等，都是委员会的组织结构形式。如我国的权力机关——人民代表大会以及人民政治协商会议、各级党的委员会、各人民团体，在组织形式上都采取委员会结构。在高等学校中有学术委员会和职称评审委员会。

常规委员会制组织结构的主要优点有：群策群力，决策的正确性和可接受性强；相互监督，防止权力垄断；合乎民主要求等。其缺点有：协调困难，决策缓慢；责任分散，决策容易冒险；容易造成领导机关的内部矛盾等。因此，要善于运用委员会的组织模式，发挥其优点，避免其缺陷。

2. 董事会制组织结构

董事会制组织结构一般是指由创办者自己或者由其指派的人担任董事，组成董事会，由各董事按所出资金的多少选举产生董事长，由董事长担任单位法定代表人，主持董事会工作；董事会聘任组织负责人，主持组织日常工作。

在公共组织中，董事会主要见于民办非企业单位。所谓民办非企业单位，是指社会团体和其他社会力量以及公民个人利用非国有资产举办的，从事非营利性社会服务活动的社会组织。民办非企业单位设立董事会，董事会的职权是确定本单位业务活动计划，确定年度财务预算、决算方案，确定增加或者减少开办资金的方案，决定内部机构的设置，制定内部管理制度，修改章程，聘任或者解聘民办非企业单位的主要负责人。董事会设董事长、副董事长，实行一人一票制，采取少数服从多数的原则，当赞成票和反对票数量相等时，董事长有最后决定权。

在实际运作中，一些事业单位、学校、杂志社等也设立董事会，但其主要是名义上的，没有实际的决策权和领导权，或者只是发挥顾问咨询作用，提供一些政策建议。

专 栏

美国的大学董事会

大学董事会（Board of Trustees; Board of Regents）是美国大学最高管理和法人机构。除少数教会大学外，一般由校外知名人士组成。在某些大学中，校长是当然成员。20 世纪 60 年代后，有些院校开始有教师与学生代表参加。私立院校有缺额时，由其成员投票选举补充；公立院校由州长任命或本州选民选举。成员任期和规模，各校不同。最少的数人，最多的数十人，均无报酬。

美国的大学董事会的主要职责是制定本校大政方针和长远发展目标及规划，聘任校长和保证财政稳定。学校日常工作委托校长全面负责。一般每年召开四次全会。往往设主席一名、副主席若干名及负责日常工作的常设书记一名。通常下设执行、投资、发展、学术事务和学生事务等委员会，一个月开会一次。

3. 理事会制组织结构

理事会一般是指由会员大会或者会员代表大会民主选举产生的执行机构，代表全体会员实施组织章程、践行宗旨和开展工作。理事会选举产生理事长（会长）、副理事长（副会长）、秘书长，如果理事会规模较大，可由理事会选举设立常务理事会，理事长（会长）主持理事会和常务理事会工作，秘书长负责办事机构的日常工作。

理事会主要见于会员制的社会团体。在我国，所谓社会团体，是指中国公民自愿组成，为实现会员共同意愿，按照其章程开展活动的非营利性社会组织。在许多社会团体中，由创设者、出资者、赞助者等组成理事会，对组织的重大问题进行决策。由所有会员或者会员代表组成的会员大会（或者会员代表大会）是社会团体的最高权力机构。

4. 基金会制组织结构

基金会是一种为实现捐赠人或捐赠单位确定的公益宗旨而设立的基金管理组织。基金会的理事不像社会团体那样由会员大会或会员代表大会选举产生，董事也不像民办非企业单位那样由举办者根据对创办资金的控制权确定人选。基金会的理事或董事由发起单位或个人聘任，或由理事会或者董事会聘任，由理事长或董事长主持工作，实行民主决策，按照捐赠者确定的宗旨开展活动。基金会实际上是一种特殊形式的民办非企业单位。

3.3.2 团队型组织结构

团队型组织结构是运用团队作为协调组织活动的主要方式所形成的组织结构。现在，团队已经成为协调组织活动的比较流行的方式。团队就是为了实现某一目标而由相互协作的个体所组成的正式群体。同组织一样，团队既是一种动态的组织类型，又是一种静态的组织类型。

组织内的团队依其目标、存在的目的和工作性质来分类，通常可分为如下几种：

（1）问题解决型团队。问题解决型团队又称为任务团队或项目团队，它是为了达到某个特定目标而临时建立的一种团队。这种团队一般由5～20个来自同一部门不同领域的员工组成，他们通常被认为是能够把事情做好的人，每周用一两个小时的时间来碰碰头，讨论如何提高产品质量、生产效率，改善工作环境以及职业道德等问题。这种团队大多是临时性的任务小组，随着问题的解决和团队任务的完成而解散。

（2）自我管理型团队。自我管理型团队又称自发团队或是自我引导团队。这种团队通常由5～15人组成，他们承担着以前自己的上司所承担的一些责任，可以自由控制工作节奏、决定工作任务的分配、安排工作休息等。比较彻底的自我管理型团队甚至可以挑选自己的成员，并让成员相互进行绩效评估。

（3）多功能型团队。多功能型团队是由位于同一组织层级的员工，而非组织中同一工作领域的员工组成。组建这种团队是为了完成某一特定任务，因而需要跨越横向部门的界限，集合不同工作领域的员工，以进行信息交流，集思广益。这种团队一般由5～30人组成，由于这种团队解决任务的特定性，它一般是临时性的，当然也有长久性的，这要视其任务和目标而定。

目前，团队型组织结构形式已经成为完成组织工作最有效的方式，在大规模的组织中，既可以把团队结构作为整个组织结构形式，也可以将团队结构作为典型的官僚结构的补充，使组织既能保持官僚结构的标准化、规范化，又可以因团队的存在而增加其灵活性。一般来说，团队的生命周期较短，当任务完成以后，团队就解散，其成员则因新任务和新计划与其他人员重新组成新的团队，团队的成员随着任务或者需求的变化而变动。这种弹性化的人力资源运用方式，可以迅速回应外在环境的变化与服务对象的需求，可以随时针对问题建立弹性化的组合，避免专业化分工所造成的僵化和协调困难。同时，决策权的下放与完成任务的挑战性，还可以激发团队成员的成就感和责任心，为组织带来生机与活力。团队型组织结构的缺点在于：团队组织在规模上有很大的限制，团队的人数较少时，团队最容易取得成功，而人数较多时，彼此的沟通较为困难。另外，团队的成功依赖于团队的领导人能够确立明确的任务、团队的成员具有高度的自律性以及团队成员之间的有效沟通。

3.3.3　虚拟型组织结构

虚拟型组织结构是指一个组织通过承包合同等方式，把组织内部的一些业务交给外部的不同专业组织去完成，而总部只保留核心员工，其主要职责就是制定政策以及协调各承包商的关系的一种组织形式。它是一个组织为了迅速向社会和市场提供产品和服务，在一定时期内与其他组织结成的动态联盟，是一种开放式的组织结构。它可以在拥有充分信息的条件下，从多个组织中通过竞争招标或者自由选择等方式优选出合作伙伴，实现对外部资源的整合利用，从而以强大的结构成本优势和机动性，完成单个组织难以承担的任务。

虚拟组织是一种规模较小，但可以发挥主要职能的核心组织。在这种组织中有完整的职能设置，如决策、人事、财务等，但在组织内部却没有执行这些职能的部门。组织仅保留最关键的功能，然后将其他功能虚拟化，以各种方式借用其他组织的力量进行整合，进而创造组织本身的竞争优势。虚拟组织的决策集中化程度高，但部门化程度很低。

虚拟型组织结构的主要特征是：

（1）虚拟组织具有较大的适应性，在内部组织结构、规章制度方面具有灵活性。虚拟组织是一个以机会为基础的各种核心能力的统一体，这些核心能力分散在多个实体组织中。通过整合这些核心能力，虚拟组织能够抓住机遇，充分利用各个组织的优势资源，达到自己的目标。

（2）虚拟组织共享其他组织的核心能力和优势资源。虚拟组织是通过整合其他组织的资源、技术、市场机会而形成的，它的价值在于能够整合各种组织的核心能力和优势资源，从而降低成本和风险，提高服务能力。

（3）虚拟组织中的成员必须以相互信任的方式行动。合作是虚拟组织存在的基础。虚拟组织突破了以内部组织制度为基础的传统管理方式，同时各组织又保持着自己原有的风格，为了获取一个共同的市场机会而结合在一起，它们的合作必须建立在彼此信任的基础之上，否则就无法取得成功。

3.3.4 网络型组织结构

网络型组织结构是一种较新的组织结构形式。网络组织是一种以契约为基础的动态联合体，它通常拥有一个核心部分以负责统筹协调同其他组织间的关系与活动。网络组织的核心可以根据需要与任何其他组织产生联结或者中断关系，它几乎是一种没有边界的组织形态，这极大地提高了组织的弹性和对外界的反应能力。现代信息技术有利于组织彼此沟通与协调，促使组织突破地域的界线。借助现代信息技术，网络型组织结构有助于打破组织与客户之间的外在界限和地理障碍，可以提升组织的效率和适应能力。

网络型组织结构具有如下特征：

（1）中间管理层的缩减以至取消。中间管理层是信息技术落后的产物，它的存在既减缓了信息传递的速度，又易造成信息的严重失真。现代信息技术将通过加强操作执行层与高层决策者的直接沟通，逐步缩减以至最终取消中间管理层。

（2）管理幅度加大。现代信息技术使管理者和下属可以随时了解对方的状态和意图，而且仅占用很少的精力和时间。所以一个管理者能够指导更多的下属人员，加大管理幅度。

（3）公共组织绩效的改进。信息技术的发展极大地提高了工作效率，使得一个公共组织要完成与过去同样的工作量所需工作人员大为减少，从而使公共组织更加精干高效。公共组织中信息技术的采用有利于提高公共组织产出绩效和促进成员的自身发展。信息技术可保证成员间的全方位沟通以及组织与组织之间的信息交流。

3.3.5　任务型组织结构

任务型组织是围绕解决某一（些）特定任务而建立起来的一种组织[①]，通常在任务完成的时候解散。这种组织具有临时性的特征，因而，人们也把它称作临时性组织。孤立地看，它确实是一种临时性组织，但是，如果把它放在与其他各种组织的比较中来看的话，它的突出特点就是任务导向。常规组织和任务型组织都具有任务承担的必然性，或者说，一切组织都有任务，没有任务的组织是不可理解的。但是，在任务是否决定组织的命运这一点上是不同的。常规组织一旦建立起来，就会以组织自身的存在和发展为目标，没有任务的时候，它可以寻找任务甚至创造任务，它所找到的和创造出的任务可能会对社会有着积极意义，也可能会起到消极作用。任务型组织则不同，它因任务而设立，也因任务的完成而解散。所以，它是一种始终能够充分发挥积极作用的组织。

任务型组织有三种类型：

（1）单一任务型组织。绝大多数任务型组织是建立在单一任务的基础上的，属于单一任务型组织。比如，申办2008年北京奥运会的北京奥申委，我国为适应市场经济的发展和加入世界贸易组织的形势要求而成立的国务院行政审批制度改革工作领导小组等，都属于典型的单一任务型组织。

专　栏

北京2022年冬奥会和冬残奥会组织委员会

2015年7月31日，在马来西亚吉隆坡举行的国际奥委会第128次全会投票决定，北京成为2022年冬奥会和冬残奥会举办城市。

2015年12月，北京2022年冬奥会和冬残奥会组织委员会（以下简称“组委会”）在北京人民大会堂举行成立大会。组委会的成立，标志着北京2022年冬奥会和冬残奥会的筹备工作正式展开，与赛事相关的场馆建设与改造、交通规划、环境保护、比赛服务等一系列工作也全面提上日程。2018年10月15日至12月31日，组委会面向全球公开征集北京冬奥会开幕式创意文案。

2021年3月，经国际残疾人奥林匹克委员会批准，组委会发布了北京2022年冬残奥会V2.3版单元竞赛日程。

2022年2月，第24届冬季奥林匹克运动会在北京正式开幕。

2023年3月20日，北京2022年冬奥会和冬残奥会组织委员会成立清算组并拟向国家事业单位登记管理局申请注销登记。

（2）多元任务型组织。虽然多元任务型组织在现实中较为少见，但是，一个任务型组织承担多元任务的情况还是不乏其例的。比如，1949年中央人民政府专门成立了政务院指

① 张康之，李圣鑫．拉开任务型组织研究的帷幕．南京工业大学学报（社会科学版），2006（4）.

导接收工作委员会，其任务是代表中央人民政府所属各单位统筹指导与处理国内外有关原国民党政府中央各机关人员、档案、图书、财产、物资等的接收事宜。这样一来，整个接收任务就包括对人员和相关财产等的接收，在一定程度上，这个负责接收的组织就是一个多元任务型组织。

（3）延展任务型组织。延展性任务是指由于一个任务的完成而出现的另一个任务。新旧任务之间往往有着历史的和逻辑的联系，原有的任务型组织也适合于承担新任务，或者，原有的任务型组织只要稍做改动就能够满足承担新任务的要求。这时，任务型组织被保留下来，成为延展任务型组织。但是，这并不意味着它向常规组织的转变。因为，延展性任务也是有时间性的。比如，红十字国际委员会就是典型的延展任务型组织。红十字国际委员会原为战争灾难发生时从事救助活动的组织，自二战以后，国际战争减少，事实上已经完成了组织设立时规定的任务。但是，整个国际社会仍有不少其他灾难造成的大量伤亡事件，因而红十字国际委员会就从原来对战争受难者的救助转向从事公共卫生工作，组织任务得以延展了下去，组织自身也因而得以延展。①

由于任务型组织是以任务为导向和以任务为中心的，当它的时间性特征与任务的时间性特征相一致的时候，就不会出现常规组织所具有的因组织的存续需要而造成的累积成本。因此，任务型组织是一种低成本的组织。同样，由于它的任务导向和以任务为中心，组织行为往往有着更为明确的目标，更能集中财力、物力、人力以及其他资源，也会拥有常规组织所不及的效率。

3.4 公共组织设计

3.4.1 公共组织设计概述

什么样的组织结构形式才是最好的呢？从权变的观点来看，并不存在一个普遍适用且十全十美的组织结构形式。有效的组织结构取决于一定时期内组织所处的具体环境和多种影响因素，而环境和各种因素是经常变化的，即使同一个组织，在不同时期，其组织结构也不尽相同，因此组织设计是一个动态的复杂过程。

所谓公共组织设计，就是公共组织依据一定的理论和原则对公共组织结构及其功能进行规划和确立的过程，它通过对公共组织的各个要素进行合理配置，协调各个机构、部门之间职能，达到提高组织效率的目标。几乎所有的现代国家都在国家的权力机构中或在政府中设立专门的机构来从事公共组织的设计工作。许多国家也通过专门的公共组织法律使公共组织设计活动以及公共组织设计结果合法化。

公共组织设计的基本思路是：首先明确组织目标并确定相应的基本职能；然后以职能细分和归类为依据，设置相应的机构和相关职务；进而，将必要的职位和各种职务相对应，并按职位配置人员。比如，我国近年来的机构改革就是遵循“定职能—定机构—

① 张康之，李圣鑫．历史转型条件下的任务型组织．中国行政管理，2006（11）．

定编制”（简称“三定”）的思路进行的。

公共组织设计属于公共管理的一项重要内容，对公共组织职能的发挥、公共组织运行的状况都有着极其重要的影响，关系公共组织的长远发展。所以，几乎所有的公共组织理论都特别重视对公共组织设计问题的研究，认为公共组织设计应当有计划、有领导、有步骤地进行，而且在公共组织的设计过程中，应当遵循正确的原则，并对各种各样影响公共组织存在和发展的因素予以充分的重视。

3.4.2　公共组织设计的原则

公共组织设计工作是一项非常复杂和细致的工作，因而公共组织的设计过程需要遵循一定的原则。

1. 职能目标原则

设计公共组织，首先应考虑职能目标，职能目标是一个组织存在的基础。任何一个国家都是根据社会宏观环境和微观环境来建立相应的公共组织机构，履行某一方面的职能，以便对社会公共事务进行有效管理。每一个具体的公共组织也都必须有明确的目标。职能目标的形成，是人们有意设计的结果。只有合理划分组织结构，明确职能目标，才能建立科学合理的公共组织。那么，如何才能使职能目标与组织结构相统一呢？应该做到以下几点：（1）随着社会的发展，公共管理职能也会发生较大变化，有的职能会扩大，有的职能会萎缩，这就要求公共组织必须增加或减少相应的机构。（2）公共组织机构必须随着管理权限的转移而变迁，并根据职能目标来划分层次，配置权力，确立合理的集权度。（3）当新的社会公共事务出现时，公共组织必须及时做出反应，设立相应的部门。（4）对于一些临时事务，可考虑设置临时机构去管理。但要注意临时机构重在“临时性”，不能变成常设机构，完成任务后应立即撤销。

2. 完整统一原则

这里所说的完整统一，是指公共组织应有机地形成一个完整统一的组织体系。就政府而言，任何一个国家或地区都只能有一个政府，而且只有这个政府才能行使行政权。整个行政系统必须由它统一领导和指挥，才能高效有序。具体说来，应做到如下几点：（1）公共组织职能要完整统一。（2）公共组织目标要完整统一。（3）机构设置要完整统一。（4）领导指挥要完整统一。

3. 精简高效原则

我国宪法规定：“一切国家机关实行精简的原则。”这是设计公共组织时必须遵循的一条原则。精简不是越少越好，而是在保证实现职能前提下的最少。公共组织只有精简，才能实现高效廉洁的目标。具体要求是：（1）公共组织机构要精简。（2）公共组织人员要精干。（3）办事程序要精简。

4. 法治原则

现代社会是法治社会，公共组织的职能、机构、人员更要依法配置，这就是公共组织的法治原则。法治原则要求：（1）必须根据宪法、政府组织法以及有关规定进行机构设置、撤销、合并或其他调整。（2）必须有相关的法律具体规定各机构的职能权限。（3）必须依照法定程序进行，要严格执行审批手续。（4）必须依法审定编制，并配合财政预算等手段，保证行政编制的严肃性，避免部门林立、机构臃肿。

专 栏

城管机构的法律地位

城管执法，事实上是将过去城市各政府机构所拥有的各自范畴内的城市执法职能集中行使，包括市容环境卫生、城市规划管理（无证违法建设处罚）、道路交通秩序（违法占路处罚）、工商行政管理（无照经营处罚）、市政管理、公用事业管理、城市供水管理、停车管理、园林绿化管理、环境保护管理、施工现场管理（含拆迁工地管理）、城市河湖管理、黑车、黑导游等各方面需要执法的事宜。

2016年10月，住房城乡建设部下发《住房城乡建设部关于设立城市管理监督局的通知》，设立城市管理监督局，建立健全城市管理协调机制和考核机制。根据中央编办的批复，住房城乡建设部稽查办公室整体改编为“城市管理监督局”。2017年，住房城乡建设部颁布《城市管理执法办法》和《城市管理执法制式服装和标志标识供应管理办法》，设立全国统一的城市管理执法系统。

5. 职、权、责一致原则

公共组织是个权责体系，各部门、各单位、各岗位的工作内容、职务、责任、权限都必须有明确的规定，以便有章可循。因此，任何公共组织及其行政人员都必须贯彻执行职、权、责一致原则。具体要求如下：（1）权责一致。要依法规定各个公共组织的职责范围、相应的权限与责任（包括对上对下的责任），建立并完善权责一致的行政体系。（2）明确每一个工作人员的职务、职权和职责，做到事事有人负责，人人各司其职、各尽其责，功过分明；分清领导者与被领导者、正职与副职、决策与执行、领导与秘书的职责关系。（3）建立严格的监督、考核、奖惩和升降等制度，对每个公共组织和工作人员的行为和行使职权的情况，必须进行监督和考核，厉行奖惩。（4）权责一致的落实，要求领导者把管人和管事的权力统一起来。（5）按照能级原则，职位、职务应由具备相应能力的人员去担任，并且一个人只能主要负责一方面的工作。

6. 人本原则

公共组织的设计必须考虑到人和人的积极性与创造性的调动与发挥。人才是治国之本、治事之本，切忌重事不重人，重物不重人。具体操作时应注意：敢于和善于授权；鼓励竞争，能者优先；善于利用非正式组织，满足人们的各种正当要求；鼓励工作人员参与管理，充分发挥每一个人的潜能，满足其自我实现的需要。公共组织的设置，职、权、责的划分，规章制度的制定，监督考核制度的建立，都是围绕着调动人的积极性和创造性来进行的。

3.4.3 公共组织设计的影响因素

不同的组织由于规模、目标战略、竞争环境、技术条件等的差异，其组织结构形式也会有所不同。公共组织设计是组织实体的建构过程。影响公共组织设计的因素是多种多样的，这里，我们主要考虑组织环境、组织战略目标、组织规模、组织技术和组织权力体制等方面的影响。[①]

1. 组织环境因素

一切人类社会的组织都是开放的系统，其生存和发展都直接受到组织环境因素的影响。就组织环境对组织结构的影响而言，管理学家在三个方面提出了参考意见：（1）组织结构的复杂程度与其环境的不确定性是呈负相关关系的，组织环境的不确定性越大，组织结构的复杂程度就越低。（2）组织环境越平稳，组织结构的规范化程度就越高。因为平稳的环境不需要组织对其做出快速的反应。（3）组织面临的环境越复杂，组织结构就越趋于分权。因为在复杂的环境中，只有实行分权，使决策部门化，才能对环境做出灵活的反应；与此相反，在平稳和简单的环境中的组织多会采用集权化的形式。此外，在一些极端环境条件下，组织也往往采用集权的方式来强化控制。

2. 组织战略目标因素

早在古典经济学家那里，组织的战略目标就被看作影响组织结构的重要因素。对于现代组织来说，组织的战略目标也是组织设计和发展的基本依据。因为，组织的战略目标要得以实施，就需要设计出相应的行动流程，建立组织可利用资源的分配和再分配制度，根据变化着的需求、动荡的环境、新技术的发展、竞争对手的实力与行为采取相应的行动方针和政策。也就是说，组织是根据战略目标来设计自己的系统结构的，战略目标的调整和转移，会在组织结构上有所体现。所以，当组织谋求发展时，总是预先制定自己的战略目标，或者通过组织结构的改变来促使组织的战略目标明确化。一般说来，与单一的战略要求相适应的组织结构比较简单，战略范围小，执行战略的组织结构的复杂性和规范化程度都较低。

3. 组织规模因素

组织规模对组织结构的影响是显而易见的。所谓组织规模，是指一个组织所拥有的人员数量以及这些人员之间的相互作用关系。人员的数量在某种意义上对组织结构的影响是决定性的，一个三人小店与一个万人企业相比，组织结构的差别是巨大的，以至于一切组织的设计者首先考虑的总是组织的人员数量。组织规模影响着组织的结构，而且，在组织发展的不同阶段，组织规模的影响又有所不同。在组织成立初期，组织的规模对组织结构的影响是决定性的，相比之下，在组织规模达到一定程度以后进一步扩大的过程中，其影响则会小一些。一般说来，组织的人员数量越多，组织的规模越大，组织的标准化程度和规章制度的健全程度也就应当越高，专业化分工也就应当越细，分权化的

---

① 刘熙瑞，张康之．现代管理学．北京：高等教育出版社，2000.

程度也就应当越高。

4. 组织技术因素

组织技术是指组织在把输入的资源转化为产出的整个过程中的信息决策与沟通系统、机器设备、工艺及流程的总和。简单地说，组织技术就是组织把输入转化为产出的整个过程中的技术。组织技术对组织结构的影响是巨大的，最为明显的表现是，组织技术的复杂性在一定程度上决定了组织结构的复杂性。组织技术的复杂程度越高，组织结构的纵向差异化程度（即纵向管理层次）也就越高，管理人员与具体的作业人员之间的比例也就会越大。然而，从另一个方面来看，组织技术的进步却促使组织结构简单化，使组织的纵向层次减少。在现代技术进步的条件下，组织结构在总体上出现了新的特征，比如，组织技术的发展使组织横向的专业化和部门化差异缩小，管理自动化、规范化、标准化的程度提高使管理幅度增加，最高管理层与最基层的作业者之间直接沟通的增加使他们的距离缩短，打破了原先的管理层次界限。所以，现代组织设计更需要考虑技术的影响，以求所设计出的组织结构具有现代化的特征和现代适应能力。

5. 组织权力体制因素

组织权力体制也就是它的权力控制方式，是由那些与组织职位联系在一起的权力所组成的一个相互作用、相互影响的权力运行模式。一般而言，有两种组织权力体制，即分权制和集权制。在分权制的权力运行模式中，组织的控制是通过法令、法规和工作程序等来实现的，所以在组织设计上，就应当给予制定法令、法规和工作程序的部门以及执行和监督执行它们的部门较多的重视。相反，在集权制的权力运行模式中，组织的控制更多的是通过行政命令的方式来实现的，这就要求组织设计注重管理幅度的合理性，注重管理层次的衔接，并尽可能地在组织结构上保证职位和与这些职位联系在一起的权力的权威性。

专 栏

央地关系处理原则之集权与分权相平衡

集权与分权相平衡的原则，要求实行中央与地方政府的适度分权，同时把应该由中央集中统一行使的权力收归中央政府，形成中央与地方政府之间合理协调的分工合作关系，实现集权与分权的动态平衡。

在宏观调控问题上，宏观调控的主体就是中央政府。“维护国家宏观调控的集中”的含义是：首先，宏观调控的主体是中央政府，地方各级政府不能成为宏观调控的主体。其次，宏观调控的决定权在中央政府。宏观调控的内容、实施时机与步骤，均只能由中央政府做出决定。最后，宏观调控实施中所遇到的问题的解释权和裁定权在中央政府。

作为地方政府，可以根据宏观调控的精神与内容自主地决定本省市区的具体实施办法。区域调控是从宏观调控中派生出来的，它绝不能与宏观调控相对立。“在集中指导下赋予地方必要的权力”，是要求区域调控在集中指导下进行，所谓集中指导包括政治权威的集中指导和经济宏观调控权的宏观指导；地方要有必要的权力，所谓“必要的权力”是指地方发展经济、配置地方资源、提高经济效率所需要的权力；中央的集中指导要与地方必要的权力有机地统一起来。

资料来源：中央与地方关系处理有五原则 集权与分权相平衡．(2005-12-10)．中国新闻网．

3.4.4 公共组织设计的内容

按照公共组织设计的一般过程，公共组织设计的内容主要有以下几个方面：

1. 职能设计

职能设计，就是依据组织的目标，对组织的管理业务进行总体设计，确定组织的各项管理职能及其结构，并层层分解为各个管理层次、管理部门、管理职务和管理岗位的业务工作。

对于新设立的公共组织来讲，职能设计的内容比较完整，主要包括：(1) 基本职能设计。即找出国内、国外较先进的同类组织作为参考，然后根据组织设计的有关变量，如战略、环境、技术和规模等组织特点加以调整，确定本组织应具备的基本职能。(2) 关键职能设计。根据组织的任务和战略，在众多的基本职能中找出一两个对实现组织目标起关键作用的职能，以便在职能设计中突出关键职能的作用，把它置于组织框架的中心地位，以保证组织强有力地发挥关键职能对实现组织目标的促进作用。(3) 职能分解。它将确定的基本职能和关键职能逐步地细分为两级、三级或更多职能，从而为各个管理层次、部门、职务以及岗位规定相应的管理职能。在职能分解过程中，要注意确定各职能之间的分工及其联系和制约的关系，避免职能间的重叠和脱节。

对于众多已经存在的公共组织来讲，职能设计则表现为职能调整，即在调查了解组织现有的全部管理业务活动和分工的基础上，通过分析和归纳，明确职能结构现状，发现问题，提出具体改进方案。职能调整一般表现为四个方面：有的职能需要新建或强化；有的职能需要取消或弱化；原关键职能需要改变；对重叠的或脱节的职能进行调整。

2. 部门设计

组织设计所说的部门，指的是承担一定管理职能的组织单位，是由某些具有紧密联系的业务和人员构成的集合。如何把各种工作进行归类，建立部门呢？一般来说，常见的有以下几种方式：

(1) 按照公共管理的职能和目标划分部门。这是公共组织横向结构最基本的形式，如我国国务院就根据职能的不同划分为不同的部门，各部门有各自的行政目标和业务范围，它们之间没有隶属和领导的关系，仅有业务的指导关系，但它们必须服从决策部门的统一指挥与领导，是决策部门的下属部门。这种划分方法符合行政分工专业化的原则，每个部门只负责一个方面的事务，便于行政人员熟悉工作，但如果分工过于精细，也会造成部门林立，导致不必要的人力物力浪费。

(2) 按照管理的环节划分部门。管理一般包括决策、咨询、执行、信息反馈和监督等环节，根据这些环节可设置相应的部门，每个部门在管理的不同环节发挥积极作用，各司其职、分工合作。如政策研究室就是咨询部门，监察委员会就是监督部门。这种划分方法使公共管理过程中的重要环节都有专门机构去完成，可以节省人力、物力和财力，但该方式也有一定的局限性，比如很多工作环节无法独立出来，也就无法设置相应的部门。

（3）按照服务的对象划分部门。比如退役军人事务部、各级政府的侨务办公室；行业主管部门，如交通运输部、农业农村部等。但这种划分方式应避免与按职能划分的部门发生重叠与交叉。

（4）按照地区划分部门。按地区划分部门是指同一层级的各个平行公共组织在地区空间上的分布。如我国划分为若干省、直辖市、自治区；省又划分为若干市、县；县又划分为若干乡、镇；交通、林业等部门则按地区划分为若干分局。

3. 管理幅度与组织层级设计

一般而言，要进行良好的管理幅度设计，需要考虑以下因素：（1）主管人员与其下属的素质和能力；（2）所面对的问题的种类；（3）授权；（4）使用标准程序的程度；（5）管理信息系统的先进程度；（6）组织文化的凝聚力。①

由于管理幅度受多种因素影响，因此管理幅度的弹性较大，在不同类型的组织之间，管理幅度可能会有相当大的差异。即使在同一组织中，不同层级的管理幅度也是不同的。这就要求管理者能够根据具体情况，考虑到各种影响因素，确定理想的管理幅度。

有效的管理幅度是决定组织层级的一个基本因素，但并非唯一的因素。因此，在规定了管理幅度之后，还不能直接根据它和组织层级的反比例关系，简单地将组织层级确定下来。影响组织层级设计的还有下列两个方面的因素：（1）组织的纵向职能分工。在进行组织层级设计时，首先要根据组织纵向的职能分工，确定基本的组织层级，然后根据管理幅度设计相关数据和其他影响因素进一步分析、测算具体的层级。（2）组织效率。组织层级太少，会导致管理幅度过大，降低组织效率；组织层级过多，管理费用就会增加，信息传递的效率和效果也会下降，计划和控制工作将会复杂化，也必然会降低组织效率。也就是说，组织层级过少或过多，都不符合组织效率的要求，人们必须要寻找恰当的组织层级数目。

以我国行政组织为例，中央行政组织即指中央人民政府一级，地方行政组织的层级划分有多种类型：（1）两级制。比如直辖市—区。（2）三级制。比如直辖市—区—街道；直辖市—县—乡、镇；省、自治区—地级市—区；省、自治区—县、县级市—乡、镇。（3）四级制。比如省、自治区—地级市—县—乡、镇；省、自治区—地级市—区—街道；省、自治区—自治州—县、县级市—乡、镇。

就我国目前的行政组织层级来看，由于市管县体制的推行，事实上普遍是五级。县与市是两种不同类型的管理层级，县是以较大农业区域为管理对象的行政层级，而市则是以相对集中的非农业区域为管理对象的行政层级。市管县体制在改革开放初期曾经发挥过重要的作用，特别是在打破城乡分割、以城带乡方面有一定的意义。现在，中央高度重视“三农”问题，县的重要性得到了重新认识，有的地方开始试行省直管县或部分

---

① 刘熙瑞，张康之．现代管理学．北京：高等教育出版社，2000：177.

实行省直管县（比如人事、财政方面等），甚至把重要县的县长的行政层级提升到副厅级。

专　栏

河南省财政直管县范围扩大至102个县（市）

为进一步理顺省、市、县三级政府间财政关系，调动市县发展经济、培植税源的积极性，激发县域经济高质量发展动力活力，河南省政府印发了《深化省与市县财政体制改革方案》。

该方案明确，将河南省财政直管县的范围由24个县（市）扩大至102个县（市），各县（市）财政体制由省财政直接核定，财政收入除上划中央和省级部分外全部留归当地使用，市级不再参与分享；县（市）范围内由地方承担的共同财政事权支出责任，调整为省与县（市）分担，市级不再分担；对改革形成的财力转移，按照保存量的原则核定划转基数。各类转移支付、债券资金由省财政直接下达到县（市）；省财政直接向各县（市）调度现金，办理财政结算。

改革后，县（市）与所在省辖市在财政管理体制上属并列关系，最大限度地赋予县（市）财政管理权限。县（市）范围内的财政收入市级不再分享，能够有效调动县（市）抓经济、上项目、聚财源的积极性。县（市）范围内共同财政事权的支出责任省辖市不再分担，也有利于市级财政"轻装上阵"。各类转移支付、债券资金由省财政直接分配下拨到县（市），能够有效提升县（市）财政整体保障水平，增强对"三保"支出的保障能力。预算决算、资金往来等事项由县（市）直接与省对接，有利于提升县级财政管理水平。

资料来源：河南省财政直管县范围扩大至102个县（市）.（2021-09-24）. 中华人民共和国中央人民政府网.

其实，这种改革还可以再进一步考虑，在行政级别上，县可以与地级市同级。相应地，县下设立的乡（镇）级别提升为处级，这有助于激发基层工作人员的积极性，有助于改变大中城市人才聚集的现象，促进人才向基层流动，更好地服务于基层。提出这种改革思路的原因是，县级及以下被严重忽视了。而我们知道，公务员的薪酬与其行政级别直接相关。如果提升县乡两个层级的行政级别，则可以在一定程度上缓解基层公务员收入上"捉襟见肘"的困境，让他们得到合理的薪酬。这与"高薪养廉"的设计还是有所区别的。合理的薪酬是公务员满足自身和家人正常需要的保障，并非所谓"高薪"，也不会造成其他社会群体的反感和过重的财政负担。

4. 职权设计

组织职权是组织各部门各种职位在职责范围内决定人事、支配和影响其他组织与个人的权力。职权设计就是全面、正确地处理组织上下级之间和同级之间的职权关系，将职权合理分配到各个层级和部门，建立起集中统一、上下左右协调配合的职权结构的过程。职权设计主要包括职权的纵向设计和职权的横向设计两个方面。

职权的纵向设计的关键是集权与分权的问题。集权和分权各有其优缺点。因此，组织在进行职权的纵向设计时不能一概而论，需要依据组织的外部环境和组织的规模、人员的能力、工作的性质等条件，科学地确定集权和分权的程度，寻求一种集权和分权的合理平衡。

职权的横向设计是指设计者根据各部门的专业分工，为各部门明确规定由其独立行使的职权，然后在此基础上明确各自的关系。具体来说，职权的横向设计包括：（1）明确各部门的职责范围和职权，使之互不重复；（2）保证各部门独立行使其职权，其他部门和上级人员不得随意干预；（3）从职权内容上，按照各部门所承担的业务活动逐一确定其职权；（4）从职权关系上明确各项职权的区别，明确各项职权究竟是直线职权、参谋职权还是职能职权，不能模棱两可；（5）从职权类型上明确规定各部门所拥有的权力。

5. 管理规范设计

管理规范是指组织管理中各种管理条例、章程、制度、标准、办法、守则等的总称。在实际工作中，管理规范通常被称为组织规章制度。管理规范设计实际上是组织结构设计的继续和细化，它使得设计出来的组织结构合法化和规范化。制定明确的管理规范，不仅可以使组织成员明了自己的责、权、利，从而使工作有据可依，而且可以防止执行过程中的变形和走样，保持工作的稳定性。

管理规范的设计要遵循一定的原则，主要包括：实事求是的原则；领导与普通工作人员设计相结合的原则；系统、全面、统一的原则；职务、责任、权限、利益相一致的原则；繁简适度、通俗易懂的原则；等等。

管理规范设计的一般步骤是：首先，组织领导根据组织内外环境的变化及组织发展规划的需要，提出建立某项管理规范的目标和要求；其次，由组织的综合管理部门组织有关业务科室和人员收集资料，调查研究，起草管理规范的初步方案；再次，由分管的领导组织内外专家或智囊团和一般组织成员进行讨论与审核，决定最后方案；最后，由组织领导通过一定的程序批准、发布、执行。管理规范一经批准，就必须在实际工作中切实地予以贯彻执行。

管理规范不是一成不变的。随着生产的发展、技术的更新、管理水平的提高以及人们对客观规律认识的深化，管理规范也需要修改和完善。管理规范的修改，要注意处理好以下关系：（1）正确处理定和变、破和立的关系。为使管理规范保持合理性，对不合理的或已过时的规范，应当加以修订完善。但是为使人们有章可循，又不能朝令夕改，而要有一个相对稳定的时间段，使人们熟悉和掌握规范。为此，要坚持先立后破的原则，只有制定出新的合理的规范，让人们逐步熟悉和习惯以后，才能废除旧有的规范。而且对规范的破和立要采取科学的态度，经过必要的试验并履行规定的审批手续。（2）管理制度的改革同管理规范的修订相结合。组织外部环境的变化及内部管理制度的改革，都要涉及相应的管理规范的修订。这样才能使管理规范反映组织管理的实际状况，并且起到巩固改革成果、为改革服务的作用。

本章小结

公共组织结构就是公共组织的构成要素及其组合方式。组织层级与管理幅度是公共组织结构的两个基本范畴，二者共同构成公共组织结构的基础。前者构成组织的纵向结构，后者则指组织的横向结构，纵横结合，构成组织的完整结构。公共组织结构主要包括纵向层级结构、横向部门结构和组织管理体制三种因素。组织结构与功能有着密切的关系：一方面，结构决定着功能，有什么样的结构就有什么样的功能；另一方面，功能又反作用于结构，功能的转变必然带动结构发生相应的变化。

传统公共组织结构的类型包括直线制组织结构、职能制组织结构、直线参谋制组织结构、直线职能制组织结构、事业部制组织结构、矩阵制组织结构。新型公共组织结构的类型包括委员会制组织结构、团队型组织结构、虚拟型组织结构、网络型组织结构、任务型组织结构。

公共组织设计就是公共组织依据一定的理论和原则对公共组织结构及其功能进行规划和确立的过程，它通过对公共组织的各个要素进行合理配置，协调各个机构、部门之间职能，达到提高组织效率的目标。公共组织设计过程需要遵循如下原则：职能目标原则，完整统一原则，精简高效原则，法治原则，职、权、责一致原则，人本原则。影响公共组织设计的因素是多种多样的，如组织环境、组织战略目标、组织规模、组织技术和组织权力体制等。按照公共组织设计的一般过程，公共组织设计的内容主要有以下几个方面：职能设计、部门设计、管理幅度与组织层级设计、职权设计、管理规范设计。

关键术语

组织结构　公共组织结构　部门化　组织层级　管理幅度　直式结构　扁平结构　纵向层级结构　横向部门结构　组织管理体制　职位　职权　职责　抽象权力　具体权力　直线制组织结构　职能制组织结构　直线参谋制组织结构　直线职能制组织结构　事业部制组织结构　矩阵制组织结构　常规委员会制组织结构　董事会制组织结构　理事会制组织结构　基金会制组织结构　团队型组织结构　虚拟组织　网络组织　任务型组织　公共组织设计　管理规范

复习思考题

1. 什么是公共组织结构?
2. 如何理解组织层级与管理幅度的关系?
3. 如何理解公共组织结构的本质?
4. 简述组织结构的基本功能。
5. 分析直线制组织结构和职能制组织结构的区别。
6. 分析直线参谋制组织结构和直线职能制组织结构的区别。
7. 简述事业部制组织结构的优缺点。
8. 简述矩阵制组织结构的特点。
9. 委员会制组织结构具体包括哪些类型?
10. 简述组织内团队的类型。

11. 什么是虚拟组织？
12. 简述网络型组织结构的特征。
13. 简述任务型组织的类型。
14. 简述公共组织设计的概念。
15. 论述公共组织设计的原则。
16. 论述公共组织设计的影响因素。
17. 论述公共组织设计的内容。

阅读材料

根据《中国县域统计年鉴 2021（县市卷）》，纳入统计的 2 075 个县域单位中，户籍人口在 10 万到 20 万人之间的县（市）有 228 个，10 万人以下的县（市）有 206 个，其中 5 万人以下的袖珍县（市）有 90 个。

玛多县地处青海省南部，总面积约 2.53 万平方公里，总人口 1 万余人，是青海省人口总量最少、机构编制规模最小的建制县。2022 年 5 月，青海省委决定在玛多县率先开展人口小县机构整合试点，破解机构设置过细、编制资源不足、行政效能发挥受限等难题。根据玛多县人口小县机构整合试点实施方案，机构整合后，玛多县党政机构将由 25 个精简为 20 个，事业机构由 31 个调整优化为 28 个，文化市场、交通运输、城市管理等五个领域的执法队伍将由 5 支精简为 1 支，“4 人以下局”减少 8 个。

在青海之前，山西推进相关改革已有年头，且成为其他省份学习对象。2020 年 4 月起，山西开始人口小县机构改革，6 个人口不足 20 万的县列入试点，分两批进行，第一批是忻州市河曲县和临汾市浮山县，第二批是太原市娄烦县、吕梁市石楼县、晋中市榆社县、长治市黎城县。山西省 15 万人以下的人口小县数量较多，且普遍存在财政供养人员比例失衡、人浮于事等突出问题。改革相关措施包括，加大职能相近的党政机构重组整合力度，实行由县委、县政府领导兼任主要党政部门负责人的管理体制和领导方式，大幅精简压缩机构和人员编制等。截至 2023 年 6 月，山西的改革取得了一定成效。比如，第一批的河曲县、浮山县党政部门分别由改革前的 36 个、35 个整合为 22 个，平均精简约 38%；党政群机关科级领导职数总量分别由改革前的 151 名、154 名精简为 128 名，平均精简约 16%。2023 年初，第二批改革试点县之一的娄烦县也公布了改革成果——县委机关由 9 个减至 6 个，政府部门由 26 个降为 16 个，事业单位由 133 个降至 104 个。同时，因改革超编的人员的去向也受到关注。以河曲县为例，对因改革超编的事业人员，采取到对口党政部门跟班学习锻炼、担任村（社区）“两委”主干和综治网格员等多种方式，重新调整配备。

除了人口小县“瘦身强体”外，一些收缩型城市则在进行区划调整。2022 年，黑龙江省伊春市撤销了乌翠区乌马河、锦山、向阳、曙光四个街道办事处，设立翠峦镇、乌马河镇。此外，伊春市还将友好区的双河子街道、铁林街道撤销，设为双子河镇、铁林镇。黑龙江的另一座城市齐齐哈尔市的碾子山区，也在 2022 年“撤街设镇”，将富强街道撤销设立华安镇。

一般而言，撤县设区是地区经济发展达到一定程度的必然结果，直辖市或地级市将其所辖的县改设为市辖区，能够有效地发挥经济建设的集聚效应和辐射作用，促进城镇化发展水平。如今逆向操作的撤街设镇，其背后原因主要是人口的收缩。根据第七次全国人口普查数据，2020 年伊春市总人口为 878 881 人，与 2010 年第六次全国人口普查的 1 148 126 相比，减少 269 245 人，下降 23.45%，年平均增长率为－2.64%。齐齐哈尔市 2020 年人口为 4 067 489 人，与 2010 年第六次全国人口普查的 5 367 003 人相比，减少 1 299 514 人，下降 24.21%，年平均增长率为－2.73%。

“撤街设镇”可以看作“二阶城市化”，即城市之间人口的转移，由小城市向大城市、衰落城市向繁荣城市转移。对收缩型城市而言，“撤街设镇”一方面是权力下放，另一方面，编制会减少，人员成本会减少，基础设施、公共服务的标准可能有所调整，这样就可以节省成本，另外，几个街道合并成镇，可以减轻财政压力。“撤街设镇”等操作也会是未来一项重要措施。由于人口的流动，未来的趋势是：第一，中心村将逐步城镇化，边缘村将萎缩甚至消亡。第二，一些中心镇将逐步城镇化，一些边缘镇将部分衰落和消亡。第三，发达区域的中心城市将持续扩张，欠发达区域的边缘城市将持续收缩。

资料来源：小城转型：人口小县试点机构整合，收缩型城市撤街设镇．(2023－06－16)．澎湃新闻．

思考题

1. 根据以上材料，你认为影响公共组织设计的因素有哪些？
2. 结合本案例，谈一谈公共组织设计应遵循哪些原则。

第4章

公共组织人员

公共组织人员作为一个独特的职业群体，行使公共权力，履行法定职责，管理公共事务，提供公共服务，维护公共利益，有着严格的从业要求，其政治立场、职业能力、文化信念、道德素养等直接或间接地影响着公共管理的质量。公共组织人员是公共组织得以建立和运转的必要前提。公共管理总体目标的实现和公共组织任务的完成都离不开公共组织人员的共同努力。人力资源的概念为公共组织人事管理带来了全新的理念。因而，对公共组织人员的研究成为公共组织学的重要内容之一。本章主要介绍公共组织人员的概念、来源和专业化；公共组织人员的职业特征；公共组织人员的职业素质；公共组织的人力资源管理。

4.1 公共组织人员概述

4.1.1 公共组织人员的概念

公共组织人员是指由公共部门管理，由公共财政支付报酬，与政府的关系是由法律调节的，谋求公共利益，对社会和公众负责，并为国民服务的所有公职人员。[①] 在外延上，它包括所有公共组织中执行公共管理职能、提供公共服务的工作人员。在当代公共组织中，管理社会公共事务的公共组织人员具有重要的地位。社会公众不可能与抽象的公共组织直接接触，公众所面对的是一个个的公共组织人员。公共组织人员行使着公共组织赋予的公共管理权力，是公共利益代言人和公共组织代理人。要科学地定位公共组织人员，必须对其性质进行分析。

---

① 张建东，陆江兵．公共组织学．北京：高等教育出版社，2003.

专 栏

公务员范围规定（节录）

第一条 为了明确公务员范围，规范公务员管理，建设信念坚定、为民服务、勤政务实、敢于担当、清正廉洁的高素质专业化公务员队伍，根据《中华人民共和国公务员法》等有关法律法规，制定本规定。

第二条 公务员范围确定坚持以马克思列宁主义、毛泽东思想、邓小平理论、“三个代表”重要思想、科学发展观、习近平新时代中国特色社会主义思想为指导，贯彻新时代中国共产党的组织路线，坚持党管干部原则，加强党对公务员队伍的集中统一领导，从中国国情出发，体现我国政治制度的特色，符合干部人事管理的实际。

第三条 公务员是干部队伍的重要组成部分，是社会主义事业的中坚力量，是人民的公仆。列入公务员范围的工作人员必须同时符合下列条件：

（一）依法履行公职；

（二）纳入国家行政编制；

（三）由国家财政负担工资福利。

第四条 下列机关中除工勤人员以外的工作人员列入公务员范围：

（一）中国共产党各级机关；

（二）各级人民代表大会及其常务委员会机关；

（三）各级行政机关；

（四）中国人民政治协商会议各级委员会机关；

（五）各级监察机关；

（六）各级审判机关；

（七）各级检察机关；

（八）各民主党派和工商联的各级机关。

资料来源：《公务员范围规定》（2019年12月23日中共中央组织部制定，2020年3月3日发布）。

1. 公共组织人员是公共利益的维护者

公共组织人员要成为公共利益的维护者，第一，必须处理好公共利益与多数人利益、少数人利益的关系。公共利益可以从公共组织人员实施公共权力所产生的结果来认识，是这个结果对社会生活所发挥的作用能够在全体公众中达成的共识。这就要求公共组织人员在行使公共权力时必须尊重和关注每一个人的利益，在代表大多数人的利益的同时也能使最少受益者的利益最大化。第二，必须处理好公共利益与私人利益的关系。这包含两个方面的含义：（1）公共组织人员在为公共利益行使公共管理权力时并不排除自己正当的私人利益，例如接受国家为公共组织人员提供的报酬；（2）私人利益不能通过非法侵占公共利益的方式来加以实现。

2. 公共组织人员是公共权力的行使者

公共组织人员作为公共权力的实际行使者、公共管理事务的实际执行者、公共管理责任的实际承担者，其身份和地位是由法律明文规定的。（1）公共组织人员由国家依照有关法律法规特别选用，一经选用即具有公共组织人员身份。（2）公共组织人员必须依法实施公共管理行为。（3）公共组织人员对国家负有忠诚的义务，公共组织人员身份一经确定，就与国家发生特殊的权利与义务关系，就必须以国家利益为其一切公共管理行为的出发点，尽心竭力为国家服务。（4）公共组织人员在执行公务的过程中代表公共权力，因此，其职权范围以公共权力的范围为限度；公共组织人员必须接受国家或其代表的指挥，对其职权范围内的工作，均须妥善处置。

3. 公共组织人员具有双重身份

公共组织人员身份的双重性源于其进入公职系统之前的“原身”是公民。当他经过法律程序进入公共组织后，就形成了新的身份和职务关系。一方面他接受了国家的授权，担任了一定的公职，享有国家规定的公职权利，履行相应的义务；另一方面，无论他担任多高的职务，其原来的身份——公民及其法律地位，并不因职务关系的形成而丧失，他仍然是一个公民，享受法律规定的公民的基本权利，同时履行法律规定的公民必须履行的基本义务。由此，每个公共组织人员都具有双重身份。公共组织人员的双重身份，虽然反映的是两种法律身份的不同法律地位，但由于公共组织人员集两种法律身份于一身，在其行为活动中，就会形成行为的交叉，使双重法律身份发生冲突。这就要求按照法律法规的规定理顺二者的关系，在不同的时空中使公共组织人员的两种法律身份有序地存在。

4.1.2 公共组织人员的来源

虽然公共组织人员的职位具有特殊性，但公共组织人员却是社会成员。在不同的时代、不同的国家，从社会成员中选拔公共组织人员的制度各不相同。而不同的公共组织人员选拔制度必然会导致公共组织人员的来源有很大的差异。

英美等国建立现代文官制度时，都将“价值中立”作为其基本原则。“价值中立”是指公共组织人员在执行公务的过程中应超然于政党政治和个人政治理念；不以公共管理权力偏袒某一政党、政治团体或利益集团，应以客观、公正、公平的态度恪尽职守，执行政策，为公民服务；不受利益团体的影响，更不能为某个集团谋取利益，应采取统一的标准，严格遵守法律；不介入派系或政治纷争，专心做好本职工作。在西方国家，“价值中立”原则是通过政务官和事务官分途而治，并规定事务类公务员的政治权利和义务来实现的。如，西方国家的文官法一般都规定：文官不得兼任议员；不得参加政党或工会；不得参加营利性活动等，否则必须先辞去公职。“价值中立”原则的确立，主要是为了调整资产阶级政党之间的矛盾，使政府的管理工作不因政党斗争和内阁的更迭而中断，从而更有效地维护社会公共利益。

“公开考试，择优录用”是西方文官制度最重要的一个特点，是反对封建特权、杜绝用人制度上所存在的种种弊端的有效手段，它有助于政府选贤举能、广开才路，有助于提高公共组织人员的素质，适应政府工作日益复杂化和专业化的需要，从而达到提高行政效率的目的。自从 1870 年英国以枢密院令确立“凡未经考试并持有合格证书者一律不得担任事务官职”之后，常务次官以下官员和雇员，均由考试录用，这一做法为许多国家所效仿，而且，这一举措大大提高了公共组织人员的社会代表性。尽管从个体来看，公共组织人员可能来自某一阶级、某一阶层甚至某一利益集团，但从整体上看，公共组织人员是来源于社会，代表了社会整体利益。

专　栏

邓小平选人的五条标准

选改革者。改革大业不半途而废，改革巨轮顺利航行，必须选坚定的改革者。邓小平强调选改革者是因为只有改革才能救中国、发展中国、强盛中国，改革大业的成功在于改革者，在于改革者在改革历史进程中大有所为。

选开放者。放眼世界搞改革，打开国门搞建设，要选开放者。邓小平强调选开放者是因为开放才能走向世界、走向现代化、走向民族复兴。

选实干者。实干兴邦，威信来自干实事、干成实事。选建设中国特色社会主义实干者，特别是要把在改革开放中干出实绩的人选进领导班子。

选公认者。邓小平提出四条原则：一要在改革开放方面做出实绩。二要在四项基本原则方面坚定不移。三要在反腐败方面动真格。四要在团结方面不搞小圈子。

选人“三要”。一是要抛弃一切成见，寻找人民相信是坚持改革路线的人。二是要抛弃个人恩怨来选人，反对过自己的人也要用。三是考虑人的角度，也要深化，这也是一种改革，是思想上的改革，思想上的解放。

资料来源：倪德刚．邓小平选人的五条标准．学习时报，2014-08-04．

我国是社会主义国家。社会主义社会是人类历史发展进程中一种全新的社会形态，其公共组织人员的社会基础更为牢固。换言之，我国公共组织人员应该能够更充分地代表中国先进生产力的发展要求，代表中国先进文化的前进方向，代表中国最广大人民的根本利益。

首先，公共组织人员应该能够代表中国先进生产力的发展要求。邓小平曾多次指出，科学技术是第一生产力。公共组织人员承担着管理社会公共事务的职能，在社会专业分工日益细密、公共管理所需的知识技能水平日益提高的条件下，公共组织人员最需要掌握先进的科学技术，用先进的知识武装自己的头脑，提高自己的工作能力，增进公共管理绩效。为了确保公共组织人员能够代表中国先进生产力的发展要求，需要把好公共组织人员的“进口”关。为了把优秀、合适的公共组织人员选拔进公共组织，招聘的渠道可宽一些。具体方法有：在国家、省、市报纸杂志上刊登招聘广告，或在互联网、电视、电台发布招聘信息；由专业机构推荐，即通过人才交流中心、职业介绍机构，为公共组织提供备选公共组织人员。应届大中专毕业生近年来已成为各公共组织选拔公共组织人员的主要来源。

其次，公共组织人员应该能够代表中国先进文化的前进方向。公共组织人员处于社会管理的核心位置，他们应当站在时代的前列，代表中国先进文化的前进方向。本着这一原则选拔公共组织人员，就要求：（1）公共组织人员应具有维护民族和国家的安全与统一的爱国主义精神，让爱国主义的优秀传统化作建设中国特色社会主义伟大事业的推动力，变成实干兴邦，为国、为民贡献一切的精神支柱。（2）公共组织人员应具有与时俱进、百折不挠的改革创新意识，应当解放思想，开拓进取，在四项基本原则的指导下矢志不渝地进行改革探索。（3）公共组织人员应具有自强不息、永无止境的人生理想追求，将完善的人格转化为改造社会的动力，进而形成一种为国献身、坚持真理、反对邪恶的高尚人格。

最后，公共组织人员应该能够代表中国最广大人民的根本利益。社会主义国家中的公共组织人员是人民的公仆，他们应树立群众观念，全心全意为人民服务，关心群众疾苦，密切联系群众。正如邓小平所指出的，要把人民拥护不拥护、赞成不赞成、高兴不高兴、答应不答应作为制定方针政策和做出决断的出发点和归宿。在新的历史条件下，党能否始终代表中国最广大人民的根本利益，关系到党和国家的兴衰存亡。习近平总书记在党的二十大报告中明确提出要"深入贯彻以人民为中心的发展思想"。公共组织人员作为党和政府联系群众的纽带所起的作用不可忽视。群众接触到的是一个个具体的公共组织人员，而不是作为整体的公共组织。他们往往将公共组织人员的工作态度、道德品质与政府形象直接联系起来。如果机关存在着"门难进、脸难看、话难听、事难办"的不良工作作风，就会败坏党和政府在人民群众心目中的良好形象。为了使公共组织人员能够代表最广大人民的根本利益，而不是代表某一个阶级、某一个阶层、某一个小团体的利益，始终坚持以人民为中心，在公共组织人员尤其是高级公共组织人员的选拔中，要通过公示、民主评议等形式听取群众意见，让公共组织人员真正对人民负责，真正成为人民公仆，真正全心全意地为人民服务。

4.1.3 公共组织人员的专业化

公共组织人员的专业化是与公共组织人员的职业化联系在一起的。没有公共组织人员的专门职业，当然也就谈不上在这一职业中的专业分化。在现代社会，人们已经确定无疑地把公共管理职业活动看作专业化的社会活动。同时，由于公共管理体系变得越来越庞大和复杂，公共管理分工也越来越细，公共管理已经不再仅仅是相对于其他职业的一种特殊职业，在公共管理这一职业活动中包含着各种各样的分工。公共组织中的各种专业可以划分为两大类，第一类是一般性专业，主要指那些公共部门和私营部门共有的专业，如法律、医务、工程、建筑等。第二类是公共服务性专业，是指那些主要并且有时完全为公共组织所有的专业。公共管理机构的不同职能部门把公共组织人员固定在特定的管理职位上，使绝大部分公共组织人员终生从事某种特定的公共管理活动，这就是公共组织人员的专业化。

公共组织人员的专业化通过公务员制度的推行而得以强化。西方公务员制度的特征之一便在于注重专业技术人才，彻底否定"政党分肥制"倡导者的所谓"政府工作人人皆可为之"的理论，把是否具有现代公务职位所需要的专门知识和技能作为录用公务员的重要标准。常任的职业公务员制度的建立，使政府中职业政治家和职业公务员得以区分（即政务官和事务官的区分），职业公务员若没有重大过失即可永久留任，直至退休。

这些职业公务员由于工作职位有长久保障，因而能够专心工作，能够在稳定的职业性工作过程中不断地积累经验，并把积累起来的经验再运用于工作实践之中，这样有助于提高政府的工作效能。因而，公共组织人员的职业化，是公共组织人员专业化的必要前提。西方国家公务员制度所确立的考任制为专业化的公共组织人员选拔打通了路径。考任制是公务员制度得到确立的最显著、最关键的标志。在此以前，西方各国还没有形成系统有效的考试录用政府工作人员的制度，政府中的职位常为一些能力低下的庸才所占据，行政效率由于受到工作人员素质的影响而十分低下。考任制则使政府吸纳了大批社会精英。对公共组织人员专业化有着重大意义的体制设置是职位分类。职位分类就是根据职位的工作性质、责任轻重、难易程度和所需资格条件，将其分为不同的类别和等级，然后用书面的形式固定下来，形成规范性文件，为公务员的考试录用、考核、晋升、培训、奖惩、工资待遇等各项管理提供依据。在1923年美国《职务分类法》建立起一套专业与科学的职务分类之后，在公共领域从业的专业化人员的数量就开始不断地增加。

在公共组织人员的专业化过程中，大学所设立的专业性学院也起到了十分重要的促进作用。高等教育造就大批未来的专业人才，大学通过课程安排以及教学活动等，可确定每门专业课程的内容，影响各个专业当中学生的前途与志向。当然，这些大学生有些将会成为政府的主要工作人员以及主要领导人。在绝大多数的专业领域内，在人员资格与特长方面，绝大多数公共组织对于大学所定的标准，都是依赖多于鉴定，学生只要拥有从某个合格的学校所取得的毕业证书就够了。而公共管理硕士专业教育则架设了公共管理实务和公共管理理论的桥梁。公共管理硕士专业学位的培养目标是为政府部门及非政府公共机构提供高层次、应用型专门人才。公共管理硕士专业教育强调直接面向公共管理领域实施专业学位教育。

专　栏

江苏省2023年度考试录用公务员专业参考目录（公共管理类本科）

国民经济管理，信用管理，海关管理，海事管理，海洋管理，边防管理，公安管理学，管理科学，信息管理与信息系统，管理科学工程，人力资源管理，行政管理，政治学与行政学，公共事业管理，工商管理，市场营销，旅游管理，社会保障，劳动与社会保障，劳动和社会保障，土地资源管理，公共关系学，公共政策学，城市管理，公共管理，文化产业管理，文化艺术事业管理，会展经济与管理，国防教育与管理，航运管理，劳动关系，公共安全管理，体育管理，体育产业管理，食品经济管理，农业经济管理，现代农业管理，林业经济管理，渔业经济管理，农林经济管理，农村区域发展，信息资源管理，资源环境与城乡规划管理，农村行政管理，乡镇企业管理，城市管理与监察，工商行政管理，管理科学与工程，交通管理，图书馆学，档案学，保密管理，管理工程，档案管理，卫生事业管理，经济与行政管理，工程管理，社会工作，社会学，行政管理学，财政学，酒店管理，体育经济与管理，物流管理，房地产开发与管理，物业管理，城乡规划，土地资源管理，邮政管理，国防动员与国防教育，健康服务与管理，现代物业管理，药事服务与管理，智能交通管理，水路运输与海事管理，民航运输服务与管理，智慧机场运行与管理，邮政快递管理，公共卫生管理，健康管理，旅游规划与设计，智慧社区管理，民政管理，外事实务，智慧健康养老管理，房地产经营管理，城市规划，大数据管理与应用，工业工程

资料来源：江苏省2023年度考试录用公务员专业参考目录．（2022－11－04）．江苏省人力资源和社会保障厅官网．

公共组织人员的专业化具体是指公共组织人员必须具备专业知识和技能才能胜任公共管理工作。公共组织人员不仅需要了解和熟知众多的相关法律和法规的条款或惯例，而且需要懂得并实际运用这些条款或惯例，以求灵活地处理实际公共管理事务。公共组织人员的专门知识和技能是通过长期的正式教育和实际经历形成的，政府则通过公平、客观和制度化的考试方法予以鉴定和确认，并根据鉴定和确认的结果予以合理任用，没有经过鉴定和确认，就不能担任公职或获得晋升。

公共组织人员的专业化已成为一个不争的事实。当前不论何种制度的国家，其领导人所做的决策，特别是经济、国防等专业性决策，大多出自专业人员之手。因而，不充分利用专业人员的才智，就无法进行现代化建设。

4.2 公共组织人员的职业特征

4.2.1 公共管理是特殊职业

首先，公共管理作为一种特殊的职业，体现于这种职业的公共性。公共组织人员是一个特殊的职业群体，它掌握着公共权力，并在公共管理的职业活动中行使这一权力。而这种公共权力来自社会，又凌驾于社会之上，并且对几乎整个社会生活有着支配的能力。公共权力与公共组织人员之间的职业性联系，赋予了公共管理这一职业以特殊性，使公共组织人员与其他职业的从业者不同。因为，他们与公共权力的这种联系为其提供了不当使用这种权力的机会，他们甚至可能把这种权力用来谋取私利。公共权力是一种公共力量，而且这种公共力量是在其他任何一类职业活动中都不存在的，因而，其他任何一类职业的从业者也都不可能像公共组织人员这样把自己的行为建立在公共力量之上。正是这一点凸显了公共组织人员职业的特殊性。特定职业的从业者自然而然地组成一个职业群体，公共组织人员作为掌握着公共权力的职业群体，是每日每时都受到整个社会关注的群体，在一切既有的公共管理体系中，公共组织人员的公务行为都受到明确的规范和行为准则的约束，可以说，社会中几乎再也没有一个职业群体在行为准则和规范方面能够比公共组织人员这一职业群体更为系统和完整了。

其次，公共管理作为一种特殊的职业，体现于这种职业是服务于公民、服务于全社会的。需要特别说明的是，公共管理职业的特殊性，绝不能被理解为公共组织人员是高

人一等的，有凌驾于宪法和法律之上的特权，是特殊人物、应当受到特殊对待等。恰恰相反，公共组织应作社会公器，公务人员当为人民公仆。从政治学角度理解，“契约理论”认为，政府的合法性是建立在公民与政府、公民之间的政治契约基础上的，政府的一切权力来自公民之间的契约或公民与政府之间的权能委托，政府应保护全体公民的公共利益，维护社会秩序，充当公民的忠实“奴仆”，“全心全意为人民服务”。否则，公民有权收回委托之权能，选举出新的政府。众所周知，政府机关本身并不直接创造社会财富，它的运转和活动靠纳税人来支持，公民是公共组织人员的“衣食父母”。政府为公民服务，反映公民的意愿，为公民利益尽心工作，完全是应有之义，应有之举，而非政府单方面的“恩赐”。公共组织人员职业的这种特殊性就在于，公共组织人员作为公民和社会的服务者，必须正确对待手中的权力，这种权力不应成为为自己、为小集团谋取私利的工具，而应成为更好地满足公民需要、更好地服务社会的手段。

专　栏

严管“官转律”我国加强法检离任人员从业监督

我国正在推进完善法检离任人员违规从事律师职业双向预警机制和法检工作人员近亲属在律所从业核查机制。

这一核查系统包含“法院检察院退休人员在律所从业人员信息库”“法院检察院辞去公职人员在律所从业人员信息库”“其他从法院检察院离任后在律所从业人员信息库”“法院检察院工作人员近亲属在律所从业人员信息库”四个数据库，对尚在从业限制期的 1 785 人加注“预警”标签。预警人员的执业行为将被实施跟踪管理。

司法部将会同最高人民法院、最高人民检察院，加快推进核查系统与法检离任人员信息库和法检工作人员近亲属信息库对接，实现数据实时更新、动态管理；加快推进核查系统与律师执业许可管理系统对接，实现法检离任人员申请律师实习登记和申请律师执业核准自动预警；加快推进核查系统与法院、检察院立案办案系统对接，实现法院、检察院离任人员违规担任案件诉讼代理人、辩护人的自动预警，为做好法院、检察院工作人员回避工作提供支持。

资料来源：严管“官转律”我国加强法检离任人员从业监督．(2021－12－03)．新华网．

最后，公共管理作为一种特殊的职业，体现于这一职业的政治性和权威性。公共管理活动在本质上反映和体现着国家意志以及统治阶级在政治上的价值追求。马克思主义理论认为，政府机关是经济上占统治地位的阶级为实现其阶级使命而建立的组织；国家机关把统治阶级的意志上升为法律规定，并按照这种法律规定来进行活动和实现国家的统治职能。公共管理，尤其是政府管理的使命是执行国家权力机关的意志，国家权力机关具有强烈的阶级性，行政机关也不例外。政府管理是以国家的名义进行的，代表国家并以国家强制力为后盾，无疑具有权威性。一切管理对象，对公共管理机关及其工作人员的管理行为都有服从的义务。但公共管理活动本身也必须依法进行，做到“有法可依，有法必依，执法必严，违法必究”。这种法治性集中体现了公共管理这一职业的权威性特征。

4.2.2 公共管理的从业要求

既然公共管理是一种特殊的职业，那么对公共组织人员也就有着特殊的从业要求。这种要求体现为法律要求和道德要求两个方面。这两个方面的要求之间有着密切的联系，是相辅相成的。道德是“自律”，法律是“他律”。对于制约公共组织人员的行为来讲，道德主“内”，法律主“外”；对于抑制公共组织人员的犯罪来说，道德治“本”，法律治“标”；道德“扬善抑恶”，法律“惩恶扬善”。

公共管理组织不仅是一个权力系统，而且是一个管理社会公共事务的管理系统。马克思主义理论指出，政府具有政治统治和社会管理职能。而政府进行政治统治的必要条件是政府具有合法性。政府的合法性是指政府进行政治统治和履行公共管理职能的正当性、合理性和公平性，是指公众对政府的认同程度和服从的程度。政府的合法性源于宪法和法律，更重要的是来自社会公众依据政府价值观对其进行政治治理的正当性、合理性和公平性的认可和接纳的程度。政府的合法性从形式上来看，主要是看其统治是否符合法律；从其实质上来看，主要是看公众对其管理的正当性、合理性和公平性的认同和服从程度。前者即法律上的合法性，后者即公众认可的合法性。公共组织人员必须能够满足维护政府合法性的需要，其管理行为应具有正当性、合理性和公平性，任何有损于政府合法性的行为都不符合公共组织的要求。任何政府都不允许公共组织人员的言行有损于政府的权威，有损于政府的合法性，更不允许有反政府的言论和行为。公共组织人员在处理各种公共事务时，必须站在政府的立场上，从法律和政策的角度来考虑和处理所面临的各种问题。在官僚制组织中，公共组织人员必须成为法律的具体执行者。因而，遵守法律是对公共管理从业人员最基本的要求。

公共组织人员的道德状况对于管理水平、管理质量及管理效能有着决定性的影响。因此，对公共组织人员除了法律方面的从业要求外，还必须强调道德，即公共组织人员从业的道德标准。公共管理道德要求也是公共组织人员获得公共管理行为自主性的前提。在公共管理活动中，公共组织人员最为切身的感受是法律、规章、制度的约束甚至压迫，感到不自由、不自主。其实，公共组织人员要成为自主的人，要超越法律、规章、制度的约束，必须实现道德水平的提高和全部公共管理行为的道德化。也就是说，同所有的社会人一样，公共组织人员也只有是道德的才能是自主的。因为超越外在控制的自主性是根源于道德自觉的。当道德主体理性地认识到道德规范、规则和原则，并把主动使自己的行为符合这些规范、规则和原则作为自己的道德理想的时候，他就获得了行为的自主性。所以说，公共组织人员的道德自觉是把他从一切外在强制性中解脱出来的根本途径。只有当他从公共管理的本质要求出发，把公共管理的理念和原则内化为内在道德规范，他才能超越公共管理领域中的一切法律制度的外在强制性。

在我国现实条件下，强调“依法治国”与“以德治国”的结合，无疑是对我国治国实践正确经验的高度概括与总结。治国的关键在于治政，以德治国的关键在于公共组织人员。只有公共组织人员以德管理，才能实现以德治国的目标。因为，法律和制度是由人来制定的，一个好的法律制度能否得到认真贯彻，关键在于人，尤其在于那些最高层的执法者和当权者。为此，必须强调公共组织人员的道德要求，在公共组织人员的选拔、使用、晋升等各个环节上都应引进道德评价的手段，建立起一套道德评价体系，以使公共组织人员的总体道德素质实现全面的提升。

4.2.3　公共组织人员的职务

公共管理职位是公共组织的基本单位和公共组织人员的工作岗位，它是公共组织人员获得公共管理权力、承担公共管理责任的依据。职位的外在表现为职务。所谓职务，是指组织通过成文的法律、规章或不成文的习惯等对组织中某一工作岗位任职者的权利义务关系的约定。也就是说，职务所体现的主要是一种法律关系。公共组织与公共组织人员是这种法律关系的主体。一方面，公共组织作为法律关系的一方，具有独特的法律身份，享有完全的、充分的权利。另一方面，公共组织人员基于管理公共事务的需要，与公共组织形成了“委托-代理”关系，被赋予了充分的政治、经济、文化等方面的权利，成为法律关系的另一方。

公共组织人员的职务所产生的权利义务，不是由公共组织和公共组织人员双方协商的，而是“法定”的。公共组织人员的职务由上级主管部门依据职能和职权的分配，按法定程序任免。任何人不得根据个人意志和需要，设置公共组织人员的职务，或废除、改变法定的公共管理职务。一定的公共管理职务和一定的公共管理职权相联系。公共管理职权依法定程序被授予、为法律所确认、受法律保护。公共管理职权与公共管理职务有一定的对应关系。公共组织人员的职务越高，职权就越大，职责也越重。

公共组织人员的职务权力是由法律所确定和认可的，也就是说，担任某一公共管理职务的公共组织人员，对某类公共管理事项的管辖权力及管辖权限必须由法律法规明确授予和界定，而不能带有主观随意性。为了保证公共管理的正常进行和法律法规的顺利实施，必须对各级各类公共组织人员的职权做出明确的规定。这样，可以保证公共组织人员各司其职、各尽其责，不会出现越权。对于出于管理的需要而设置的自由裁量权，也必须设定必要的限制，要求做到公正地对待每一个当事人，做出合法、合理、合情的处理。

专　栏

职务与职级序列

领导职务根据宪法、有关法律和机构规格设置。

领导职务层次分为：国家级正职、国家级副职、省部级正职、省部级副职、厅局级正职、厅局级副职、县处级正职、县处级副职、乡科级正职、乡科级副职。

职级序列按照综合管理类、专业技术类、行政执法类等公务员职位类别分别设置。

综合管理类公务员职级序列分为：一级巡视员、二级巡视员、一级调研员、二级调研员、三级调研员、四级调研员、一级主任科员、二级主任科员、三级主任科员、四级主任科员、一级科员、二级科员。

综合管理类以外其他职位类别公务员职级序列另行规定。

资料来源：《公务员职务与职级并行规定》（中共中央办公厅印发，2019 年 6 月 1 日起施行）。

公共组织人员的职务在不同的国家区别标准不同。自 2019 年 6 月 1 日始，我国推行公务员职务与职级并行制度。这一制度有利于调动广大公务员的积极性、主动性和创造性，完善公务员制度机制，推进公务员分类管理，加强专业化建设，拓宽公务员尤其是基层公务员职业发展空间，有利于解决非领导职务设置存在的属性界定不清晰、设置不科学不合理等问题。公务员担任领导职务，都必须经过法定的程序。一部分是经过依法选举产生的，如根据我国宪法的规定，地方各级人民代表大会分别选举本级人民政府的省长和副省长、市长和副市长、县长和副县长、区长和副区长、乡（镇）长和副乡（镇）长；一部分是依法经提名决定的，如我国宪法规定，全国人民代表大会根据中华人民共和国主席的提名，决定国务院总理的人选；根据国务院总理的提名，决定国务院副总理、国务委员、各部部长、各委员会主任、审计长、秘书长的人选；还有一部分是经上级机关依法任命的，如国务院各部的副部长、各委员会的副主任，以及它们下属的各司、局的领导职务等。

在公共组织体系中，由于公共组织人员所处的层次不同，其职务的名称也不完全相同。如国务院有总理、部长、委员会主任等职务；省政府有省长、厅长、局长等职务。有时尽管一些职务在名称上是相同的，但由于所处的层级不同，其职位、职权和职责也有很大的差异。比如，同是“市长”这一职务，就有省部级、厅局级、县处级之分。这说明，职务的名称只是职务的外在标识，职务所对应的职权、职责则主要取决于该职务所处的职位序列之高低。当然，出于公共管理规范化的需要，有必要对一些使用过滥的职务名称进行规范、清理，以体现该职务所对应的职权和职责。

4.2.4 公共组织人员的责任

公共组织人员的责任就是公共管理责任。广义的公共管理责任，是指公共组织人员在工作中必须对公共组织负责，必须履行自身职责来为国家、为公众谋利益。狭义的公共管理责任，是指公共组织人员违反公共组织及其管理工作的规定，违反法律法规所规定的义务和职责时，所必须承担的责任。出现上述情况时，公共组织人员要对自己的违法、失职行为及其后果负责，公共组织依法追究其公共管理责任，予以惩罚。

公共管理责任有两种表现：职业责任和职务责任。职业责任是一般性的公共管理责任，是一种抽象责任。这种责任具有较强的客观性。它与外部强加的可能事务相关。公共管理责任只有与特定的公共管理职务相联系，从而表现为公共组织人员的职务责任时，才获得具体表现形式，也即具体责任。这种责任具有很强的主观性。从职业责任到职务责任的深入过程，是法律责任弱化和道德责任强化的过程。

公共组织人员的职业责任体现为一定的职责和应尽的义务。职业责任要求公共组织人员对某人或某集体负责，这是特定的法律规范对公共组织人员的职业要求。首先，公共组织人员对他们的上级负责，贯彻上级的指示，也要为他们的下属的行为负责。下级服从上级也是官僚制的本质要求。另外，上级也必须指示自己的下级，给他们提供完成工作所需要的资金，为了职责分配和执行监督适当地授权给下级。反过来，他们也为自己的下级如何使用所需要的资金和如何实施所授权力去完成任务而负责。其次，公共组织人员要贯彻公共政策，这些公共政策大部分是为立法活动而采取的，个别的是为行政命令而采取的。最后，公共组织人员要对公民负责，洞察、理解和权衡他们的喜好、要求和其他利益。公共组织人员可以通过在现存法律框架内改变计划，或建议新的立法等方式对公民的要求做出回应。公共组织人员必须能够向公民解释，其行为是符合公民的意志或者符合广大公众的利益的。这种责任是公共组织人员的基本职责。因为公民是授权者，公共组织人员是公民的受托人。

公共组织人员的职业责任主要体现为一种法律责任。任何人一旦选择了公共管理作为其职业，成为公共组织人员，他就必须对法律负责。因为公共管理活动首先是对法律的执行活动。没有公共组织人员对法律的负责，公共管理对法律的执行自然无从谈起。对法律负责，就意味着公共组织人员的行为都要在法律的许可范围之内进行，这是公共组织人员职业角色的一种责任形式。当然，基本的法律责任包括拥护宪法的义务。另外，职业责任还要求公共组织人员遵守法律和法规。对法律负责，本质上就是为公共利益服务而不是为公共组织人员的利益服务。因为法律是公共意志的最高体现。除法律外，公共组织人员的职业责任还来自组织的规则和政策、职业准则等。

专 栏

安徽省委对亳州市及涡阳县平安建设满意度调查弄虚作假问题严肃问责

根据安徽省委部署，省纪委监委、省委政法委组成联合调查组，对亳州市及涡阳县平安建设满意度调查弄虚作假问题进行深入调查。坚持依纪依法、实事求是，坚持失责必问、问责必严，坚持科学精准、宽严相济，责令相关党组织做出深刻检查，对6名党员领导干部严肃问责。

亳州市及涡阳县平安建设满意度调查弄虚作假问题，暴露出当地相关党组织和相关党员领导干部政绩观偏差，作风不严不实，没有树牢以人民为中心的发展理念，推动平安建设不在实干上下功夫，却在“数据好看”上弄虚作假，是一起典型的形式主义、官僚主义问题，造成了严重负面影响，错误严重，教训深刻。全省各级党组织和广大党员干部要深入贯彻落实习近平新时代中国特色社会主义思想，增强“四个意识”、坚定“四个自信”、做到“两个维护”，坚定践行以人民为中心的发展思想，牢固树立正确政绩观，把为民造福作为最重要的政绩；要举一反三、以此为鉴，深刻汲取教训，全面查找偏差，持续纠治形式主义、官僚主义，践行“三严三实”，真正把功夫用于扎扎实实干事创业上，营造求真务实的新风正气。

资料来源：安徽省委对亳州市及涡阳县平安建设满意度调查弄虚作假问题严肃问责．(2021-12-22)．中央纪委国家监委网站．

现代公共管理的专业化趋向使得每一公共管理职务所包含的工作内容都具有很强的业务性、专业性，从而使其在一定意义上摆脱了上级的指挥，其公共管理行为更是游离于社会监督之外。这就产生了这样一个问题：公共组织人员的职务责任到底靠什么来实现？如果说公共组织人员的职业责任来自法律和组织规范的外在约束，那么公共组织人员的职务责任则主要靠公共组织人员的自律，也即将外在的要求内化为公共组织人员的个人信念，并以之作为公共组织人员职务责任实现的保障。公共组织人员的职务责任所体现的是公共组织人员的情感和信仰的责任。职业责任源于法律、组织机构、社会对公共组织人员的职业角色的期待，而职务责任却根植于公共组织人员自己对忠诚、良知、认同的信仰。

公共组织人员职务责任的履行，是公共组织人员受自己的良知驱使的，而不是由于上级或法律提出的要求。在公共组织人员的职务责任履行中，信仰、价值观和其他被理解成禀性特征的那些内部力量驱使公共组织人员以特定的方式达成目标。只有公共组织人员高度自律，才能做到恪尽职守，以强烈的工作责任心和勤奋认真的工作态度，按照岗位的职责要求，忠实地履行职务责任，积极努力、兢兢业业地做好本职工作，并力求创造出最大的工作绩效。

具体说来，公共组织人员的职务责任表现为：（1）勇于担当责任，而不推脱乃至逃避责任。对于自身职责范围内的事务，决不推诿、决不拖拉。（2）认真负责地履行公务，一丝不苟地做好分内的工作，对于自己所做的工作决不马虎了事、敷衍塞责、得过且过。（3）勤奋工作，尽心尽力多做工作，多办实事好事，多出政绩或业绩。（4）不安于现状，不墨守成规，不甘于平庸，积极探索工作的规律，开拓创新。（5）脚踏实地，真抓实干，即要有务实的工作作风，追求工作的实绩实效。

4.3 公共组织人员的职业素质

4.3.1 公共组织人员的政治立场

公共组织人员执行公务时，必须服从国家意志，维护国家和人民利益。公共管理的政治性决定了公共组织人员必须有坚定的政治立场。资本主义国家尽管标榜公务员的“政治中立”，禁止公务员参加某些政治活动，如公务员不得兼任议员、不得参加政党或工会等，但这种“政治中立”主要是为了调整资产阶级政党之间的矛盾，使政府的管理工作不因政党斗争和内阁的更迭而中断，从而更有效地维护整个资产阶级的利益。从根本上来讲，公务员不可能不代表统治阶级的意志和利益。至于在这些国家中的政务类公务员，他们毫无例外地都要对他们的党派负责任。因此，公共组织人员都不可避免地被打上“政治”的烙印，这要求他们具有坚定的政治立场。

同样，社会主义国家的公共组织人员也必须有坚定的政治立场。只不过，这种政治立场是为人民服务的最高体现。具体表现为：忠于政府、有坚定正确的政治方向和始终坚持为人民服务。

（1）忠于政府。公共组织人员是依据法定的权限，对整个社会公共事务进行管理，为社会公众服务的。为此，必须认真维护宪法的尊严，维护国家利益，忠于政府，兢兢业业地履行公职。为此要做到：1）维护政府权威和声誉。2）不得有反政府的言行。3）服从组织，服从领导。

（2）有坚定正确的政治方向。具体表现为：1）崇高的理想和远大的志向。2）自觉坚持四项基本原则。3）勇于探索和不断创新的精神。4）大公无私、不怕困难、顽强拼搏的精神。

（3）始终坚持为人民服务。全心全意为人民服务是我国政府的根本宗旨。坚持全心全意为人民服务，首先就是尊重群众，了解人民在干什么、想干什么，只有知民、察民，才能率民、为民。为人民服务要坚持实践是检验真理的唯一标准这一原则。坚持为人民服务，包括坚持人民群众认为是正确的方针、路线和政策，也包括修正被人民群众的实践证实是错误的决策和政策。敢于坚持以人民群众的实践作为检验认识真理性的标准，可以说是公共组织人员全心全意为人民服务的最高境界。公共组织人员必须明确，他们的权力是人民赋予的。人民是权力的主体，是权力的委托者，权力的使用必须为了人民。

专　栏

血液中心，突然冲进来13名交警……

2021年12月22日下午，位于杭州武林路的浙江省血液中心，突然陆续来了13名身穿制服的交警，场面一度有点壮观。

这是从临平区各执勤、巡逻路口以及城区中队赶来的交警，此行只为一个人——上午因为交通事故大出血，急需手术抢救的临平区某服装厂的员工。

交警大队城区中队民警钱锋处理这起事故，下午3点从医院那儿得到一个令人揪心的消息："伤者伤势危重，出血量大，如果血液量能够保证，可以手术治疗，血液不能保证的话，就有风险。现在医院血库血量不足，已经动员几个家属去献血了，但是只有一个家属筛查过了……"

怎么办？献血！钱锋冒出了这个念头，他第一时间将情况报告给城区中队领导。

"救命要紧，请符合条件的，B型、O型血的兄弟马上报名献血！"城区中队领导在工作群里发出一条信息。

献血的倡议，很快得到了响应。仅半个小时，10多名交警赶到城区中队汇合，其中还有3名女队员也参与进来。

资料来源：突然走进来13个交警！杭州一小伙见到这幕，两眼通红……．(2021－12－24)．光明网．

4.3.2　公共组织人员的职业能力

公共组织人员的职业能力包括基本能力和专业能力两个部分。基本能力是指公共组织人员顺利完成一定活动所必须具备的普遍的能力，专业能力是指工作人员顺利完成一定活动所必须具备的特殊技能。基本能力和专业能力密切相关。一定的基本能力是专业能力得以形成和发挥的基础，但是，如果仅有基本能力而无专业能力，公共组织人员就不可能顺利完成具有专业性质的工作任务。

公共组织人员的基本能力是多方面、多层次的。从现代管理学的角度来看，公共组织人员的基本能力主要包括以下几个方面：

（1）基本管理能力。具体体现在公共组织人员的智能和效能两个方面。公共组织人员的智能，是指公共组织人员将知识运用于生活和实际工作的能力。公共组织人员应具备以下几个方面的智能：1）超常的感性认知能力。2）超常的思维能力。3）严密的逻辑表达能力。公共组织人员的效能，综合表现为公共组织人员的工作能力和效果。主要体现为公共组织人员对时间资源的利用。首先，要树立时间观念，绝不无谓地消耗，使时间能够充分发挥其效能。其次，要合理地安排时间。再次，要善于“挤”时间。最后，要善于抓紧时间。

（2）管理决策能力。管理决策能力即制订各种可供选择的方案并决定采用最佳方案的能力。管理决策能力是建立在判断、思考和综合分析能力基础上的，是人的各种素质在相互作用中产生的一种合力。优秀的管理决策能力还需具备这样几个特性：1）及时性，即抓住时机，及时抉择，不墨守成规，敢于承担风险；2）目标性，即决策乃至行动都是为了达到某一既定的目标；3）优化性，即通过对若干可行方案的比较，选择出达到目标的最佳方案。

（3）管理调节能力。管理调节能力是指公共组织人员通过对事物发展的把控和人际关系的调整，使管理工作的各个要素、环节、过程能够密切联系及配合，以便顺利实现既定目标的实践能力。在管理调节能力中，较为重要的是心理调节能力和行为调节能力。公共组织人员常借助自我评价、自我调整、自我监督三种手段来进行有效的心理调节。自我评价是公共组织人员自信心的源泉。公共组织人员要十分重视摒弃自己的那些有害于管理目标实现的心理因素。自我调整反映了公共组织人员的适应能力，而自我监督则是公共组织人员对自我进行的监督检查。公共组织人员只有重视心理调节对管理的影响，才能形成更强的适应能力。公共组织人员的行为调节，是对被管理者及整个管理过程的驾驭和支配能力。这种调节的主要目的在于迅速消除目标与现实之间的差距，及时纠正管理行为过程中的偏差。它可以有效约束被管理者的行为，保证最大限度地实现管理调节所要达到的目标。

（4）处理事务的能力。公共组织人员在从事各种工作的过程中，每天都会有许多事情等待处理，所以，一定要掌握处理事务的能力。首先，要做到工作有计划，即根据工作目标的要求，在工作开始前，从全局角度做出一定的安排；其次，要做到工作有重点；最后，要做到专心于本职工作，即不受其他事情干扰，集中精力完成应该完成的任务。总之，公共组织人员只有具备处理事务的能力，才能更有效地完成各项工作任务。

（5）处理人际关系的能力。人际关系处理得好，大家才能团结协作；人际关系处理不好，就会形成内耗和外耗。要具备处理人际关系的能力，首先，应该有一定的行为常识。公共组织人员在不同的时间和场合，都在扮演不同的社会角色，所以，言行的方式和内容都要有所区别，否则就可能会事与愿违。其次，应该宽容，即具备有权力责备处罚而不加以责备处罚、有力量打击报复而不加以打击报复的一种道德心理结构；公共组织人员还要有严于律己的精神，即事事以身作则，处处严格要求自己，发挥表率作用。

公共组织人员要胜任公共管理职业，达到其所处公共管理职位的要求，必须不断提高自身能力。公共组织人员的能力可以通过以下途径获得：

（1）亲身实践，并在实践过程中不断提升能力。公共组织人员能力获得的基本渠道是实践。公共组织人员的能力，尤其是专业能力是在各种各样的实践经历之中培养发展起来的。实践形式可以是多种多样的，其中挂职锻炼就是通过工作实践培养和锻炼公共组织人员、提高公共组织人员能力的一种较好形式。挂职锻炼是指公共组织有计划地选派公共组织人员在一定时间内到基层政府或企事业单位，担任一定职务，增长才干的人员交流活动。

（2）善于自学，知识更新，提高能力。学生在校学习的时间只有十几年，有人估算，一个人在工作中所用的知识，只有大约10%是从学校的学习中获得，大部分要靠在工作中自学得到。随着科学技术飞速发展，知识折旧的周期日益缩短，随之而来的是对每个公共组织人员提出的学习要求。如果不继续学习，一味墨守成规，就很可能从昨天的英才变成今天的庸才。善于自学，首先要求掌握一定的学习方法，关键的问题不是“学会”而是“会学”；其次，要求发展思维的多向性，即从多角度和多侧面去观察思考问题；最后，要求有毅力。

（3）利用组织开展的培训活动。公共组织人员培训是公共组织根据国家经济和社会发展及实际工作的需要，依照国家法律、法规和规定，采取多种多样的形式对公共组织人员进行有目的、有计划、有组织、多层次、多渠道的培养、教育和训练的活动。培训的目的之一就在于提高公共组织人员的能力。从内容上讲，公共组织人员培训主要是针对职位和工作的具体要求，向公共组织人员传授专门知识和训练特殊技能，以适应工作的需要。公共组织人员培训对于公共组织人员专业能力的提高有着重要的作用。

4.3.3 公共组织人员的文化信念

公共组织人员的文化信念是公共组织人员应共同具备和遵守的理想信念、价值观念、道德标准、行为模式、生活方式及人际关系等各种生活准则与行为规范的总称。任何一个公共组织的结构、运转程序、决策过程，以及公共组织人员的行为、作风、态度、价值观等，都直接或间接地受到公共组织人员文化信念的制约和影响。公共组织人员的文化信念包含了极其丰富的内容。

（1）公共组织人员的文化信念是社会文化在公共管理活动中表现出来的一种独特的政治文化形式，它与社会公共管理活动有着直接的关系。它包括公共组织人员对公共管理体系的态度、感情、信仰、价值观等。

（2）公共组织人员的文化信念是在社会文化基础上，在公共组织人员的具体公共管理活动中形成的，对公共组织人员及其公共管理活动产生影响和制约作用。任何一种公共管理体系的结构、运转程序、决策过程以及公共组织人员的行为态度，都应通过人们共同拥有的价值观念进行内化控制，即人们按照共同的价值观念、道德规范、行为准则来监督和调整自己的日常行为，使个体行为与群体行为相一致，齐心协力实现公共管理目标。公共组织人员的文化信念虽然受到公共管理体系和公共管理活动的很大影响和制约，但它也有反作用力，往往在很大程度上，全方位、全过程地影响公共管理活动。这种反作用既可能有积极的推动作用，也可能有消极的阻碍作用。

（3）良好的社会文化环境是形成公共组织人员良好的文化信念的条件。社会文化环境每时每刻都通过公共管理活动领域的公共组织人员对公共管理的各方面产生制约和影响。而要建立良好的社会文化环境，并从中培育出良好的文化信念，关键在于发展社会生产力，加强物质文明和精神文明建设，全面提高全社会的经济实力和全民的整体素质。

专 栏

守正创新，推进文化自信自强

文化兴则国家兴，文化强则国家强。回顾历史，人类社会的每一次跃进与升华，都伴随着文化的历史性进步；文化自信是更基础、更广泛、更深厚的自信，是一个国家、一个民族发展中最基本、最深沉、最持久的力量。党的二十大报告深刻阐明了中国式现代化的时代命题，强调“中国式现代化是物质文明和精神文明相协调的现代化”，要求“推进文化自信自强，铸就社会主义文化新辉煌”。厚植文化自信，有利于不断夯实推进中国式现代化建设的文化根基，为实现中华民族伟大复兴注入更强大的力量。

厚植文化自信，须传承中华优秀传统文化。中华优秀传统文化是中华文明的智慧结晶和精华所在，是中华民族的根和魂，是我们在世界文化激荡中站稳脚跟的根基。只有坚持传承弘扬中华优秀传统文化，才能从根本上丰富精神滋养、增强文化自觉，坚定团结奋斗，获得共谋发展的精神动力。

厚植文化自信，须弘扬革命文化。习近平总书记指出，弘扬革命文化，传承红色基因，是全党全社会的共同责任。革命文化承载着对国家独立、民族解放、人民幸福的不懈追求，表达着一代又一代人对往昔峥嵘岁月的无限缅怀，彰显着中国共产党和中国人民对共产主义信仰的不懈追求，是文化自信的重要源泉。

厚植文化自信，须发展社会主义先进文化。党的二十大报告指出，全面建设社会主义现代化国家，必须坚持中国特色社会主义文化发展道路，增强文化自信，围绕举旗帜、聚民心、育新人、兴文化、展形象建设社会主义文化强国，发展面向现代化、面向世界、面向未来的，民族的科学的大众的社会主义文化，激发全民族文化创新创造活力，增强实现中华民族伟大复兴的精神力量。

资料来源：守正创新，推进文化自信自强．光明日报，2023-03-31.

提出公共组织人员的文化信念问题，实际上就是要从过去在公共管理上只重视物，过分依赖规章制度、管理结构和工作程序转向重视人，重视人的思想、人的价值、人的个性的发挥，将思想道德文化因素灌输给公共组织人员；促进全体公共组织人员为实现自己的崇高信念与理想而拼搏，为实现其价值而积极奉献，从而产生强烈的使命感、责任感，激发出最大的想象力和创造力，发挥出团结协作、奋发进取、谦虚谨慎、励精图治、扎实工作的精神。

要在公共组织人员这个特殊的群体中形成一种信仰，那就是崇尚公共权力的公共性。只有建立起这种信仰，才能在公共管理中产生廉洁、公正的公共管理行为。建立这种信仰将是一个极其困难的过程，因为它要求公共组织人员摒弃个人的私心。作为公共组织人员，人生的目标和追求是什么？是追求金钱、追求地位，还是追求事业？这是一个首要的价值抉择。一个公共组织人员应该毫不犹豫地选择事业。只有执着地追求事业的人，才能最终成就事业；那些在金钱、地位的诱惑下心猿意马的人，最终将葬送事业。公共组织人员还必须树立国家至上的信念。应当为了维护国家和民族利益而不惜牺牲个人利益。公共组织人员还必须树立正确的人生观和价值观，他们必须认识到，人生的价值不在于消费了多少社会财富，而在于为社会创造了多少财富。唯其如此，公共组织人员才能够扮演好“人民公仆”的角色。

4.3.4　公共组织人员的道德修养

公共组织人员的道德属于职业道德的范畴。作为职业道德的公共组织人员道德，除了具有一般职业道德的特点和要求外，还应具有其自身的特殊性。这种特殊性主要源于公共管理职业的特殊性。其他任何一种职业道德，就其对社会产生的影响而言，都不及公共组织人员道德来得直接而明显、广泛而深刻、久远而恒新。因为公共组织人员肩负着神圣的使命，其道德素养的高低直接影响其所承担的公共职责的履行情况及其在社会上和老百姓心目中的形象与威信的高低。

公共组织人员道德修养目标的崇高性决定了其内容的丰富性。不同的社会和时代，公共组织人员道德修养的内容也不尽相同。在我国现阶段，公共组织人员道德修养的内容一般说来大致包括以下三方面：一是社会主义道德；二是树立科学的世界观、人生观、价值观；三是健全的心理素质和富有感召力的人格力量。社会主义道德是多层次的。它既包含对社会成员的一般要求，又包含对社会成员的基本要求；既有较低层次的要求，又有较高层次和最高层次的要求；既包含着现实的因素，又包含着理想的成分。作为群众的表率和社会各个阶层、各个领域的精英成员，广大公共组织人员应给自己提出更高的道德标准。

公共组织人员道德修养的途径有两条：自律和他律。

自律是指公共组织人员按照公共管理道德原则和规范的要求，在道德素质方面进行自我教育、自我改造、自我磨炼、自我提高的活动。公共组织人员需要提高道德自律能力，树立坚定的道德信念，唯其如此，才能正确行使国家权力，全心全意为人民服务。在相同的社会环境中，面对同样的诱惑，有人保持廉洁，有人却变节腐化，这取决于个人道德修养好坏。道德修养好的人通过自身内在的道德力量来唤醒良知，以自律抵制贪婪之心。此外，自律是道德的主导方面。任何外在的教育熏陶或压力，都要通过人们内心的道德责任感，即所谓的良心来起作用，人们以此对行为进行善恶评价，决定赞赏或谴责。所以，道德自律是一种高层次的道德内化。

专　栏

贺龙不给儿子开后门

贺龙是人民解放军的创始人之一，中华人民共和国的元帅。他刚直不阿，光明磊落，克己奉公，廉洁自律，赢得了人民的爱戴。

1962年，儿子贺鹏飞于北京四中毕业，学业一般。贺龙原本希望贺鹏飞进清华大学读书，但他的成绩达不到清华大学的录取线。当时，按照有关规定，高干子弟可以保送进大学。贺龙却坚决不同意开后门保送，这一来，贺鹏飞竟连续两年没有考上大学，一直留在高三补习，直到1964年才考入清华大学。

贺龙收养了10个烈士遗孤，加上自己的4个子女，一家人生活很艰苦。1954年，国家出台了一个文件，规定烈士子女可以由国家抚养。贺龙却说：他们的父母都是跟着我干革命牺牲的，我现在有饭吃了，不能让他们去讨饭，更不能向国家伸手啊！

养子贺兴桐大学毕业后被分到新华社国际新闻部。贺龙回家让秘书给中国人民大学新闻系应届毕业生分配小组打电话，问哪里最艰苦。分配小组说："甘肃最艰苦。"不久，贺兴桐被分配到甘肃工作，与贺兴桐同去的还有贺龙的亲儿子贺鹏飞。

资料来源：贺龙：不能把子女装在口袋里．检察日报，2014－07－15.

他律是公共组织人员道德修养的又一基本途径。他律即来自外部环境的道德约束力。公共组织人员道德修养应是自律与他律相结合。因为自我道德修养是由内向外的提高过程，道德教育和道德约束是由外向内的灌输、制约过程，是外因，外因是事物变化不可缺少的条件。任何道德观念都是通过后天学习获得的，人的道德品质是可以塑造的，在长期实践中接受外来的教育、指导、熏陶和影响，可逐步形成优良的道德品质。可强化有权威的监督制约机制，利用外界压力帮助那些不具备自律能力或自律能力不强、不能自觉遵守道德规范的人，改变其不道德的行为，逐步养成良好的道德习惯。当社会公仆的人性弱点还存在时，就有必要借助他律。我国社会正处于转型时期，公共管理环境复杂多变，社会主义市场经济体制完善过程中各方面的诱惑力很大；公民素质仍有待提高，思想道德教育仍有待加强；一些干部自查时敷衍了事，轻松走过场，自律中的一些规定不能完全落实。因此当前必须强化他律，来推动公共组织人员的道德自律工作向纵深发展。他律常用的方法有：（1）榜样引导的方法。（2）舆论宣传的方法。（3）集体影响的方法。

4.4 公共组织的人力资源管理

4.4.1 人力资源概念的引入及意义

随着社会经济的发展，人们越来越认识到，人力是一种资源，是社会经济活动中具有特殊意义的因素。人力资源是由劳动者的劳动能力构成的，与自然资源被人们被动地利用不同，人力资源的所有者——劳动者的劳动是有目的的、有计划的创造性活动。劳动者在劳动过程中改造了自然，而且在这个改造过程中实现了自身的目的。正是这个目的决定着劳动者的活动方式和方法。这说明人力资源具有能动性，它不是被动的、消极的。人力资源在劳动过程中被消耗，它的价值固化在其创造的产品或服务之中。但与一些自然资源消耗后不可再生不同，人力资源在消耗后，可以再生出来。从劳动者个体角度来讲，他的劳动能力在经过必要的休息和营养补给之后是可以得到恢复的。而从人类社会的整体来看，人类通过生育行为繁衍了后代，创造了新的人力资源，为人类社会的发展注入了新的活力。正是因为人类的再生产行为是个绵延不断的过程，所以人力资源也是取之不尽用之不竭的资源。人力资源不仅能够得以再生，而且这种再生的过程也是一个不断增值的过程。就人力资源的数量来看，在不加以控制的情况下，是可以几何级数递增的。而从人力资源的质量来看，不论是个体还是群体都在积累经验、更新知识，正因为如此，人力资源为人类的创造活动提供了持续的动力。人力资源不同于一些自然资源之处，还在于它具有时效性。为了可持续发展的目的，人们可以对某些自然资源（如矿山资源）暂时不加以开发利用，这些资源在相当长时期内还是可以再度开发利用的。而人力资源则不同，它存在于劳动者这个生命有机体中，而生命的衰老是一个不可抗拒的规律。就劳动者个体而言，随着生命有机体的衰亡，人力资源则归于消失。这说明人力资源开发利用具有时效性。

现代人力资源管理的理念与价值，是建立在西方经济学家对人力资本理论论证的基础之上的。美国经济学家西奥多·舒尔茨（Theodore W. Schultz）在其《人力资本投资》等著作中较为全面、系统地提出了人力资源发展的理论以及人力资源对经济增长和社会丰裕所具有的巨大意义，奠定了现代人力资源管理的理论基础。人力资本理论认为，人力资本的投入对人类社会的进步具有决定性的作用。人力，主要体现为人的知识和技能，是资本的一种形态。通过一定方式的投资，掌握了知识和技能的人力资源是一切资源中最重要的资源。人力投资的结果是将货币资本或财富转换为人的知识和能力形态，使人力与其他商品一样，具有使用价值与价值。人力投资的目的是获得投资收益，而且人力资本投资的收益率要远远高于其他生产要素的投资。人力资本理论带来了整个人事管理的价值革命。

用“人力资源管理”概念取代传统的“人事管理”或“人事行政”的概念，就是基于建立全新的管理理念的考虑。“人力资源”概念的引入是“以人为本”管理理念的具体体现。以人为本就是把人当成组织中最具有活力、能动性和创造性的要素。这有别于传统人事管理中将人视为机器的附属物的观点。把人力当成资本，就会将工作的重点放到提高人的素质、开发人的潜能上。所以，现代人力资源管理十分强调对人力资源的开发。

公共部门是相对于私营部门而言的一种重要的组织形态，泛指拥有公共权力，依法管理社会公共事务，以谋取社会的公共利益为目的的组织体系。公共部门管理处于整个社会管理的核心层次，其管理水平的高低将直接影响整个社会的发展水平，这更加凸显公共部门中人力资源管理与开发的重要性。在公共部门中引入“人力资源”的理念，不但有助于建立科学完备、运转协调的公共部门人力资源体系，而且对于其他部门的相应工作也具有一定的示范效应。

4.4.2　人力资源开发与管理的特征

现代人力资源管理十分注重对人力资源的开发，也就是通过各种方法来丰富人的知识、提高人的能力、激发人的活力、发挥人的潜能。正是这种人力资源开发的全新理念，赋予了现代人力资源管理一些新的特征，从而有别于传统的人事管理。

人力资源开发与管理将人本身看作资源，能够给组织带来高投资回报率和良好的效益。而传统人事管理只将人视为一种成本或生产、技术要素，认为人是组织资本、资源的消耗者。对人力的看法不同，必然导致不同的管理。把人力当成资本，就会把注意力放到如何使人力发挥出更大的作用，创造出更大的效益上，就会着眼于提高人力素质、开发人的潜能，并以此作为人力资源管理的基本职责。而把人当成成本，就会把注意力放在节约成本上，采用低工资、少福利、慢增长、少用人的人事管理方式。

人力资源开发与管理将组织中的工作人员视为“社会人”，认为人不单纯追求物质和金钱，人还有追求友情、安全感和归属感等方面的社会心理欲望。这要求人力资源管理部门重视人自身的特征，重视人的精神需要与社会交往需要，把员工当作组织发展的主体。注重塑造组织人才成长的环境，尊重、关心员工，通过激励、保障、培训、服务等引导性管理手段使人的能力得以不断提高。而传统人事管理则认为人是“经济人”，认为组织的工作人员是被动的工具，他们的存在无非是要满足组织工作性质的需要，与组织工作相比，人的地位是附属性的。为此，在人事管理过程中，组织比较强调管制、监控等方面的功能。

人力资源开发与管理强调的是人力资源使用和开发并重。使用是目的，开发是手段，开发人力资源的目的是更好、更有效地使用人力资源，产生更大的效益。一方面，要充分发挥现有人员的智慧才能；另一方面，要不断开发人的潜能，不断提高员工的各方面素质，使其在未来发展中具有较大的适应性。而传统人事管理则片面强调组织人员的现状，比较注重现有人员的使用，而不重视人员素质的进一步提高。一旦出现人事不适的情况，首先想到的就是重新选聘更适合的员工。这种做法增加了组织人员招聘的费用，且给工作的延续性带来不利的影响。此外，组织中人员的频繁更换必然给在职者造成心理上的冲击，这种冲击带来的并不总是竞争意识，有些人可能会因此为自己的工作选择早做安排，即使暂时还在组织中工作，也绝对不会为组织竭尽全力地工作。

人力资源开发与管理的内容更加丰富，除了包含传统人事管理中的录用、考核、奖惩、工资等管理活动之外，为了适应现代社会发展和人力资源发展的要求，增加了一些新的管理内容，如人力资源的预测与规划、人员测评与人员甄选、人力资源的开发培养、人力资源投资收益分析等，使人力资源开发与管理和组织发展紧密地联系在一起。在公共组织中，人力资源开发与管理致力于公共人力资源的开发利用，重视现代公务员制度的建立与完善，把加强公务人员的预测与规划、培训与教育、选拔与使用、配置与管理看作开发公共人力资源的重要措施，立足于吸引优秀人才，树立良好的政府形象和高效、精干、优化的政府工作系统，为社会经济的迅速发展和国家富强带来巨大的效益与高效率。

4.4.3 人力资源发展的动力及应对策略

人力资源发展的动力，即促进人力资源发展的各种主观、客观因素，主要可以从以下三个方面分析：

（1）基本因素——价值标准和基本信念。人力资源要获得发展，必然离不开一定动机的推动。人的动机是主观的，它是行为产生的直接原因。对人力资源发展产生深刻影响的是人的价值标准和基本信念。具体而言，有三个层次：1）社会价值观。每个社会都有自己的主导价值观，它决定了社会风气，也决定了社会对个人行为的评价，因而对人力资源的发展意义重大。2）群体价值观。具体的群体在同样的社会大气候下，可能会形成不同的传统、风气，其背后是不同的群体价值观。组织内部的群体价值观影响组织的心理气氛和文化氛围，影响每个组织人力资源的发展。3）个人价值观。在一个组织内部，作为个体的人力资源的发展状况并不一致。这与组织结构、人员任用、激励方法、领导作风、人际关系等客观因素密切相关。

（2）实际因素——现实的激励因素。现实的激励因素之强度、多少，决定了人力资源发展动力的强弱。只有强有力的激励，才能激发员工工作的积极性，促进人力资源发展。现实的激励因素有诸多方面：如果领导者善于用人，量才而用，用其所长，取长补短，则事得其人，人尽其才，人事相宜，个体的能力也会得到不断提高。这就要求领导者知人善任。知人，即善于观察人，能较快地认识到每个人的兴趣、爱好、志向、才能、知识水平和倾向；善任，即因事择人，公平竞争，使每个人都有同样的机会找到最适合发挥自己才干的舞台。领导者对下属的信任，也是促进人力资源发展的重要动力。领导者对下属应当做到“用人不疑，疑人不用”，充分信任下属，给他们足够的权力，鼓励他们放手大胆地开展工作，从而使下属的能力在不断的实践中得以提高。即使对于基层员工，在决策制定过程中也要广泛听取他们的意见和建议，把他们当成决策的参与者，他们的参与程度越高，越易于发挥他们的积极性。合理的晋升、奖惩、工资和福利制度也是人力资源发展的重要激励因素。正确的奖励制度能有效地激发员工的积极性。奖励应以考核结果作为前提，力求做到客观公正。要正确处理好物质奖励与精神奖励的关系，根据员工的需要层次和结构，选择适当的奖励形式。而处罚可以有效地防止和纠正各种非期望行为，借以保护多数员工的主动性和积极性。良好的福利条件，会使员工感到组织的温暖，增强组织的凝聚力，从而激发员工更积极地工作，自觉发挥个人的主动性、创造性和能动性。

专　栏

“能上能下”促干部“想干能干”

中共中央办公厅印发的《推进领导干部能上能下规定》鲜明亮出了干部优与劣的标尺、上与下的准绳，能够有效推动形成能者上、庸者下、劣者汰的选人用人导向和从政环境。

完善权力制约机制。优良的制度体系是推动工作提质增效的基础。只有把共同的战略目标转化为思想和行动自觉，才能增强执行力。要切实强化制度意识，增加制度刚性，坚持制度面前人人平等，严格把领导干部能上能下制度执行到人到事，严格履行下的程序，合理运用下的方式。

激励积极担当作为。形成能者上、庸者让、劣者汰的常态，就要打消一些干部做碌碌无为太平官的想法，严肃整治各类不担当、不作为、乱作为、慢作为问题，以反面警示倒逼各项工作高效推进，优化工作作风。

严管厚爱、精准施策。要强化考核引导，发挥考核“指挥棒”和“风向标”作用，注重“考绩”与“评德”有机结合，引导党员干部树立正确的政绩观、事业观。要鲜明树立重实干、重实绩、重担当的用人导向，把正确政绩观作为干部选任的重要内容，着重用好用足考察考核手段，着眼事业发展需要选人用人，大力选拔德才兼备、忠诚干净担当的优秀干部。

资料来源：王龙天．“能上能下”促干部“想干能干”．（2023-03-19）．云南网．

（3）偶发因素。这是指组织中发生的一些偶然事件会影响组织人力资源发展的状况。如称赞、友好的表示、善意的交往、尊重的举动，这些积极的偶发事件，会增强组织成员的满足感、归属感、成就感、责任感，激励员工努力进取。反之，讽刺、挖苦、批评、冷落、不公正的对待、不友好的举动、恶意的中伤等消极的偶发事件，则会减弱或破坏组织成员的满足感、归属感、成就感和责任感，甚至会使组织成员产生不满和敌意，人力资源的发展自然无从谈起。

当今社会，激烈的竞争、迅猛的技术变革、不断提高的生产力水平，都使得教育和培训在人力资源的发展中所起到的作用越来越大。促进人力资源发展的教育和培训形式多种多样。从培训与工作的关系来划分，有在职培训和非在职培训。从培训的组织形式来划分，有正规学校、短训班、非正规大学、自学等形式。从培训目的来划分，有文化补课、学历培训、岗位职务培训等形式。从培训的层次来划分，有高级、中级和初级培训。培训的对象也并不仅仅限于新员工。因为员工的技能随着时间的推移可能会变得陈旧过时。公共部门的公职人员面临着一系列的新问题，如：如何改变陈旧的知识结构，如何掌握快速学习和更新知识的方法，如何用新的工作方式从事公共部门的管理活动，如何用自己的知识为政府和公众服务，等等。这些问题的解决都有赖于他们接受终身教育和培训，不断地更新知识和技能，唯其如此，才能适应社会发展的需要，跟上时代前进的步伐。

本章小结

公共组织人员是指由公共部门管理，由公共财政支付报酬的所有公职人员，他们与政府的关系是由法律调节的，谋求公共利益，对社会和公众负责，并为国民服务。不同的公共组织人员选拔制度必然会导致公共组织人员的来源有很大的差异。公共组织人员的专业化是与公共组织人员的职业化联系在一起的。公共组织人员的专业化具体是指公共组织人员必须具备专业知识和技能才能胜任公共管理工作。

公共管理作为一种特殊的职业，体现于：职业的公共性；服务于公民、服务于全社会；政治性和权威性。既然公共管理是一种特殊的职业，那么对公共组织人员也就有着特殊的从业要求。这种要求体现为法律要求和道德要求两个方面。

公共管理职位是公共组织的基本单位和公共组织人员的工作岗位，它是公共组织人员获得公共管理权力、承担公共管理责任的依据。职位的外在表现为职务。公共组织人员的责任就是公共管理责任。公共管理责任有两种表现：职业责任和职务责任。

公共管理的政治性决定了公共组织人员必须有坚定的政治立场。公共组织人员的职业能力包括基本能力和专业能力两个部分。公共组织人员的文化信念是公共组织人员应共同具备和遵守的理想信念、价值观念、道德标准、行为模式、生活方式及人际关系等各种生活准则与行为规范的总称。公共组织人员肩负着神圣的使命，其道德素养的高低直接影响其所承担的公共职责的履行情况及其在社会上和老百姓心目中的形象与威信的高低。公共组织人员道德修养的途径有两条：自律和他律。

现代人力资源管理十分注重对人力资源的开发，也就是通过各种方法来丰富人的知识、提高人的能力、激发人的活力、发挥人的潜能。促进人力资源发展的教育和培训形式多种多样。

关键术语

公共组织人员　价值中立　政务官　事务官　公共组织人员的专业化　公共组织人员的职业化　公共管理职位　职务　领导职务　非领导职务　公共管理责任　职业责任　职务责任　基本能力　专业能力　公共组织人员的智能　公共组织人员的效能　管理决策能力　管理调节能力　公共组织人员的文化信念　自律　他律　人力资源

复习思考题

1. 简述公共组织人员的性质。
2. 公共组织人员如何具体体现“三个代表”的要求？
3. 如何理解公共组织人员的专业化？
4. 如何理解公共管理是一种特殊职业？
5. 公共管理的从业要求包括哪些方面？
6. 简述公共管理职位和公共组织人员职务的概念。
7. 公共管理责任有哪些表现？
8. 我国公共组织人员政治立场的具体表现有哪些？
9. 论述公共组织人员基本能力的构成。
10. 如何理解公共组织人员的文化信念？
11. 结合实际，谈一谈公共组织人员道德修养的途径。
12. 人力资源概念的引入对于公共组织有何重要意义？

阅读材料

2023 年上半年，内蒙古多地发布了有关“机关事业单位编外人员和经费支出统计工作”的进展情况。综合部分地区公布的信息，本次摸底的同时，还对不符合聘用要求的编外人员进行剔除，以实行总量控制。

例如，来自乌兰浩特市财政局3月23日的消息称，中共乌兰浩特市委员会机构编制委员会办公室联合乌兰浩特市财政局在全市范围内开展了机关事业单位编外人员和经费支出统计工作，旨在摸清各单位编外人员聘用情况和经费支出情况，进一步加强编外人员管理。

乌兰浩特市财政局表示，在本次摸底统计过程中，暴露清理了一部分不符合聘用要求、聘用时间、聘用岗位、未签订劳务合同的外聘人员，进一步规范了用工人员身份，通过劳务派遣、退休返聘、政府购买服务等市场化方式用工的人员不再纳入编外人员统计范围。

本次编外人员和经费支出统计以2022年6月30日为时点，按该时点实有人数进行统计。另外，经费支出按2022年6月当月编外人员实际支出的工资和单位负担的社保缴费、住房公积金缴费等乘以12进行统计。这一消息获得了乌兰察布市卓资县财政局的印证。

该局按照《内蒙古自治区财政厅 自治区党委机构编制委员会办公室关于做好机关事业单位编外人员和经费支出统计工作有关事宜的通知》的要求，已于2月中旬开始开展机关事业单位编外人员和经费支出统计工作。

另据巴彦淖尔市五原县委编办介绍，在此次编外聘用人员数据摸底调查工作中，县委编办第一时间与县财政局取得联系，统一收集各单位编外聘用人员用工信息，严格按照招聘要求、考录条件、服务年限等规章制度和审核程序进行人员分类整理，将不符合聘用要求的进行剔除，清理部分已辞职、退休人员，切实将编外聘用人员数控制在合理范围内。

“通过前期数据摸底，统筹考虑编制资源，为实现编制资源使用效益最大化，结合各个单位的编制数、实有数等具体情况，再次精准统计用人单位编外人员数量。”五原县委编办介绍，在统计过程中，依据用人单位编外用工配置与岗位职责的适配度，对个别人浮于事，没有实际作用的编外人员合理进行精简。

同属巴彦淖尔市的乌拉特后旗在介绍有关工作时表示，旗委编办在2022年6月30日摸底的基础上，会同财政部门再次对现有编外聘用人员具体情况及规模进行梳理，通过财政供养人员数据核查编外用人情况，锁定人员基数，确保对编外聘用人员规模和经费总量实行双控，只减不增。

资料来源：内蒙古多地对编外人员规模和经费支出进行摸底，部分人员被精简．(2023-04-02)．澎湃新闻．

思考题

1. 根据本案例，你认为精简编外人员是否必要？为什么？

2. 为了适应现代公共管理的基本要求，公共组织人员需要具备哪些职业素质？

第5章

公共组织环境

公共组织作为一个相对独立的系统，其构成要素与各要素的相互联系组成了它的内部环境；同时，公共组织还是一个开放的系统，一切公共组织系统都是在与外部环境的相互作用中得以发展的。科学地考察公共组织的内外环境，客观地研究公共组织环境对公共组织的影响，认真地探讨营造和优化公共组织环境的正确途径与方法，对于提高公共组织的运作效率和管理水平具有十分重要的现实意义。本章主要内容有：公共组织环境的概念、类型和特点；公共组织环境分析；公共组织与环境的关系；公共组织环境管理。

5.1 公共组织环境概述

5.1.1 公共组织环境的概念

概括地讲，环境是指包围着某一中心事物的存在物或状态，以及影响中心事物发展变化的因素的总和。任何一个系统都是与一定的环境联系在一起的，环境虽然不是系统要素，但对系统要素的质量、系统的结构、系统的目标、系统的功能有着直接的影响，环境是系统的生存状况、发展方向以及运动方式的影响因子。在空间的意义上，环境是存在于事物之外并对事物有影响的存在物或状态。但是，对环境一词不能仅做空间意义上的理解，一些包含在事物之中的，但不被作为事物直接内容的存在物或状态也可以被理解成环境，被称作事物生存与发展的内部环境。

公共组织环境是所有能够直接或间接对公共组织存在与发展产生影响的内外客观因素的总和。构成公共组织环境的客观因素较多，小到一个人的生理心理状况，大到整个社会、整个世界的客观存在，呈现不同的特色。

按照生态组织理论的观点，从宏观上看，公共组织是整个环境系统下的一个子系统。作为一个开放的系统，公共组织不断地与其自身以外的其他系统进行物质、能量和信息交换，它们之间相互作用、相互关联，构成了公共组织的外部环境。公共组织作为环境系统下的子系统，面临着极为复杂和多变的客观环境，但它并非与所有的环境都发生关系。只有那些直接或间接地影响公共组织的结构、功能、运行方式等方面的条件或因素，才能称为公共组织的外部环境；而那些与之并无关联或者影响甚微的条件或因素，一般不称为公共组织的外部环境。从微观上看，任何一个公共组织都是一个相对独立的子系统，它的构成要素之间相互作用、相互关联，构成了公共组织的内部环境。

5.1.2 公共组织环境的类型

公共组织环境是复杂的。人们常常从不同的角度，根据不同的标准，将其分成不同类型。

（1）从总体范围、规模和层次上，可分为宏观环境、中观环境和微观环境。宏观环境对组织影响范围最广、规模最大，并且层次最高，以直接或间接的方式制约和影响着公共组织的总体活动与方向。宏观环境是公共组织环境的基础，它包括国际、国内的社会和自然环境。对一个国家的政府而言，国家基本外交政策、国内政策以及经济与社会发展战略等是宏观公共组织环境。中观环境是指公共组织系统的组织结构和运行情况，包括公共组织的结构是否合理，职权划分是否明确，沟通是否通畅，制度是否健全等。微观环境是指一个具体的公共组织的工作环境，如单位内部的人际关系、办公设备、工作作风等。

（2）从环境的内容和性质上，可以分为自然环境和人文环境。自然环境是指所处的地理位置以及与公共组织发生密切联系和交互作用的自然条件，包括地形、土壤、山林、水系、气候、动植物资源等。人文环境是指人及人的活动形成的并对公共组织产生直接或间接影响的各种社会因素的总和，包括政治环境、经济环境和文化环境。

专　栏

树牢绿水青山就是金山银山理念

党的二十大报告对“推动绿色发展，促进人与自然和谐共生”做出重大安排部署，强调必须牢固树立和践行绿水青山就是金山银山的理念，站在人与自然和谐共生的高度谋划发展。正确处理好生态环境保护和发展的关系，是实现可持续发展的内在要求，也是推进现代化建设的重大原则。

绿水青山和金山银山，是对生态环境保护和经济发展的形象化表达，二者绝不是对立的，而是辩证统一的。习近平总书记强调：“我们既要绿水青山，也要金山银山。宁要绿水青山，不要金山银山，而且绿水青山就是金山银山。”

绿水青山就是金山银山的理念深刻揭示了保护生态环境就是保护生产力、改善生态环境就是发展生产力。马克思主义理论认为，人靠自然界生活，自然不仅给人类提供了生活资料来源，而且给人类提供了生产资料来源。绿水青山就是金山银山，深化了马克思主义关于人与自然、生产和生态的辩证统一关系的认识。保护生态环境，加快发展方式绿色转型，可以激发更大的创新动能和带来更广阔的市场空间，推动生产力可持续发展，对于科技发展和绿色消费具有极大的推动作用。

资料来源：习近平生态文明思想研究中心．树牢绿水青山就是金山银山理念．经济日报，2023-01-17.

（3）从管辖区域上，可以分为国内环境和国际环境。国内环境是在一国范围内对公共组织的形成、运作、功能、效果、形象等方面产生影响的各种环境因素的总和，它包括国内的自然环境和社会环境。国际环境主要是指影响一个国家公共组织的生存、发展及其功能作用发挥的国际关系和国际形势。通常，国内环境因素比国际环境因素更直接地影响着公共组织的建立和发展。

（4）从环境对公共组织的作用效果上，可以分为良性环境（有利环境）和恶性环境（不利环境）。所谓良性环境，是指对公共组织的生存和发展起到积极促进作用的环境因素；反之，对公共组织的生存和发展起消极破坏作用的环境则称为恶性环境。

以上对公共组织环境的分类仅仅是相对的，而且，这些分类的着眼点是方便学习和研究。在现实生活中，各种类型的环境因素往往是相互作用、相互交织甚至是相互交融的，你中有我、我中有你，很难将其完全分清。它们共同影响着公共组织的存在和发展。

5.1.3 公共组织环境的特点

理解公共组织环境必须把握其特点，这也是我们分析公共组织环境的基础。概括起来，公共组织环境具有以下特点：

（1）公共组织环境要素的复杂性。公共组织环境要素的复杂性体现在：公共组织环境有的是有形的，如地理位置，有的是无形的，如道德和价值观；有的是物质的，如自然界，有的是精神的，如公共管理活动中人的思想与能力；有的是社会的环境因素，如教育水平、政治体制和经济体制等，有的是自然的环境因素，如土地面积、资源和物产；有的范围小，仅指人员交往中的行为或心理特征，有的范围大，大到一国国情，或是国际形势。

（2）公共组织环境与公共组织之间联系的多样性。公共组织环境因素众多，这些因素与公共组织之间有着不同的联系。里格斯曾经指出，在与公共组织产生联系的环境要素中，有些要素占有优势地位，它们对公共组织起着影响和制约作用，而公共组织对它们的影响力则较小，这些要素我们可以称为“独立要素”或“策略要素”。当我们需要以公共组织本身为研究重点，需要了解公共组织为什么如此、发展方向如何时，需要研究这些独立要素。另外，有些环境要素在与公共组织的联系中居次要地位，主要受公共组织的影响和制约，我们将这种要素称为“依赖要素”或“临变要素”。当我们的研究重点是公共组织行为或公共政策所产生的影响时，需要从环境中去寻找这些依赖要素。还有一类要素，与公共组织之间发生联系时，我们很难弄清究竟是哪一方处于主动和优势地位，哪一方处于被动和劣势地位，双方是相互影响的关系。这些要素可以称为“相互要素”。相互要素也是我们研究公共组织环境时必须关注的要点。

（3）公共组织环境的具体性和差异性。公共组织环境是与公共组织相对而言的。我们所说的公共组织环境，总是某一具体的公共组织的环境；离开了具体的公共组织，就无所谓公共组织环境。这就是公共组织环境的具体性。它告诉我们，研究和讨论公共组织环境，必须以具体的公共组织为基础，如我们可以说中国公共组织的环境、美国公共组织的环境等。从具体性看，每个公共组织所处的环境都是不一样的。各个国家、各个地区和各个时代的公共组织，其所处的地理位置、地形地貌、气候条件以及政治制度、民族文化等均有所不同，这些不同就是公共组织环境的差异性。正是这些差异性，造成了各个国家、地区和时代的公共组织的多样风格。

5.2 公共组织环境分析

5.2.1 组织环境分析的理论基础

系统理论认为，组织是一个内部相互关联的整体，管理人员在管理组织的时候，应该把组织作为一个整体来看待，不可个别地对待组织内的各个部分。系统可以分为“封闭式系统”与“开放式系统”两种。封闭式系统不考虑组织与外部环境的相互影响。而开放式系统的观点则认为，组织内部的各个部分固然是相互依赖、相互关联的，但整个组织与其所处的外部环境也是相互依赖、相互关联的。

自 20 世纪 60 年代以来，已有若干学者尝试分析企业组织环境类型及演变的一般理论，其代表性理论有埃默里（F. E. Emery）与特里斯特（E. L. Trist）的理论以及伊戈尔·安索夫（Igor Ansoff）的理论。这些理论对我们分析公共组织环境具有参考价值。

埃默里与特里斯特把环境分为四种：第一种是平静的、随机的环境，这是一种最简单的、组织无须预测的环境，因此不需要环境策划；第二种是平静的、类聚的环境，其特征是环境尚未急剧变化且能够预测，因此环境策划比较重要；第三种是干扰的、反应的环境，其特征是资源集中，但环境不稳定，因为有多个相同类型的组织存在，且相互竞争，在这种情况下，组织的弹性极为重要；第四种是动荡的环境，这是一种极其复杂、快速改变和难以预测的环境。埃默里与特里斯特认为，所有环境都有向第四种环境转变的趋向，环境的演变已经走向更高程度的不确定性与复杂性。

安索夫认为，20 世纪 80 年代的企业就已经面对一个动荡的环境。其特征是复杂性与快速改变的频率越来越高，这使企业的重要事项与过去的经验不能联结起来。环境有五个清晰的层次——稳定性、反应性、预期性、探索性和创造性，相应地形成了稳定型、反应型、预期型、探索型、创造型五种环境和战略模式。稳定型的环境是几乎没有变化的无风地带，而创造型的环境则是技术、政治和经济等剧烈变动的环境。安索夫的基本构想是，在环境、战略模式和组织三个要素一致时，企业的效益会提高，反之效益则降低。譬如，环境是稳定型，如果采取创造型战略，到头来必然失败；又如，组织是反应型，突然采取创造型战略，会遭到组织成员的抵抗，亦终会失败。因为创造型战略模式，只有在环境和组织也都是创造型的情形下，才能发挥作用。

学者们还对组织环境分析的方法进行了研究。法赫（L. Fahey）和纳拉亚南（K. Narayanan）于1986年提出了宏观环境的分析方法。他们认为，宏观环境分析的程序可以分为四个步骤或活动内容，即环境的扫描（scanning）、环境的监察（monitoring）、环境的预测（forecasting）和环境的评估（assessment）。扫描是指对组织环境的整体做一般性的观察，以获取环境改变的早期信息或观察正在发生的环境变化。监察是指追踪环境趋势，以及一系列相关的演变过程，它跟踪扫描阶段所得到的一些信息。预测是对环境进行分析的主要目的，它需要对环境变化的方向、范围、速度以及强度做出一些可能的预测，指出预期变化的途径。评估是整个环境分析程序中不可或缺的一部分，其主要任务是鉴定与评估目前环境中的主要问题并判断问题对组织有何影响，从而预测环境变化如何影响组织的策略，并解释其原因。扫描、监察、预测、评估是分析宏观环境的四个步骤，它们之间是相互联系的（见图5-1），但并不是简单的直线关系，即从扫描到监察，再到预测和评估。例如，发现了一个环境趋势，并不一定要立即预测其对组织的影响，如果有必要，则需要继续扫描与监察。又例如，因资料不足，预测有时会有很大困难，所以有必要进行补充扫描与监察。也有在评估时受到资料或旁证不足的影响，须做进一步的扫描、监察和预测。

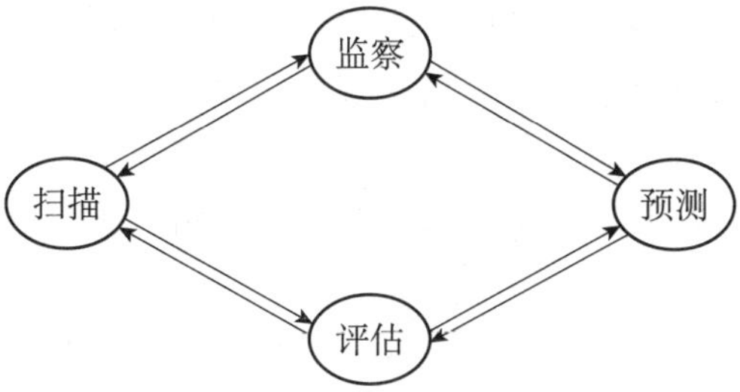

图5-1　宏观环境分析过程

对公共组织进行专门的环境分析始于1936年。在这一年，美国哈佛大学教授亨利·高斯（Henry Gauss）首次提出政府组织与行政行为必须考虑环境因素，要对行政环境做集中研究。1961年，里格斯出版了《行政生态学》一书，系统运用生态学的方法来研究行政组织与环境的互动关系，区分了三种主要的行政组织模式，即与农业社会相适应的融合型模式、与工业社会相适应的衍射型模式、与过渡社会相适应的棱柱型模式。

公共组织环境分析，就是在组织环境分析理论和方法的指导下，分析公共组织环境因素的构成及其对公共组织的影响。鉴于公共组织内外环境在构成因素、作用方式、影响程度等方面的差异性，我们将分别分析公共组织的外部环境和内部环境。

5.2.2　公共组织的内部环境分析

公共组织的内部环境是指处于公共组织边界以内、构成公共组织并使公共组织赖以生存和发展的所有因素与各因素之间关系的总和。它包括物质性的内部环境和非物质性的内部环境两大类。

1. 物质性的内部环境

公共组织物质性的内部环境是指构成公共组织有机体的有形要素，它是公共组织赖以存在、不可或缺的一切实体性客观要素（如机构设置、人员构成、机关环境等）的总和。关于机构设置和人员构成，前面已经涉及，本章将着重研究机关环境。

机关环境，也称机关工作环境，主要包括机关空间、办公机具、照明、颜色、温度、湿度、风速、噪声等因素。

机关空间主要包括办公空间和辅助空间两部分。办公空间，是指机关空间中直接用于办公处所的部分，包括建筑物的结构、实际使用面积以及附属设备条件等。辅助空间是相对办公空间而言的，指机关空间中用于直接办公以外的，对办公空间起支持、承载、服务、保护作用的部分。

办公机具是对各种办公用机器设备和用具的统称。办公机具是工作人员办公的手段与工具，对工作质量和效率均会产生一定影响。随着社会经济和科学技术的发展，特别是电子和通信技术的迅速发展，越来越多的先进电子设备成为办公机具，工作人员与办公机具一起构成了人-机系统。

照明是工作环境的重要方面。办公室内自然光的亮度、人造光源的强度、色彩直接对工作人员的视觉器官产生影响，进而对工作人员的工作情绪、工作效果产生影响。办公室照明条件不良，将极易引起工作人员的视觉疲劳，从而导致工作精确度、工作速度的下降。相反，如果办公室照明充分、合理，则不仅会使工作人员减少视觉疲劳，提高工作速度和精确度，减少和避免差错，还能对人的情绪产生有利影响，从而促进工作质量和工作效率的提高。

颜色主要包括办公室的墙壁、天花板、办公机具等的颜色。不同颜色对人的生理和心理有不同的影响。颜色对工作人员生理方面的影响主要表现在对其视觉能力和视觉疲劳方面的影响，同时，还会对人体的内分泌系统、血液循环等产生影响。比如，蓝色和紫色最易引起视觉疲劳，红色容易使人血压升高和脉搏加快。颜色也会对工作人员心理方面产生影响，比如红、橙、黄等色给人以温暖感，青、绿、蓝色给人以寒冷感等。

温度是指空气或其他物体的冷暖程度，我国规定采用摄氏温标（用℃表示）。资料表明，办公室内的气温控制在18～20℃为宜。温度过高容易使人的循环系统失调，轻则形成热疲劳，重则中暑患病。相反，如果空气温度过低，不仅会引起肢体不适，而且会降低手在精细运动中的灵巧度。

湿度是指空气中所含水分的程度，常用相对湿度表示，它是在某一温度下，空气中实际水蒸气量与饱和水蒸气量之比的百分数。资料表明，办公室内相对湿度最好控制在40％～60％。过湿的空气会使人憋闷甚至有窒息感，而过于干燥的空气则会使人口腔、皮肤有不适感，易产生烦躁情绪。

风速即气流的流动速度。资料表明，办公室春秋季风速最好控制在0.3～0.4米/秒；夏季则应在0.4～0.5米/秒；冬季应略低，一般可控制在0.2～0.3米/秒。不合理的风速会加剧不适宜的温湿度条件，当然，合理的风速可以改变不适宜的空气条件。

噪声是指一切对人们生活和工作有妨碍的声音。噪声会给机关工作人员带来生理和心理上的损害，噪声越强、持续时间越久，损害越大。在噪声的作用下，人的听觉敏感性会降低，会引起听觉疲劳，严重者还会造成永久性听力损失，导致耳聋。资料表明，当噪声强度达到60分贝以上时，将引起血压上升、脉搏加快、肌肉紧张，甚至会抑制肠胃功能。噪声危害人体神经系统，易造成大脑皮层兴奋与抑制失调，导致条件反射异常，人可能表现出头痛、失眠、多汗、乏力、恶心、心悸、注意力不集中、记忆力衰退、神经过敏、惊慌、反应迟钝等症状。噪声对人的心理影响是带来烦躁、焦急等不愉快的情绪。噪声给人带来的生理与心理方面的危害，损害了人的健康，增加了人的生理负担，增大了人体的消耗与疲劳感，带来了各种不愉快情绪，它们都不可避免地对工作质量与效率造成消极影响。

2. 非物质性的内部环境

公共组织非物质性的内部环境被称为公共组织气候。公共组织气候是指公共组织人员的个性、目标、价值观念同整个公共组织的目标、价值观念、制度规范、行为方式、运行机制不断趋于一致和融合的状态及变化过程。

一个充满活力的公共组织，不仅需要有明确的组织目标，合理的组织结构和体制，而且需要健康良好的组织气候。一方面，组织气候是组织成员在与组织环境的交互中形成的。每个成员加入组织，不仅追求各种需要的满足，而且会对其所处的环境产生认识。一般而言，组织环境对成员的心理及行为影响很大，如果组织有健全的行政结构、良好的人际关系、适宜的工作条件，那么组织成员对环境认识的差异就小，就容易产生共同的心理，成员的行为也会相对协调一致，组织目标实现的可能性就大。另一方面，组织气候也可以被认为是组织成员的个性、认知、目标和组织目标融合一致的变化过程。如果成员的心理和个性与组织目标一致，则组织气候必然是奋发团结，充满活力；二者若不能一致或有较大差距，则组织气候必然流于消极颓废，死气沉沉。

公共组织气候通常由一些变量构成：组织成员对组织制度和纪律的感受程度；组织成员在组织中处理事件的自主程度；组织成员在组织中所面临的冒险性、挑战性的程度；组织成员对享受到的待遇的满意程度；组织成员对组织给予其关心以及组织中其他成员给予自己的关注及友情的感受程度；组织成员能获得的社交机会的多少；组织成员对非正式组织的态度；组织成员对上司、同事和下级所给予的协助和理解的感受程度；组织成员对他人听取其不同意见的感受程度；组织成员对组织目标以及组织规定的工作标准的重视程度；等等。①

组织成员对组织内部上述诸方面的感受，通常是在领导过程、激励过程、意见沟通过程、成员间的互动过程、决策过程、目标设立过程、组织对成员的控制和考核过程中表现出来的。

---

① 朱国云．公共组织理论．南京：南京大学出版社，2003：73.

5.2.3 公共组织的外部环境分析

公共组织的外部环境是指处于公共组织边界以外、直接或间接地对其施加各种影响的所有因素的总称。在公共组织外部环境中，政治环境、经济环境、文化环境、技术环境和公共舆论环境是最重要的构成因素。

1. 政治环境

政治环境的基本要素主要包括政治体制、政治权力、国家结构形式、政府机构的设立、政治制度、公共政策等。[①]

政治环境对公共组织的影响主要表现在以下几个方面：（1）政治体制确定了公共组织在社会政治生活中的地位和作用；（2）政治权力赋予公共组织或多或少的影响力和约束力，并勾勒出不同组织间的政治关系；（3）国家结构形式决定了各类公共组织的活动范围；（4）政府机构的设立意味着行政组织拥有超越其他公共组织的权力，在组织生态圈中属于强者；（5）政治制度使部分公共组织能够以强有力的集体行动参与公共决策；（6）公共政策是公共组织政治活动的结果，也是公共组织施加影响的工具。

2. 经济环境

经济环境的基本要素主要包括经济体制、经济利益、经济实力、产业结构等。

经济环境对公共组织的影响主要表现在以下方面：（1）经济体制决定公共组织的行为方式。在市场经济体制下，公共组织可在有限范围内干预社会。（2）经济利益决定公共组织目标。介入社会生产链的公共组织更侧重于效率目标，介入社会分配链的公共组织更侧重于公平目标。（3）经济实力为公共组织提供权力来源。一般来说，经济实力越强，组织对公共决策的影响就越大。（4）产业结构影响公共组织的发展。产业结构每一次调整，都会带来社会资源的重新配置、社会财富的重新分配，由此产生新的公共利益和领域，迫使公共组织进行结构的重建或目标的重塑。

专栏

以有效市场和有为政府推动全国统一大市场建设

《中共中央 国务院关于加快建设全国统一大市场的意见》提出，要坚持有效市场、有为政府的工作原则，“坚持市场化、法治化原则，充分发挥市场在资源配置中的决定性作用，更好发挥政府作用，强化竞争政策基础地位，加快转变政府职能”。建设全国统一大市场，必须发挥好有效市场和有为政府的作用，既要“有效市场”，又要“有为政府”。处理好市场与政府的关系，既要使市场在资源配置中起决定性作用，发挥市场机制、市场主体和资本的作用，又要更好发挥政府作用，强化宏观政策调节，支持和引导资本规范有序发展。

---

① 陈振明．公共管理学．北京：中国人民大学出版社，2005：68－71.

党的十八届三中全会通过的《中共中央关于全面深化改革若干重大问题的决定》提出，经济体制改革是全面深化改革的重点，核心问题是处理好政府和市场的关系，使市场在资源配置中起决定性作用和更好发挥政府作用。使市场在资源配置中起决定性作用和更好发挥政府作用，二者是有机统一的，不是相互否定的，不能把二者割裂开来、对立起来。处理好市场作用与政府作用的关系，必须学会在实践中深化学习、在学习中深化实践，不断研究新问题、总结新经验。

为确保高质量建成全国统一大市场，必须依托全国统一大市场，构建新发展格局，在尊重市场规律的基础上，用改革激发市场活力，用政策引导市场预期，用规划明确投资方向，用法治规范市场行为，坚守契约精神，营造公平竞争、公开透明的市场环境，把“看不见的手”和“看得见的手”都要用好，努力形成市场作用和政府作用有机统一、相互补充、相互协调、相互促进的格局，推动经济社会发展行稳致远。

资料来源：以有效市场和有为政府推动全国统一大市场建设．经济参考报，2022－09－20.

3. 文化环境

文化环境的基本要素主要包括认知水平、价值观、意识形态、行为规范、道德传统等方面。

文化环境对公共组织的影响主要表现在以下方面：(1) 认知水平决定公共组织对公共问题的确定和处理问题的方式；(2) 价值观左右公共组织对待社会事务的态度；(3) 意识形态使公共组织的政治、经济利益目标更加鲜明；(4) 行为规范决定公共组织如何与其他组织以合法合理的方式进行沟通交流；(5) 道德传统使公共组织能够不依靠国家强制力而自愿扮演特定社会角色，发挥角色功能。

4. 技术环境

技术环境的基本要素是经验技术、实体技术与知识技术。农业技术支持着农业型组织，工业技术则支持着工业型组织，在今天，信息技术的发展则从多个方面影响着公共组织的结构和行为，技术环境在组织环境系统中的地位达到前所未及的高度。当代主要的技术环境是信息技术环境。

信息技术环境对公共组织的影响主要表现在以下方面：(1) 信息技术的应用使组织结构呈现“扁平化”的趋向。(2) 计算机网络的出现使公共组织管理方式发生了变化，从科层制的上级控制管理方式逐步转向下级自我管理。(3) 信息技术以及其他新技术的运用，改变了组织运作的物质依靠，组织程序得到缩短，组织效率大幅提升，适应性不断增强。(4) 技术开发与创新的内在动力使组织内部分化出专门进行技术创新的部门，创新、追求卓越成为组织管理者的职责。

5. 公共舆论环境

公共舆论因素渗透于上述各种环境因素之中，并形成了相对独立的公共舆论环境。公共舆论有时在很大程度上左右着公共组织的目标和行为。由于公共舆论的这种重要性，许多政府组织不得不重视与媒体的关系和公共宣传，例如，许多城市的政府定期出版时事通讯并对某些重要会议进行电视转播，尽可能树立政府在媒体中的良好形象。

5.3 公共组织与环境的关系

5.3.1 环境对公共组织的影响

环境不仅是公共组织建立的客观基础，而且是它生存和发展的必要条件，环境是与公共组织联系在一起的，并时刻影响公共组织的活动。当然，一个公共组织的性质、特点、结构和功能是由组织目标决定的。但是，环境的影响是不可忽视的，它甚至有时对公共组织的性质、特点、结构和功能起着决定性的作用。具体地说，环境对公共组织的影响表现为以下几个方面：

（1）稳定的环境是公共组织正常发挥功能的前提。任何公共组织的发展、任何管理活动的开展，都需要有一个稳定的环境。因为环境的动荡必然要求公共组织做出相应的反应，从而影响管理活动的正常进行。环境的稳定对公共组织是非常重要的，为了实现管理目标，管理者必须重视环境对管理活动的重大影响，力争获得一个较好的稳定的环境。但是环境因素每时每刻都在发生变化，特别是在现代社会，环境的变化是很快的。因此，环境的稳定是相对的，不稳定则是绝对的。公共组织要想生存和发展，必须具有一定的弹性或可塑性，必须对环境具有较强的适应能力。

（2）环境是公共组织生存和发展的必要条件。有利的环境能够促进管理要素的完善，能够促进公共组织结构的改善和功能的充分发挥，能够促进管理效能的提高，从而促进整个公共组织的发展，加快管理目标的实现速度。在人类历史上，任何重大的社会变革的成功、任何国家的兴旺发达、任何重大成就的取得，都与天时、地利、人和密切相关。由此可见环境因素的重要性。管理者要获得成功和胜利，要实现预期的管理目标，就不能不重视对环境的研究。

（3）环境制约着公共组织的活动方向和内容。环境是人们活动的现实条件，人的一切活动都不能脱离这个条件，人们从事任何活动，要想取得成功，就必须因地制宜、因时制宜、因人制宜。也就是说，建立什么样的公共组织，从事什么样的管理活动，实现什么样的管理目标，都必须从客观实际出发，以现实条件为依托。公共组织应根据环境的情况来调整自己，保证活动方向和内容与环境的状况相协调。

（4）环境对管理过程具有巨大的影响。环境可以促进管理活动的开展，加快管理过程；也可以阻碍管理活动的运行，延缓管理过程，甚至使管理活动完全中止。我国不同区域的发展情况表明：自然条件和社会条件、人们的商品观念和市场意识、组织成员的工作态度以及对外开放程度都对管理过程有着重要的影响，制约着组织目标的确立与实现。特别是在一些跨省份的社会工程项目中，我们可以看到不同省份在拥有同样的资金和技术、同样的组织结构和资源配置的情况下，对实现组织目标所发挥的作用有很大的不同。所以说，环境条件优越的公共组织，其管理活动的开展可能会更顺利，其管理效益也往往较好。

总之，环境对公共组织有着巨大的影响，它能威胁公共组织的生存和稳定，也能促进公共组织的发展和进步。有时候，环境因素的突然变化会导致事物发生重大变化，甚至质的变化。从一定意义上说，公共组织对环境变化的适应能力如何，关系到该组织的生存、稳定和发展，关系到管理目标能否实现。只有对环境有及时的认识、理解并有较强反应能力和适应能力的公共组织，才能获得发展、取得成功。所以，建立公共组织，除了需要重视系统的基本构成要素和系统的整体功能外，对环境因素也必须做充分的估计和考虑。

专栏

以信息技术助力教育高质量发展

一根网线，连接城乡，偏远地区的孩子得以走进名师课堂，共享优质资源；一个平台，好课荟萃，不同年龄、不同地域的人能够齐聚“云端”，感受知识的魅力；一场直播，“太空授课”让普通人走近空间站，激发不同年龄段孩子对宇宙的想象和对科学的兴趣……在信息化无远弗届的今天，信息技术正为教育高质量发展注入强大动力。

数字教育蓬勃发展，为学习者带来切切实实的获得感。在国家高等教育智慧教育平台上，南开大学教授叶嘉莹开设的“中华诗词之美”成为热门课程之一，人们从中领略到了传统文化的无限魅力；在江西南昌的国家职业教育虚拟仿真示范实训基地，学生借助虚拟现实设备和配套手柄，可以拆解、组装发动机，机械构造清晰呈现；在西藏墨脱，小学教室里装配起多媒体器材，“智慧课堂”实现全覆盖，为孩子们拓宽知识的大门……目前，我国近八成中小学生数字素养达到合格及以上水平，信息技术大大提高了知识普及的便利性，使教育质量有了看得见、摸得着的实质提升。

推进教育数字化，也为教育均衡发展提供了有力支撑。目前，我国智慧教育基础设施设备环境基本建成，中小学校园网络接入率达到100%，99.5%的中小学校拥有多媒体教室；高校上线慕课数量超过6.45万门，学习人数达10.88亿人次，建设数量和应用规模位居世界首位。教育数字化扩大了优质教育资源的覆盖面，有力促进了教育公平。

资料来源：丁雅诵．以信息技术助力教育高质量发展．人民日报，2023-04-04.

5.3.2 公共组织对环境的改造

环境对公共组织产生影响，有时甚至起着决定性作用，但这并非意味着公共组织就是消极的、被动的。实际上，公共组织在适应环境的同时，又积极地利用和改造环境。公共组织存在和发展的全部价值就在于它在适应环境的基础上，积极地促进其赖以建立的经济基础和国家政权的巩固和发展，在于它对环境的能动的改造。

公共组织对环境的改造，首先是在适应环境的基础上进行的。具体地说，公共组织首先是根据环境对其行为、对其内部的有关方面进行调整、改变、修正，以指导和引导整个环境的发展。例如，随着我国社会主义市场经济体制的逐步完善，企业要适应市场经济的基本要求，成为独立的市场主体和法人实体，这必然会使企业对政府的管理方式、管理行为、机构设置提出改革要求；政府根据经济环境的客观要求，进行一系列的内部改革，改变传统的行政管理体制，然后以新的方式和面貌引导社会的发展，以保证行政系统与环境更加协调、和谐。

公共组织对环境的改造可以分为积极型和消极型两种。二者间的主要差别在于公共组织对环境的反应状况和主动程度，这种差异的产生主要缘于不同的公共组织系统构造。封闭型的公共组织系统，由于组织系统本身与环境相互分离，其活动方式主要是依靠其自身所享有的垄断地位，通过掌握的国家权力把公共组织行为强加给环境，而对环境的种种反应漠不关心。而开放型的公共组织系统，由于组织系统与环境之间始终保持着动态关系，它们之间具有充分的交流；组织系统对环境十分敏感，其活动方式是充分收集环境中的各种信息，通过自身的转变，满足环境的各种要求，以保持与环境之间的动态平衡关系。开放型的公共组织系统，由于充分注意环境的各种变化，因而能够有效地引导整个社会协调发展。而封闭型的公共组织系统，由于忽视或者不太注意环境的要求与变化，因而在对环境的调节与控制过程中，往往是不对路的，甚至会造成环境的混乱。因此，公共组织系统应该是开放型的，在现代社会中，这一点显得极为重要。只有不断扩大公共组织系统的信息源，不断根据外界的需求和变化调节公共组织系统的行为，才能增强公共组织系统对环境的调控能力。

综上所述，公共组织与环境是相互作用、相互平衡的，公共组织系统应该是开放有序的，而不是封闭无序的。应仔细研究公共组织与环境之间的关系，以便更好地发现公共组织的运行规律。

5.4 公共组织环境管理

5.4.1 公共组织环境管理概述

作为开放系统的公共组织，必然要与周围各种环境互动。一切公共组织都是在与外部环境的相互作用中得以发展的。不仅如此，任何一个管理者和发生在任何一刻的管理活动，都需面对该公共组织自身已经具有的、既定的、客观存在的条件，这就是公共组织的内部环境。一切管理活动，就它与外部环境的关系而言，表现为一种适应环境和改造环境的行为；而就它与内部环境的关系来看，则表现为对以往管理活动的承续和发展。如果说外部环境是公共组织赖以生存和发展的必要条件，那么内部环境则是公共组织维持生存和发展的直接依据和现实基础。管理者的工作成效通常取决于他们对外部和内部环境影响的了解、认识和掌握的程度，取决于他们能否正确、及时和迅速地对环境的变化做出反应。为了使环境的变化以及对公共组织的影响可以预测，需要对环境进行研究，弄清环境与公共组织之间相互作用的机制，并在此基础上采取一定的环境管理策略主动营造良好的内外环境。

对于动态发展的环境，组织机构应如何应对？根据罗宾斯的综合分析，管理人员可以改变自己的行动从而适应环境，或者试图改变环境，以期较好地发挥组织本身的潜力，减少环境的不确定性。前者称为内部策略，后者则称为外部策略。有关减少环境的不确定性的策略见表5-1。[①]

表5-1 减少环境的不确定性的内部与外部策略

内部策略	外部策略
领域的选择（domain choice）	刊登广告（advertising）
招募（recruitment）	订立合约（contracting）
环境扫描（environmental scanning）	增选或吸收新成员（co-opting）
缓冲（buffering）	联合（coalescing）
平抑（smoothing）	游说（lobbying）
配给（rationing）	
地域分散（geographical dispersion）	

内部策略主要包括领域的选择、招募、环境扫描、缓冲、平抑、配给、地域分散等。在领域的选择方面，管理人员可以选择在不确定性较小的环境领域内进行组织经营，亦可开拓多个相互区隔的环境。招募方面，企业组织可以招募行业内优秀的主管人员，以便更好地制订未来发展的计划或获取相关信息。环境扫描方面，要尽可能对环境的波动做准确预测，这可以减少环境的不确定性。缓冲方面，可以分“投入”与“产出”两个层面来探讨。“投入”主要采用囤积原料、联系多个供应商，或招募与培训新雇员等策略，以保障组织能正常运营，免受意外事件阻碍；“产出”方面的缓冲策略，最常见的是采用存货的方法。从管理者的角度来看，虽然缓冲可以减少环境的不确定性，而且有一定的收益，但它同样需要付出成本（如囤积成本），而且货品有过时的风险，二者需要加以权衡，以防止顾此失彼。平抑旨在减少环境波动带来的冲击。配给方面，如果不确定因素造成对货品或服务的需求超额，可以按照不同的优先次序来配给。至于地域分散，主要是指迁移至他地运作，减少风险。

外部策略包括刊登广告、订立合约、增选或吸收新成员、联合及游说等。刊登广告有助于强化顾客印象、建立品牌忠诚度，从而减少对服务对象的依赖。订立合约则在于保障投入或产出的平衡问题不至于受各种因素冲击的影响。组织亦可吸收对其环境造成威胁的个人或组织作为新成员。联合指一个组织与另一个或多个组织联为一体，采取联合造势的共同行动。联合的行动可以处理好组织之间的竞争及依赖性的矛盾，从而减少环境的不确定性。游说是一种说教的影响方式，目的在于取得对组织有利的

① 朱国云．公共组织理论．南京：南京大学出版社，2003：79-82.

结果。

罗宾斯的研究主要是针对企业组织的，但是，在环境管理方面，公共组织与企业组织有着诸多相通之处，因而上述策略亦可作为公共组织环境管理的策略。

公共组织的环境因素是极其复杂的，相应地，公共组织环境管理的内容也是极为广泛的，宏观层面、微观层面均涉及。但是，有些环境因素是组织自身无法控制的，对此，环境管理主要是保持敏锐的嗅觉。本章所探讨的公共组织环境管理主要针对公共组织自身能够直接影响和控制的环境因素，如公共关系管理、非正式组织管理和机关环境管理。

5.4.2 公共关系管理

公共关系管理的目的是塑造组织的良好形象，营造良好的内外环境。公共组织公共关系管理是现代公共管理活动的一个组成部分。就其基本性质而言，公共组织公共关系管理包括以下方面：

（1）公共组织的公众信息管理。公共组织的公众信息管理即公共组织与社会公众之间信息流通的管理。现代社会，公共组织与公众之间的信息流通量日益增大。一方面，各种公众信息对公共组织的决策和行为的影响越来越大，面对日益膨胀、大量涌入的公众信息，如何通过过滤、提炼、分析、整理来去粗取精、去伪存真、由此及彼、由表及里，提高公共组织对公众信息的利用质量和效率是公众信息管理的基本功能；另一方面，公共组织对公众的信息输出量也越来越大，对公众信息的反应速度也越来越快，对信息输出质量的要求也越来越高，如果缺乏完善的信息输出管理机构和管理机制，就难以适应开放、多元、民主和竞争的社会环境。

（2）公共组织的公众舆论管理。舆论是公众信息的一部分，是一种集中的、强化了的公众信息。它是社会上大多数人对公共组织的看法和意见的公开表达，表明了大多数公众对公共组织的基本态度，是衡量公共组织公共关系状态的重要指标。任何公共组织都生存在特定的公众舆论环境之中，其政策和行为既受到公众舆论的左右和影响，也影响和左右着公众舆论。特别是在当今这个大众传播时代，公众舆论变得日益重要，公众舆论对公共组织形成的压力也日益增强。影响人们的看法、意见、态度和行为，为公共组织营造一个适宜和良好的公众舆论环境，是公共组织公共关系管理的重要职责。

（3）公共组织的公众关系管理。在此，公众关系特指公共组织与社会公众相处和交往的行为与状态，其对象包括一切与公共组织的目标和政策存在着现实或潜在联系、直接或间接联系的个体、群体或组织，他们是公共组织赖以生存和发展的社会生态环境的组成部分，制约着公共组织目标、政策的贯彻执行，决定着公共组织管理活动的成败。在现代社会，公共组织的公众关系日益复杂多变。公众关系的建立、疏通、维持、协调、发展，是公共组织公共关系管理的重要任务。

专　栏

文明执法多措并举 塑造城管良好形象

为了不断提升文明执法水平，将“以人为本，文明执法”理念贯彻落实到每项工作中，师宗县城市综合管理局积极转变工作思路，改进执法方式，结合管理实际，采取有力措施。

在日常城市管理执法工作中，对出店经营、占道经营、占道作业、流动兜售、散发小广告、污染路面等违规行为坚持宣传教育为主，执法管理为辅，积极引导商户市民学习城市管理相关法律法规及条例，自觉维护城市市容秩序。

通过师宗城管、爱在师宗、师宗城记等微信公众号，积极宣传城市管理法律、法规、条例和执法程序，促进市民理解执法工作，支持执法工作。

严格执行相关城市管理法律法规，从执法人员的仪容着装、言行举止等方面，全过程记录执法行为，达到文明执法的要求。

通过采取一系列举措，不断提升城市管理文明执法工作水平，有效改善管理者和管理对象之间的关系，努力为广大人民群众打造一个干净、整洁、宜居的美丽城市。

资料来源：师宗：文明执法多措并举 塑造城管良好形象．(2022-02-11)．曲靖日报掌上曲靖．

(4) 公共组织的公众形象管理。公共组织的公众形象是公共组织的素质和实力在社会公众中获得的认知和评价，即公共组织的社会认知度和社会信誉度。这是现代公共组织的一种无形财富。通过对公共组织各种形象要素的设计、规划、控制和传播，对公共组织的社会认知度和社会信誉度进行创造、维护、调整和提升，科学地调控和管理公共组织的公众形象，是现代公共组织管理所面对的一个新课题。

在我国当今开放和竞争的环境中，公共组织对社会公众的依赖性越来越强，这就更加要求公共组织做好公共关系管理工作，以适应复杂多变的公众环境。要营造良好的公共关系，一方面，需要健全和完善公共组织与公众的沟通渠道和传播机制，及时、广泛地了解舆情民意，提高公共组织工作的透明度，鼓励公众积极地参与公共管理事务，实现公共组织与公众的双向沟通；另一方面，要完善公共组织的服务，以树立良好的形象。公共组织要塑造良好的形象，最根本的还是确立公众至上意识，塑造为公众服务的价值观，多办实事、言而有信、行必果、取信于民、加强廉政建设、纠正不正之风、把为人民服务的宗旨落实到具体工作中。唯有如此，才能形成良好的公共组织公共关系，营造良性的公共组织外部环境。

5.4.3　非正式组织管理

在正式组织内往往存在着非正式组织。非正式组织的若干成员由于生活接触、情感交流、志趣相近、利害一致，非经人为设计即可形成自然的人际关系。这种关系既无法定地位，也缺乏固定形式和特定目的，对正式组织的目标达成会产生促进、限制或阻碍作用。

非正式组织是组织内部环境的重要组成部分。正确地认识和引导非正式组织，将其纳入正式组织的管理轨道，是公共组织环境管理的一项重要任务。非正式组织的引导，一般是指在一定思想和原则的指导下，通过一定的方式方法，使非正式组织的功能倾向有助于实现正式组织目标的过程。做好非正式组织管理，需把握以下要点：

（1）承认非正式组织存在的必然性。在管理学领域，许多学者认为，非正式组织弊大于利。但也有人认为，非正式组织是人性的自然流露和表现，而且在现代社会，人们的需求往往是通过非正式组织得到满足的。因此，取消非正式组织，既不现实也不可能。管理者只能试图影响它的发展方向，而不是取消它。管理者利用非正式组织为组织目标服务则存在着一个价值判断的问题。如果管理者通过不正当的手段获取了非正式组织的内部信息，并将其用于“对付”非正式组织，则是不道德的。所以，在对非正式组织的管理和引导中，管理者可以通过正式渠道来与非正式组织保持联系。例如，在人员招聘和组织内部各项改革开展之前，征求非正式组织的意见，以争取它们的支持，这既可以改善管理者与组织成员的关系，又能提高组织的士气和凝聚力。

（2）认识和利用非正式组织的活动方式和行为方式的特点。非正式组织是自然形成的人际关系的产物，因此，人际关系构成非正式组织的基础。在对非正式组织的引导方面，要从人际关系的特点出发，注意与非正式组织成员特别是核心人物的沟通，通过联络感情、建立友谊、支持他们的有益活动等方式来缩短彼此间的距离，培养相互间的信任感，进而在真诚交往的过程中，及时了解他们的想法和状况，引导他们进行有益于组织目标的群体活动。处理好与非正式组织核心人物的关系具有十分重要的意义。非正式组织的核心人物可能没有正式组织赋予的较高的职务和较大的权力，但具备一些特质，比如资历深、技术强、为人厚道、办事公正等，甚至胆大豪爽也可能成为受人尊敬和拥护的条件。这种人的所作所为将直接影响非正式组织的行为倾向。因此，精明的管理者都会关心和信任非正式组织的核心人物，并根据其特长，让其担负某些实际部门的重要工作和辅助工作。调动了核心人物的积极性，也就调动了其所代表的非正式组织的积极性，有助于组织目标的实现。

（3）认清非正式组织的利弊，兴利除弊。非正式组织具有两种截然相反的功能倾向。对特定的非正式组织而言，情况又存在着一些明显的差别，其功能倾向往往直接与正式组织的政策相关。因此，深刻认识非正式组织的有益性与危害性，对引导非正式组织至关重要。有的非正式组织基本的功能倾向是健康的、有益的。它们常常为改善人际关系、保持团队士气，以及补充、丰富、加强正式组织的功能做出积极的贡献，但有些功能也会给正式组织的主管带来一些麻烦。对这种非正式组织，基本的方针应当是肯定、鼓励和支持，并将其利益和目标作为组织总体设计的重要因素加以考虑，使正式组织与非正式组织、工作关系与个人关系形成一个和谐的有机整体。而有的非正式组织的功能是模糊不清的。它们可能给正式组织造成困扰，也可能有所助益，其功能倾向常常随着问题的性质和成员的情绪的不同而变化。对这种非正式组织不能全盘否定，而应从具体情况出发，充分发挥其正向功能，疏导、抑制其反向功能，调动一切可以调动的积极因素。在必要情况下，也可以考虑采用一定的行政手段。还有的非正式组织的基本功能倾向是不健康的、有害的。它们经常妨碍和破坏正式组织为实现组织目标而做的努力，其联结纽带常为组织成员共同的不良动机和不合理要求。对这种非正式组织，除批评教育外，基本的对策是采取一定形式的行政手段，比如调动工作、改组团队等，必要时也可以给予一定的行政处分。

5.4.4 机关环境管理

机关环境管理的目的是营造良好的工作环境。机关环境管理主要涉及机关空间管理、办公机具的安置、照明环境的控制、颜色环境的控制、微气候环境控制、噪声控制等。

1. 机关空间管理

机关整体环境应当优美清静，地点应设在交通畅达、便于各方联系之处。不同类型的办公室在安置方面要有一定的差异：(1) 各级首长办公室应靠近走廊或通道，最好在楼层的首端并注意隔音，以免干扰和泄密；应靠近与之联系密切的部门；应靠近小型会议室或小型贵宾接待室。(2) 综合部门的办公室一般设在靠近机关首长和与其他各职能部门的距离保持大致均衡的中心地点，以便于接受指示和与各职能部门接洽，提供各种服务。(3) 业务上具有较强独立性且与机关内部横向联系较少的职能部门，其办公室可安置在一个相对独立的区域内。

2. 办公机具的安置

在办公室内安置各种办公机具的过程中应注意以下几点：(1) 办公室内只摆放必要的办公设备和用具，工作人员个人的日常生活用具、用品不应放置在办公室内。(2) 办公机具的摆放位置应与工作程序的需要相一致。(3) 办公机具的安置应有利于减少工作人员操作动作的幅度，使其取放文件、物品时方便、自如。(4) 办公机具的安置应有利于减少和避免对工作的干扰。(5) 办公机具的安置应有利于充分利用空间和自然光。(6) 注意为特殊设备和用具提供适宜的温湿度、通风、隔音、防尘、防震动环境条件。(7) 同一区域内各种柜架的高度应一致，尽可能倚墙、倚角而立或背靠背安置，尽量方便使用者随手取用。

3. 照明环境的控制

为了有效控制办公室照明环境，在办公室照明中应尽量采用自然光作光源，这不仅有利于节约能源和费用，更重要的是自然光明亮柔和，对人体生理机能有正面的影响。人工光源在办公室照明中应作为补充性光源，与自然光结合运用。

4. 颜色环境的控制

颜色的三个属性是色相、明度和饱和度。色相是使颜色彼此区分的属性。明度是指颜色的亮度，以区别颜色的明暗和深浅。饱和度即颜色的鲜艳程度。办公室的色相应在人的生理反应方面接近中性，能给人以平静感，有利于保护视力。办公室的明度应给人以朝气感、前进感和轻快感。办公室的饱和度不宜过高，以减少颜色对人眼的刺激，降低视觉疲劳。

5. 微气候环境控制

微气候是指办公处所的气候环境条件，其主要指标是室内的温度、湿度、气流速度

（风速）等。控制办公室微气候环境的方法主要有以下几种：（1）在建筑物内外采取各种有利于保温隔热的措施。（2）在可能的条件下，在办公室内安装各种冷暖设备、通风设备、湿度调节设备等。（3）合理分配办公空间，使单位面积办公处所内工作人员的数量保持在一定限度之内。（4）搞好办公室内外的绿化工作。（5）根据具体条件和微气候指标的变化情况，适时地采取开窗闭窗、通风换气、洒水除湿等简便易行的调节措施。

6. 噪声控制

办公室噪声控制的目的是以各种方式将噪声抑制在规定的标准以下，减少或消除噪声所带来的危害。控制噪声的方法主要有：选用低噪声设备，并注意经常检修维护；不使有噪声的设备置于墙角或走廊末端，以免产生扩音作用；正确选择办公地址（远离社会上的噪声源）；采取隔音措施，减少噪声的进入；以山冈土坡、树丛草坪、围墙等屏障限制噪声传播等。

本章小结

公共组织环境是所有能够直接或间接对公共组织存在与发展产生影响的内外客观因素的总和。公共组织环境是复杂的。人们常常从不同的角度，根据不同的标准，将其分成不同类型。公共组织环境具有以下特点：公共组织环境要素的复杂性、公共组织环境与公共组织之间联系的多样性、公共组织环境的具体性和差异性。

公共组织环境分析，就是在组织环境分析理论和方法的指导下，分析公共组织环境因素的构成及其对公共组织的影响。公共组织的内部环境包括物质性的和非物质性的两大类。在公共组织外部环境中，政治环境、经济环境、文化环境、技术环境和公共舆论环境是最重要的构成因素。

环境与公共组织联系在一起，并时刻影响公共组织的活动。公共组织在适应环境的同时，又积极地利用和改造环境。公共组织对环境的改造可以分为积极型和消极型两种。

本章所探讨的公共组织环境管理主要针对公共组织自身能够直接影响和控制的环境因素，如公共关系管理、非正式组织管理和机关环境管理。公共关系管理的目的是塑造组织的良好形象，营造良好的内外环境。正确地认识和引导非正式组织，将其纳入正式组织的管理轨道，是公共组织环境管理的一项重要任务。机关环境管理的目的是营造良好的工作环境。机关环境管理主要涉及机关空间管理、办公机具的安置、照明环境的控制、颜色环境的控制、微气候环境控制、噪声控制等。

关键术语

公共组织环境　宏观环境　中观环境　微观环境　自然环境　人文环境
国内环境　国际环境　良性环境　恶性环境　封闭式系统　开放式系统
机关环境　公共组织气候　政治环境　经济环境　文化环境　技术环境
公共舆论环境　公共关系管理　非正式组织管理　机关环境管理

复习思考题

1. 什么是公共组织环境?
2. 简述公共组织环境的类型。
3. 简述公共组织环境的特点。
4. 公共组织的内部环境包括哪些方面?
5. 公共组织的外部环境包括哪些方面?
6. 环境对公共组织的影响表现在哪些方面?
7. 公共组织对环境是如何改造的?
8. 当面临不确定性环境时，组织可以采取哪些策略?
9. 公共组织公共关系管理包括哪些内容?
10. 如何做好非正式组织管理?
11. 怎样做好机关环境管理?

阅读材料

近年来，随着互联网、大数据等信息技术的不断发展，政务服务方式发生了很大变化，数字政府的功能作用日益明显。湖南湘江新区国土规划局以“文经我手无差错，事交我办请放心”工作作风提升年专项整改工作为抓手，聚焦数字政府建设、提高行政效能，牵头在湖南湘江新区“多规合一”平台开发了政府信息公开处理模块（以下简称“平台”），着力提升政府信息公开数字化处理能力，破解信息公开难点问题，助力湘江新区信息公开改革。

政府信息公开处理模块由湘江新区国土规划局综合处牵头开展建设，该平台立项后，做的第一件事情就是梳理政务信息公开领域存在的难点。湘江新区国土规划局积极统筹，将平台纳入新区全面推进政府数字化转型工作中。

平台每一个功能的设计都经过了多次需求对接，即使是“办理答复定标准”这样一个看似很细节的功能前前后后也经过了三四次的修改。湘江新区国土规划局、湘江新区政务服务中心、长沙市规划信息服务中心多次开会、调研、测试，梳理了此前政务公开领域存在的统一渠道难、规范办理难、时效把控难、统计分析难等几个方面的问题，并针对这些难点，定制平台搭载的功能，将难点各个击破。

平台分为申请端和审批端。申请端面向公众，提供主动公开信息查询；审批端面向行政部门，涵盖依申请公开、主动公开两大业务板块，可满足业务全流程“一站式”办理。做到了融合政务公开渠道，破解“统一渠道难”。

平台设置了受理登记、办理、审核、补正、征求意见、延期办理等环节，满足多层级联动、多部门协同的“并联”办理需求，全流程可控可查。针对补正、征求意见、延期办理环节，平台提供暂停计时、延长时限等功能，严格把控办理时限，规范办理流程，破解“规范办理难”。

平台还设置了关键节点提醒，破解“时效把控难”。针对依申请公开答复时限节点，平台以绿灯、黄灯、红灯形式提供“正常”“预警”“超期”的提醒功能。工作人员在接收申请、批转申请、办理时间亮“黄灯”、办理时间亮“红灯”时会收到短信提醒，可全面准确把握依申请公开处理节奏。

平台以信息公开库为基础，提供主动公开信息汇总、依申请公开信息汇总、公开材料复用功能。工作人员在办理过程中，可随时进入信息公开库查看当前申请人所需资料的公开情况、办理情况，有效提升办理效能，并防止出现前后答复不一致的情况。同时，平台提供办理情况查询统计、自动生成信息公开年报等功能，真正地把数据“用”起来、“管”起来，进而全面提升政务信息公开的效率，破解“统计分析难”。

2021 年 10 月下旬，平台正式启用。目前，平台已纳入新区政务服务系统，并在管委会全面推广应用。平台初步实现了依申请公开办理数字化、统计分析智能化，有效提高了政府信息依申请公开办理质量和效率。目前平台共收到 64 个依申请信息公开事项，平均办理时间约十天，全流程规范可控，办理时效得到了显著提升。

资料来源：以“数字化”破解政府信息公开难点 探索新区政府信息公开新模式．(2022－01－14)．湖南湘江新区网．

思考题

1. 请从政府与社会的关系入手，分析政府信息公开新模式的重要意义。
2. 公共组织环境会在哪些方面、以何种方式对公共组织产生影响？

第 6 章
公共组织过程

公共组织过程主要是指公共组织主体与客体之间的互动，组织系统与外部环境的“输入—转换—输出”并循环反复的逻辑关系，注重对组织运行流程的系统考察。具体而言，公共组织过程指的是公共组织“决策—执行—监督”的矛盾运动过程，反映的是社会公共问题的产生和人们利益诉求的表达，形成了公共组织过程的逻辑起点与重要前提。本章主要介绍公共组织过程的含义和意义；公共组织决策过程；公共组织执行过程；公共组织监督过程。

6.1 公共组织过程概述

6.1.1 公共组织过程的含义

过程是事物发展所经过的程序。管理过程是一组管理实践的有机集合，并且总是用于完成给定的目标。组织过程实际上就是组织管理过程，它从宏观角度或整体性层面分解组织行为活动的构成环节。按照现代管理学对组织管理过程的解释，所谓组织管理过程，就是指在一定的管理体制下，组织管理主体按照管理原则，运用管理方法来实现组织目标的活动过程。

人们依据组织主体和管理对象特点从多个角度提出组织管理过程的相关假设，其中受到推崇最多的是职能过程论。关于组织职能的内容，国内外学者从不同角度做了不同的概括和表述。法国管理学家法约尔在其名著《工业管理与一般管理》一书中提出了“计划、组织、指挥、协调和控制”的五职能论。如果说法约尔从职能角度对管理含义的概括可视为组织过程最早的经典性描述，那么此后一些学者的理解基本上是对这种经典描述的扩展或细化。比如，美国管理学家卢瑟·古利克（Luther Gulick）与英国管理学家林德尔·厄威克（Lyndall Urwick）在《行政管理科学论文集》中将古典管理学派有关管理职能的理论加以系统化，进一步提出了有名的“POSDCORB”说。这是由七种职能的英文词头缩写而成的，即计划（planning）、组织（organizing）、人事（staffing）、指挥（directing）、协调（co-ordinating）、报告（reporting）、预算（budgeting）。

组织管理过程实际上主要是在长期组织管理经验基础上，通过对组织管理主要环节及其关系的理性总结而设计出的组织活动流程。而公共组织过程就是指在一定的管理体制下，公共组织机构或公共组织人员按照公共管理的基本原则，运用公共权力和公共管理方法来实现公共管理目标的活动过程。

公共组织过程是管理过程的一种特殊形式。系统理论认为，管理过程是管理系统的动态表现。整个管理过程就是由管理系统根据其所掌握的信息做出决策，并将这一决策作为控制信号发送给管理对象，然后管理对象将实际过程的情况反馈回管理系统，管理系统再根据调整后的相关信息，参照管理目标对运行过程进行检查，结合上级管理系统的要求，调整原有控制信号或做出新的决策。在系统理论看来，这构成了一个管理循环。因此，从现代管理学的观点来看，管理是一个过程，在这个过程中，主要活动是决策、执行与监督，也就是说，决策、执行和监督构成了管理过程的基本内容，而决策—执行—监督—重新决策则构成一个封闭式的管理循环。

公共组织过程是由一系列公共组织活动构成的一个动态系统，我们只有从其运动过程中才能把握其基本内涵。任何与人有关的活动过程都包含了人的一系列活动。公共组织过程也包含了一系列活动，如组织、领导、沟通、决策、执行、指挥、协调、监督、评估等，都可以说是公共组织过程的活动，因而也都是公共组织过程的内容。但是，正如上文所提到的，从系统理论的管理观来看，公共组织过程的基本内容是公共组织决策、公共组织执行和公共组织监督，这三者构成了公共组织过程的三个基本阶段。组织、领导和沟通作为三种基本的公共组织行为分别贯穿于公共组织过程每一基本阶段，比如，在公共组织决策活动中，既有组织，也有领导和沟通。在公共组织执行和公共组织监督活动中也是如此。

专 栏

行政三分制

行政三分制，顾名思义是行政权内的“分权”，是指在一级政府管理系统内部，将决策、执行、监督职能分离，并在运行过程中使之相辅相成、相互制约、相互协调的一种行政管理体制。行政三分制下的政府架构和运行模式已经在许多国家和地区获得了成功。

2002年，党的十六大报告提出，按照精简、统一、效能的原则和决策、执行、监督相协调的要求，继续推进政府机构改革。2007年，党的十七大报告明确提出，要着力转变职能、理顺关系、优化结构、提高效能，形成权责一致、分工合理、决策科学、执行顺畅、监督有力的行政管理体制；还指出要建立健全决策权、执行权、监督权既相互制约又相互协调的权力结构和运行机制。

2003年深圳市在广东省十届人大一次会议上宣布，成为中国唯一推行“行政权三分”试点改革的城市。

2009年5月，《深圳市综合配套改革总体方案》获国务院批复，其所涉及的数项改革中行政管理体制改革被列为首位。

公共组织决策、公共组织执行和公共组织监督是公共组织过程中必不可少的基本内容和基本阶段。一般说来，在解决某一公共管理问题时，如果经历了公共组织决策、公共组织执行和公共组织监督这三个基本阶段，公共组织过程便基本完成。公共组织决策是公共组织过程的起点，既是公共组织执行的依据，也是公共组织监督的依据；而公共组织执行则是公共组织决策得以成为客观现实的必要手段；公共组织监督是确保公共组织执行不偏离公共组织决策目标的根本保证。三者有机统一，构成一个完整的公共组织过程。

6.1.2　公共组织过程的意义

公共组织过程有着非常重要的意义，具体体现为：

（1）公共组织过程决定公共组织目标的实现。公共组织各有不同，但都有其需要实现的目标。管理活动就是围绕着目标展开的。目标是组织在一定时期内所要达到的预期效果。目标必须通过组织过程才可能得到实现。目标需要在组织决策制定中加以分解，在决策执行中加以实际地体现，目标实施出现的问题需要通过经常性的监督活动来加以发现以便及时进行调整，只有这样，组织目标才能够在最初的确立、实际的执行落实以及最终的检验中都得到根本保证。因此，不仅需要保证组织目标选择的正确性，更需要在实际贯彻落实中，通过科学合理地对实施环节进行划分，构建运行平台来保证其正确性得到充分体现，组织管理过程正是从组织目标运行这个层面为目标价值最终实现创造条件。

（2）公共组织过程影响公共权力配置。公共组织过程实际上是公共权力得到具体运用的实践过程。公共组织的全部活动都根源于公共权力，公共组织可以看作一个权力规则体系，它的各个部门及其人员是按照“支配-服从”的规则在权力链条中寻找、确定自己的角色和位置的，而在这个角色定位的过程中，各个部门及其人员之间总是围绕公共权力的获取、分配、维持和行使而相互作用和相互影响。权力的运用自然涉及组织主体的状态、组织结构形式、运用方式等诸多方面的要素，但是权力配置形式也受到组织管理程序设计的深刻影响。这种以程序加以表现的组织运行过程组成环节的划分，本质上讲是对公共权力性质、类型以及效能等的分割，从而形成组织管理系统中领导职位与被领导职位的权力差别。公共权力从宏观上可分成决策权、指挥权、执行权、协调权、监督控制权等相互关联的部分，实现权力“内植”于过程。组织管理过程受到权力变化的影响，反过来，随着管理科学化和专业化程度的提高，人类对管理过程的设计将更为合理，通过完善过程来调整权力结构也就变得自然而然了。

专　栏

坚持完善权力配置和运行制约机制

制约和监督有机统一、相互促进。习近平总书记指出，要强化权力制约，合理分解权力，科学配置权力，不同性质的权力由不同部门、单位、个人行使，形成科学的权力结构和运行机制。党中央深化党和国家机构改革，完善党和国家领导体制，规定党政主要领导干部职责权限，科学配置党政机关及内设机构权力和职能，党总揽全局、协调各方充分发挥作用，权力运行体系更加优化协同高效。强化权力制约监督，必须确立权力运行的规程，确定权力归属，划清权力边界，厘清权力清单，保证党和国家机关依照法定权限和程序行使职权、履行职责。

资料来源：肖培．强化对权力运行的制约和监督．（2019－12－16）．人民网．

（3）公共组织过程影响组织结构设置格局。公共组织纵向与横向结构设计无论是宏观层面的还是微观层面的，都与组织管理过程有着密切的联系，从一定意义上讲，组织层级设计和组织部门安排除了由公共权力运行体制和公共组织环境特点决定，主要还是依赖对公共组织管理活动进行程序化分解的结果。组织层级的分化虽然主要体现为一种宏观程序设计的战略，以上下之间任务目标的块状结构布局为主旨，但是它所形成的层级节制体系同样具有组织管理过程分工的某些特质，是一种较具整体性意义的过程分割。而部门设置的主要依据就是对任务完成过程的实质性分解的结果，从综合性的计划规划部门到专业性、技术性较强的单一化部门的成立，都要参照能更好地完成任务和目标的具体步骤来安排，从而使整个组织管理联成有机的过程体系。组织结构设计最终必然通过机构的设置来加以体现，机构设置的合理程度体现了对组织管理过程划分认识的科学程度，因此组织机构不仅要精简，更要充分体现管理过程设计的科学性，这样才能保证组织管理的高效能。

（4）公共组织过程决定组织运行效率。组织运行过程或程序的设计将直接影响组织结构、组织机构以及组织体制，实际上也决定组织管理的效率。组织过程或程序设计不仅要解决组织分工关系，而且必须为组织部门之间搭建起合作的通道，为组织单位明确界定管理职能和目标，并对目标实现的流程进行技术和科学规范，这就为复杂多样而又纵横交错的组织机构联结成统一行为的整体提供了主要依据。组织过程设计得越科学合理，组织运行就越顺畅，各机构、单位、人员之间的各种关系就越和谐，围绕组织职能目标展开的组织行为就越协调，组织行动就越迅速，组织管理的效率也就越高。反之，如果公共组织过程设计不合理，机构之间的权力划分不清，必然出现遇事推诿、见利相争的局面。在这种状况下，公共组织的效率低下是可想而知的。

（5）公共组织过程促进组织廉政建设。就近年来公共组织中出现的腐败案件而言，公共权力约束的制度性缺失是其共同的特征。例如，如果项目论证权、工程发包权、检查验收权等重要权力皆由某部门甚至其首长独揽，就会很容易滋生腐败。而一旦决策权、执行权和监督权分开，就能够在很大程度上减少这类腐败现象。因而，我们研究公共组织过程，既将其视为一个有机的整体，分工不分家，以避免“各人自扫门前雪，莫管他家瓦上霜”，又强调权力的分立与制约，只有这样，才能真正促进公共组织的廉政建设。

6.2　公共组织决策过程

6.2.1　公共组织决策概述

决策活动是人类改造自然和社会的实践活动之重要构成部分。关于现代管理学意义上的“决策”一词及决策理论，美国管理学家赫伯特·西蒙在1947年所著的《行政行为：行政组织中的决策过程研究》一书中做出了系统研究。公共组织决策是指公共组织依据既定政策和法律，就公共管理中需要解决的问题，设计并选择解决方案的活动。

公共组织决策的主要特点有：（1）从公共组织决策的主体来看，只有掌握公共权力的公共组织和公共组织人员，才能成为公共组织决策的主体。（2）从公共组织决策的内容来看，公共组织决策的内容十分广泛，国防政策、福利政策、财政税收政策、农业政策等都属于公共组织决策的范畴。（3）从公共组织决策的约束力来看，公共组织决策比企业组织决策更具有权威性，公共组织决策一经公布，就具有普遍的约束力。（4）从公共组织决策的目的来看，任何公共组织决策都必须体现国家意志和公共利益，履行管理社会公共事务的职能，贯彻政策法律，提供公共服务，具有非营利的性质。

专　栏

提高公共服务水平 增强均衡性和可及性

基本公共服务是保障全体人民生存和发展基本需要、与经济社会发展水平相适应的公共服务。推进基本公共服务均等化，增强基本公共服务均衡性和可及性，就是由政府承担保障基本公共服务供给的主要责任，实现基本公共服务目标人群全覆盖、服务全达标、投入有保障，地区、城乡、人群间的基本公共服务供给差距明显缩小，在全社会实现幼有所育、学有所教、劳有所得、病有所医、老有所养、住有所居、弱有所扶。享有基本公共服务是公民的基本权利，保障人人享有基本公共服务是政府的重要职责。推进基本公共服务均等化，核心是促进机会均等、确保社会公平，推动实现全体公民都能获得大致均等的基本公共服务。要建设公共就业创业服务平台，支持帮扶重点弱势群体就业，消除影响平等就业的不合理限制和就业歧视，完善劳动者权益保障制度，持续推进就业服务均等化，促进就业公平。发展素质教育，加快义务教育优质均衡发展和城乡一体化，持续推进义务教育均等化，促进教育公平。建立覆盖全民、统筹城乡、公平统一、安全规范、可持续的多层次社会保障体系，完善基本养老保险全国统筹制度，加快完善全国统一的社会保险公共服务平台，持续推进社会保障均等化，促进社会保障公平。深化医药卫生体制改革，促进医保、医疗、医药协同发展和治理，提高医护人员规模和质量，促进优质医疗资源扩容和区域城乡均衡布局，持续推进公共卫生服务均等化，促进医疗卫生公平。创新实施文化惠民工程，推进城乡公共文化服务体系一体化建设，持续推进公共文化服务均等化，促进文化公平。

资料来源：孙鸿鹤．提高公共服务水平 增强均衡性和可及性．光明日报，2022-11-15.

在公共组织决策中，由于涉及的问题十分复杂，而且在决策主体、决策条件、决策方式等方面有着多种多样的变化，因而公共组织决策的类型也是多种多样的。归纳起来，主要有下列几种类型：

（1）国家公共组织决策、地方公共组织决策与基层公共组织决策。这是根据公共组织决策主体在公共组织系统中所处的不同层次来划分的。国家公共组织决策，又称宏观决策，是指国家最高公共组织为解决全国性的、对国家具有战略意义的以及其他适宜中央统一处理的公共事务问题而制定并选择决策方案的活动。地方公共组织决策，又称中观决策，是指省、市、县等各级地方公共组织执行各自的职能、处理本地区公共事务问题而制定并选择决策方案的活动。基层公共组织决策，也称微观决策，是指乡镇一级公共组织为履行自身职能，处理本地区管辖范围内的公共事务问题而制定并选择决策方案的活动。

（2）确定型决策、风险型决策与不确定型决策。这是按公共组织决策问题所处的客观条件和结果的确定程度不同来划分的。确定型决策是指在要解决的问题相对简单、决策所面临的客观条件相对确定、各种方案的可能结果相对明确的条件下所进行的决策活动。风险型决策是指有理想的决策目标和两个以上可供选择的决策方案，但决策条件中包含不可控制的因素，某一决策结果的出现有一定的统计概率，并不完全可靠，因而要承担一定风险的决策活动。不确定型决策的决策对象所处状态基本上与风险型决策相近，不同的是未来出现哪一种决策结果是无法预测的，因而决策难度更大，风险也更大。

（3）经验决策和科学决策。这是根据决策者基本决策思路的不同来划分的。经验决策是指决策者根据个人或集体的经验、胆识和直觉来认识和判断决策对象、决策环境而进行的决策活动。经验决策的正确程度，受到决策主体思想水平、工作能力以及生活经验等的制约。在现代社会，经验决策的主要目的是应对在客观上要求迅速做出决策的社会问题。科学决策是指在科学理论指导下，遵循科学的原则和程序来认识和判断决策对象、环境、目标、行动方案，采用科学技术手段和方法进行的决策活动。

（4）常规性决策和非常规性决策。这是根据决策有无先例可循来划分的。常规性决策是指对重复出现，一般可遵照已有的标准、程序和方法去解决的问题进行的决策。故也称例行决策、程序性决策、重复性决策。非常规性决策，也称非程序性决策，是指对首次出现或偶然出现的非重复性问题，没有现成规范可遵循，只能通过创造性思维活动解决的决策活动。

此外，依据决策目标的数量不同，可分为单目标决策和多目标决策；依据决策进程不同，可分为一次性决策、渐进性决策和追踪决策；依据公共组织决策涉及问题的规模和影响的不同，可分为战略决策和战术决策等。

公共组织决策在公共组织中有着特殊地位，发挥着重要作用。

首先，公共组织决策是公共组织过程的首要环节和各项管理职能的基础。公共组织决策是公共组织执行的前提和依据，公共组织管理中遇到的各种问题的解决，都必然依赖于公共组织决策。同时，公共组织管理的其他各个环节也都是围绕着公共组织决策来进行的。公共组织决策贯穿公共组织管理的各个方面和各个环节，任何公共组织管理活动都离不开公共组织决策。

其次，公共组织决策是公共组织领导者的基本职责和重要技能。在公共组织管理中，公共组织领导者处于管理的核心地位，承担着诸多职责，而在这些职责中，公共组织决策是最为重要的。公共组织领导者经常面临长远的或当前的大大小小的问题，这就决定了决策能力是公共组织领导者的一项基本能力，公共组织决策能力的大小，综合体现为公共组织领导者的基本素质，也是公共组织领导水平高低的标志。

最后，重大的公共组织决策直接关系到政府工作的成败和国家、社会的发展。任何国家的政府、任何层次公共组织的职能的正常发挥，都必须借助科学的公共组织管理。而按管理对象的客观规律办事，科学地分析公共组织目标，制定正确的公共组织决策，则是科学的公共组织管理的关键一步。重大公共组织决策的正确与否，是影响政府工作的成败和国家民族的兴衰的重要因素。

专 栏

南水北调工程大事记

1952 年，毛主席视察黄河，第一次提出了南水北调的宏伟设想：南方水多，北方水少，如有可能，借点水来也是可以的。

1978 年，第五届全国人民代表大会第一次会议通过的政府工作报告正式提出：兴建把长江水引到黄河以北的南水北调工程。

1996 年，成立南水北调工程审查委员会，委员共 86 人，另聘专家 40 余人参加专题审查工作。

2002 年，国务院正式批复《南水北调工程总体规划》。东线工程开工。

2003 年，国务院决定成立国务院南水北调工程建设委员会，批准国务院南水北调工程建设委员会办公室主要职责、内设机构和人员编制。中线工程开工。

2005 年，南水北调中线水源地——丹江口水利枢纽加高工程、穿黄工程开工建设。

2008 年，南水北调中线京石段应急供水工程建成通水，河北省岗南、黄壁庄两水库的水，经南水北调中线京石段工程抵达北京。丹江口库区移民试点工作全面启动。

2011 年，南水北调中线干线黄河南段连线建设全面开工，标志着整个中线干线主体工程全部开工。

2012 年，移民搬迁任务全部完成。南水北调中线水质保护中心正式成立。

2013 年，中线干线主体工程完工、工程全线贯通。

6.2.2 公共组织决策原则

公共组织决策原则是从公共组织决策实践中总结出来的，是对公共组织决策活动规律的概括，是公共组织决策活动的一般准则。具体说来，公共组织决策应遵循以下原则：

1. 信息原则

信息是决策的基础，科学的公共组织决策必然离不开全面、准确和及时的信息。信息越是全面、准确和及时，公共组织决策思维就越具有广度和深度。要想做到信息全面、准确和及时，公共组织决策主体就必须建立健全信息系统，广泛搜集、深入调查，并对信息进行系统的比较分析，去伪存真、去粗取精、归纳整理、科学论证。

2. 系统原则

运用系统分析的理论和方法进行决策活动，这是现代公共组织决策的客观要求。公共组织决策中必须贯彻系统原则。要正确处理整体与局部、局部与局部、内部与外部、长远与当前等诸多关系，使公共组织决策达到整体优化的要求。

3. 预测原则

正确的预测是成功的关键。公共组织决策是规划确定未来行动目标的活动，必然包含预测。预测不是臆测，它是建立在对客观规律正确把握的基础之上的。现代社会的发展日新月异，世界各国政治、经济相互影响，这使得社会各方面的不确定因素大为增加。为此，公共组织决策必须采取科学方法，依据可靠信息，对决策问题的未来发展、环境的变化及决策方案实施的结果加以正确预测并准备对策，以防患于未然。

4. 择优原则

决策时需要在几个方案中进行选择。如果只有一个方案，没有选择，自然谈不上择优，就难以做出最好的决策。初拟的方案要多一些，经过筛选后至少留下两个方案，但要注意这两个方案应有一定的区别，不能出现两个方案形异而实同的情况。要对若干个备选方案，运用数学、逻辑、社会科学等方法综合评价，比较鉴别，权衡利弊，本着择优原则，最后选出效益最好、可靠性最大、弊端最少的方案。

5. 创新原则

公共组织决策的目的在于变革现状、开创未来，要努力消除或减少现状与期望之间的差距。特别是非常规性决策，面临新情况、新问题，无先例可供参考，无常规可供遵循，更要勇于创新。

6. 可行原则

对公共组织决策目标和方案应进行充分的可行性分析。超乎现实主客观条件，片面追求高指标、高速度的决策，其结果必然是事与愿违、劳民伤财，非但不能解决问题，反而会增加矛盾。公共组织决策必须讲求社会效益和经济效益，从这些方面进行可行性论证。

7. 民主原则

公共组织决策民主化是广开言路、集思广益，让公众行使参与国家社会事务管理的民主权利，决策主体、专家和人民群众三方面有机结合的决策过程。民主原则包括两个层次：首先是制度上的民主，即从决策体制出发保证公共组织决策主体在公共组织决策过程中严格执行人民的意志；其次是方法上的民主，即要求公共组织决策主体在决策过程中广泛征求各方面意见，公共组织决策只有深入群众，汲取人民群众的智慧，才能更好地体现民意。

8. 动态原则

一项公共组织决策的制定、执行、修改是一个很长的过程，而公共管理问题又是随着社会的发展而变化的。为此，公共组织决策要富有远见，留有余地，准备应变措施，以适应变化了的形势，保持公共组织决策的弹性，并注意信息反馈。一旦发现公共组织决策与形势不相适应，就及时予以调整。一个复杂的公共组织决策，通常会有一个由不成熟到成熟、由局部到全局的过程。

6.2.3　公共组织决策程序

公共组织决策程序是指公共组织决策过程中的逻辑顺序和基本步骤。公共组织决策的过程相当灵活，常常因公共组织决策的种类、公共组织决策的条件以及公共组织决策主体的经验和素质的不同而不同，并没有一个固定的模式。国内外学者对公共组织决策程序的看法也不尽一致。但公共组织决策的大量实践告诉我们，科学的公共组织决策程序是公共组织决策客观规律的体现，大体上要经过四个阶段。

1. 发现问题，确定决策目标

公共组织决策总是针对一定的问题来进行的，所以发现问题是公共组织决策活动的起点。公共组织决策问题是被公共组织决策主体所认知并有必要采取行动加以解决的公共问题，是社会所普遍关注的问题或对社会产生广泛影响的问题。公共组织决策首先需要弄清问题产生的时间、地点和条件，问题的性质、类型、范围、程度、特征、影响、层次、结构等，抓住主要矛盾和关键问题，对问题进行全面认识，估量其在公共管理活动中的联系和影响。然后就是依据已有的经验和知识，运用科学的方法和手段，对问题产生的主观原因和客观原因、主要原因和次要原因、直接原因和间接原因、表面原因和深层原因等进行估量、核查和证实。

确定了公共组织决策问题并对其产生的原因进行剖析，探明了解决问题的环境条件，就为公共组织决策目标的确定提供了前提。公共组织决策目标，是指在一定环境条件下解决公共问题所要达到的结果和目的。公共组织决策目标的确定必须针对要解决的公共问题，在存在多个公共组织决策目标的情况下，则需要考虑目标实现的约束条件，区分主次，突出重点，抓住主要矛盾和关键环节，从资源分配上确保重点公共组织决策目标的实现。公共组织决策目标是公共组织执行的重要依据，这就要求公共组织决策目标尽可能明确，只有这样才能避免因各公共组织执行主体基于主观理解而出现的执行标准不统一的现象。公共组织决策目标能否实现在很大程度上取决于其可行性，因此公共组织决策目标必须是在现有条件下通过一定努力可以实现的，不应追求不切实际的公共组织决策目标。公共组织决策目标要顺利实施，必须得到社会各界的认同，也应符合一定社会的法律、政治和道德规范，符合人们的价值观和信仰。

2. 集思广益，设计决策方案

设计决策方案要以事实和科学理论为依据，为此，必须进行广泛调查研究，同时运用适当方法，寻求实现目标的途径和办法。从若干个可行性方案中比较、鉴别，选择出最优方案并实施以解决特定公共问题，首先要有可供选择的公共组织决策方案。而设计决策方案正是为这种比较、鉴别提供了前提。有了这个前提，才会有选择最优方案的活动。所以，设计决策方案的工作质量对最后决策的质量有着重大的影响。

公共组织决策方案，根据其内容和作用的不同，可分为积极方案、应变方案和临时方案三类。积极方案，是从正面保证公共组织决策目标实现的方案，内容涉及各种积极措施。应变方案，是在情况发生意外变化时的应急方案，内容包括应急措施和预防措施。这类方案常常和积极方案共同保证目标的实现。临时方案，是针对原因尚未查清但又急于处理的问题做的决策方案，内容是一些临时性措施，以暂时抑制问题的发展，具有从侧面保证决策目标实现的作用。对于简单的公共组织决策问题，可以直接设想出几个备选方案。而对于复杂的公共组织决策问题，则需要在设计方案上下一番功夫，一般可分为轮廓设想和精心设计两个步骤。轮廓设想是从不同角度、多种途径出发，尽量大胆提出多种多样的方案设想。这一步骤的主要要求是方案尽可能多样化并具备整体上的完备性，各个方案之间要相互排斥。为此，方案设计者要打破常规，独辟蹊径，用全新的思维方式和技术来实现决策方案的创新。精心设计是对轮廓设想所产生的备选方案进行初步筛选，淘汰那些明显不可行的设想，留下一些较为可行的方案，并对其进行认真设计。

3. 评估选优，抉择决策方案

抉择决策方案是指公共组织决策主体对所有可行的决策方案进行综合评估，权衡利弊得失，选择一个或者综合出一个最优方案的活动。抉择决策方案之所以是整个公共组织决策过程的关键一步，是因为多个备选方案尽管都是可行的、正确的，但有优劣之分。择定的决策方案经批准就变成指导行动的方针，方案付诸实施就会对社会产生一定影响，所以抉择决策方案应慎之又慎。对于一些简单的、确定型的公共组织决策，各个决策方案的优劣一目了然，抉择相对较为容易。但现代公共组织决策问题的不确定性因素相当复杂，公共组织决策目标往往也有多个，实现公共组织决策目标的方式、途径也有不同。仅凭公共组织决策者个人的知识和经验去评价和判断备选方案是不行的，必须依靠有关专家的力量，集思广益，从必要性、可能性、经济性、协调性等多方面做可行性研究和论证，共同评选方案，最后由公共组织决策者根据专家们提供的意见，遵循公共组织决策的原则来选定决策方案。公共组织决策是对公共问题的决策，因此，决策者必须充分考虑社会各阶层的利益要求和愿望，预测其对政策可能的反应和承受力，此外，决策者还必须在公共组织系统内部做充分的解释和沟通工作。只有这些条件具备了，择定的决策方案才能得到贯彻执行。在决策方案择定过程中，还要考虑到公共组织决策权力体制对于方案抉择的科学性和有效性的影响。

4. 局部试点，修正完善方案

对于一些重大的、不确定因素多的、目标不易量化的问题，虽然已经择定了决策方案，但还不能马上普遍实施，而要通过局部试点验证，及时了解试点情况，对方案进行必要的修正和完善，这就是反馈。反馈是决策过程中不可缺少的环节，反馈的实质是要对过去的决策进行实践性评价和检验。一项决策，无论在实施之前经过了多么严谨的论证，都不能保证完全正确。只有不断地进行反馈，才能验证决策的正确与否，也才能及时修正决策方向或弥补决策遗漏，从而避免重大决策失误。

6.3　公共组织执行过程

6.3.1　公共组织执行概述

公共组织执行是公共组织过程中一个相对独立的环节，是公共组织及公共组织人员依法实施公共组织决策，以实现预期目标的活动的总和。它始于公共组织决策形成之时，终于公共组织决策目标实现之时。

理解公共组织执行的含义，应把握以下要点：第一，公共组织执行的主体是公共组织及公共组织人员。公共组织及公共组织人员日常大部分时间和精力都在执行公共组织决策。第二，公共组织执行是一种具有目标导向的活动。公共组织执行过程中的一切公共组织行为都是对决策机关所做出的决策的贯彻、落实，以实现决策目标。第三，公共组织执行是一种实践性质很强的活动，是务实性的行动，它需要通过一定的具体步骤来落实。第四，公共组织执行活动具有强制性。公共组织执行以国家强制力为后盾，它要求执行对象必须服从执行者所发出的执行指令、遵守执行有关制度和规定，否则，执行机关和执行人员就有权对其实施职权范围内的强制措施或处罚行为。

专　栏

如何提高执行力?

1. 克服惰性，提高主动性。强大的执行力，需要一个人的积极性十分高，因此要想提升执行力，一定要摆脱思想上的惰性、行为上的惰性。

2. 明确行动目的。在提高执行力之前，要想将具体的行动落到实处，必须弄清楚行动目的是什么，切忌草草开场。

3. 讲求粗中有细。细节决定成败，要提高执行力，必须兼顾多方面，特别是必须关注细微之处。

4. 拒绝拖延症。一个人缺乏执行力，往往是因为无论遇到什么情况，总是想往后推，总之能拖则拖，绝对不会第一时间解决。患有拖延症的人，往往做不好细微之事，也无法承担重任，因此要提高执行力，必须摆脱这种陋习，端正做事的态度。

5. 制订计划。一个人的生活不可以杂乱无章，目标、行动更不能没有规划，做什么事情都需要按照步骤执行，因为只有在制定相应的步骤之后，才有可能提高对这件事情的重视程度，以及将这件事情完成得更好。如果计划排得太满，可以进行适当的省略；如果计划存在欠缺和不足，一定要尽可能地补充完善。

公共组织执行作为公共组织过程中相对独立的环节，较之于公共组织决策等环节，具有以下显著特点：

（1）现实性。公共组织决策活动反映未来的公共组织活动，而公共组织执行活动是按照一定的目的所组织的实施活动，通过这种活动，公共组织把体现在公共组织决策中的各种预想和方案变成现实。因此，现实性是公共组织执行的一个重要特征。公共组织执行要求有关公共组织及其人员必须脚踏实地地完成每一步具体操作，推动计划、方案、决策、规范向现实的转化。

（2）综合性。公共组织执行过程牵涉到许多动态因素。首先，在执行系统内部，需要协调人、财、物、时间、信息、管理技术、规章制度等因素；其次，执行过程需要各个执行机关和社会各部门积极配合；最后，公共组织执行需要使用各种管理手段，如行政手段、法律手段、经济手段及思想政治教育手段等。

（3）目的性。公共组织执行是按照决策的要求进行的一种有特定目的的活动。在公共组织执行之前，已经通过公共组织决策为执行活动规定了明确的方向，提出了要求、实施的步骤和应达到的目标。这种实践活动，是有严格要求的、定向的、有规则的、有步骤的活动。这就要求严格按公共组织决策确定的思路和方案进行操作，使整个执行过程中的一切活动都能紧紧围绕实现公共组织决策规定的目标进行，使执行中的每一步都能目标明确、措施对路，保证达到预定目标。

（4）实效性。由于公共组织执行作用对象的社会性，公共组织执行直接同社会公众的利益相关。公共组织的每一项决策都具有明确的目的要求，其执行结果都将对社会产生影响，因此，公共组织执行必须讲求实效。公共组织执行的实效包括两个方面：一是公共组织执行活动本身的实效性，即以较低的成本、较短的时间、较少的人力资源实现某一目标；二是公共组织执行结果的实效性，公共组织执行的结果应是真正切实解决了问题，做好了实事，干出了实效。

（5）具体性。公共组织执行是一个具体的活动和过程。公共组织执行所面对的工作对象是具体的组织、团体和个人，公共组织执行所运用的手段是具体的，公共组织执行所实施的步骤、程序和环节都是具体的；同时，公共组织执行的过程是法律和政策原则的具体化，是一般原则与特殊对象相结合的过程。公共组织执行的这种具体性特点，要求在公共组织执行中必须善于将普遍性和特殊性结合起来，将政策原则落实在具体的执行对象中，将宏观目标与微观操作统一起来。

（6）强制性。公共组织执行活动是依靠公共权力，贯彻、落实国家方针政策和法令、法规的活动。因此，在执行手段、执行方式等方面都有一定的强制性。这也是公共组织活动权威性和严肃性的重要体现。

（7）灵活性。公共组织执行是决策目标具体化的过程，在坚持决策目标的前提下，应当做到因时制宜、因地制宜、因事制宜，具体问题具体分析，灵活采用多种有效的方法和手段。当然，灵活性并不意味着执行时随心所欲，公共组织执行必须遵循决策。公共组织执行应当坚持原则性与灵活性的统一。

专 栏

为“上有老下有小”群体减税

2023 年 4 月 6 日，在国新办“权威部门话开局”系列新闻发布会上，国家税务总局发布了 2023 年个税汇算首月的相关数据。其中，“上有老下有小”群体实现减税近 1 100亿元。

税收取之于民、用之于民。在减轻社会负担方面，老百姓在乎的是教育、医疗、住房等身边的具体事。2018年以来实施的个人所得税改革，其减税效应十分明显，工薪阶层普遍受益，特别是新增子女教育、继续教育、住房贷款利息、住房租金、大病医疗、赡养老人以及3岁以下婴幼儿照护这7项专项附加扣除，着眼民生之需，有针对性地释放了减税红利。

2023年个税汇算首月最新数据显示，专项附加扣除减税已经达到1 500多亿元，其中"上有老下有小"群体实现减税近1 100亿元。同时为支持居民合理住房需求，国家继续实施个人购买首套住房及第二套改善性住房契税的减免政策，精准实施公租房建设和运营的税收支持政策，这两项政策在2022年减税超过2 000亿元。

资料来源：今年个税汇算首月，"上有老下有小"群体减税近1 100亿元．(2023-04-06)．新京报官网．

公共组织执行作为公共组织及其工作人员经常性、现实性的管理活动，在公共组织过程中占有十分重要的地位。公共组织执行的作用具体体现为：

（1）公共组织执行决定着决策方案能否实现及实现的程度。公共组织要有效地管理国家政务和社会事务，就必须根据社会政治、经济、文化发展的需要，针对现实生活中存在的重大问题，及时正确地进行决策并付诸实施。由决策到执行是一次由知向行的转变。只有实现这一转变，公共组织决策才具有实际意义，公共组织的工作目标任务才能真正完成。公共组织执行是实现公共组织决策目标的有效途径，而且执行人员的创造性活动可以弥补规划、决策的不足，提高决策的经济和社会效益。

（2）公共组织执行效果是检验决策是否正确的依据。在公共组织过程中，公共组织决策正确与否最终必须由公共组织执行来检验。公共组织执行活动是最有力的实践活动，也是检验公共组织决策正确与否的标尺。如果公共组织决策目标通过公共组织执行并未得到完满实现，如果能够排除公共组织执行不力等因素，便可证明原来的公共组织决策是有缺陷甚至是错误的。

（3）公共组织执行是使原决策得到修正、补充和完善的根本途径。由于现代公共管理的复杂性和客观情况的不断变化，公共组织决策往往会存在一些缺陷甚至出现失效的现象，需要在公共组织执行的过程中加以修正、补充和完善。原决策本身有错误，要通过公共组织执行给予纠正；原决策模棱两可、难以操作，要通过公共组织执行使其具体化和周密化。在实际的公共组织活动中经常遇到以下情况：有时要形成某项合理周密的决策，需要在决策者和执行者之间进行广泛而频繁的磋商、协调；有时一项重大决策出台之前，先要在小范围内试验执行，并通过总结执行经验、概括执行情况，为即将出台的重大决策定基调。另外，公共组织执行活动及其执行结果，是形成新的公共组织决策的重要依据。决策要以现实为依据，尤其要以前一项决策执行后所反馈的信息为依据，只有认真总结前项决策的经验，才能使新的决策更加科学、准确。

（4）公共组织执行是衡量公共组织及其运行状况的重要指标。公共组织执行不仅是公共组织一般工作人员的任务，也是公共组织领导者的主要职责。完成一项任务，往往需要许多组织及其工作人员的相互配合，甚至会牵动整个公共组织系统。因此，公共组织执行的情况和效果能够检验和衡量公共组织的设置是否合理、公共组织领导者与一般工作人员的配备是否得当、具体的工作制度是否健全、信息系统和监督系统的工作是否得力、各有关单位的权责划分是否明确适当等。同时，公共组织执行的效率和效果也直接影响公共管理的效率和效果，直接影响着公共管理的水平和质量。

6.3.2 公共组织执行程序

公共组织执行是一项复杂的管理活动，为了有效地做好执行工作，必须制定公共组织执行的工作程序，并做到各个环节之间的有效协调。所谓公共组织执行程序，就是把公共组织决策方案付诸实施的过程。公共组织执行程序由公共组织执行的准备阶段、实施阶段和总结阶段组成。

1. 公共组织执行的准备阶段

准备阶段是公共组织执行的第一个阶段，准备阶段的工作是多方面的，而且对不同决策的实施有不同的准备内容。一般而言，公共组织执行的准备阶段包括制订执行计划活动和一般准备活动两个方面的内容。

（1）制订执行计划活动。制订执行计划活动即在接到决策中心的指令后，担负执行任务的部门和单位，认真学习研究决策，准确领会其实质，明确其目标，按照本地的实际情况，制订出既符合决策要求又符合本地实际的执行计划。执行计划一般包括情况分析、指导思想、工作任务、工作要求、工作方法、步骤与措施等，涉及目标、人、财、物、机构、程序、时间、地点等要素。在制订执行计划的过程中，要特别慎重，要注意充分发扬民主，广泛听取意见，必要时可提出多个执行计划，经科学论证后选出最佳的执行计划，以保证实现预定目标。执行计划的制订要量力而行，即根据现有的人、财、物条件，采取相应的行动。执行计划的制订还要全面兼顾计划的各个构成部分及其相互关系，并按照它们之间的必然联系进行统一筹划，切忌顾此失彼。制订执行计划不仅要全面兼顾计划的各个方面，而且要分清主次，抓住关键环节。为防止突发事件对计划执行的影响，执行计划的制订也要留有余地，富有弹性，以防患于未然。

（2）一般准备活动。具体包括思想准备、物质准备、组织与人员准备三项内容。思想准备就是通过各种方式使执行者和执行对象都能够了解决策的内容、意义，从而在思想上达成共识，并自觉采取行动的过程。执行部门在采取行动之前，必须先检查这项决策是不是符合有关法律法规的规定，是不是符合法定程序。只有决策合法化，执行者和执行对象才能在思想上接受，也才能够减少决策执行中的阻力。有的决策代表了多数人的利益而可能对少数人的利益有所损害，有的决策代表长远利益而对眼前利益有所损害，这就要求在公共组织执行前做好动员工作，加强政策宣传，通过教育、引导和示范方式，向公共组织执行者、执行对象和社会各方面传播有关政策合法性、合理性、必要性和效益等方面的信息，以获得各方面对决策的理解、支持和接受，形成有利于公共组织执行的舆论环境。物质准备包括经费准备和物资准备两个方面。任何决策付诸实施，都需要一定的经费作为保证。公共组织执行部门在接到决策指令后，要根据当时当地的具体情况，提出准确的预算。对实施一项决策所需的物资，如办公设备、文件资料等，也要充分准备。公共组织执行部门对物资的可靠性、供应的时效性、品种的实用性和质量保证等都必须做到心中有数。这样才能实现公共组织决策的要求，为决策的实施创造有利的条件和环境。组织与人员准备是指根据决策的具体内容和重要程度，确定公共组织执行的具体承担机构，配备负责人和具体工作人员，确定职责、职权的活动。对机构和人员的设置必须从实际出发，坚持精简精干的原则。能在现有机构中办理的事项，就不要再另设机构；能由临时机构完成的，就不建常设机构。对于参加公共组织执行任务的人员，要根据决策目标的需要进行选择，并合理授权，将责、权、利统一起来。

2. 公共组织执行的实施阶段

实施阶段是决策目标具体实现的过程，是公共组织执行的主体阶段。实施阶段的工作内容主要包括以下方面：

（1）建立强有力的指挥中心。公共组织执行是公共组织运用行政手段向既定目标推进的过程，这个过程具有一定的强制性。它必须以服从命令、顾全大局为原则。一个强有力的指挥中心，对公共组织决策的执行来说是至关重要的。它能正确理解和贯彻执行上级方针政策，对所领导的公共组织执行工作的意义有深刻的理解，对所辖部门和人员的情况了如指掌，对方案的实施步骤严格掌握，而且在意想不到的情况发生之时，能迅速做出正确的决断。指挥中心要实现有效指挥，还必须坚持统一指挥的原则，不能政出多门、多头指挥，否则下级会无所适从。另外，指挥也必须依照组织层级进行，不应越级指挥。

（2）建立健全各项工作制度。公共组织执行是一种涉及诸多方面和诸多人员的系列活动，任何一个方面、一个环节的工作做不好，都会使整个执行活动被动。要避免出现这种被动局面，就必须依靠科学的管理，依靠配套的工作制度如岗位责任制、考核奖惩制等作保证。

（3）做好协调工作。公共组织执行作为一系列的活动，必然涉及多方面的工作配合及利益的调节和分配。公共组织执行任务能否顺利完成，在很大程度上取决于能否及时妥善地做好协调工作。协调活动的目的在于化解矛盾、解决分歧，使组织之间、人员之间达到行动上的和谐一致。

（4）加强公共组织执行中的监控。公共组织执行是个动态过程，有些要素及其相互关系的变化事先无法全部掌握，一旦出现意外情况，实际工作同计划要求就可能不符，必须依靠监督、控制，才能逐步实现计划。通过控制环节也能检查下属的工作，保证其工作方向的准确性，提高工作效率。

专　栏

汉中市市场监管局开展流通环节食品安全“双随机”监督检查

为加强流通环节食品安全监管，营造安全放心的消费环境，着力提高监管公平性、规范性和有效性，汉中市市场监管局在全市组织开展流通环节食品安全“双随机、一公开”监督检查。

本次检查依托陕西省“双随机、一公开”监管工作平台组织实施，随机抽取10家校园及周边食品销售企业，14家食用农产品销售企业、其他销售者，6家食用农产品集中交易市场进行监督检查。重点检查了市场主体的经营资质、食品安全管理制度、从业人员健康证明、食品安全培训考核记录、索证索票、进货查验记录制度、“两个责任”落实等工作落实情况；现场查看了预包装食品、散装食品的标签标识，食用农产品特别是肉类的检疫证明，食品销售区域设置，现场制售项目的条件是否符合要求等情况。

针对检查中发现个别企业没有严格执行散装食品标签标识规定、食用农产品产地标识未标注到县级、索证索票不全等23个问题，执法人员进行了现场指导并责令限期整改。对检查中发现的2起违法违规行为，已依法立案查处，确保“双随机”检查起到以点带面的工作实效。

资料来源：汉中市市场监管局开展流通环节食品安全“双随机”监督检查．（2023-04-14）．陕西网．

3. 公共组织执行的总结阶段

执行完成后，要认真进行检查总结，目的是肯定成绩、找出不足、积累经验，这是提高认识、自我完善的必不可少的环节。总结工作的内容主要包括：

（1）对执行情况的检查。主要检查决策目标实现程度和方案执行效果。对决策目标实现程度的检查，重点是检验其社会效益和经济效益。检验社会效益主要是看这项决策实施后，是否有利于国家和社会的公共事务，是否有利于人们的社会生活，是否有利于国家和民族的发展。经济效益指在符合社会效益的前提下的经济效益。凡是有利于国计民生、能促进经济发展的决策，就是好的决策。对方案的执行效果的检查，主要是看执行方案中的各项要求，如资金预算、物资消耗以及方法、步骤、措施等，是否符合原来的预想，是否符合原来的估算。

（2）对执行情况的评定。依据一定的要求和标准，在执行情况检查的基础上，对执行部门和执行人员的工作做出评价并给予奖惩。评定要以事实为根据，而不是以领导人的意志为依据，投其所好，也不能先入为主，存有偏见。否则，势必会歪曲事实，给工作带来不良影响。

（3）对经验教训的总结。执行中有成功的经验，也有失败的教训，为此，要从理论的高度，认真分析决策目标未能实现或是未能完满实现的原因，得出结论后，要及时向执行指挥者或决策指挥者反馈，使他们能从宏观上权衡利弊，正确总结经验教训，不断改进工作。

6.3.3 公共组织执行评估

公共组织执行评估是指对公共组织执行活动的进展情况和效果进行评价，包括公共组织执行过程评估和公共组织执行效果评估两个方面。一般意义上的公共组织执行评估主要是指公共组织执行效果评估。

公共组织执行过程评估是在贯彻执行某项政策或某计划的过程中，全面检查、核实各项工作的布置、落实、推进和完成情况，其基本内容包括政策或计划是否及时、准确地得到传达和理解，各种具体实施方案或措施是否符合政策或计划要求，预定的阶段性目标实现情况是否与布置、落实、推进和完成总目标的计划相符，是否遇到某些工作困难或未预料到的问题，各级公共组织的工作是否得力，整体进展是否顺利，能否比较圆满地完成预定计划、达到预定目标等。

公共组织执行效果评估是在某项政策或计划已实行了一段时期或已完成一部分时对政策效果或计划效果进行的检查和评价。其基本内容包括分析研究某项政策或计划实施后在政治、经济、文化等方面所产生的直接影响或间接影响，以及引起的舆论反应，并重新审查预定目标或计划是否充分、合理、全面等。

公共组织执行过程评估主要由各级公共组织进行，而公共组织执行效果评估的范围则较为广泛，各级立法机关、各党派、社会团体、新闻媒介或专门的评估机构都可以进行。公共组织执行评估有利于及时发现公共组织执行活动中出现的问题，适当采取有效的措施或补救方案，以达到预期的社会效果。同时也可以为校正原定目标和计划提供依据。

公共组织执行评估是有计划、有步骤的活动，包括评估的组织准备、实施评估和撰写评估报告三个相互关联的阶段。公共组织执行评估在实施前都要进行周密的组织准备工作。组织准备阶段的主要任务包括：根据理论研究以及实际工作的需要或有关部门的要求，遵循有效性与可行性相结合的原则，明确评估的目的、意义和要求，提出评估的基本设想，根据评估目标确定评估的内容或范围，确定评估标准，并选择评估的具体方法，制订评估方案，挑选和培训评估人员。实施评估是公共组织执行评估活动中最重要的阶段，其主要任务是利用各种调查手段全面搜集有关公共组织执行的第一手材料，并在此基础上进行系统的整理、分类、统计和分析，运用相应的评估方法，对公共组织执行的效果进行评估，得出评估的结论。在评估过程中，必须依据完整、可靠的调查或统计数据，必须采用科学、合理的方法，必须客观、公正地对待各种公共组织执行结果。只有这样，才能使评估工作反映决策执行的真实情况。公共组织执行评估的最后阶段是撰写评估报告。撰写评估报告的目的是将评估结论用书面报告的形式反映出来，提交给政策制定者或有关部门，使其能运用于实际的政策过程，为公共组织决定政策的前途提供依据。评估报告的内容除了对政策本身进行价值判断外，还包括政策建议的提出，以及对评估过程、评估方法和评估中一些重要问题的说明。

公共组织执行评估是一项十分重要同时难度非常大的工作。公共组织执行评估所面临的困难，不仅与评估本身的某些特性有关，还与某些人或组织的影响有关。为克服公共组织执行评估中存在的种种障碍，切实发挥公共组织执行评估的作用，需要对公共组织执行评估的必要性和重要性有充分的认识，端正思想；确定合理的评估标准；采取适当的评估方法；尽可能地促进公共组织执行评估的制度化，将公共组织执行评估作为一项制度列入有关公共组织的实际工作计划，甚至建立独立的公共组织执行评估机构。

6.4　公共组织监督过程

6.4.1　公共组织监督概述

公共组织监督是指政党、政府、社会团体和全体公民对公共组织及公共组织人员在公共管理过程中是否合理、合法所进行的监察和督导。它的主要任务是发现并且纠正一切违反公共组织管理要求的行为，防止和纠正公共组织在管理公共事务的活动中产生的偏差与失误，从而保证公共组织管理活动的正常进行。

公共组织监督具有以下几个方面的特征：第一，公共组织监督主体的多样性。公共组织监督的主体包括多种政治力量和社会力量，如政党、立法机关、司法机关、社会团体、公民等。第二，公共组织监督对象的特定性。公共组织监督的对象是各级公共组织及其工作人员。若从内部监督来看，公共组织及其工作人员既是监督对象，又是监督主体。第三，公共组织监督内容的广泛性。公共管理内容的广泛性，决定了公共组织监督内容的广泛性。公共组织监督的基本内容包括：一是对公共管理行为合法性的监督。二是对公共管理活动合理性的监督。三是对各级各类公共组织人员是否遵纪守法、恪守职业道德的监督。四是对各级各类公共组织人员在公共管理活动中是否卓有成效地使用技能和技巧以提高效率而进行的效能监察。第四，公共组织监督过程的公开性。公共组织监督的各种法律规定都是公之于众的，同时公共组织的工作计划、工作程序、工作内容也应有一定的透明度，即公开办事制度、公开办事结果，便于接受人民群众的监督。此外，适应民主政治的客观要求，还应建立有助于社会舆论监督的公开监督机制。第五，公共组织监督依据的法定性。公共组织监督是依法监督，是依法治国的具体体现。公共组织监督机制和各种专门的监督机构是依法建立的，公共组织监督的权力是依法授予的，公共组织监督活动是依照法定程序进行的，整个公共组织监督过程不仅有法可依，而且对违法行为或不当行为，也要有法必依、违法必究。有效的公共组织监督必须以强有力的法律制度为后盾。

专栏

如何有效衔接离任审计

随着省、市、县换届选举工作的结束，对党员领导干部的离任审计工作陆续展开。根据监察法实施条例相关规定，监察机关开展监察监督，要与审计监督等贯通协调，健全机制，形成监督合力。

实践中，违纪违法现象越来越趋于隐蔽和复杂，给监察工作带来诸多挑战。而经济责任审计作为常态化监督方式，具有业务的专业性、组织实施的常规性等优势，可以在领导干部任职期间，也可以在其离任后组织实施。这种审计是对领导干部任职期间经济责任的全面“体检”，可以充分发挥审计队伍专业特长，增强透过数字发现问题的能力，从审计中挖掘经济责任背后的问题实质，彻查问题产生的内因及存在的个人经济问题，与纪检监察工作紧密联系、相互配合、有序衔接。

离任审计作为经济责任审计的一种形式，旨在强化对审计对象的管理监督，促进审计对象履职尽责、担当作为。其本质上是一种业务监管、日常监督，与司法审计及司法会计鉴定在审计方法等方面有相通之处，但在审计主体、审计目的、操作规程、结果运用、救济途径等方面有着根本区别，不能相互通用。对审计中涉及司法管辖的事项，要依规依法移送处理。监察机关对涉嫌犯罪特别是职务犯罪需要移送司法机关追究责任的，应当按照刑事审判的标准和要求，结合案件具体情况进行司法审计或司法会计鉴定，不能以经济责任审计报告及结论替代。

资料来源：如何有效衔接离任审计．（2022-06-15）．中央纪委国家监委网站．

公共组织及其工作人员利用法律赋予的职责和权力对国家、社会实施管理，但权力没有监督就会产生腐化。为了防止滥用权力的现象发生，必须对掌握公共权力的公共组织和工作人员实施有效的公共组织监督，这是保证国家机器正常运转和巩固国家政权的重要手段。世界各国普遍重视公共组织监督。公共组织监督的重要性具体体现为：第一，公共组织监督是公共管理的重要环节。公共组织监督客观存在于公共管理活动中，如果缺少了公共组织监督，公共管理系统就是不完整的，公共管理活动就缺少顺利达到目的的保障。第二，公共组织监督是依法治国的必要保障。只有对公共管理活动进行有效的公共组织监督，才能保证国家的法律、政策的贯彻执行，做到令行禁止。也只有通过公共组织监督，才能防止公共组织人员出于能力、水平、利益等原因的滥用职权、越权、侵权等行为的发生。第三，公共组织监督是公共利益的维护力量。公共管理应当体现和维护公共利益。公共组织及其工作人员必须严格依法办事，为社会提供优质的公共服务。公共组织监督就在于对各级公共组织及其工作人员的违法行为给予制裁，对其失误予以纠正，对集体、公民的合法权益所受的损失或损害给予补偿和赔偿。第四，公共组织监督是科学管理的有力措施。公共组织监督是公共管理科学化的内在要求。独立、有力的公共组织监督系统是现代化科学公共管理体制的重要组成部分。第五，公共组织监督是民主参与的重要途径。

6.4.2 公共组织监督方式

公共组织监督方式是指公共组织监督主体在实施公共组织监督时所采用的监督手段和各种具体方式。由于公共组织监督的主体是十分复杂的，因此公共组织监督方式也是多种多样的。这里主要介绍较为常见的几种公共组织监督方式。

1. 质询

质询是指立法机关对政府的工作提出疑问并要求相应政府机关做出答复的制度，是立法机关实施公共组织监督的一种方式。因各国具体制度不同，立法机关有无质询权主要依宪法而定。凡宪法规定行政机关要对立法机关负责的，立法机关就有质询权。在立法机关享有质询权的国家中，立法机关中的个人或集体就政府的政策和政府成员所管理的事务提出口头或书面询问，要求有关人员即席或书面答复，被质询者必须对其答复负有法律上的责任。

2. 弹劾

弹劾是指立法机关对政府高级官员个人的犯罪或严重失职行为进行控告和制裁，追究法律责任，罢免其职务或判罪的一种公共组织监督方式。导致弹劾的原因主要有两种：一是违法乱纪行为，这主要是指违反宪法、法律、法令等；二是失职行为，其范围非常广泛，凡法律所规定的事项，而政府高级官员没有执行或未尽全力执行，或虽法律没有明确规定，但是职务上应尽之项，如未执行或执行失当，均属于失职行为。

3. 不信任表决

不信任表决是议会制国家中立法机关对政府实施监督的极端形式。当政府出现重大失职时，立法机关则对政府举行不信任投票表决，决议一旦通过，政府必须辞职。另外，当立法机关对于政府的某项重大决策有不同意见，或提出否决时，即表示立法机关对政府的不信任，内阁或者集体辞职，或者请求国家元首解散立法机关，重新选举。如果新选出的立法机关仍不同意其政策，内阁就必须辞职。

4. 申诉与控告

申诉与控告不仅是公共组织监督的重要方式，而且是权利补救的重要措施。申诉是指公共组织监督主体认为行政机关及其行政人员在执行过程中侵犯了自身的合法权益，而向有关机关提出重新处理的意见和要求的行为；控告则是指公共组织监督主体认为行政机关及其行政人员在行使行政权力过程中存在违法乱纪行为，而依法向有关机关提出指控，并要求对其依法惩处的行为。申诉与控告的主体可以是公民个人、社会团体、政党、检察机关，也可以是行政机关及其行政人员等。受理申诉与控告的部门则包括监察部门和司法机关等。

5. 报告与汇报

听取并审议政府工作报告是立法机关实施公共组织监督的重要方式。根据我国宪法规定，中央和地方的各级人民政府要向同级立法机关报告工作，立法机关通过听取并审议政府工作报告，了解并掌握政府的工作情况，肯定成绩，解决问题，督促政府各部门改进工作，提高行政效率。汇报是下级公共组织或工作人员自觉接受上级公共组织监督的一种方式。下级通过年终鉴定、述职报告等形式定期向上级汇报自己的工作情况。通过下级的总结、分析，下级可以自己发现问题，及时纠正；也可以由上级发现问题，责令下级纠正。

6. 预算、决算与审计

这是通过监督财政来实施公共组织监督的方式。立法机关审议和批准由国家行政机关编制的预算案、赋税案、公债案以及其他有关公民负担的财政案，政府必须由立法机关授权才能征税和支出，未经拨款，政府不得从国库支出。在行政机关内部，一项工作执行前要向上级或财政部门提交预算方案，执行结束后要提出决算报告；还有专门的审计部门对行政机关及行政人员的财务、会计情况进行查验，以确保行政执行的廉洁高效。

7. 检查、调查与视察

检查是指立法机关、公共组织领导者或纪检监察机关对行政机关及其行政人员的公共管理行为是否合法合理进行普遍的检查，被检查者有义务予以配合和协助。公共组织监督中的调查是指根据检查所得到的线索或公民的检举与控告，立法机关组织调查委员会或纪检监察机关就专门事项对公共组织监督对象进行调查，因而调查所涉及的问题绝大多数属于具体公共管理行为问题。视察是一种较为正规的公共组织监督方式，是指立法机关就政府的全面工作或某一方面工作进行的现场检查。

专 栏

四不两直

“四不两直”最初是指原国家安全生产监督管理总局建立的安全生产暗查暗访制度，2014年9月建立并实施，分别为“不发通知、不打招呼、不听汇报、不用陪同接待、直奔基层、直插现场”。

作为一种工作方法，“四不两直”如今已经普遍推广开来。对于基层单位在上级监督检查前“层层准备”、监督检查中“层层陪同”、监督检查后“层层过问”的问题，可谓是破解良方。

“四不两直”让检查由明转暗，大大减轻了基层的压力。“四不两直”让基层从迎“检”中脱出身来，有更多的时间和精力去真抓实干。

8. 工作考核

工作考核是对下级机关和工作人员实施监督的方式。通过工作检查，对比工作计划与工作的实际成果，以对执行者的行为做出评定，排出优良中差等，对工作成果较好的予以奖励，对表现较差的予以惩戒。工作考核的目的在于通过检查促进被检查单位与个人改进工作，提高工作效率；同时通过奖惩，使工作绩效与利益直接挂钩，以提高工作人员的工作积极性和主动性。

6.4.3 公共组织监督制度

公共组织监督制度由六个部分构成。

1. 立法机关监督

立法机关监督即国家立法机关依据宪法对公共组织所实施的监督。根据国家政治体制的不同，可将立法机关的监督分为三种模式：一是立法权至上型的立法监督模式。立法机关在国家政治活动中处于最高地位，它的监督具有最高权威性和最终决定性。我国的人民代表大会的公共组织监督即属于此模式。二是权力制衡型的立法监督模式。主要指三权分立的资本主义国家中，立法、行政、司法机关处于同等地位，互相牵制、彼此制衡。以美国为典型代表。三是受制约的立法监督模式。立法机关在国家政治生活中处于从属地位，立法机关不仅不能享有最高的监督权，也不能同其他机关分享最高监督权，而且要受到其他机关的限制和监督。这种模式以法国为代表。立法机关监督的内容主要涉及：监督宪法的实施，在某些实行三权分立的国家中，由国家司法机关主管宪法实施的监督；监督由各级立法机关制定的法律、法规的贯彻执行；监督行政规章、决定、命令等的合宪性、合法性；根据其权限监督并罢免同级政府行政领导人；审批各级预算、决算、经济计划与执行情况；处理国家机关之间的权限争端等。

2. 行政机关监督

为了更有效地加强公共组织监督，许多国家在行政机关内部设立了各种检查约束机制。在单一制国家，中央政府设有主管地方政府事务的机构，如日本的原自治省，主要负责指导和监督地方政府实施法规、完成中央政府下达的任务，监督地方预算的制定并检查完成情况。在联邦制国家，如美国，虽然各州政府享有相当大的自治权，建立了各自的地方监督体制，但是州的各项立法均不得与联邦宪法相抵触，否则，联邦政府有权通过各种方式予以纠正。行政机关监督除了按照直接隶属关系进行上下级监督外，有的国家，如英国、菲律宾等国，还在政府机构中设置财政监督或审计机关，负责依法审核和稽查行政机关的财政和财经法纪的遵守情况。行政机关监督的优点在于：行政监督机关对于各行政部门的工作方式、程序、内容都十分了解，因而能够比外部监督更有效、更迅速。但行政机关监督机制要得以有效运转，前提是必须保证其独立性。

3. 监察机关监督

监察机关是行使国家监察职能的专责机关，对所有行使公共权力的公职人员进行监察，调查职务违法和职务犯罪行为，开展廉政建设和反腐败工作。新中国成立初期，政务院曾设有人民监察委员会。后政务院改为国务院，人民监察委员会改为国家监察部。1959 年 4 月监察部被撤销。1986 年第六届全国人大常委会第 18 次会议决定，恢复并确立国家行政监察体制，设立中华人民共和国监察部。2018 年 3 月，第十三届全国人民代表大会第一次会议审议通过了宪法修正案，设立中华人民共和国国家监察委员会，监察部不再保留，并入国家监察委员会。我国还设立地方各级监察委员会。《中华人民共和国监察法》第十五条规定："监察机关对下列公职人员和有关人员进行监察：（一）中国共产党机关、人民代表大会及其常务委员会机关、人民政府、监察委员会、人民法院、人民检察院、中国人民政治协商会议各级委员会机关、民主党派机关和工商业联合会机关的公务员，以及参照《中华人民共和国公务员法》管理的人员；（二）法律、法规授权或者受国家机关依法委托管理公共事务的组织中从事公务的人员；（三）国有企业管理人员；（四）公办的教育、科研、文化、医疗卫生、体育等单位中从事管理的人员；（五）基层群众性自治组织中从事管理的人员；（六）其他依法履行公职的人员。"

4. 司法机关监督

司法机关监督是司法机关通过司法手段和司法程序对公共组织及其工作人员的行政行为所实施的监督。一般所说的司法机关，是指法院。广义的司法机关还包括检察机关，它们所行使的职权是司法权，前者代表国家进行审判，后者为追究刑事责任而提起公诉。大陆法系国家没有独立的检察机关，检察机关附设在法院系统内或由司法、行政部门领导。英美法系国家则设有相对独立的检察机关。在公共组织监督方面，法院通过审理各种刑事案件、民事案件和行政案件，审查与此有关的公共组织及其工作人员的行政行为或个人行为的合法性，追究并制裁其违法、侵权、失职、贪污受贿等犯罪行为。在司法机关负责监督宪法实施的国家中，法院还负责审查行政法规或行政措施是否符合宪法和法律，追究并制裁违宪行为。

5. 社会力量监督

社会力量监督是依据宪法和法律享有一定权利的公民、法人和其他社会组织利用多种方式对公共组织及其工作人员所实施的监督。这一监督制度是人民主权原则的直接体现。由于公共管理职能的扩大，政府同公民的关系日益紧密，社会力量对政府的监督也愈加突出。我国宪法中有不少规定与实行社会力量的公共组织监督有关，如“中华人民共和国的一切权力属于人民”“人民依照法律规定，通过各种途径和形式，管理国家事务，管理经济和文化事业，管理社会事务”，以及关于一切国家机关和国家工作人员必须接受人民监督，公民有言论、出版、集会等自由和批评、建议、申诉、控告、检举的权利的规定等。这些规定为实行社会力量监督提供了根本的法律保障。

6. 政党监督

政党对公共组织及其工作人员的监督作用主要是通过政治活动和政策制定过程来实现的。中国共产党作为执政党的领导地位和作用是在宪法中明确规定的，因此，中国共产党对公共组织所实施的监督也是依法监督。中国共产党通过经常性的检查和了解，确保公共组织能够切实贯彻执行党所制定的路线、方针、政策。中国共产党还通过对公共组织中党员的行政行为的检查、督促、惩戒，使他们不滥用行政权力，认真履行工作职责，并带动非党员行政人员更好地完成行政工作。我国实行中国共产党领导的多党合作和政治协商制度，各民主党派对公共组织的监督是我国政党监督的一个重要方面。各民主党派参与公共组织监督的途径有：通过中国人民政治协商会议座谈会、情况通报会等形式，参政议政，讨论国家的大政方针，对重要的人事安排和重大问题，向公共组织提出建议；在各级人民代表大会中占有一定比例，通过立法程序和立法活动实施对公共组织的监督；在中央至地方的各级行政机关、司法机关中担任一定的领导职务，直接参与行政机关的管理和监督；通过对中国共产党及其路线、方针、政策的监督而间接对行政机关实施监督。

专 栏

监督执纪的“四种形态”

《中国共产党章程》第四十条规定，运用监督执纪“四种形态”，让“红红脸、出出汗”成为常态，党纪处分、组织调整成为管党治党的重要手段，严重违纪、严重触犯刑律的党员必须开除党籍。

根据党的十八届六中全会审议通过的《中国共产党党内监督条例》，监督执纪的“四种形态”分别是：

第一种形态，经常开展批评和自我批评、约谈函询，让“红红脸、出出汗”成为常态。

第二种形态，党纪轻处分、组织调整成为违纪处理的大多数。

第三种形态，党纪重处分、重大职务调整的成为少数。

第四种形态，严重违纪涉嫌违法立案审查的成为极少数。

这“四种形态”如同给纪律的尺子打上“四道刻度”，表面上衡量的是违纪行为，指向的却是深层党性观念和党纪意识，切中了党员违纪现象的共性，具体地描绘出从量变到质变的梯度轨迹，精准地提出了由轻到重的应对之策。这就好比看病一样，治病宜早，防患宜小，对症下药、分类施治。

第一种形态，病在腠理，医之以“汤熨”，就是用药物热敷。对党员干部身上出现苗头性、倾向性问题的，及时“咬咬”耳朵、扯扯袖子，早提醒、早纠正，以发挥预防功能，防止越过纪律“底线”，最大限度保证党员干部队伍的清正和廉洁。这项工作要成为监督执纪的“常态”。

第二种形态，病在肌肤，医之以“针石”，就是排脓放血。对存在小毛病、小问题的，及时给予党纪轻处分或组织处理，及时纠偏，绝不包庇姑息，以发挥惩戒功能，防止小错不惩，铸成大错。

第三种形态，病在肠胃，医之以“火齐”，就是服用清火、治肠胃病的汤药。对严重违纪的，及时予以党纪政纪重处分、做出重大职务调整，不能避重就轻、大事化小、小事化了，以发挥挽救功能，防止滑为“阶下囚”。

第四种形态，病在骨髓，医之以“猛药”，就是加大药性和用量。对严重违纪涉嫌违法立案审查的极少数“害群之马”，必须坚决清除，用零容忍态度惩治腐败，以发挥震慑功能，防止查不胜查。

“四种形态”环环相扣，前者是后者的堤坝，后者是对前者的震慑；前一道堤坝筑得越牢，滑向后者的人数自然会越少；后一种问题查处得越是及时坚决，就越能形成“不敢腐”的威慑。打造“防虎识别区”和“苍蝇禁飞区”，增强党纪存在感，提高制度执行力，让党员将党纪内化于心、外化于行。

资料来源：监督执纪的“四种形态”. 共产党员网.

本章小结

公共组织过程就是指在一定的管理体制下，公共组织机构或公共组织人员按照公共管理的基本原则，运用公共权力和公共管理方法来实现公共管理目标的活动过程。公共组织过程的基本内容是公共组织决策、公共组织执行和公共组织监督，这三者也构成了公共组织过程的三个基本阶段。

公共组织决策是指公共组织依据既定政策和法律，就公共管理中需要解决的问题，设计并选择解决方案的活动。公共组织决策有多种类型。公共组织决策在公共组织中有着特殊地位，发挥着重要作用。公共组织决策需遵循如下原则：信息原则、系统原则、预测原则、择优原则、创新原则、可行原则、民主原则、动态原则。科学的公共组织决策要经过四个阶段：发现问题，确定决策目标；集思广益，设计决策方案；评估选优，抉择决策方案；局部试点，修正完善方案。

公共组织执行是公共组织及公共组织人员依法实施公共组织决策，以实现预期目标的活动的总和。公共组织执行具有以下特点：现实性、综合性、目的性、实效性、具体性、强制性、灵活性。公共组织执行在公共组织过程中占有十分重要的地位。公共组织执行的基本过程由公共组织执行的准备阶段、实施阶段和总结阶段组成。公共组织执行评估是指对公共组织执行活动的进展情况和效果进行评价。

公共组织监督是指政党、政府、社会团体和全体公民对公共组织及公共组织人员在公共管理过程中是否合理、合法所进行的监察和督导。公共组织监督方式主要有：质询；弹劾；不信任表决；申诉与控告；报告与汇报；预算、决算与审计；检查、调查与视察；工作考核。公共组织监督制度由六个部分构成：立法机关监督；行政机关监督；监察机关监督；司法机关监督；社会力量监督；政党监督。

关键术语

组织管理过程　公共组织过程　公共组织决策　公共组织执行　公共组织监督　国家公共组织决策　地方公共组织决策　基层公共组织决策　确定型决策　风险型决策　不确定型决策　经验决策　科学决策　常规性决策　非常规性决策　公共组织决策程序　公共组织决策目标　公共组织决策方案　公共组织执行评估　质询　弹劾　不信任表决　申诉　控告　报告　汇报

工作考核　立法机关监督　行政机关监督　监察机关监督　司法机关监督

社会力量监督　政党监督

复习思考题

1. 简述公共组织过程的含义。
2. 论述公共组织过程的意义。
3. 什么是公共组织决策？它有何特点？
4. 简述公共组织决策的类型。
5. 论述公共组织决策在公共组织中的地位。
6. 论述公共组织决策的原则。
7. 公共组织决策要经过哪些程序？
8. 如何理解公共组织执行的含义？
9. 简述公共组织执行的特点。
10. 简述公共组织执行的作用。
11. 简述公共组织执行程序。
12. 简述公共组织执行评估的含义。
13. 简述公共组织监督的含义和特征。
14. 简述公共组织监督的方式。
15. 论述公共组织监督制度的构成。

阅读材料

近年来，山东多措并举、综合施策，积极探索、勇于实践，公务用车管理基本实现“管理规范、保障高效、监督透明、厉行节约”的目标。

制度标准体系不断健全完善。山东把法治建设作为基础抓手，以法治思维和法治方式优化顶层设计，出台“1＋3＋N”政策规定，即出台《山东省党政机关公务用车管理办法》，以及《山东省公务用车平台管理办法》《山东省省级机关公务用车管理细则》《山东省党政机关公务用车定点保险定点维修定点加油管理办法》等相关领域配套政策和具体工作流程，公务用车全生命周期管理制度体系进一步完善。

公务出行多元化保障渐成体系。各级在使用定向化车辆保障外，认真贯彻落实过紧日子要求，坚持社会化、市场化方向，研究提出保障思路和措施，因地制宜创新保障方式，努力破解公务用车不敢用、不好用、不够用问题。首先，用好用足定向化车辆保障。除必须配备到部门的车辆外，其他车辆打破部门界限统筹使用，保证了基层调研“下得去”、处理现场问题“到得快”。其次，租赁社会汽车保障。定向化保障车辆不能满足必要的公务出行，可按照“购买服务”方式，租赁通过公开方式选定的社会汽车租赁企业车辆保障公务出行。再次，采取公共交通方式保障。全省 16 市通过优化增设公交线路、设立公交政务专线等方式，保障公务出行需求。

“两化”融合推动公务用车管理更加规范高效。以省公务用车管理平台为支撑，将标准嵌入平台，实现标准化和信息化深度融合，以“标准牵引、信息赋能”，推动公务用车管理提效升级。确立“标准牵引、规范管理”的工作思路，强化标准落地落实。以信息平台建设推动标准实施，提升公务用车管理集约、节约、高效。优化平台流程再造，公务用车管理保障实现规则统一、管理统一和数据统一。强化数据分析应用。定期开展运维费用、租赁车辆费用、车辆使用率、出行轨迹重叠率“双费双率”分析。省直公车使用率逐步提升，2021 年同比增加 20.69%。将全省 6 万余辆公务用车纳入平台集中监管，形成“横向到边、纵向到底，立体式、全覆盖”公务用车管理“全省一张网”。

实践创新助力全省公务用车管理整体水平提升。2020 年 11 月，全国公务用车管理专项领域示范点建设落户山东，围绕国管局“一体两翼”部署，紧盯“走在前、开新局”目标定位，扎实开展专项领域示范点建设。在抓好国家级示范点建设同时，在全国率先开展省级示范点建设。高起点制订建设方案，确立了“标准牵引、信息赋能、集约节约”的工作思路，明确了“七项标准、十城试点、一网通管”的重点任务，召开推进会、交流会，对先进典型做法复制推广。

资料来源：山东 6 万余辆公务用车纳入平台集中监管，形成公车管理全省一张网．(2023-04-07)．凤凰网．

思考题

1. 运用公共组织监督的相关理论分析案例中的公车管理问题。
2. 结合本案例，分析公共组织监督与公共组织决策、公共组织执行的关系。

第7章
公共组织心理

公共组织是以人为基础的。公共组织行为本质上是人的行为。公共组织管理者有两项重要任务，一是决策，一是用人。“知人”方能“善任”，要正确选择、分配、提拔人员，就必须对工作人员的个体心理有全面的了解。因此，对公共组织中的个体心理进行研究是非常有意义的。另外，公共组织是由群体构成的，而且，公共组织人员也都是生活在社会集体中。因此，对于公共组织管理者来说，要做好管理，就必须正确认识公共组织中的群体心理。本章主要内容有：公共组织心理的内涵、公共组织的心理学基础；公共组织中的个体心理；公共组织中的群体心理。

7.1　公共组织心理概述

7.1.1　公共组织心理的内涵

自20世纪30年代末起，随着科学技术的不断进步和工业的巨大发展，传统的组织理论显现出它的落后性。因为传统组织理论倾向于把组织成员看作仅为获取物质利益而参加组织活动的“经济人”。其实，任何一个组织中的任何一个成员，除了物质需要外，还有其他各种需要，比如安全的需要、受人尊敬的需要、爱的需要、自我价值实现的需要等。

正是从人的需要的角度分析，一批管理学家开始从人际关系入手研究个人的和群体的行为，并提出了“社会人”的假设。也正是在这段时期内，社会科学研究中掀起了一股行为主义浪潮。组织理论对人际关系、人的行为的研究明显地受到当时在经济学、政治学、社会学、心理学等学科中流行的行为主义的影响，从而带有强烈的行为主义色彩，所有这些，到了20世纪40年代末导致了组织行为科学的诞生。当然，由于在实践过程中人的心理因素与行为因素是统一的，因而，对组织行为的研究即对组织心理的分析。

从管理实践的角度来看，管理即管理者通过被管理者做工作。由于管理者和被管理者都是“人”，因而形成“人→人→工作”的模式。在这一模式中，“人→人”关系是主体对主体的关系，也是相互作用、双向交流的关系。在这种双向交流的关系中有着极其丰富的心理现象，譬如管理者只有了解自己的心理特点以及被管理者的心理特点，才能实现有效的领导，才能充分调动下属的工作积极性，才能更有效地实现组织的目标。

现代管理学越来越认识到，人是生产力诸要素中最积极活跃的因素，是最重要的资源，是最宝贵的财富，是管理的核心。要提高公共组织管理工作的绩效，可以通过促进个体和群体的工作努力程度、提高个体和群体的积极性来实现。因而研究公共组织个体心理和群体心理，可以改善公共组织管理中的人际关系，增强群体的凝聚力，促进公共组织的变革和发展。

专 栏

诸葛亮的七观法

1. 问之以是非而观其志。
2. 穷之以辞辩而观其变。
3. 咨之以计谋而观其识。
4. 告之以祸难而观其勇。
5. 醉之以酒而观其性。
6. 临之以利而观其廉。
7. 期之以事而观其信。

公共组织心理是公共组织管理系统的重要组成部分，它指的是公共组织中人的心理和行为，包括个体心理和群体心理。

个体心理是指处在组织管理过程中的个人的心理活动，如个体的知觉过程，个体的价值观与态度，个体的需要、动机与激励，个体的个性特点等。管理者只有了解并掌握个体心理活动的特点，才能针对不同个体施加不同的管理措施。

群体心理不同于个体心理，群体心理是群体成员之间相互作用、相互影响下形成的心理活动，如群体的动力（包括群体的压力与顺从、群体的凝聚力、群体的冲突）、群体的沟通、群体的人际关系等。所有复杂的管理活动都涉及群体，没有群体成员的协同努力，就难以实现组织的目标。显然，研究群体心理活动的特点，对组织管理过程来说，同样是非常必要的。

7.1.2　公共组织的心理学基础

1. 心理现象与心理学

心理学是一门研究人的心理现象及其规律的科学。长期以来，心理学一直从属于哲学。近代哲学思想和生理学研究的进步，尤其是19世纪以来，自然科学的迅速发展，特别是生物学的发展，为心理学的研究积累了大量有关人体的知识；医学在神经系统研究方面的巨大成就，为心理学的研究提供了科学依据。这些学科的研究成果促成了关于心理是人脑的机能的理论的产生，为心理学的创立奠定了基础。1879年，德国生理学家、哲学家威廉·冯特（Wilhelm Wundt），继承了近代哲学思想和18世纪、19世纪欧洲心理学的研究成果，在莱比锡大学创办了世界上第一所心理学实验室，对各种心理官能进行系统的研究，并创办了心理学刊物，发表了许多心理学观点，从而使一向从属于哲学的心理学分离出来，成为一门独立的学科。这是人类社会历史发展的必然结果。20世纪中期以来，心理学有了极大的发展，这是由它的学科特点所决定的。心理学在其自身发展中的一个最突出的特点，就是它最容易与邻近学科建立联系，并向一切与之相联系的学科渗透。因此，它的发展之快，分支之多，服务领域之广，是其他任何一门学科都难以比拟的。

心理是人脑的机能，因此从脑的反映机制来说，人是自然实体；心理又是客观现实的主观映像，因此从反映的现实内容来说，人又是社会实体。由此可知，心理学是既有自然科学属性，又有社会科学属性的科学。人的自然属性在人们的心理形成上起制约作用，人的社会属性则起决定性作用，二者不能等量齐观。人的心理现象非常复杂，多种多样，如图7-1所示。

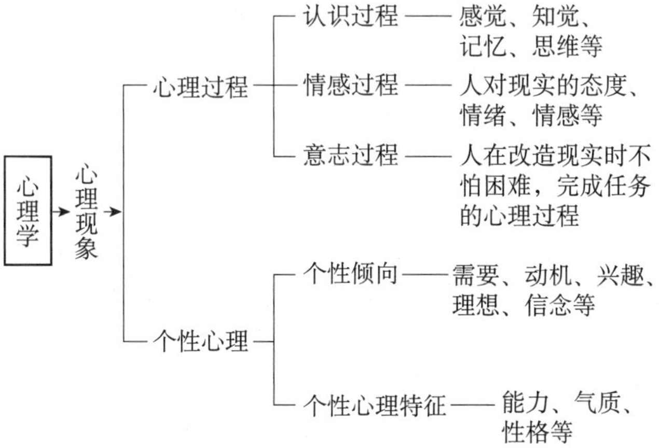

图7-1　人的心理现象归类

2. 人的心理

心理，是感觉、知觉、记忆、思维、情感、意志、气质、能力、性格等心理现象的总称。客观事物以及它们之间的联系在人脑中的反映，即所谓的心理活动。

心理并不是物质之外的独立实体，而是高度完善的物质组成的人脑的机能。脑是神经系统的主要部分。它的结构和机能最复杂，是人的心理活动的主要生理基础。而人的大脑皮层的活动又决定着人的心理。人的大脑如果受到损害，心理活动就必然遭到严重的破坏。

高级神经系统基本活动的形式是反射。反射是有机体借神经系统实现的对一定刺激所做的有规律性的反应。反射活动可分为无条件反射和条件反射两大类。无条件反射是动物和人先天具有的反射，条件反射是动物和人经过后天学习获得的反射。在无条件反射的基础上形成的条件反射，是一种心理反射。心理反射产生了动物有机体高级神经活动的复杂多变的现象。

人脑是人的心理产生的器官，但并不等于有了头脑就可以产生心理。人脑只有在客观现实的作用下，才能产生心理。人的一切心理现象，不论是简单的感觉、知觉，还是复杂的思维、情感等，都可以从客观现实中找到根源。没有人的实践活动就没有人的心理现象。

人的心理是客观现实在脑中的反映。但是，由于人可以借助语言、词语形成条件反射，概括由具体形象所引起的条件反射，因此人的心理对客观现实的反映不是镜子般的、被动的映像。人总是在实践中运用已掌握的知识经验，并结合自己的个性特征，主动地把客观事物变为观念的东西，积极探索最好的解决办法，有目的有计划地选择可能的行动。这表明，人对客观现实的反映，是主观与客观的统一。

3. 心理过程

心理过程，即心理活动的过程，是心理现象的不同形式对现实的动态反映。在 19 世纪和 20 世纪初期，心理学家把心理现象划分为三个方面，即认识过程、情感过程和意志过程。

（1）认识过程。认识是人脑的机能。人脑对客观世界的反映，包括感性认识和理性认识两个阶段。人们对事物的认识过程，也就是人们对客观事物个别属性的各种不同感觉加以联系和综合的反映过程。这个过程主要是通过人的感觉、知觉、记忆、思维等心理活动来完成的。感觉是对事物个别属性的认识，是认识过程的开端；在感觉的基础上，人们对事物的个别属性加以综合分析，形成知觉，对事物有了较完整的认识。感觉、知觉是认识的初级阶段——感性认识阶段。人们为了加强对事物的认识，还借助记忆把过去在生活中感知过的东西、体验过的情感或知识经验，在头脑中重新反映出来，这是一个复杂的认识过程，起净化作用。人们在事物的认识过程中，不仅通过感知去认识事物的外在联系，还向思维过渡，进一步认识事物的一般特性和内在联系，全面地把握事物的本质。这个思维过程（包括记忆过程）是客观事物在人们头脑中概括的、间接的反映，是认识的高级阶段——理性认识阶段。

（2）情感过程。人在认识客观事物时，总是表现出一定的态度，如满意、喜欢、厌恶、愤怒等，这些主观的心理体验，属于情感过程。情感是指人们对客观事物的态度，是对事物好恶的一种倾向。由于客观事物与人们需要之间的差异，人对客观事物抱不同的态度，产生不同的心理和外部表现。能满足或符合人们需要的事物，往往会引起人们的积极态度，使人产生一种肯定的情感，如愉快、满意、喜爱等；反之，会引起人们的消极态度，使人产生一种否定的情感，如嫌恶、愤怒、憎恨等。由基本需要引起的情感，如爱好、快乐、无奈、愤怒、恐惧和悲哀等，是最基本的情感；由社会需要引起的情感，如社交、尊重、承担更多的责任等，是高级的情感。

专　栏

情绪管理

我们常常说到“情绪管理”这个词，不是因为它有多时髦，而是只有管理好了情绪，才能管理好身体，才能管理好人生，这是一个递进关系。

下面这三个小方法，也许能为你的“情绪管理”尽一份力。

第一，对着镜子进行情绪练习。

每天早上和晚上洗漱的时候，都可以尝试对着镜子微笑，微笑多了，心情自然而然就会好起来。

你也可以尝试看着镜子里的自己和它对话，多次反复告诉自己：你很优秀，而且会越来越优秀，无论现在的生活是什么样，你都有把握挺过去，努力能让你开启精彩人生。

不断地进行自我暗示对情绪会有较为不错的作用。

第二，每天观察自己的情绪，并对负面情绪做出反馈。

可以像写日记一样记录自己一天的情绪，对特别糟糕的情绪做出分析和反馈。

比如你今天有一段时间情绪特别低沉，不开心到了极点，你可以仔细回想分析一下，当时是哪件事导致你的情绪值下降，它的根本原因是什么，有没有什么解决的办法，你能否在之后做出改变。

深挖不良情绪的根源，是情绪管理最有效的方法。

第三，动手去做你所能做的一切。

让自己忙起来，能缓解很多情绪问题。

努力去做你所能做的一切。如果工作出现问题，就去找问题的根源，尝试多种解决办法；如果婚姻出现问题，就去调解矛盾，尝试沟通，而不是把气闷在心里。

如果无缘无故不开心，就去做那些值得你开心的事。

善待自己的情绪，就是善待自己的身体。

资料来源：善待自己的情绪，就是善待自己的身体．(2023-07-06)．新华社微信公众号．

(3) 意志过程。意志，是指人自觉地确定目标并支配其行动以实现预定目标的心理过程。人在反映客观现实的时候，不仅产生对客观对象及其现象的认识，对它们形成这样或那样的情绪体验，还有意识地对客观世界进行有目的的改造。这种最终表现为行动的、积极要求改变现实的心理过程，就是意志过程。意志总是通过一系列具体行为表现出来，受意志支配和控制的行为，是意志行为。意志行为的心理过程分为做出决定和执行决定两个阶段。

7.2　公共组织中的个体心理

7.2.1　组织成员的个性、需要与期望

1. 组织成员的个性

个性是个体带有的倾向性的、本质的、比较稳定的心理特征的总和，其中包括气质、性格、能力等。

（1）气质。气质是人的个性心理特征之一，指某个人心理过程的强度、心理过程的速度和稳定性以及心理活动的指向性等方面的特点。心理学把人的气质分成多血质、胆汁质、黏液质、抑郁质四种类型。针对组织成员的不同气质类型，要采取不同的管理方式。

1）多血质（活泼型）。这种类型的人活泼好动，精力充沛（局限于从事内容多变的活动）；反应敏捷，行为灵活；喜欢交往，适应性强；情绪易表现和变换；注意力易转移；行为的外倾性明显；对行为的改造较容易。对他们的管理和教育应当严格，表扬、批评可以经常进行，可通过持久的、经常的帮助，培养其专一、踏实的作风，培养其耐力和毅力。

2）胆汁质（兴奋型或战斗型）。这种类型的人热情坦率，有话直说；精力旺盛，胆量过人，不怕困难，勇往直前；但往往粗枝大叶，不够稳重，爱感情用事，不太理智；易出现爆发性情绪，心境变化剧烈，不善于自我控制，情绪的抑制较难；行为的外倾性明显。在对其管理和教育中，应注意方式方法，如在批评时，虽然严厉但应把握分寸，不要激怒他们，使他们丧失自制力及思考的能力；也不要在他们气头上批评教育，而应对他们进行“冷处理”，待其平静后再做工作，这样才能取得良好的教育效果。

3）黏液质（安静型）。这种类型的人安静沉稳、沉默寡言；精力一般；情绪易受抑制，较为深沉；喜怒不形于色，能够自我控制；注意力比较集中，忍耐性较强；但行为反应迟缓，灵活性欠佳；行为的内倾性明显。因此，在对他们进行管理和教育的过程中，应热情、耐心、体贴，不能操之过急，要允许他们有充分的思考时间和反应时间，不要急着让他们马上表态、马上有所变化。

4）抑郁质（弱型）。这种类型的人情感体验深刻；善于观察细节；遇事敏感多虑；做事一丝不苟，注意力集中；但精力不足，忍耐力较差；孤独怯懦；行为反应表现得细心谨慎，却迟疑缓慢，且带有刻板性；情绪易波动且持久，易纠缠于小是小非；行为内倾性严重；对行为的改造很难。对他们应特别注意管理和教育的方式、方法、时间、场合。对于他们来说，批评只要稍加暗示就可以感受到。因此对他们的批评不能太过严厉，不要当众进行，以免他们接受不了，自尊心受伤害，强化其悲观、孤僻、忧郁的消极心理。

以上说的只是典型的气质类型，具有典型气质类型的人为数不多，多数人为混合气质类型，即以某一气质类型为主，兼具其他气质类型的一些特点。每一种气质类型都有

长处和短处，如能合理搭配，则会收到取长补短、相得益彰的好效果。

（2）性格。性格是指一个人表现在态度和行为方面的较稳定的心理特征。性格是个性的重要组成部分，人的性格是受一定思想、意识、信仰、世界观的影响和制约的，极其复杂。

瑞士心理学家荣格（C. G. Jung）把性格分为外倾型和内倾型两种。外倾型性格通常以开朗、热情、正直、运动能力强、善交际、肆无忌惮、常进行毫无把握的冒险为特征。而内倾型性格通常以优柔寡断、深思熟虑、孤僻内向、害羞、提防戒备、不愿抛头露面为特征。荣格认为内倾和外倾实质上是人的态度倾向，因此内倾型和外倾型是性格的两种态度类型。除了这两种态度类型或一般态度倾向外，荣格还提出了个人心理活动以及解决问题的四种心理机能：感觉、直觉、思维与情感。荣格利用两种态度类型和四种心理机能的组合，描绘了八种不同类型的人：1）外倾思维型：按照固定的规则生活，客观而冷静，善于思考但固执己见，情感受压抑。2）外倾情感型：对传统和权威极易动感情，十分重视、追求与外界的和谐，情感外露，善交际，思维受压抑。3）外倾感觉型：追求欢愉、快乐，善于社交。不断寻求新的感觉体验，非常实际，直觉受压抑。4）外倾直觉型：做决策是凭直觉而不是客观事实，极易变化而富有创造性。难以长期坚持一个观点，却能很快接受另一种观点，对自己的潜意识了解很多，感觉受压抑。5）内倾思维型：特别喜欢离群索居。不愿社交，会思考自己内在的精神世界，情感受压抑。6）内倾情感型：文静，多思，极为敏感，对别人的观点无动于衷，感情冷淡，思维受压抑。7）内倾直觉型：一个能产生一些“奇异”观点的离奇古怪的梦想家。很少被别人理解，但对此满不在乎。以内部的主观体验而不是以外部的客观经验为依据。8）内倾感觉型：生活受当下所发生的事情的引导，爱好艺术，有被动性，沉着，直觉受压抑。

性格类型划分对于管理者而言有着重要的价值。管理者正确地了解和掌握下属的性格特征和性格类型是具有重大意义的，表现在：1）为合理地用人提供重要的依据。例如针对不同性格类型的人的特点安排不同的工作岗位。2）预测他人的态度和行为，并采取适当的管理态度和方式，从而减少人际关系的摩擦，加强合作气氛。3）有利于管理者对下属进行教育和引导，强化下属的良好的性格特征，消除不良的性格特征。由于性格主要是在与环境的不断的相互作用中形成和发展起来的，因此，管理者要注意对下属性格的培养，如加强对下属的主动、积极、顽强、坚持、责任心、自制等性格特征的培养，从而使下属为组织做出更大的贡献，取得更大的成就。

专　栏

管理不同类型下属的妙招

性格刚强却粗心的下属，不能深入细致地探求道理，此种人可委托其做大事。

性格倔强的下属，不能屈服退让，此种人可委托其立规章。

性格坚定又有韧劲的下属，喜欢实事求是，此种人可让他办具体的事情。

能言善辩的下属，在推究人事情况时见解精妙而深刻，此种人可让其做谋略之事。

见解浅薄的下属，不可大用。

宽宏大量的下属，知识广博、谈吐文雅，可用他去带动他人。

温柔和顺的下属，缺乏强盛的气势，这种人可委托他按上级意图办事。

喜欢标新立异的下属，潇洒超脱、喜欢追求新奇的东西，这种人可从事开创性工作。

（3）能力。能力是指人们顺利地完成某种活动所必需的个性心理特征。能力是活动顺利完成所必备的主观条件。一般来说，个体要完成一种活动需要两种条件——客观条件和主观条件。客观条件主要是指一些物质材料，没有客观条件，活动就无法完成。但仅有客观条件仍不足以保证活动顺利有效地完成，还必须具备主观条件。主观条件包括能力、知识、经验、身体健康水平、需要、动机水平等，它们对一项活动的顺利完成都有影响，而能力是影响活动完成的最直接的个性心理特征。

能力可分为一般能力和特殊能力。一般能力是指顺利地完成各种活动所必需的基本能力。一般能力广泛适用于活动领域，保证人们较容易地和有效地完成活动。它与人的认识活动紧密相连，因此通常也称为智力。观察力、记忆力、想象力、思维力、注意力等都是智力的组成部分，其中抽象思维能力是智力的核心。因为抽象思维能力支配着智力的诸多因素，并制约着其他能力的发展。特殊能力是指顺利地完成某种活动所必需的能力，亦称专门能力。特殊能力只在特殊活动领域发挥作用。一般能力和特殊能力互相联系，在活动中共同起作用。任何活动，都既需要一般能力，又需要特殊能力，一般能力和特殊能力是辩证统一的关系。一方面，一般能力是各种特殊能力形成和发展的基础条件；另一方面，特殊能力的发展反过来也会促进一般能力的发展。

在管理过程中，管理职能的各个方面都与人的因素相关，尤其涉及人的能力。我们研究能力，目的就是要促使管理者充分发挥人的能力，从而提高组织的绩效和组织的工作效率。为此，管理者应做到以下几点：第一，在人员选拔、安置时要人尽其才，量才使用。第二，在安排员工的工作时，应充分考虑员工能力的互补和相互促进。第三，要创造各种条件，培养和发展人的能力。

2. 组织成员的需要

需要是个体的一种主观状态，它总是反映有机体内部生理条件和外部社会条件的某种要求，通常以意向、欲望、动机、兴趣等形式表现出来。

专　栏

人生的三把钥匙：自省、自律、自洽

生活中，我们要在不断的历练中获得提升。要想保持前行，不迷失方向，就要掌握好这三把钥匙：自省、自律、自洽。

反躬自省，是一个人根植于内心的教养，也是帮助自己成长的绝佳途径。自省，是成长的开始，也是成就人生的良方。真正聪明的人，都懂得观心自省，审视自我。因为他们明白，不断省察、检视自我，才能成为更加优秀的人。懂得审视自己、常思己过，方可知己短、补不足。自省之于人生，是自知、自强与自我提升。

自律，是掌控生活的前提。只有保持自律，调准生活的刻度，把握生活的节奏，才能在人生路上笃定前行、满载而归。真正的自律，没有放之四海而皆准的行动指南，而是沿着自己既定的目标，有选择地追求，有选择地舍弃。这个过程注定漫长，也正因为漫长，才凸显出自律的可贵。当我们抛开外界的纷繁声音，只为自己变得更好、更强大，自律将能发挥它最大的积极作用。

没有完美的人，更没有完美的人生。人这一生，最难得的是认清自我，在自洽中，找到适合自己的道路。人生如月，盈亏有间。要学着接纳自己的缺陷，拥抱真实的自我，享受和解的畅快。如果终日与自己较劲，只会陷入疲惫的追逐，让幸福一点点被消耗。倒不妨坦然释怀，淡然自洽，卸下心灵的负累，拥抱当下的热忱，如此，便可窥见生活的明媚与通透。

资料来源：人生的3把钥匙：自省、自律、自洽．(2023-04-28)．湖南日报官方账号．

根据需要的起源，可以把人的需要分为生理性需要和社会性需要。

生理性需要是人脑对生理要求的反映。如果人在相当长的时间里，正常的生理性需要不能被满足，就无法生存或延续其后代。生理性需要是人类最原始的和最基本的需要，是人们行动的强有力的推动力。

社会性需要是人脑对社会需求的反映。如劳动、交往、求知、求美、道德、尊重和成就的需要等。社会性需要是社会存在和发展的必要条件。这些需要并不是与生俱来的，是在生理性需要的基础上，在社会实践和教育的影响下形成和发展起来的。社会性需要受社会生活条件所制约，具有社会历史性。

根据需要的对象，可以把人的需要分为物质需要和精神需要。

物质需要是指对衣、食、住、行的有关物品的需要，对劳动、学习、科研工具的需要等。在物质需要中，既包括生理性需要，也包括社会性需要。

精神需要是人所特有的。如交往的需要、道德的需要、认知的需要、美的需要和创造的需要等。在劳动过程中所形成的交往的需要是个体心理正常发展的必要条件。交往的需要在精神需要中占有特殊地位，长期缺乏社会交往容易导致心理问题。理想、信念和世界观对人的需要的内容和水平起着重要的调节作用。

生产的最基本要素是劳动者、劳动资料和劳动对象。在这三个要素中，劳动者是起着决定性作用的要素。劳动者的积极性发挥与否，对组织的劳动生产率乃至组织的生存和发展有着直接的影响。而要发挥组织成员（劳动者）的积极性，就必须在尽可能的条件下，满足其合理需要。

根据需要的理论，一般满足需要有两条基本途径：

第一，工作过程之外的需要的满足。这就是说，这种满足不是在工作中获得的，而是工作以后获得的。譬如工资、奖励、福利、劳动保险、医疗保险，以及组织自办的托儿所、食堂、各种文娱场所等，这都属于工作之外的满足。这种满足理所当然有它的优点，但也有一定的局限性，就是在工作和满足需要之间缺乏直接的联系。

第二，工作过程之内的需要的满足。这就是说，员工在进行工作的同时就能得到某种满足。这种满足，主要是指工作环境本身，如一个安全、和谐、舒畅的工作环境，能够使人觉得工作本身就是一种享受。

因此，我们在研究满足员工的需要时，不仅要考虑员工工作以外需要的满足，而且要考虑工作以内需要的满足，并且要尽可能地把组织目标、经济需要同员工的生理和心理需要密切结合起来。

3. 组织成员的期望

期望是指一个人根据以往的经验在一定时间里希望达到目标或满足需要的一种心理活动。这种心理活动的产生和形成是有条件的，它的变化是有规律的。

人的需要是多种多样的，由于主客观条件的限制，人的某些需要并不能立即获得满足，但是，人的需要也不因一时得不到满足就消失。在社会生活中，人看到可以满足自己需要的目标事物时，就会受需要的驱使在心中产生一种期望。不过，这种期望心理处在萌发状态，只有根据自己已往的经验对达到目标的可能性进行一番分析判断后才能形成，如图 7－2 所示。

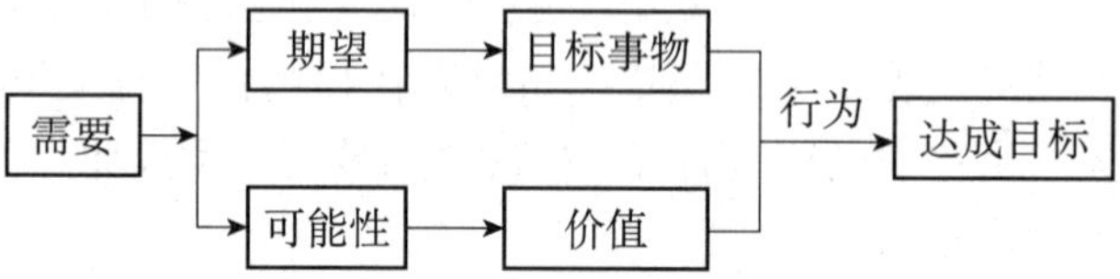

图 7－2　期望心理的形成过程

人的期望心理产生和形成的过程中，一般都与目标事物、价值及可能性相联系。这里的目标事物及价值是促使人们产生期望心理的外在因素；可能性，即个人能力及经验与达到目标所需的条件的比较，是形成期望心理的内在因素。当外在因素作用于人的大脑，经过内在因素的作用，出现能力及经验接近或超出客观要求时，人的期望心理便会形成。

期望心理与行为相联系，一般来说，高期望，较好的表现；低期望，较差的表现。因为，期望心理是人的行为表现的内在动力之一。当期望成功的概率较高，成功后满足需要的价值大时，行为表现的动力就大；反之，则小。

期望心理随着客观环境及目标的变化而变化。期望心理是有方向有目的的，但期望的方向和目的不是一成不变的。它随着客观环境及目标的变化而不断发生变化。

在实际生活中，人的期望心理是客观存在的。因此，我们在做人的思想工作时，必须遵循人的这种心理活动规律，注意工作方法，加强疏导，把人的积极性充分调动起来。具体来说，组织管理者应采取如下做法：

第一，树立目标，激发期望心理。在调动员工积极性的工作中，我们不仅要了解员工的需要，还要根据员工的需要，适时地树立有一定价值的目标，这是调动人的积极性的一项重要工作。

第二，运用期望值调动积极性。由于人们的经验、能力、需要等方面的不同，因而对同一客观事物的期望值也不一样；又由于人的期望值常与环境和事物发展的结果相矛盾，因此，了解、掌握人的期望值，有针对性地进行工作，是避免挫败感及消极情绪，调动积极性的重要环节。当某人期望值过高，而事物发展结果又不能满足期望要求时，就需要帮助他认真分析主客观条件，指出不利因素，使其降低期望值，以避免大失所望带来的消极情绪。

第三，把人的期望引导到正确轨道上来。由于人的需要不同，觉悟高低不同，加上所处环境因素的影响，一些人期望的目标和方向难免不切实际或偏离正确轨道。所以端正、疏导以至改变期望的工作是重要的。

7.2.2 公共组织中的人性管理

1. 人性与人性观

人性具有自然属性和社会属性。从自然属性的角度来看，人性是指人所具有的正常的感情和理智。从社会属性的角度来看，人性是指在一定的社会制度和历史条件下形成的人的品性。

专 栏

思维模式决定人生

一对双胞胎兄弟，在前后两天之内登上报纸。哥哥上报是因为他是参议员，为国家做出了贡献；弟弟第二天也上报了，是因杀人被判处终身监禁。

一名记者采访哥哥："是什么促成了你今天的成功?"哥哥说："我父亲好赌，回家后常常醉酒打人。"然后，他叹了一口气，说："在这种环境下长大，我能怎么办?"下一句没说出来的话是：我只有靠自己努力奋斗！

弟弟也接受了采访。他无辜地说："我父亲好赌，回家后常常醉酒打人。"接着，他也叹了口气，说："在这种情形下长大，我能有什么选择?"下一句没说出来的话是：这不是我的错，谁叫我有这样的父亲！

两种不同的思维模式，决定了两种不同的人生。思考很重要，没有经过思考的人生，一定是平庸的人生。如果不会思考，结果就会偏离出发点，思考得出的结论也许是错误的。正确的思维模式，也就是正思维，显得格外重要。通过正确的思维做事，内心就清清楚楚，非常光明。

资料来源：有什么样的思维模式，就过什么样的日子．读书网．

人性观是对人性的看法和观点。人性是一定社会生产关系的产物，不同阶层的人对人性的看法是不同的。哲学上所讲的人性论主要是指人的一般本性和各个时代发生了变化的本性，是人类本性的最高概括。而管理学的人性观，实际上是指管理者对员工需要和劳动态度的看法，它不同于哲学意义上的人性论。

管理学家认为人性的特点主要表现在以下五个方面：

（1）人有自尊及求得生存的欲望。

（2）人是有智慧、有感情的动物。

（3）人受先天的遗传与后天环境的影响。

（4）人的欲望并不完全相同，同一欲望也有强弱之差别。

（5）人可能受到某种激励而要求上进，努力去实现某一目标（理想），甚至不惜牺牲自己的生命；也可能因为受到某种刺激而感到内心的空虚、情绪的不安，甚至感到人生毫无意义。

2. 人性的假设

西方管理学者认为，从传统管理到现代管理，实际上存在四种对人性的假设：经济人、社会人、自我实现人、复杂人。

（1）“经济人”假设。它认为人的行为的主要目的是追求自身的利益，工作的动机是获得经济报酬。泰罗称之为“经济人”，他认为资本家是为了获取最大的利润才开设工厂，而工人则为了获得经济报酬来工作，只有劳资双方共同努力，大家才能都得到好处。1957年，美国心理学家麦格雷戈用“X理论”归纳了历史上的“经济人”这一假设，其要点是：大多数人生来懒惰，总想少干一点工作；没有什么雄心；不喜欢负责任，宁可被别人指挥；以自我为中心是人的本性，对组织（集体）的目标不关心；缺乏自制能力，容易受他人影响。由上述看法产生了相应的管理观念，认为为了达到组织目的，追求生产的高效率，管理与作业必须分开，并运用严格的管理制度，也就是强制性的管理对人进行控制。

（2）“社会人”假设。“社会人”假设源于美国哈佛大学教授梅奥在霍桑工厂试验的积极成果。“社会人”假设的特点是：认为人的行为动机不只是追求金钱，而是人的全部社会需求；由于技术的发展与工作合理化，工作本身失去了乐趣和意义，人们从社会关系中寻求乐趣和意义；工人对同事之间的社会影响力而非组织所给予的经济报酬更加重视；工人的工作效率，随着上级满足他们社会需求的程度的变化而改变。“社会人”的观点，比之“经济人”的观点，无疑是一大进步。它强调了人的社会性需求，突出了人际关系对个人行为的影响。“社会人”假设的管理观念是：管理者除了应该注意工作目标的完成外，还应该注意工人从事某项工作过程中的各种需求，并设法给予满足；在控制激励工人之前，应当了解他们对团体的归属感，及其社会需求的满足程度；重视团体对个人的影响和团体的奖励制度。基于这一假设还提出了员工参与管理，以满足员工的社会性需要与“成就的需要”，改变对员工的外部控制与自我控制，使他们为达到组织目标而努力工作。

（3）“自我实现人”假设。这个理论是美国心理学教授麦格雷戈在20世纪50年代提出的。“自我实现人”是对“社会人”的发展。“自我实现人”假设认为，人除了有社会需求外，还有一种想充分表现自己的能力，发挥自己潜力的欲望。麦格雷戈称之为Y理论，要点是：人的需要从低级向高级发展，低级需要满足后，便追求更高级的需要，自我实现是人的最高级需要；人们因工作而变得成熟，有独立、自主的倾向；人有自动自发的能力，能自制，外界的控制可能构成威胁，而不利于行为；个人的目标与组织的目的没有根本的冲突，有机会的话，他会自动地把个人目标与组织目标统一起来。上述“自我实现人”假设是针对“经济人”假设所构建的。基于“自我实现人”假设的管理理论即Y理论。Y理论的管理特点是：尽量把工作安排得富有意义，使工作具有挑战性，使工人工作之后能引以为豪。管理人员的责任在于寻找什么工作对什么人具有挑战性，最能满足其自我实现的需求，使工人在工作中感受到乐趣和意义。组织对工人不需要激励，而是提供机会，由工人自我激励，自然地达到组织目标。

（4）"复杂人"假设。"复杂人"假设是20世纪60年代末70年代初由埃德加·沙因（Edgar H. Schen）提出的。"复杂人"假设认为，前面三种对人性的假设都有很大的片面性，而且没有考虑人的个性、需求的差异，以及客观环境对人的影响。"复杂人"假设的观点是：人不是单纯的"经济人"，也不是完全的"社会人"，更不可能是纯粹的"自我实现人"，而应该是因时、因地、因各种情况做出适当反应的"复杂人"。这被称为超Y理论，其特点是：人不但复杂，而且变化很大；人的需求与他所处的组织环境有关系，在不同的组织环境与时间、地点会有不同的需求；人是否愿意为组织目标做出贡献，取决于他自身的需求状况以及他与组织之间的相互关系；人可以依自己的需求、能力，对不同的管理方式做出不同的反应，没有一套适合于任何人、任何时代的万能管理方法。因此，一个管理者的实际工作取决于所处的环境与条件，它要求管理者具有洞察人的个性差异的能力，并能随机应变，采取适当的管理方法。

3. 个性差异与人性管理

个性差异，是指人与人之间在稳定的特征上的差异。组织成员由于个人的经历、智力、体力、成长环境、工作性质、价值观的不同，形成相互间的差异。它不仅表现在经验和能力上，而且表现在某种情绪因素上，例如态度、信念、气质、理想等；不仅表现在人不同方面的特征上，而且表现在同一特征的不同水平上。对组织来讲，个性差异，有利也有弊。一方面，个人之间的差异反映了各人的特长和优点，正是创新、解决问题和组织获得成就的动力，也是个人奖励的来源；另一方面，这种差异又反映了各人的缺点和不足，是分歧、矛盾、冲突的起因，影响组织的成就，是办事效率低、拖延和阻碍的重要原因之一，同时，使领导决策缺乏基础，即使折中也很难令人满意。所以，针对个性差异进行人性管理，是非常必要的。

对于个人知识和技能方面的差异，可以采用一些补救的方法。补救的主要方法，一是对职工进行培训，并辅以适当的奖惩措施，以增强培训效果；二是保持个人的心理平衡，使个人对自己与环境都有一个比较清楚的了解，以求得个人的成长，促进态度与行为的改善，增强对环境的适应性。

对于由于团体内的个人差异而产生的矛盾和冲突，通常采用三种不同的管理策略，或分而治之，或压制，或疏导。在不同的情况下，可以采用不同的策略，但最基本的也是行之有效的方法是疏导。同时要在管理方法、管理制度等方面采取相应的措施，不使因个性差异造成冲突。具体地可采取以下一些措施：（1）实行目标管理。让每个职工既了解组织的总目标，又掌握团体和个人的分目标，形成目标的一致性。（2）实行参与制。使每个职工都感到自己是组织的一员，有与职位相应的权力、明确的责任。实行民主式的管理，在组织和制度上保证职工有参与管理的机会。（3）授权。领导者布置工作时，只对下级交代任务，明确要求，具体的实施计划和方法，由下级考虑拟订，以提高下级工作的主动性，减少被动性。（4）合理分工。兼顾组织需要与个人专长，使每个人都充分发挥自己的才能，创造工作成绩。（5）在实现组织目标的同时，使个人获得"合理程度"的满足，包括物质的、精神的，使员工具有组织优越感和个人成就感。（6）信息及时反馈。让每个员工及时了解组织目标实现的程度和个人的工作成果。建立良好的意见沟通渠道。（7）良好的人际关系。互相信任、互相尊重、互相帮助、互相支持，使员工在组织和团体中有温暖之感。（8）多奖励、少惩罚，采用疏导的方针。（9）实行建议制度。在意见发表会上，只发表自己的意见，不批驳别人的意见。（10）提高成熟度，使个人适应组织，适应环境。

7.2.3 公共组织中的领导与激励

1. 公共组织中的领导

所谓领导，是指组织中承担主管职能的个人或集体在一定原则的指导下，依据特定的行为规范（法律或组织规章制度等），行使其职权，运用各种方法和手段，有效地影响部属，以共同实现组织目标的行为过程。

专栏

如何给下属信心

在现代社会，领导者要真正实现下属追随的自愿性，必须给予下属追随他的信心。这个信心可能源自对领导者个人魅力的认可，也可能源自对领导者构建的组织制度的信任。不管从哪个角度来说，作为一名优秀的领导者，都必须善于培育、增强下属的信心。

● 使自己成为守信用的人。不管领导者在什么场合对下属有所承诺，都不要把这个承诺抛于脑后，哪怕下属对这个承诺并未表明态度，自己也要记在心里，及时兑现。

● 真诚地肯定下属的行为。领导者要善于发现下属的优点，在真诚的肯定与赞美中激发下属的自信心。要减少批评下属的次数，避免尖锐的批评。

● 积极与下属沟通，建立内部良好的柔性制度。领导者与下属的纵向交流制度一旦制度化、习惯化，由交流而形成的场域便会重新塑造组织的柔性制度，从而使领导者的创新性制度获得生根发芽的土壤。

● 避免个人间竞争的制度设计，发展组织团体的竞争制度。出色的领导者应该尽力避免激烈的竞争对组织成员个人信心的打击，同时又保障组织在竞争中获得活力和发展。组织团体竞争一方面能够减轻竞争的负面影响对个人的沉重压力，另一方面也能使组织获得竞争带来的生机和活力。

资料来源：刘伟红．如何给下属信心．刊授党校，2012（2）．

公共组织中的领导有不同的方式。影响领导方式的因素有组织的特点、任务、环境要素、领导体制、领导者的素质等。领导方式不同，领导的作用也不同。领导方式的正确选择，是领导行为有效的关键性因素之一。关于领导方式，从不同的角度可以做不同的分类。

第一，依据领导者的权力集中程度，可将领导方式分为集权式、分权式、均权式。

集权式领导方式的主要特点是：一切权力集中于领导者手里，领导者事无巨细，事必躬亲，对部属不信任，部属没有任何权力，压抑了部属的工作积极性。这种领导方式适用于任务简单，内容带有例行性或重复性，完成任务的步骤、方法能事先做出明确安排的工作。分权式领导方式的主要特点是：决策过程吸收被领导者参加，决策的执行则采取分权的方式进行。领导者只问效果，不过问细节，部属有较大的自主权，有利于其积极性和创造性的发挥。这种领导方式一般适用于任务复杂、内容具有创新性、事先难以对步骤与方法做出明确安排的工作。均权式领导方式既不过多集权，也不过多分权。重要的权力由领导者掌握，一些事务性权力归部属，领导者与部属职责权限划分明确，分层管理，分级负责。这种领导方式既可以调动部属的积极性，又使重大问题的处理权得到有效的控制，是一种较为理想的领导方式。

第二，依据领导的不同侧重点，可将领导方式分为以人为中心的领导方式、以事为中心的领导方式、人事并重的领导方式三种。以人为中心的领导方式强调以人为本，尊重部属的人格，注重激励措施的运用，鼓舞士气；注意听取部属的工作报告和建议，以善意的态度为部属提供指示；与部属的关系较为平等、融洽，保持部属的身心健康和愉快；注意改善部属各方面待遇，为部属解决实际问题。但这种领导方式往往忽视了必要的管理制度和监督制裁措施的运用。以事为中心的领导方式强调工作任务的完成，重视工作效率的提高，以工作数量和质量来评价部属的优劣，以工作成果作为评判组织成败的指标。这种领导方式重组织、监督和纪律，但往往对组织成员关心不够，与部属缺少情感交流，忽视了他们心理需求的满足。人事并重的领导方式既关心人，也重视工作任务的完成。一方面改善工作条件，加强与部属的情感交流，充分发挥部属的主观能动性，使其有饱满的工作热情和主动负责的态度；另一方面也对工作严格要求，赏罚分明，使部属保质保量地完成工作任务，创造良好成绩。

第三，依据领导的指挥模式，可将领导方式分为强制方式、说服方式、激励方式、示范方式。强制方式是根据领导权力和权威，向部属发布非执行不可的命令、决定、指示等。它需要以相应的纪律、制度和惩处措施作为后盾。强制命令者的权力必须有法律依据，或经组织正式授权，否则，就是滥用职权。说服方式，是指领导者在领导过程中运用启发、商讨、建议等说服教育的方式，使被领导者接受并贯彻自己的意图。激励方式是指领导者运用物质激励或精神激励手段激发被领导者的工作积极性，以实现领导意图，完成工作任务的领导方式。示范方式是指领导者以本人“身教”或树立典型，供组织成员效仿、学习的一种领导方式。

在实施领导的过程中，各种领导方式并不是截然分开的，必须根据工作性质、工作内容、工作环境、工作机构和部属的不同，有针对性地灵活运用，以应付复杂局面，实现组织目标。

2. 公共组织中的激励

激励就是激发人的动机，诱发人的行为。公共组织中的激励是指在一定的外部环境下，公共组织领导者通过采取有计划的措施并借助一定的载体，激发公共组织人员的动机与需要，使之产生领导者所预期的行为反应，从而正确、高效地达到公共组织所预定的目标。

现代管理强调以人为本，发挥各层次、各方面人员的主动性、创造性和积极性。因此，正确运用激励方法已成为现代组织取得成功的关键。在公共组织中实施激励可采取如下方法：

（1）思想政治工作。思想政治工作，主要是通过协调人际关系，为员工提供良好的工作环境，同时化解员工思想上的抵触情绪，让员工心甘情愿地为组织效力。由于每个人的社会经历、兴趣、志向不同，对外界事物的态度体验不同，因而会产生不同的情感、不同的行为。做思想政治工作就是要抓住不同对象的心理活动，有针对性地做好激励、转化工作，使员工自觉地为实现既定目标去奋斗、去创造。

（2）工作激励。现在工作已不仅是付出劳动获得生存资料的过程，而且成了人类生活中的一项重要内容。人们更多的是寻求工作中的满足，而不只是工作结束后报酬上的激励。只有让员工感受到工作中的满足，才能最大限度激发他们的工作积极性，让他们充分发挥自身的才智为组织工作。工作激励法主要有委以员工适当的工作、工作丰富化、弹性工作制等。

（3）奖励。奖励分为物质奖励和精神奖励两种。物质奖励包括发放奖金、提高工资、给予住房补贴等。除了物质奖励以外，在管理工作中，大量的工作还需要精神奖励，如对人的某种行为给予赞许、颁发奖章等。与物质激励主要作用于人的生理、满足人的物质需要不同，精神激励主要作用于人的心理、满足人的精神需要。它从精神上对员工进行鼓励，从而激发其工作积极性。

（4）参与管理。所谓参与管理，就是指在不同程度上让员工参加组织的决策过程及各级管理工作。参与管理既对个人产生激励，又为组织目标的实现提供了保证。

专 栏

职工代表大会与工会的关系

《中华人民共和国工会法》规定，国有企业的工会委员会是职工代表大会的工作机构，负责职工代表大会的日常工作，检查、督促职工代表大会决议的执行。

国有企业的工会与职工代表大会的关系是：工会是职工代表大会的工作机构，而不是它的常设机构。工作机构与常设机构是有原则区别的，常设机构在职工代表大会闭会期间，行使职工代表大会的职权。工作机构没有这种职权。它的任务是：会同有关部门进行大会的筹备工作、会务工作以及大会闭会期间的日常组织工作，办理职工代表大会或主席团交办的事项。工会作为职工代表大会的工作机构的工作内容包括：建立、健全职工代表大会制度和做好职工代表大会的宣传教育工作；提出关于召开职工代表大会的中心议题和议程的建议，会同有关部门准备会议文件和做好会议的筹备工作；组织选举职工代表，审查代表资格；组织职工代表活动，检查大会决议、提案的落实情况；组织与支持各专门工作委员会开展活动；培训职工代表；等等。由于职工对企业的民主管理工作始终与工会紧密相连，工会在代表和组织职工参加民主管理的过程中，积累了许多经验，有能力充任职工代表大会的工作机构。此外，工会和职工代表大会在民主管理方面的任务和作用有很多一致的方面。因此，由工会承担职工代表大会的日常工作，作为职工代表大会的工作机构是适宜的。企业工会作为职工代表大会的工作机构，应该检查督促职工代表大会决议的执行情况，发动职工落实职工代表大会决议。

资料来源：职工代表大会与工会的关系是什么？.(2002-04-28). 中国人大网.

7.3　公共组织中的群体心理

7.3.1　公共组织群体概述

1. 群体的概念和特征

所谓群体，是指由两个或两个以上的相互作用、相互依赖的个体组成的具有相对稳定关系与共同目标的集合体。例如，学校的班级、政府中的科室、军队中的连队等，都是群体。

群体具有以下特征：(1) 群体中的个体之间存在着相互交往行为。群体成员之间是相互作用、相互影响的，他们之间存在着信息沟通。(2) 群体具有稳定的结构。尽管群体成员可能会发生变化，但群体中必然存在着某种稳定的关系将群体成员维系在一起，如角色分工。(3) 群体成员有共同的利益或目标。如取得好业绩，获得更多的奖励，实现他们的共同利益。(4) 群体中的成员彼此意识到他们同属一群。群体成员会认为他们自己构成了一个群体，并可以与群体外的成员区别开来。

2. 正式群体和非正式群体

由于建立群体的原则和方式不同，群体可分为正式群体和非正式群体。

正式群体是指有明文规定，有明确的职责分工、具体的权利和义务的群体。例如，学校中的班级、教研室，政府中的各职能科室等。

非正式群体是指不经官方规定，在生活和工作中自然结合在一起的群体。这种群体以感情为纽带，成员之间由于志趣相投、信念接近、经历相似而结合在一起。非正式群体通常有以下特点：(1) 非正式群体具有自发性和不稳定性。(2) 非正式群体的领导者具有较强的权威性。(3) 非正式群体的凝聚力较强。

3. 群体的功能

群体对组织的主要功能便是完成组织所赋予的基本任务。组织为了实现自己的目标，通过分工协作，把整个组织分成几个系统，把任务和目标逐层分解，并分配给若干个小的群体，让它们去完成。因此，群体对组织的功能就是完成组织所分配下来的任务，履行组织规定的职责。

群体对个人的功能主要表现在满足其心理上的需要：(1) 满足安全需要。群体可以通过人与人之间的相互支持和支撑，使个人免于孤独、恐惧、焦虑，获得心理上的安全感。(2) 满足归属需要。在群体中，通过人与人的交往，通过共同的活动，个人能获取友情、爱、帮助和支持，还可以体会到自己是社会的一分子，是群体的一分子。(3) 满足自尊的需要。在群体中，通过人与人之间在情感上的相互交流、相互信任、相互谅解、相互支持以及不断努力，是能够获得自尊需要的满足的。

7.3.2 影响群体行为的因素

所谓群体行为，是指群体内部的活动和相互作用。影响群体行为的因素，概括起来主要有群体规模、群体成员构成、群体规范和压力、角色、地位、目标、凝聚力、士气、领导、人际关系、沟通、解决冲突的能力、群体成员的素质、外部环境等。在这里，我们将讨论影响群体行为的一些主要因素。

1. 群体规模

群体规模是指组成群体的人数多少。群体规模对群体行为和绩效可能产生的影响包括以下几个方面：

（1）规模与参与。第一，当群体规模增大时，成员平均参与时间会减少。在机会均等的条件下，规模越大，成员参与的时间越少；而在实际情况中，当群体变大时，由于存在着“一般成员不参与决策”以及“谁应在什么时候参与什么”的非正式规范，成员的参与时间或参与行为往往更少。第二，当群体规模增大时，对许多成员来说增加了参与方面的限制，这主要是社会顾虑倾向在起作用。

（2）规模与满足感。随着群体规模变大，群体成员对成员资格的满足感减弱。这是由于：在大群体中个人得不到更多的关注；参与时间减少和参与的限制增多；具有不同观点、个性的成员间摩擦和冲突增多；不容易把自己的努力同群体的成就和成功联系起来，体会不到工作的完整性和成就感。所有这些因素共同作用，使群体规模越大，群体成员对成员资格越不满足。

（3）规模与绩效。如果群体能够充分发挥每个人的能力，那么，群体规模越大，其潜在绩效越大，即潜在绩效随群体规模的扩大而提高。但是，当群体变大时，群体的绩效总是受到过程损失的影响，而群体的规模越大，群体的过程损失越多。群体的过程损失主要来自以下几个方面：激励损失、协调损失、职责分散等。

专栏

“三个臭皮匠，赛过诸葛亮”还是“三个和尚没水喝”

“三个臭皮匠，赛过诸葛亮”，意思是三个才能平庸的人，若能同心协力，也能提出比诸葛亮还周到的计策。有一种说法：“皮匠”实际上是“裨将”的谐音，“裨将”在古代指“副将”，原意是三个副将的智慧能胜过一个诸葛亮，民间流传中被说成了“皮匠”。

“三个和尚没水喝”，比喻人多了互相依赖，互相推诿，事情反而没有人做。

“三”究竟是个什么样的数字？为什么有时候管用，有时候添乱？

事实上，此处的“三”也不是指具体的数字“三”，而是指一个群体。在社会心理学中，有个概念叫“关系场效应”，指由不同的角色扮演者组成的群体产生的内聚力或摩擦力。即群体既可能产生增力作用，也可能导致减力作用。

“三个臭皮匠，赛过诸葛亮”，这种情况下“1＋1＋1”大于3。这在群体成员活动的效率角度上，可称为“群体的增力作用”。

“三个和尚没水喝”，这种情况下的“1＋1＋1”却等于0了。这在群体成员活动的效率角度上，可称为“群体的减力作用”。

“关系场效应”给人们的提示是，人们在与群体融合的过程中，既不能忽视群体对个体智慧的促进作用，也不能认为群体活动在任何情况下都比个体活动更有效率。

2. 群体成员构成

群体成员构成是指群体成员的组成成分。在群体中，每一个成员的个性及个人力量是群体的基本投入，这些投入的异同会影响群体的过程和群体的绩效。

如果群体内个体的需要、动机、能力、性格、知识结构等都很相似，我们就把这种群体称为同质群体；如果群体内个体的需要、动机、能力、性格、知识结构等差异很大，我们就把这类群体称为异质群体。

研究表明，同质群体在完成简单的、需要密切配合的、常规的工作时非常有效。因为在同质群体中，群体成员高度一致，高度协调，沟通容易，极少产生矛盾，决策迅速，这种和谐的环境能够为完成简单的、常规的工作提供非常有利的条件。异质群体在处理复杂的、需要很多创造力才能完成的工作时是非常有效的。异质群体的成员个性、知识水平、经历等都不同，容易从不同角度提出不同的解决问题的方法和方案，也容易向其他人的方案提出挑战，这有助于创造性方法的产生。但异质群体的缺点也不少，例如观点分歧很大导致冲突增多，使群体在某些问题上无法取得一致或取得一致要花费相当长的时间。

3. 群体规范和压力

群体规范是群体成员共同建立的行为准则。群体规范可以是正式的、明文规定的，但大部分是不成文的、约定俗成的，是群体成员长期的相互作用的结果。实质上，对群体成员的行为影响最大的是不成文的规范。不成文规范虽然很少被群体成员用语言表达出来，并且群体成员对之仅有模糊的意识，但强有力地调节着群体成员的行为，即使正式的成文的组织规范也不一定能产生这样的效果。

群体规范一般具有以下功能：（1）群体支柱的功能。任何一个群体要生存和发展，必须保证某种行为的一致性。群体规范使群体具有了这种一致性。因此，群体规范成了一切群体得以存在下去的支柱。（2）评价标准的功能。群体规范是群体成员所共同建立的行为准则，是对其他人行为的预期，因此可以根据规范来评价自己和其他成员的行为是否恰当。（3）约束和矫正的功能。群体规范是群体成员所普遍认同的，是评价行为的准绳，因此对成员具有约束作用，使成员的行为不偏离规范所容许的范围。而当成员的行为偏离了规范，就会感受到群体舆论的压力，这些压力迫使他回到正确的轨道上来，与其他成员相一致。因此，群体规范具有矫正功能。

群体压力是一种心理上、精神上的压抑、压迫感。群体压力是无形的，但对人的行为的影响却是巨大的。

群体压力的作用是双重的，既有积极作用，又有消极作用。积极作用表现为有助于改变群体成员的不良行为，有助于达成群体的目标和促进群体的发展。消极作用则表现为压制了创新精神，使群体失去了新观念、新思想，这对群体来说不能不算是很大的损失，组织也常为此而付出代价。

4. 角色

角色是群体对某一个体所期望的行为模式。角色反映了个体的工作职能、相应的权利和义务、权力和职责。在任何组织和群体中，我们都会发现两种基本角色，即指定角色和自显角色。

指定角色是组织和群体作为一种分工和划分职责的手段而正式规定的角色。一般来讲，指定角色指明了“谁做什么”以及“谁能告诉其他人做什么”。对指定角色的深层次研究发现，指定角色可以分为期望角色、认知角色和行动角色三种。期望角色是指其他人对角色承担者所期望的行为模式；认知角色是指个体所认识到的、实现期望角色所必需的行为模式；行动角色是个体实际所表现出来的行为模式。

自显角色是群体成员自然的行为模式，是群体成员为了满足社会情感需要，或帮助群体完成正式工作而自然产生的角色。在群体中，自显角色有三类：任务型角色、关系型角色和自我中心型角色。任务型角色是指成员注重群体任务的完成，促进问题的解决，具体可分为信息搜集者、信息提供者、建议者、评价者等。关系型角色是指维护和调节群体内人与人之间的关系的行为模式，具体可细分为鼓舞者、协调者、追随者等。自我中心型角色是指群体成员只顾自己的感情、需要和利益而不顾群体利益的行为模式，具体可细分为障碍设置者、寻求赏识者、有支配欲者、逃避者等。

群体成员表现出什么样的自显角色对群体行为和绩效具有很大影响。研究表明，自我中心型角色对群体绩效是起消极作用的。而任务型角色和关系型角色都起到积极作用，不仅有助于群体完成任务，也有助于维持群体的生存和发展。如果一个群体由任务型角色和关系型角色的成员所组成，那么，这个群体必然是有益的群体。

5. 地位

地位是个体在群体中所处的社会位置和社会等级。地位高的人在群体中发挥着更重要的作用和拥有更大的影响力。

决定地位高低的因素非常多，包括工作等级因素、工作职能因素、资历因素、成就因素、个性因素、年龄因素、社会背景因素、经济条件因素等。对于不同群体来说，决定某一群体成员的地位的因素可能是截然不同的。例如在一个群体中，资历是决定一个人地位的重要因素，而在另一个群体中资历却并不重要。

地位象征是地位高低的具体表现形式，是外加给人或工作环境的显而易见的地位标签。在群体中，比较典型的地位象征包括：(1) 职务名称，如总裁、科长、主任等；(2) 工作条件，包括办公室的大小、内部装饰、专用秘书的配备、办公桌的位置（靠窗）等；(3) 工作日程安排，如自由的工作时间；(4) 优良的待遇，如专用轿车、专用停车场、自由旅行机会、自由的开支等。群体和组织总是力求地位象征与人的地位相符，并利用地位象征来强化群体和组织中的权力等级制度，促使群体成员为追求较高的地位而为组织和群体做出卓越的贡献。

7.3.3　群体凝聚力

1. 群体凝聚力的概念

群体凝聚力是指群体对成员的吸引力以及群体成员间的相互吸引力。群体凝聚力高的群体，是对成员特别有吸引力的群体，群体成员都愿意留在群体内，为具有群体成员资格而自豪，并能用正面的言词谈论自己的群体。群体成员间也彼此满意，彼此吸引，人际关系融洽，相互合作。

群体凝聚力作为一种向心力，是维持群体存在的必要条件，也是实现群体目标的重要条件。

2. 影响群体凝聚力的因素

一些研究成果表明，影响群体凝聚力的因素主要有以下几个方面：

（1）群体规模。在其他条件相同的情况下，大群体比小群体的凝聚力低，也更难保持凝聚力。原因很简单，在小群体中，群体成员有更多的直接的相互交往机会，受到更多的关注，有更多的情感联系。另外，小群体成员少，异质性就小，成员间的分歧和矛盾就少。而大群体则不具备这些特点。因此，小群体比大群体更容易有凝聚力。

专　栏

邓巴数理论

20世纪90年代，罗宾·邓巴（Robin Dunbar）经研究发现，灵长类动物的大脑大小与其平均社会群体规模之间存在相关性。通过大量的实验及观察，邓巴提出，人类个体所能维系的稳定关系数量在150个左右——人们知道其中的每个人是谁，与这些人保持一定频率的社会联系，也了解每个人与其他人的关系如何。这个数字被命名为“邓巴数”。

邓巴数理论被认为是很多社会性网络服务及人力资源管理理论的基础。许多互联网从业者，尤其是对社交网络有研究的人，都极力推崇这一概念。微信创始人张小龙就曾公开表示，微信群中的很多功能都是根据这一理论设置的，如群人数在40人以内时，可以直接加入，而大于40人时就必须得到对方的同意，而大于100人时无法通过识别群二维码来入群，这些都是为了保证微信群成员之间相互熟识，实现沟通效率的最大化。

尤瓦尔·赫拉利（Yuval Harari）和脸书内部的社会学家卡梅伦·马洛（Cameron Marlow）也都曾表示，邓巴数为他们的研究及社交网络的建构提供了理论基础。了解邓巴数背后更深层次的人类学、心理学及社会学背景，将有助于我们更好地应对互联互通的未来社会。

资料来源：大局观从何而来（上）.（2023-03-28）. 搜狐网.

（2）群体的成败。如果一个群体成功地实现了某些重要的目标，出色地完成了工作任务，那么这种共有的成功会增强群体的凝聚力，使群体成员间彼此更满意，增强他们的荣誉感、自豪感和归属感。如果一个群体失败了，没有达到目标和完成任务，群体的凝聚力则会大大降低。

（3）群体成员的相似性。群体成员的相似性是指成员间在诸如民族、文化背景、兴趣、需要、价值观、态度及人格等方面的相同或相近。一般来讲，成员间相似性大的群体凝聚力强。在这里对凝聚力影响最大的是群体成员在态度和价值观上的相似性。态度和价值观的相似性会增加人与人之间的吸引力，从而增强凝聚力。

（4）群体的奖励方式。许多研究发现，不同的奖励方式对群体的凝聚力确有不同的影响。个人与群体相结合的奖励方式有利于增强群体的凝聚力，而个人奖励方式则往往削弱群体的凝聚力。

（5）群体的领导方式。心理学家库尔特·勒温（Kurt Lewin）等人曾做过专门实验，结果表明，不同的领导方式对群体凝聚力有不同的影响。勒温在实验中比较了在“民主”“专制”“放任”三种领导方式下的各实验小组的群体气氛和效率，结果发现，“民主”型领导方式的小组成员之间比其他成员之间更友爱，思维更活跃，成员间感情更积极，相互交往更多，因此凝聚力更高。

（6）外部的威胁和竞争。外部威胁能够增强群体凝聚力。同其他群体展开竞争也能够提高凝聚力。这主要是因为外部的威胁和竞争使群体成员不得不同舟共济，求同存异，改进沟通和加强协调，以便继续生存和在竞争中取胜。此外，群体的信息交流方式、群体成员的个性特征等都会影响群体的凝聚力。

3. 群体凝聚力的作用

群体凝聚力在如下几个方面发挥作用：

（1）士气和满意程度。高凝聚力的群体比低凝聚力的群体有着较高的士气和满意程度。高凝聚力的群体具有高昂的精神状态，有为实现群体目标积极进取和顽强奋斗的精神，群体成员间的关系和谐融洽，矛盾少，具有很高的满意程度。

（2）参与群体事务。高凝聚力的群体，其成员乐于参与到群体事务中去，希望留在群体内，乐于更多地相互支持，更频繁地沟通信息。在参与的过程中，群体成员增进感情，并取得一致性，这反过来又会增强群体的凝聚力。

（3）敌意。高凝聚力的群体容易对该群体以外的人员持消极态度，而过多地表现出排斥、敌意和攻击。这主要是由于高凝聚力群体成员对自己的群体抱有过高的评价。

（4）从众。高凝聚力的群体对成员具有较强的吸引力，也能够获得群体成员的认同，因此对成员更有影响力，导致更多的从众行为。另外，凝聚力高的群体成员较多地表现出从众行为也是为了向外界显示其所在的群体是个多么团结一致。这种维护群体声誉的动机也会促使成员更多地从众。

（5）组织绩效。一般来讲，由于高度的参与和信息沟通、高昂的士气和较高的满意度、更多的主动性从众，高凝聚力群体将有助于实现群体所追求的目标。那么高凝聚力群体一定能为组织带来高绩效吗？答案是不一定。因为高凝聚力群体在实现自己的目标方面是成功的，如果群体目标与组织目标相一致，则对组织绩效有利，导致高绩效；如果群体目标与组织目标不一致，则对组织绩效不利，将导致低绩效。

本章小结

公共组织心理指的是公共组织中人的心理和行为，包括个体心理和群体心理。心理学是一门研究人的心理现象及其规律的科学。心理，是感觉、知觉、记忆、思维、情感、意志、气质、能力、性格等心理现象的总称。心理过程，即心理活动的过程，是心理现象的不同形式对现实的动态反映。

个性是个体带有的倾向性的、本质的、比较稳定的心理特征的总和，其中包括气质、性格、能力等。需要是个体在社会生活中必需的事物在人脑中的反映。期望是指一个人根据以往的经验在一定时间里希望达到目标或满足需要的一种心理活动。

从传统管理到现代管理，存在四种对人性的假设：经济人、社会人、自我实现人、复杂人。组织成员由于个人的经历、智力、体力、成长环境、工作性质、价值观的不同，形成相互间的差异。针对个性差异进行人性管理，是非常必要的。

领导是指组织中承担主管职能的个人或集体在一定原则的指导下，依据特定的行为规范（法律或组织规章制度等），行使其职权，运用各种方法和手段，有效地影响部属，以共同实现组织目标的行为过程。影响领导方式的因素有组织的特点、任务、环境要素、领导体制、领导者的素质等。领导方式不同，在领导过程中发挥的作用也不同。

公共组织中的激励是指在一定的外部环境下，公共组织领导者通过采取有计划的措施并借助一定的载体，激发公共组织人员的动机与需要，使之产生领导者所预期的行为反应，从而正确、高效地达到公共组织所预定的目标。在公共组织中实施激励可采取如下方法：思想政治工作、工作激励、奖励、参与管理。

群体是指由两个或两个以上的相互作用、相互依赖的个体组成的具有相对稳定关系与共同目标的集合体。由于建立群体的原则和方式不同，群体可分为正式群体和非正式群体。影响群体行为的因素主要有群体规模、群体成员构成、群体规范和压力、角色、地位、目标、凝聚力、士气、领导、人际关系、沟通、解决冲突的能力、群体成员的素质、外部环境等。群体凝聚力作为一种向心力，是维持群体存在的必要条件，也是实现群体目标的重要条件。

关键术语

公共组织心理　个体心理　群体心理　心理学　心理现象　心理　无条件反射　条件反射　心理过程　个性　气质　性格　能力　需要　生理性需要　社会性需要　物质需要　精神需要　期望　人性　人性观　“经济人”假设　“社会人”假设　“自我实现人”假设　“复杂人”假设　个性差异　领导　激励　参与管理　群体　正式群体　非正式群体　群体行为　群体规模　群体规范　群体压力　角色　地位　群体凝聚力

复习思考题

1. 简述公共组织心理的内涵。
2. 组织成员的个性主要包括哪些内容？
3. 如何满足组织成员的需要？
4. 谈谈你对人性假设的理解。
5. 论述领导方式的分类。
6. 在公共组织中实施激励，可以采取哪些方法？
7. 简述群体的概念和特征。
8. 论述影响群体行为的因素。
9. 论述影响群体凝聚力的因素。
10. 群体凝聚力有哪些作用？

阅读材料

心理学研究表明，过大的工作压力会对个体身心健康乃至组织有效运行造成一系列负面影响。而适度的工作压力将有助于个体发挥潜能、提高工作绩效，从而更高效地服务组织。

习近平总书记指出，领导工作的一项重要内容，就是发挥“调压器”的作用，适时给干部“增压”和“减压”，使其始终保持在一种“常压”的工作状态①；要真情关爱干部，帮助解决实际困难，关注身心健康，让广大干部安心、安身、安业。对基层干部特别是困难艰苦地区和奋战在脱贫攻坚第一线的干部，要给予更多理解和支持，在政策、待遇等方面给予倾斜。② 中共中央办公厅印发的《关于解决形式主义突出问题为基层减负的通知》中强调，“为基层干部松绑减负，激励广大干部担当作为、不懈奋斗”。《关于进一步激励广大干部新时代新担当新作为的意见》也提出，“满怀热情关心关爱干部。坚持严格管理和关心信任相统一，政治上激励、工作上支持、待遇上保障、心理上关怀，增强干部的荣誉感、归属感、获得感”。可见，减轻干部负担，使之保持适度的工作压力，已成为一项重要的政策议题。

此外，基层公务员最贴近群众，处在改革发展稳定的第一线，同时，基层工作环境复杂，社会治理任务艰巨，基层公务员面临较大的工作压力，导致部分公务员不愿扎根基层。越是基层，越是艰苦，越应该得到关爱和支持。

疏导基层公务员工作压力有多种途径及方法，关键在于，各级领导干部要认清和把握疏导基层公务员工作压力的规律，并有针对性地采取行之有效的对策。鉴于此，研究领导干部如何有效疏导基层公务员的工作压力，对激励基层公务员担当作为，具有重要的现实价值和战略意义。

---

① 习近平．之江新语．杭州：浙江人民出版社，2007：142.
② 习近平．在全国组织工作会议上的讲话．北京：人民出版社，2018：23.

领导干部的情绪状态对其领导力具有重要影响。领导者在日常工作中流露出的情绪对于下属的情绪、态度、行为具有重要影响。情绪传染理论认为，领导者在工作中流露出的情绪往往会“传染”给下属，领导者的积极情绪会“带动”下属的积极情绪，同样，领导者的消极情绪会“引发”下属的消极情绪。对于基层公务员而言，领导干部的积极情绪具有“带动效应”。

公正的人际氛围对于提高基层公务员的公共服务水平乃至提升政府部门的公共服务绩效至关重要。人际公正描述了下属对于领导者用尊重的态度和方式与之互动的感知。领导者的人际公正有助于提高下属的工作绩效、工作满意度及信任感。在与领导者的互动过程中，下属感知到人际公正时会产生一种积极的心理反应；而当下属感到不被尊敬或辱虐（即人际不公正）时，会产生沮丧、愤怒等负面情绪。可以推断，在与基层公务员的人际交往中，当领导干部表现出公正的、尊重的姿态时，基层公务员能从这种人际交往方式中获得积极的情绪体验。可见，领导干部的人际公正对基层公务员的积极情绪具有重要促进作用。

资料来源：刘崇瑞，徐东华．基层公务员压力疏导问题研究．行政管理改革，2020（8）.

思考题

1. 结合本案例，请你从基层公务员工作性质的角度来分析其产生工作压力的主要原因。

2. 根据公共组织心理的相关理论，你认为应当如何疏导基层公务员的工作压力？

第8章
公共组织沟通

公共组织要达到特定的目标，必须进行各种形式的沟通，沟通可以增进相互了解，及时传达信息，可以排除交流障碍，获得相互的理解和信任。同时，通过沟通可以把组织整合成一个整体，产生统一的行动。在公共组织内部，每个组织成员情况千差万别，要协调关系、化解冲突、解决矛盾，就必须进行有效的沟通。有效的沟通往往被形容为组织中流动的血液，是保证整个公共组织系统统一指挥与行动、消除隔阂与误会、确保工作效率、实现高效能管理的重要环节。本章主要介绍公共组织沟通的含义、类型和过程；公共组织中的群体沟通与人际沟通；公共组织中的冲突与谈判；公共组织沟通的改善。

8.1　公共组织沟通概述

8.1.1　公共组织沟通的含义

沟通（communication），就是信息沟通，指人与人、人与组织、组织与组织之间凭借一定的渠道传递信息并寻求反馈以达到相互理解的过程。沟通包含以下几层意思：(1) 沟通首先是信息的传递。(2) 信息不仅要被传递到，还要被准确理解。(3) 沟通是一个双向、互动的反馈和理解过程。

公共组织沟通是指在公共管理活动中，公共组织与外界环境之间，公共组织内部各部门、层级、人员之间信息的交流与传递过程。与企业组织的沟通相比，公共组织沟通具有如下特点：(1) 企业组织的沟通往往直接影响该组织的经济效益，而公共组织沟通的效果往往体现在其所服务民众的评价和社会效益方面。(2) 企业组织的沟通往往比公共组织沟通更加灵活。企业组织中级别的概念相对弱化，而且沟通无一定之规，因此沟通具有较强的灵活性。而公共组织沟通具有明显的封闭性，形式和方式都不如企业组织灵活。

公共组织要达成组织目标，有效的沟通是其基本的保证。具体而言，公共组织沟通具有如下功能：

第一，沟通是公共组织协调内外关系的纽带和桥梁。公共组织是在环境中存在和发展的，公共组织的环境包括组织的内环境和外环境，是公共组织各个部门以及与公共组织具有有机联系的组织以外其他所有公共组织、物质条件的总和。公共组织首先要保证其内部的各个部门之间相互关系的顺畅、工作关系的协调，这就需要沟通；同时，公共组织还要与组织以外的其他公共组织保持有机的联合和协调、沟通，不断地从其他的公共组织中取得先进的经验，以增进自己对组织的科学管理，同时也要以其他公共组织的教训作为自己组织管理与发展的前车之鉴，不断调整管理与运作的方针和策略，从而为自身目标的实现提供保障。

专 栏

12345 政务服务便民热线

12345 政务服务便民热线（简称 12345 热线），指各地市人民政府设立的由电话 12345、市长信箱、手机短信、手机客户端、微博、微信等方式组成的专门受理热线事项的公共服务平台，提供“7×24 小时”全天候人工服务。12345 热线可以提高为民服务水平，推进依法行政，创新社会治理，维护自然人、法人和其他组织的合法权益。

《国务院办公厅关于进一步优化地方政务服务便民热线的指导意见》印发，进一步优化地方政务服务便民热线，提高政府为企便民服务水平。2022 年《国务院办公厅关于推动 12345 政务服务便民热线与 110 报警服务台高效对接联动的意见》发布。

12345 服务热线一般用于：

1. 对行政职能职责、政策规定、办事流程和其他公共服务信息的咨询；

2. 对行政管理、社会管理、公共服务方面的投诉以及意见和建议；

3. 对行政职权范围内非紧急类管理、服务方面提出的求助；

4. 对公民、法人和其他组织危害群众生命财产安全、危害公共财产安全、影响经济社会发展的违法违规行为的举报；

5. 对政府部门及其工作人员在办事效率、行政效能方面的表扬。

第二，沟通是公共组织决策的前提和基础。公共组织通过信息沟通，形成与外部环境发生相互作用的开放系统，这种开放系统通过信息交流而维系。沟通为个体和群体提供决策所需要的信息，而一项科学、正确决策的做出，需要决策者掌握足够的信息，在此基础上对信息进行传送与解析，最后才能够做出选择。如果公共组织缺少这些信息的收集、整理和解析的手段，就不可能对公共组织的决策做出科学的判断。可见，公共组织决策的任何一个步骤都离不开有效的信息沟通。

第三，沟通是公共组织提高绩效的重要保障。公共组织内部存在职能交叉或职权划分不清的现象，甚至存在人员间互设障碍、互相拆台的现象，造成组织资源的浪费，并影响组织效率。针对这种情形，公共组织管理者需要使用激励、指挥、教导与评价活动，以增进彼此间的了解，促进合作，提高公共组织的绩效。而这些活动都要以信息沟通为其基础。

第四，沟通是公共组织有效地实现控制的基本手段。公共组织要想使自身发挥功能和顺利发展，就必须保证上下齐心协力，同时也要对决策执行过程的偏差进行及时的调整。而达到这样的目的，要求组织具有内外一致的沟通渠道，对出现的问题进行适当的处理，从而使组织指令能够得到迅速有效的贯彻落实。只有通过这样的沟通手段才能对组织进行有效的调控，实现预定的组织目标。

第五，沟通是公共组织保持良好人际关系的重要途径。公共组织要把人的全面发展作为自己的重要任务，就必须保持良好的人际关系，满足人对公共事务和公共物品的需求。是否能够满足这种需求成为衡量现代组织发展价值观的重要内在尺度。在公共组织发展的过程中，针对人的需要进行合理的沟通是促进人际关系和谐的重要途径，良好的沟通可以使组织成员产生对组织的依赖感和满意感，可以促使组织成员为实现组织目标而工作。

8.1.2 公共组织沟通的类型

公共组织沟通按照不同的标准可以有不同的分类。

第一，按沟通渠道划分，可分为正式沟通与非正式沟通。

（1）正式沟通。所谓正式沟通，是指公共组织的信息按照明确的规章制度所规定的方式进行传递的过程。传达文件、安排任务、召开会议、请示汇报等都属于正式沟通，因而它是一种主要沟通形式。正式沟通的目的是使全体成员了解本组织的目标、政策、计划以及各人的职责。其优点是沟通的效果较好，约束力较大，所以凡是较为重要的信息，都会采取正式沟通的方式。但是，它的缺点是速度较慢，并且大多要求单方面接受沟通内容。

（2）非正式沟通。所谓非正式沟通，是指通过非正式渠道进行的信息传递和意见交流。这种信息传递是正式组织的成员在长期的相互交往中形成的一种信息互动，它的表现方式具有多样性和动态性的特征。现代公共组织管理十分重视非正式沟通对于公共组织发展的意义，特别是它在公共组织管理控制方面的重要作用。但是对于非正式沟通也要加以合理的引导，因为一旦其不受任何节制，容易影响公共组织沟通的正常进行。由于非正式沟通没有确定的规范对行为进行约束，受个人的随意性影响程度较大，往往会出现一些不良的后果。所以，对公共组织信息沟通来说，一方面要利用非正式沟通来弥补正式沟通的不足，另一方面也要对它进行相应的控制、规范和引导，其中最重要的是不能让非正式沟通的负面效应膨胀，堵塞正式沟通的渠道。

第二，按信息流向划分，可分为上行沟通、下行沟通、平行沟通和斜向沟通。

（1）上行沟通。上行沟通是指下级部门或人员按照公共组织层级制的要求，自下而上地反映和汇报情况的方式。上行沟通的方式主要有：上级与部属间的讨论和座谈会，开设意见箱，下级撰写工作报告、总结供上级审阅，建立投诉、申诉制度，部属工作满意度调查等。上行沟通不仅为上级或组织领导进行科学的决策提供了必要的参考依据，同时也为下级部门或个人提供了参与决策的机会，有助于组织民主化的管理。

（2）下行沟通。下行沟通是指在正式组织确定的科层制条件下，由上级按照组织的层级结构自上而下地发布指令和信息，由下级来具体接受和执行的沟通机制。比如，领导分配工作、介绍实际情况、讲述政策、提供工作绩效的反馈等都属于下行沟通。研究表明，组织中的沟通约有半数是下行沟通，因此，它的效率会对组织沟通的总体效率产生重要影响，必须加以重视。下行沟通是否顺利，是公共组织内部结构是否合理科学、政令信息通道是否通畅、组织领导是否具有权威性、公共组织是否具有整体统一性的标志。

（3）平行沟通。平行沟通是指科层制组织结构中处于相同层次的横向部门或个人之间相互进行信息沟通的方式。公共组织的平行沟通一般有三种形式：当面协商、文件交流与会议协调。如果一个组织在纵向关系上是比较流畅的，但在横向关系上却不是那么协调，组织的效率仍然会受到一定程度的影响。可见，平行沟通对于公共组织目标的实现同样具有不可忽视的重要意义。

（4）斜向沟通。斜向沟通是公共组织在确定的科层制组织结构中不具有同一隶属关系、不在同一层次的部门或人员之间的信息沟通。对于复杂的公共组织事务而言，刻板的垂直沟通往往不能实现部门之间的融通，尤其是某些突发性公共事务的出现，迫切需要部门之间齐心协力、相互合作，因而公共组织必须在不同层级的部门之间进行沟通，以促使组织信息的快速交流，谋求彼此之间的合作与支持。公共组织的斜向沟通一般有紧急性、协商性和主动性的特点。

第三，按沟通结构模式划分，可分为链式沟通、环式沟通、Y式沟通、轮式沟通和全通道式沟通（见图8-1）。

（1）链式沟通。在链式沟通中，居于两端的人只能与内侧的一个成员联系，居中的人则可分别与两侧的人沟通信息。在一个组织系统中，它相当于一个纵向沟通网络，信息可自上而下或自下而上进行传递。在这个网络中，信息经层层传递、筛选，容易失真，各个信息传递者所接受的信息差异很大，平均满意程度有较大差异。此外，这种网络还可表示组织中主管人员和下级部属之间有若干中间管理者的组织系统，属控制型结构。在管理中，如果某一组织系统过于庞大，需要实行分权授权管理，那么，链式沟通网络是一种行之有效的方法。

（2）环式沟通。此形态可以看成是链式形态的一个封闭控制结构，表示若干人之间依次联络和沟通。其中，每个人都可同时与两侧的人沟通信息。在这个网络中，组织的集中化程度和领导人的预测程度都较低，沟通渠道不多，组织中成员具有相对一致的满意度，组织士气高昂。如果在组织中需要创造出一种高昂的士气来实现组织目标，环式沟通是一种行之有效的方式。

（3）Y式沟通。这是一个纵向沟通网络，其中只有一个成员位于沟通的中心，成为沟通的媒介。在组织中，这种网络大体相当于组织领导、秘书班子再到下级主管人员或一般成员的纵向关系。这种网络集中化程度高，解决问题速度快，组织中领导人员预测程度比较高。除中心人员（C）外，组织人员的平均满意程度较低。此网络适用于主管人员的工作任务十分繁重，需要有人选择信息，提供决策依据，节约时间而又要对组

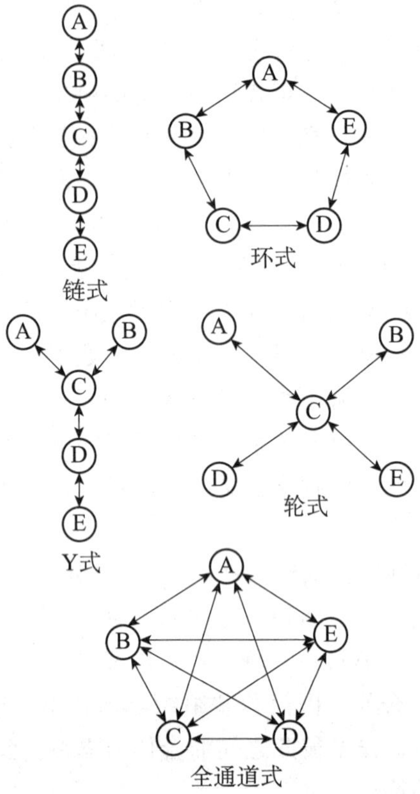

图 8－1　沟通的结构模式

织实行有效的控制。但此网络易导致信息曲解或失真，影响组织中成员的士气，阻碍组织提高组织效率。

（4）轮式沟通。此形态属于控制型网络，中间这一个成员是各种信息的汇集点与传递中心。在组织中大体相当于一个主管领导直接管理几个部门的权威控制系统。此系统集中化程度高，解决问题速度快。主管人员（C）的预测程度很高，而沟通的渠道很少，组织成员的满意程度低，士气低落。轮式网络是加强组织控制、争时间、抢速度的一个有效方法。如果组织接受紧急任务，要求进行严密控制，则可采用这种网络。

（5）全通道式沟通。这是一个开放式的网络系统，其中每个成员之间都有一定的联系，彼此了解。此网络中组织的集中化程度及主管的预测程度均很低。由于沟通渠道很多，组织成员的平均满意程度高且差异小，因此士气高昂，合作气氛浓厚。这对于解决复杂问题、增强组织合作精神、提高士气均有很大作用。但是这种网络沟通渠道太多，易造成混乱，且费时，影响工作效率。

第四，按信息沟通手段划分，可分为言语沟通和非言语沟通。

（1）言语沟通。这是指借助正式语言符号所进行的沟通，主要分为口头沟通与书面沟通。前者有会谈、讨论、演讲、访问、电话等形式，后者有布告、通知、书面报告、工作手册等形式。口头沟通具有信息传递范围广、传递与反馈速度快、沟通吸引力强的优点，缺点是容易曲解信息、信息保留时间短、受时空条件的限制等。书面沟通没有口头沟通的这些局限，交流领域广、信息精度高、信息保存时间长，但是沟通的效果受文字表达形式的限制较大，没有即时性情况的变通沟通手段。所以，最好是把口头沟通和书面沟通结合起来，达到优势互补。

（2）非言语沟通。这是只借助非正式语言符号所进行的沟通，主要有三类情况：动态无声沟通，如手势、眼神、面部表情等；静态无声沟通，如外在形象等；有声无形沟通，即借助音乐、语调的变化所进行的沟通等。非言语沟通的主要功能是弥补言语沟通的不足，在某些特定的情况下能够起到言语沟通达不到的效果。因此，在实际的沟通过程中，也应该把二者很好地结合起来使用。

8.1.3 公共组织沟通的过程

沟通的过程就是信息传送者将信息传递给信息接收者的过程。在这一过程中包含以下要素：

（1）信息的发送者。信息发送者是指发出信息的人和组织。它可以是传达指示、发布命令、制定政策的上级公共组织或个人，也可以是提供情况、反映意见、提出建议的下级公共组织或个人。

（2）信息的内容和形式。信息实际上是人们把抽象思维进行编码后的产物（语言、文字、符号等）。所以，当我们交谈时，表达的就是信息；当我们书写时，表达的也是信息；当我们做手势、面部出现某些表情时，传达的还是信息。就公共组织沟通而言，信息的内容包括观点、情感、情报、消息等。信息要通过一定的形式表现出来，公共组织沟通信息往往通过命令、文件、计划、执行程序等来表现。

（3）信息的传递渠道。信息是通过联系发送者和接收者的渠道进行传递的，信息的传递既可以是口头的，也可以通过计算机、电话、电报、电视等实现。人们可以选择一种或几种信息传递媒介，这取决于信息的性质、安全性、时间性、接收范围，以及接收者的偏好、理解能力等因素。

（4）信息的接收者。公共组织作为具有科层制结构的正式组织，其信息一般是由上级向下级发送，即上级是信息发送者，下级是信息的接收者。不过在现代公共组织中，上级越来越成为重要的信息接收者，这有利于决策的民主化和科学化。

（5）信息产生的结果。所谓结果，就是对待信息的态度或行为，大体有接收或不接收、积极或消极、热烈欢迎或冷漠处置等。为了验证信息沟通的效果，反馈是必不可少的。所谓反馈，就是接收者对发送者传来的信息的反应。

专 栏

青岛市政府部门向市民报告、听市民意见、请市民评议活动

为加快建设服务型政府、提高政府治理体系和治理能力现代化水平，自2009年起，青岛市政府每年组织开展市政府部门“向市民报告、听市民意见、请市民评议”活动（简称“三民”活动），积极探索构建新形势下公众参与、评价政府工作的新机制，着力打造新时期政民互动的青岛模式。

在借鉴往年经验的基础上，2022 年“三民”活动坚持“公开透明、广泛参与、务实高效”的原则，深化线上线下融合举办新模式，线上组织开展“云述职、云评议、云征集”，线下开设社区会场，将活动现场搬到市民家门口，让“三民”活动走近市民。

1. 向市民报告。组织 41 个市政府部门年终述职，其中市政府研究室、市信访局、市人防办在市级机关内部进行述职和评议，其他 38 个部门公开述职。

2. 听市民意见。充分激发广大市民和社会各界参政议政的热情，围绕青岛高质量发展，广泛征集市民意见建议，并组织区（市）、社会组织、行业协会商会、科研院所等有针对性地提出意见建议，听民意、汇民智、聚民心，共谋青岛美好未来。

3. 请市民评议。通过随机抽取、组织推荐和自愿报名相结合的方式，每场邀请不少于 3 200 名市民代表收听收看部门述职报告，并全程参与评议 38 个部门。评议结果计入政府部门高质量发展综合绩效考核成绩。

资料来源：《关于印发 2022 年市政府部门向市民报告听市民意见请市民评议活动实施方案的通知》政策解读．青岛政务网．

把上述沟通要素按照一定的程序联系起来，便构成了公共组织信息沟通的过程。公共组织中信息沟通的过程一般分为以下六个步骤：

第一步，准确信息的获得及其传递动因的具备。公共组织中信息的发送者根据组织运作的需要收集信息，将那些经过深思熟虑的完整信息保留下来并且等待发送。

第二步，信息的编码。信息的发送者要将待发送的信息转换为语言、文字或者行为表达方式，同时确定发送的时间，以保证信息的接收者能够接收到完整正确的信息。

第三步，信息传递渠道的选择。选择信息传递渠道的一个基本考虑是便捷性和可靠性。信息能否准确、方便地到达信息的接收者，事关信息发送者是否能够顺利实现沟通。

第四步，信息接收者通过某种渠道得到信息。这一环节主要涉及所选择的信息渠道及其接收时的具体环境，它将影响接收者对信息的解释。

第五步，信息的转换。信息转换即是信息接收者对所接收信息的解释与翻译。信息的接收者能否完全准确地理解信息，受两个方面因素影响：一是信息编码本身的因素。二是信息接收者的解释与翻译技巧方面的因素。

第六步，信息接收者的反应。即信息接收者对所接收的信息加以分析判断后产生的反应行为。信息接收者的反应实际上就是对发送者的信息的反馈，它使信息沟通形成一个回路，反过来对信息的发送者进行反馈信息的发送，因而原来的信息接收者就变成了信息发送者，如图 8－2 所示。

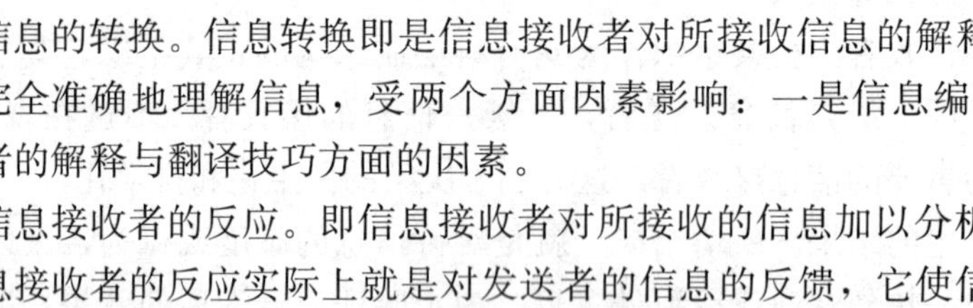

图 8－2　沟通过程

8.2　公共组织中的群体沟通与人际沟通

8.2.1　公共组织中的群体沟通

公共组织中的群体沟通是指公共组织中群体与群体之间的沟通，主要包括正式群体与非正式群体之间、正式群体之间、非正式群体之间的沟通等。群体沟通遵从一般沟通的基本原理，但又有其特殊性。这种特殊性是由群体的特质所决定的，比如群体构成、群体规范等。

要实现有效的群体沟通，群体必须做到以下几点：

(1) 具有团结意识。一个群体的团结意识是非常重要的，它是完成群体任务的保证。研究证明，团结往往来自共同的兴趣，也来自工作中的相互了解。

(2) 重点突出。无论是群体讨论，还是完成某项任务，只有把重点放在重要问题上，群体才能实现有效沟通。

(3) 规模适宜。当一个群体的所有成员都能与其他成员相互沟通和相互作用时，它就能很好地发挥作用。一般来讲，群体以3～10人为宜。如果群体人数太多，就不能有效地解决问题。如果群体人数过多，可以分成更小的群体，每个小群体做自己的工作。它们可以向更大的群体提出建议等。

(4) 选择适合的开会地点。群体在哪里开会会影响会议的总体气氛。开会的地点可以根据群体成员是哪些人以及要解决什么问题来选择。如果相互非常了解，人数也比较少，就可以在家里开。有些不太熟悉的人参加，在公共场合召开就适宜些。群体成员的座位也很重要，成员坐好后最好可以看见每一个人的脸，例如环形桌子就比较好。

(5) 具有凝聚力。凝聚力也称为内聚力，是一种积极的力量，是群体成员相互吸引的感觉，是作为群体一起工作和互相帮助的一种能力，是一种向心力。凝聚力较强的群体沟通效果比较好。

8.2.2　公共组织中的人际沟通

公共组织中的人际沟通是指公共组织中个体与个体之间的沟通，包括领导与成员、成员与成员、领导与领导之间的沟通。尽管人际沟通并不都是非正式沟通，但其效果与人际关系有着密切的关系。

所谓人际关系，是指人们在交往过程中形成的心理关系。在社会生活中，一个人不可能脱离他人而独立存在，总是要与他人建立一定的人际关系。特别是现代社会中，人际关系状况已经成为人们事业成功与否的重要影响因素。特别是在组织中实施团队管理，团队精神就是良好的人际关系和与人合作的精神。

人际关系是在人际沟通的过程中形成和发展起来的。离开了人际沟通行为，人际关系就不能建立和发展。事实上，任何性质、任何类型的人际关系的形成，都是人与人之间相互沟通的结果；人际关系的发展与恶化，也同样是相互交往的结果。沟通是一切人际关系赖以建立的前提，是发展人际关系的根本途径。

如果人们在思想感情上存在着广泛而持久的沟通联系，就标志着他们已经建立起了较为密切的人际关系。如果两个人感情上对立，行为上疏远，平时缺乏沟通，则表明他们之间心理不相容，彼此间的关系紧张。人际关系一旦建立，就会影响和制约人际沟通频率和沟通态度。但是，人际沟通的频率与人际关系的亲疏并不成正比，在不同类型的人际关系中，沟通频率与关系疏密有明显的差别。例如，在地缘关系中，每天打招呼的两个人不一定关系密切；在血缘关系中，也许人们几年不见面但关系密切。

专　栏

交际中的“礼貌原则”

英国语言学家杰弗里·利奇（Geoffrey Leech）于 1983 年提出了交际中的“礼貌原则”，具体包括六条：

● 得体准则——减少表达有损于他人的观点，要尽量少让别人吃亏，尽量多使别人受益。

● 慷慨准则——减少表达利己的观点，要尽量少使自己受益，尽量多让自己吃亏。

● 赞誉准则——减少表达对他人的贬损，要尽量少贬低别人，尽量多赞誉别人。

● 谦逊准则——减少对自己的表扬，要尽量少赞誉自己，尽量多贬低自己。

● 一致准则——减少自己与别人在观点上的不一致，要尽量减少双方的分歧，尽量增加双方的一致。

● 同情准则——减少自己与他人在感情上的对立，要尽量减少双方的反感，尽量增加双方的同情。

资料来源：王晓驷．交际中的“礼貌原则”．刊授党校，2012（2）．

如何在公共组织中通过人际沟通营造良好的人际关系呢？

（1）增加沟通信息的丰富性。在试图与你建立关系时，人们总会问你是做什么的，如果回答平淡如水，比如只是一句“我是一位教师”，你可能就失去了一个与对方进一步交流的机会。比较得体的回答可以是：“我在某某大学研究公共管理学。我也看足球，常常打乒乓球，也热爱读书。”在不到 15 秒的时间里，你不仅使你的回答增添了色彩，也为对方提供了几个话题，说不定其中就有让对方感兴趣的。当他回答“哦，你打乒乓球？我也喜欢”时，你们就开始建立关系了。建造关系网络必须遵守的规则，不是“别人能为我做什么”，而是“我能为别人做什么”。在回答别人的问题时，不妨再接着问一下：“我能为你做些什么？”

（2）保持经常性的联络。保持联络是成功建立关系网络的另一个关键。《纽约时报》记者采访美国前总统克林顿时，问他是如何保持自己的政治关系网络的，克林顿回答：每天晚上睡觉前，我会在一张卡片上列出我当天联系过的每一个人，注明重要细节、时间、会晤地点和其他一些相关信息，然后添加到秘书为我建立的关系网络数据库中。这些年来朋友们帮了我不少。要与关系网络中的每个人保持积极联系，比较好的方式就是创造性地运用你的日程表。记下那些对你的关系特别重要的日子，比如生日或周年庆祝等。打电话给他们，至少给他们寄张贺卡让他们知道你心中想着他们。观察他们在组织中的变化也同样重要。当你的关系网络成员升职或调到新的组织时，要及时祝贺他们。同时，也让他们知道你个人的情况。在他们度假之前，打电话问问他们有什么需要。当他们落入低谷时，打电话给他们鼓劲。不论你的关系网络中谁遇到麻烦，都立即与他通话，并主动提供帮助，这是表示支持的最好方式。

（3）为你的关系网络和组织提供信息。时刻关注对网络成员有用的信息，定期将你收到的信息与他们分享。优秀的关系网络是双向的，如果你仅仅是个接收者，无论什么网络都会疏远你。搭建关系网络时，要做得好像你的职业生涯和个人生活都离不开它似的，而事实上也的确如此。

（4）运用正确的沟通方式。比如上级批评下级时，私下场合比较能够被接受。反之，如果是表扬下级，则公开场合能够增加下级的荣誉感。如果批评很明确和详细，并指出如何改进，则这种批评能够被更好地接受。再比如，沟通中不要使用令对方难堪的言辞，如果科长说某科员，“你的这份报告是我见到的报告中最差的”，科员可能嘴上不说，心里却想：“你是我见到过的最差的领导。”显然，这种沟通不会有好的结果。

8.3　公共组织中的冲突与谈判

8.3.1　冲突与冲突管理

1. 冲突的概念与类型

公共组织中的冲突是指公共组织人员或公共组织群体由于互不相容的目标、认识或情感而产生的一种紧张状态。

按照冲突的主体不同，可以将冲突划分为六种类型。由于冲突的主体可以是个体、群体和组织，因此存在着个体与个体之间、个体与群体之间、个体与组织之间、群体与群体之间、群体与组织之间以及组织与组织之间的冲突。个体与个体之间的冲突又叫作人际冲突，比如员工与管理者之间、同事之间的冲突。而群体之间的冲突在组织中也不鲜见，比如不同部门之间的冲突。

2. 冲突产生的原因与作用

冲突产生的原因，可能是主观的，也可能是客观的。一般而言，冲突有三个“引爆点”（见图8－3）。

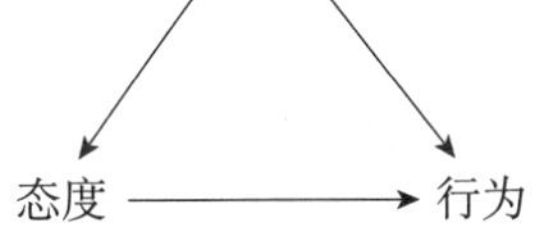

图8－3　冲突的“引爆点”

（1）客观情势引发的冲突，包括本位主义以及资源分配的冲突，像分奖金、分办公室、分人、分水源等。这种冲突，主要靠谈判来寻找解决方案。

（2）行为引发的冲突，如你为什么每次都不请示就先斩后奏？行为所致的冲突，如果展现在社会上，是可以用法律手段予以消除的。如果在组织内部，主要靠的是纪律及教育，让人们不要养成引发冲突的习惯。

（3）态度引发的冲突，例如公共组织人员和服务对象之间有时会发生态度引发的冲突。态度引发的冲突要靠心理辅导（对他人）、心理调适（对自己）或我们本身的谨言慎行来避免或化解。冲突管理，所讨论的就是这个问题。

公共组织中的冲突有其积极的作用和消极的作用。传统的观点认为，所有的冲突都是不良的、消极的，原因是冲突意味着意见分歧和对抗，势必造成组织、团体、个体之间的不和，破坏良好关系，影响组织目标的实现。而现在人们则认为，适当的冲突也会产生一定的积极作用：（1）群体内部的分歧和对抗，能够使群体成员相互制约。（2）表现出来的冲突，能够使对抗的成员发泄内心不满，比让怨气积压更能减少极端事件和极端反应的发生概率。（3）群体间冲突能够增加群体内部的凝聚力。

3. 冲突管理的策略

冲突对组织的作用是积极的，还是消极的，往往与管理者采取何种态度和策略直接相关。正确的冲突管理策略，可以化害为利，而错误的策略则会导致恶劣的后果，所以采取何种冲突管理策略是重要的问题。一般来说，冲突管理策略有以下五种：

（1）回避。回避是处理冲突的常见对策，只要冲突没有严重到损害组织的效能，管理者可以采取这一办法。管理者通过回避对策，让冲突双方有和平共处的机会。回避是不去追究群体间冲突的原因，因此冲突可能依然存在，只不过被群体间的相互交往掩盖起来了。采用回避这样的消极办法，可能会使组织在以后花费大量的人力、物力来解决群体间的冲突，而这种耗费可能是组织难以承受的。虽然对于群体间某些不太严重的冲突，回避方法是合适的，但是管理者在处理群体间的较严重的冲突时，往往还得采取较主动的态度。

（2）建立联络小组。当组织内的群体交往不是很频繁，而组织目标又要求它们协同解决问题时，群体间就可能产生冲突。因此，在这种情况下，互相交往对组织是非常重要的，这时可采取建立联络小组的方法来处理群体之间的关系。联络小组主要起沟通和冲突协调的作用。联络小组可以促进两个群体之间的交往，联络作用可以被说成是内部边界的扩展——在两个群体间架起一座桥梁。这种联络小组，或称边界扩展小组，可能只包括冲突各方的领导，或各方的几位代表。

（3）树立超级目标。这种策略有助于管理者处理组织冲突和提高组织效率。超级目标的作用在于使产生冲突的群体感受到紧迫和吸引力，然而任何一方凭借自己的资源和精力都无法达到目标，只有在相互竞争的群体通力协作下才能达到。在这种情况下，冲突双方可以互相谦让和做出牺牲，共同为这个超级目标做出贡献，从而使原有的冲突化解。

专栏

抗日战争全面爆发和第二次国共合作正式形成

1937年7月7日夜，日本侵略军悍然发动卢沟桥事变（七七事变），当地中国驻军奋起抵抗，全民族抗战由此爆发。日军在7月底占领北平和天津，接着沿平绥、平汉、津浦三条铁路向华北地区扩大进攻，企图以三个月时间“灭亡中国”。

在这生死存亡关头，只有全民族团结抗战才是生存和发展的唯一出路。中国共产党高举起抗日的大旗，在卢沟桥事变发生第二天就通电全国，号召“全中国同胞，政府，与军队，团结起来，筑成民族统一战线的坚固长城，抵抗日寇的侵掠!”“国共两党亲密合作抵抗日寇的新进攻!”同日，毛泽东、朱德、彭德怀等红军领导人致电蒋介石，表示红军将士愿意“为国效命，与敌周旋，以达保土卫国之目的”。为促进国共两党实现团结合作抗日，党中央派周恩来等将《中共中央为公布国共合作宣言》交给蒋介石。9月22日，国民党中央通讯社发表中共中央的宣言；23日，蒋介石发表实际上承认共产党合法地位的谈话。中共中央的宣言和蒋介石谈话的发表，宣告国共两党重新合作和抗日民族统一战线形成。

资料来源：本书编写组．中国共产党简史．北京：人民出版社，中共党史出版社，2021：73-74.

（4）采取强制方法。这是利用组织赋予的权力有效地处理并最终从根本上强行解决群体间的冲突。从处于冲突中的群体的角度看，有两种办法可以用来提高强制程度：第一，两个群体之一直接到管理者那里寻求对其立场的支持，由此强行采取单方面解决问题的办法；第二，其中的一个群体可以设法集结组织的力量，与组织里的其他群体组成联合阵线，这种联合阵线常常能迫使组织里的另一些群体接受某种立场。强制方法有两大优点：第一，如果是上级组织的管理者来解决冲突，这种解决冲突的办法只需要花费很短的一段时间，管理者做出一个决定便可解决群体间的冲突。第二，某种形式的强制，至少会使这些群体做出某种决定，而不是简单地回避问题。采取强制方法处理冲突的主要缺点是，在解决问题的过程中本来应该进行考察的重要情况往往得不到考虑。处于冲突的另一方可能会因为觉得他们的观点没有被考虑，所以在执行决策中不能发挥很高的效能。在短期内，强制方法可以节省管理者的时间，但久而久之，管理者反而可能需要花费更多的时间和组织的人力、物力，去处理群体之间发生的更严重的冲突。

（5）解决问题。解决问题是冲突管理策略中最有效的方法。由于组织内的群体、个人可能不会经常进行相互间的沟通，在这种情况下，采取解决问题的方法来处理冲突或许最合适，可以处理某些具体问题。这种办法是将冲突双方或代表召集到一块，让他们把他们的分歧讲出来，辨明是非，找出分歧的原因，提出办法，最终选择一个双方都满意的解决方案。这种面对面的沟通形式如果利用得好，可以促进互相理解。研究表明，管理得较好的组织倾向于面对面地处理冲突，而不是回避它。

8.3.2 谈判与公共管理谈判

1. 谈判的基本概念

谈判是当事人为满足各自需要和维持各自利益而进行的协商过程。也可以说，谈判是解决冲突、维持关系或建立合作构架的一种方式。谈判至少包括以下几方面内容：

第一，谈判建立在人们需要的基础上。需要推动人们进行谈判，需要越强烈，谈判的动因就越明确。但谈判又是两方以上的行为，只有各方面的需要都能够通过对方的行为得到满足，才会产生谈判。所以，无论什么谈判，都是建立在需要的基础上的。

第二，谈判是两方以上的交际活动。要谈判，就要有谈判对象，只有一方则无法进行谈判。一个人内心的矛盾和思想斗争，不能称为谈判。既然是两方以上的人员参加，这种活动就是一种交际活动，就需要运用交际手段、交际策略来实现交际的目的。

第三，谈判寻求建立与改善人们的社会关系。谈判的目的是获得某种利益，而要实现所追求的利益，就需要建立新的社会关系，或改善原有的社会关系，而这种关系的建立或改善是通过谈判实现的。

第四，谈判是一种协调行为的过程。任何谈判协议的达成，都是寻求协调并达到统一的结果。谈判的整个过程，就是提出问题和要求，进行协商，又出现矛盾，再进一步协商的过程。这个过程可能会重复多次，直到谈判终结。

第五，选择恰当的谈判时间、地点。谈判是两方以上面对面的接触，这就需要选择谈判的时间和地点。谈判的参与者都十分重视选择恰当的时间和地点。这在政治谈判和军事谈判中尤为重要。

2. 谈判的要素

谈判通常由三个要素构成：谈判主体、谈判客体和谈判环境。

（1）谈判主体。谈判主体是指就各自利益参加谈判的当事人。谈判的利益主体至少由两方组成，这主要由谈判客体所涉及的利益关系而定。从谈判当事人的归属来说，谈判主体可以是个人、组织或国家，但组织间、国家间的谈判往往更具有代表性。谈判主体的内部构成也有两种情况。简单的、小型的谈判通常由一个人去完成。此时，谈判者在上级授权的范围内，一个人完成联系、谈判、签约等多方面工作。大中型的谈判则必须组成谈判小组参加，其中的每个人都有不同的职能分工，往往专门负责谈判中的某一项内容。

（2）谈判客体。谈判客体是谈判议题，也即谈判的标的。谈判议题是谈判的核心，是一切谈判活动的中心。在交易谈判中，可谈判的议题几乎没有界限，任何可以买卖转让的有形或无形的产品或权利都可以成为谈判的议题。一旦成为谈判的标的，它一定是谈判双方权利和义务所指向的对象。交易中谈判标的最终都要通过合同或协议的形式表现出来。

（3）谈判环境。谈判中，能够对谈判产生影响的一切外部因素构成谈判环境。谈判环境是谈判不可缺少的组成部分，是影响谈判结果和成败的重要因素。谈判环境主要包括政治环境（政治法律因素）、经济环境（经济与市场状况）、人际关系环境（谈判双方的人际关系）、时间环境（谈判的时间选择与时间安排）和空间环境（谈判的地点选择与场所布置）等。

专栏

江苏首轮带量采购11品种谈判成功，最大降幅93%

2021年1月14—15日，江苏省第一轮药品集中带量采购现场谈判举行。此次省级药品集中带量采购，是江苏深化医药服务供给侧改革，降低群众药费负担的重要举措，也是江苏推进省级药品集中带量采购的破冰之举。

此次采购共有烟酰胺注射剂等11个品种，均为江苏省临床用量较大、竞争较充分且没有仿制药通过一致性评价的药品，主要用于肝胆系统疾病、慢性肾炎、骨质疏松、神经内科疾病等治疗，共99家企业申报参与。经过前期的质量安全评价和两天紧张激烈的价格谈判，最终产生拟中选结果，并取得预期成效，11个品种全部谈判成功，共有26家企业中选，最大降幅93%，充分竞争组平均降幅42%，预计一年节约采购资金近5亿元。当前全省临床认可度高的产品大多数中选，中选价格分布合理、供应保障充足，能够较好满足临床需求。

资料来源：江苏首轮带量采购11品种谈判成功，最大降幅93%.（2021-01-15）. 澎湃新闻.

3. 公共管理谈判①

公共管理谈判是公共管理领域解决冲突、化解矛盾的重要途径。在我们的日常理解中，谈判主要有商务谈判和政治谈判。改革开放以后，随着社会主义市场经济体制的建立和发展，人们对经济活动的热情日益高涨，催生了商务谈判的研究。在商务谈判领域，研究论文和专著已蔚为壮观。

然而，作为社会活动的一个重要领域，公共管理中的谈判却在实践上和理论上都被忽视了。当然，这与传统政府的定位有一定的关系。传统政府是管制者，政府与其治理对象之间是统治与被统治、管理与被管理的关系，政府解决冲突、化解矛盾主要依靠镇压、强制的手段。进入了近代社会，资产阶级民主的兴起，也只是在政治领域赋予了公民平等的政治权利和法律权利，但这与市场经济主体的参与地位平等还是有一定差距的。

随着公共管理的兴起，政府及其他公共管理主体与公民、法人和其他组织之间的关系已经得到重新确立：服务提供者与接受者的关系。这种新型的关系使得在公共管理领域冲突解决、矛盾化解可以采取更加“柔性”，更能为社会公众所接受的方式：谈判。

公共管理涉及众多领域，但不管是政治领域、经济领域，还是社会领域，公共管理谈判都有其用武之地。

政治领域自古就是谈判家纵横捭阖的舞台，远至我国春秋战国时期的说客，近至国际关系的双边、多边谈判，人类的历史始终在诠释着这样的道理：攻心为上，攻城为下。当代国际政治中，许多争端解决都要依赖谈判。谈判的魅力在于其成本与战争相比更为

---

① 李传军．开展公共管理谈判研究的实践需求和理论价值．福建行政学院福建经济管理干部学院学报，2006(2).

低廉，而且通过谈判达成的协议是参与各方共同意志的产物，有助于保持长期的合作。在当代西方国家，两党制或多党制的存在，也使得法律或政策的制定过程成为一个博弈的过程，党派之间的冲突与合作成为政治舞台的普遍现象。解决党派以及不同政治利益集团之间的矛盾和冲突，同样要靠谈判。

经济领域并非只是企业和消费者活动的领域。在自由资本主义时期，西方政府奉行不干预政策，此时，经济活动独立于公共领域之外，属于私人领域。经济活动的谈判（商务谈判）从目的和出发点来看，也是为了谋取谈判者（个体或经济组织）自身的利益。然而，随着公共事务的增多，政府管理也扩展至经济领域。从宏观方面来看，政府是宏观经济的调控者；从微观方面看，政府不仅是公共产品的提供者，而且通过政府采购行为成为消费者。随着经济全球化的发展，加入世界贸易组织之后的中国，也需要协调与其他国家或地区在经贸领域的诸多关系。这些都为公共管理谈判开辟了广阔的空间。

与政治领域和经济领域相比，社会领域涉及更为复杂的利益冲突和矛盾。在利益多元化的背景下，公共管理主体之间的关系（如政府与非政府组织的关系、非政府组织之间的关系）、公共管理主体与其服务对象之间的关系（如农村村民委员会与村民之间的关系）、公民个体之间的关系等都是极为复杂的。协调这些关系，化解矛盾，解决冲突，公共管理谈判无疑是一种不可替代的手段，因为这些关系很难完全以法律、道德来规范。

在构建社会主义和谐社会的背景下，公共管理谈判的重要性尤为突出，因为和谐社会不可能依赖强制来实现。“和谐”的实现是一个过程，“和”是手段，“谐”是目的。公共管理谈判是“和”的一种重要表现形式。我们可以从公共管理谈判在实践中的具体应用来探讨其在构建社会主义和谐社会中的重要意义。

（1）行政合同。行政合同是行政主体为实现行政目的，与行政相对方基于双方意思表示一致而缔结的关于设立、变更、终止行政法律关系的协议，是行政管理的一种特殊方式。行政合同是以契约的形式规范行政主体与行政相对方之间权利义务的一种协议。在各种行政合同订立过程中，如果没有行政相对方的参与，就不是一种行政合同，而是行政命令了，因而，谈判是行政合同订立的必要手段。

（2）城市房屋拆迁。从法律角度来分析，房屋拆迁涉及的双方应当是地位平等的，而且较多涉及的是经济利益关系，因而，通过谈判来解决利益矛盾是一种较优的选择。为了减少这种谈判的成本（因为拆迁办面对的是千家万户），也为了更好地维护市民的合法权益，同时防止极个别的“钉子户”漫天要价，可以选择集体谈判方式。通过这种谈判，有助于避免可能发生的恶性冲突，形成有利于各方的利益分配格局。

（3）群众上访问题。“群众利益无小事”，某些事对于政府来说是小事一桩，但对于普通群众可能就是天大的事。比如，邻里纠纷、干群矛盾、下岗失业、分配不公等，都可能引发上访问题。面对这些问题，依法维护公民的权益和加强社会主义道德建设都有一定的作用。但是，并非所有的矛盾都可以通过道德途径来解决，特别是对于一般群众，空洞的道德说教往往难以在短期奏效，而动辄诉诸“公堂”，一方面会造成滥讼，加大司法成本，另一方面也会恶化人际关系，经常出现“赢了官司，输了人心”的情况。如果能够通过公共管理谈判来解决这些问题，则经济成本会更低，社会效果会更好。在这种类型的谈判中，为避免“公说公有理，婆说婆有理”的现象，应引入公共评价机制，即在政府及其他公共管理主体（尤其是非政府组织）的主导下，由利益无关者共同组成“陪审团”，对利益相关者的谈判过程进行监督、评判，防止利益相关方的非理性行为。

（4）人质解救。在公共安全领域，人质解救属于高难度的问题，光靠武力往往难以成功，与犯罪嫌疑人谈判是在所难免的。诸多贸然使用武力的失败的解救无不反映单纯依靠武力解救的弊端，凸显谈判的重要性。保障生命安全是维护公共安全的终极目的，谈判所追求的最佳效果就是力争冲突得以和平解决，它作为一种相对独立的方式，在解救人质行动中不可或缺。现在全国各地警方都意识到了谈判专家在人质解救中的重要性。必须树立以谈判专家为中心的人质解救理念，从制定科学的培训计划、应急预案、现场指挥体系和现场处置策略等方面着手，架构起长效的危机处理机制。[①]

（5）劳动纠纷解决。劳动关系即雇员与雇主（包括各自的组织）之间的关系。在计划经济时代，劳动关系仅仅是劳动者与用人单位之间的简单关系；改革开放后，社会主义市场经济体制与现代企业制度逐步建立，我国就业形态多样化，出现劳动纠纷也就不可避免。在市场经济条件下，劳动关系的和谐与否将直接关系到社会秩序能否稳定。劳动关系理论及集体协商制度，对于解决劳动纠纷问题具有很强的理论和现实意义。

8.4　公共组织沟通的改善

8.4.1　公共组织沟通的障碍

1. 公共组织沟通障碍所产生的问题

沟通障碍所指的是这样的现象：在管理中，信息在不同层面之间进行传递时，传递的速度不符合现实需求，信息不能得到及时准确的传递，同时影响了组织的工作效率。

公共组织中的沟通障碍会给公共组织良好工作气氛的形成、效能的发挥带来诸多不利影响。具体而言，公共组织中的沟通障碍往往会导致如下几个方面的问题：

（1）对公共政策的理解偏差。在对公共政策的理解上，我们很容易因选择性知觉（selective perception）而造成理解上的偏差，也就是说，我们易根据自己的已有知识、经验、背景及其他个人特点有选择地去看或听政策中所包含的信息，同时还会无意识地对其进行加工。而当这种已“变形”的政策信息传递给执行层面时，他们也会犯相同的错误。依此类推，结果最底层了解到的政策已发生了很大偏差。当我们采用自上而下的沟通时，组织的层级越多，沟通的频率越低，政策理解的偏差就可能越大。

（2）公共组织的绩效受到影响。沟通是协调的基础和前提，协调依赖于沟通，又能反过来促进沟通。协调不够常常是从沟通出现障碍开始的。公共组织之间或同一公共组织内不同单元的沟通障碍常常导致工作得不到他人的支持、工作责任区重叠或出现盲区、相同的差错多次发生在不同人和地区中、有效的执行经验得不到共享、重要信息只是在小团体内传递、群体凝聚力降低、组织内部文化不能促进工作高效开展等现象，从而降

① 刘建华．人质解救的新理念：谈判专家中心论．山东公安专科学校学报，2004（6）.

低组织内个人的努力程度等。这些沟通障碍引起的协调问题势必降低公共组织的绩效。

(3) 对公共政策制定和执行的影响。公共组织，尤其是政府组织，承担着制定和执行公共政策的重要任务。政策制定和执行顺利与否，关键就在于事前是否充分准备、事后能否及时正确处理，如若不能，就会影响政策执行或节外生枝。而沟通是其中的关键。沟通障碍对公共政策的制定和执行有如下几个方面的影响：1) 执行人员向上沟通时对坏消息进行过滤。2) 漠视目标群体的反馈，一味强制执行。3) 决策者对于决策可能存在的缺陷准备或说明不足。

2. 公共组织中沟通障碍产生的原因

公共组织中沟通障碍产生的原因具体包括以下几个方面：

(1) 公共组织结构不合理。组织机构庞大，层次太多，会直接影响信息沟通的及时性和信息的真实性。各职能部门之间缺乏沟通以及沟通的渠道单一而造成信息不充分等，会影响组织的有效运转。另外，信息传递者在组织中的地位、信息传递链、团体规模等结构因素也会影响沟通效果。许多研究表明，地位差异对沟通的方向和频率有很大的影响。地位越悬殊，信息越趋向于从地位高者流向地位低者。地位越悬殊，信息传递层次越多，它到达目的地的时间就越长，信息失真率则越大，越不利于沟通。

(2) 沟通渠道的因素。沟通渠道相对单一、选择的沟通渠道不适合沟通的信息、没能达成双向沟通等都会导致沟通障碍。如果沟通渠道不对，沟通一定不能完成，因为接收者接收不到信息。反馈不足也是沟通渠道的问题之一。影响反馈的因素主要是上级对下级的态度以及下级对待上级的态度。一方面，如果上级不给下级机会和渠道表明他们对所接收信息的理解，就排除了反馈的机会，降低了沟通的有效性。另一方面，若下级为了不在上级心中形成不良印象，隐瞒对自己不利的信息，或不能向上级提出自己的需要，就会造成上下级之间沟通的困难。相反，若下级积极利用反馈的机会向上级说明自己的情况，则会大大提高沟通的有效性。

(3) 个人因素。个人因素包括个体的个性差异、个体的心理素质和心理品质以及个体对信息的态度等。信息沟通在很大程度上受个人因素的制约。个体的性格、气质、态度、情绪、见解等的差别，都可能造成信息沟通的障碍。具体可分为：1) 沟通者的畏惧感造成的沟通障碍。2) 对信息的态度不同所造成的障碍。3) 知觉选择偏差所造成的障碍。4) 公共组织管理者自身素质差、组织中一般工作人员的素质低下、没有形成合理的人员搭配、没有富有活力的团队等造成的沟通障碍。

(4) 公共组织中不良文化的影响。公共组织中不良的工作价值观、官僚文化、帮派文化、过分强调等级等都会直接导致沟通障碍。一个组织中如果存在上述不良文化，必然会导致不好的组织气氛，从而对信息接受程度产生影响。来自一个相互高度信赖和开诚布公的组织的信息，被接受的可能性要比来自气氛不正、相互猜忌和提防的组织的信息大得多。

8.4.2 公共组织的有效沟通

所谓有效沟通，是指具备准确性、实时性和效率的沟通。准确性是指信息从发送者传到接收者时保持原意（即不失真、不产生歪曲、不遗漏）的程度。实时性则是指信息从发送者传到接收者的及时程度。效率则是指单位时间内传递信息量的多少。准确性、实时性和效率这三者越高，沟通的有效性就越高。沟通的有效性对群体和组织的运作有着十分重要的影响。

公共组织要实现有效沟通，必须从以下方面着手：

（1）搭建合理的组织结构。为了改善组织沟通效果，应尽量减少组织的结构层次，消除不必要的管理层，同时还应避免机构的重叠，拓展沟通渠道，加强部门之间的联系，以加快信息沟通的速度，保证信息的准确和充分。减少组织层级和增加沟通频率，可以加快执行主体间的信息流通速度，增加平行沟通的机会，从而提高执行主体间沟通的速度和准确度，减少沟通障碍。

（2）根据实际需求，合理选择沟通渠道及沟通类型。缩短信息传递链，拓宽沟通渠道，保证信息的双向沟通。领导者应激发员工和民众自下而上地沟通。例如，允许成员和民众提出问题，并得到高层领导者的解答；组织内部刊物和网站设立有问必答栏目，鼓励成员和民众提出自己的疑问。此外，在利用正式沟通渠道的同时，可以开辟非正式的沟通渠道，让领导者走出办公室，亲自同组织成员及民众交流信息。坦诚、开放、面对面的沟通会使组织内部成员和组织所服务的民众觉得组织理解自己的需要和关注点，取得事半功倍的效果。

（3）提高组织人员素质，尤其是组织管理者的综合素质。公共组织领导者要充分认识到有效沟通的重要性，并用这种思想指导工作。领导者必须真正地认识到进行沟通对实现组织目标十分重要，领导组织建设良好的沟通文化，营造健康的沟通环境。另外，从一定程度上来讲，组织中的成员的个人素质以及沟通能力的高低，是公共组织无障碍化沟通能否落实的关键。

专 栏

宋太祖：不因诘问发怒

宋太祖“杯酒释兵权”，解除了石守信、高怀德等人的兵权后，想重新找一名将才统率禁军，他想到了符彦卿。符彦卿原是周世宗柴荣手下一员虎将，南征北战，军功累累。宋太祖取后周而代之，符彦卿俯首称臣，宋太祖加封他为太师。作为太师，名位已盛，再授禁军，恐尾大不掉，重新埋下武夫乱国的隐患。为此，户部侍郎、枢密副使赵普多次谏阻。

但宋太祖主意已定，而且拟好了任命诏书，交下面传达。赵普听说后，自作主张，从有关部门截获了任命诏书，揣在怀里，又去找宋太祖，谏阻说：“惟陛下深思利害，勿复悔。”宋太祖见赵普老是拿符彦卿说事，不高兴地说：“卿苦疑彦卿，何也？朕待彦卿厚，彦卿岂负朕耶?!”他自认待符彦卿不薄，符彦卿绝不会忘恩负义，背叛自己。赵普见皇帝执迷不悟，便说：“陛下何以能负周世宗?”是啊，周世宗也待你不薄，你不照样取人家江山！面对这种直言不讳的诘问，宋太祖竟出人意料地没有发怒，反而在沉吟片刻后，听从了赵普的建议，取消了对符彦卿的任命。其实，不单为符彦卿加官一事，之前的“黄袍加身”“杯酒释兵权”等一系列决策，也无不是宋太祖纳部下之谏的结果。

资料来源：晏建怀．北宋皇帝纳谏．北京青年报，2013-09-03.

（4）塑造优秀组织文化，创造良好的沟通氛围。民主社会的一个重要特征是人的尊严能得到维护。如果在管理上能够尊重人格，这个组织往往能产生较高的效率。因而保障组织中每个人交往沟通的自由是组织沟通管理的基本内涵。组织要形成沟通的良好氛围，组织的主管人员要成为沟通的中心，促进组织成员彼此了解，增进团结，发挥组织的能动作用。创造一个相互信任、有利于沟通的小环境，有助于人们真实地传递信息和正确地判断信息，避免因偏激而歪曲信息。

（5）促进信息流通利用和平等共享。在信息社会中，信息就是力量和财富。公共组织是最大的信息源，若能充分利用此资源，实现信息流通和共享，必然有助于国家的整体发展。例如，政府信息化可以使政府机关借助现代信息和通信技术建立政府组织间以及政府与社会、政府与企业、政府与公民之间的广泛的沟通网络，这种沟通网络可以打破时间、空间及行政组织部门与层级之间的限制，提高政府内外的沟通效率，及时传达政府之施政意图、方针与政策，反映公民的要求和呼声，从而提高政府治理的反应能力和社会回应力。政府可以借助微信、微博、抖音等新媒体以及政务客户端、政府网站等，充分运用大数据、云计算与人工智能等新技术，与民众建立一个迅速、有效的沟通途径和意见反馈机制，从而实现和扩大公民对公共管理的参与。

本章小结

公共组织沟通是指在公共管理活动中，公共组织与外界环境之间，公共组织内部各部门、层级、人员之间信息的交流与传递过程。公共组织沟通按照不同的标准可以有不同的分类。沟通的过程就是信息传送者将信息传递给信息接收者的过程。在这一过程中包含以下要素：信息的发送者、信息的内容和形式、信息的传递渠道、信息的接收者、信息产生的结果。

公共组织中的群体沟通是指公共组织中群体与群体之间的沟通，主要包括正式群体与非正式群体之间、正式群体之间、非正式群体之间的沟通等。公共组织中的人际沟通是指公共组织中个体与个体之间的沟通，包括领导与成员、成员与成员、领导与领导之间的沟通。

公共组织中的冲突是指公共组织人员或公共组织群体由于互不相容的目标、认识或情感而产生的一种紧张状态。冲突对组织的作用是积极的，还是消极的，往往与管理者采取何种态度和策略直接相关。冲突管理策略有：回避、建立联络小组、树立超级目标、采取强制方法、解决问题。谈判是当事人为满足各自需要和维持各自利益而进行的协商过程。公共管理谈判是公共管理领域解决冲突、化解矛盾的重要途径。

公共组织中的沟通障碍会给公共组织良好工作气氛的形成、效能的发挥带来诸多不利影响。公共组织中沟通障碍产生的原因具体包括：公共组织结构不合理、沟通渠道的因素、个人因素、公共组织中不良文化的影响。公共组织要实现有效沟通，必须从以下方面着手：搭建合理的组织结构；根据实际需求，合理选择沟通渠道及沟通类型；提高组织人员素质，尤其是组织管理者的综合素质；塑造优秀组织文化，创造良好的沟通氛围；促进信息流通利用和平等共享。

关键术语

沟通　公共组织沟通　正式沟通　非正式沟通　上行沟通　下行沟通　平行沟通　斜向沟通　链式沟通　环式沟通　Y式沟通　轮式沟通　全通道式沟通　言语沟通　非言语沟通　群体沟通　人际沟通　冲突　回避　超级目标　谈判　谈判主体　谈判客体　谈判环境　公共管理谈判　沟通障碍　选择性知觉　有效沟通

复习思考题

1. 简述沟通与公共组织沟通的含义。
2. 与企业组织的沟通相比，公共组织沟通具有什么特点？
3. 论述公共组织沟通的功能。
4. 论述公共组织沟通的类型。
5. 沟通过程包含哪些要素和步骤？
6. 什么是公共组织中的群体沟通？
7. 什么是公共组织中的人际沟通？
8. 如何在公共组织中通过人际沟通营造良好的人际关系？
9. 简述冲突的概念与类型。
10. 简述冲突产生的原因与作用。
11. 论述冲突管理的策略。
12. 简述谈判的含义和要素。
13. 公共管理谈判主要有哪些应用领域？
14. 公共组织中的沟通障碍会导致哪些问题？
15. 论述公共组织中沟通障碍产生的原因。
16. 如何实现公共组织的有效沟通？

阅读材料

“领导留言板”是人民日报社专门为中央部委和地方各级党委政府主要负责同志搭建的网上群众工作平台，由人民网运营。新时代10年来，各地区各部门各单位将“领导留言板”作为践行网上群众路线的重要抓手，通过平台问需于民、问计于民。

2021年底，山东省委、省政府召开专题会议制定了“山东省人民网网民留言办理机制”。该机制施行以来，山东省2 000家职能单位陆续入驻“领导留言板”平台办理网民留言，部分市区县建立本地人民网网民留言办理专项工作机制或成立专项办公室，全省网民留言办理质效明显提升。

人民网派出调研组，在山东省信访局支持下，前往山东多地开展调研，深入了解该机制建设运行的经验做法，并与留言办理单位开展面对面座谈，听取一线工作人员关于走好新时代党的群众路线、推进网上群众工作高质量发展的意见建议。

在济南市，调研组到济南市人民网网民留言办理专项机制办公室，详细了解济南市创新搭建的“147”工作体系、七步工作法及人民网留言办理工作规程，并与工作人员进行业务交流；走进章丘区人民网留言办理中心、文祖街道社会治理综合服务中心、双山街道三涧溪村等地，调研当地全面覆盖的区、街镇、村（社区）三级帮办员队伍情况，深入了解章丘区“三位一体”办好人民网留言、解决人民群众急难愁盼问题的工作模式。

在聊城市，调研组与留言办理工作人员进行交流座谈，深入了解当地持续开展的留言办理“回头看”工作。近年来，聊城通过暗访或与当事人直接沟通的方式不断掌握第一手情况，将督查情况进行通报，工作力度和效果获得群众满意。

调研期间，调研组还开展了三组座谈访谈，与10余家留言办理单位的负责人和工作人员面对面沟通，深入了解日常留言办理工作积累的问题、调研发现的情况，并对“领导留言板”数据如何有效帮助各地更好开展调查研究进行了介绍。

资料来源：宋翠，徐明玥．人民网赴山东调研网民留言办理机制．(2023-04-26)．人民网．

思考题

1. 根据公共组织沟通的相关理论，具体分析本案例中的沟通类型。

2. 结合本案例，你认为应如何实现公共组织的有效沟通？

第9章

公共组织文化

公共组织文化对公共组织管理具有重要的影响。任何公共组织都处于一定的文化环境，并受到相应文化的深刻影响，因而形成独特的组织文化，体现为独特的行为方式。可以说，任何公共组织的管理活动，都体现了一定的文化因素，并受到一定文化的规范和制约。本章主要介绍公共组织文化的含义与类型；公共组织文化的内容与特征；公共组织文化的结构与功能；公共组织文化建设。

9.1　公共组织文化概述

9.1.1　公共组织文化的含义

1. 文化

一般认为，文化有广义和狭义之分。从广义上说，文化是指人类社会历史实践过程中所创造的物质财富和精神财富的总和。从狭义上说，文化是指社会的意识形态，以及与之相适应的制度和组织机构。

从文化的表现形态看，文化可分为物质文化、制度文化和精神文化三种。通常学术界把下列内容视为文化的组成部分：人们的生活方式；个人从其所在群体中继承的社会遗产；思想、感情、信仰；积累起来的知识；社会组织、政治制度及经济关系；伦理道德与价值标准；行为方式；历史的积淀。

文化的基本特点是：(1) 文化既是人类活动的产物和结果，又制约、指导人类活动；(2) 文化是通过后天的学习得来的，由人类构造的信息传播系统进行传递；(3) 文化具有适应性，适应于特定的自然与社会环境，而对另一些社会则不一定适应；(4) 文化具有整合性，构成一个社会的文化的要素和内容相互协调一致；(5) 文化是不断变化的，随着社会物质生产的发展而不断发展。

文化是一种普遍的社会现象，与人类活动有着密切的联系。一个社会的文化形成十分复杂，它是在一个相当长的历史过程中，在自然环境、人类活动和社会环境的各种因素相互作用过程中形成的。文化形成的稳定性和复杂性，决定了每一个社会的文化都有相对的稳定性和独特性。虽然文化是由社会物质生产发展所决定的，并随社会物质生产的发展而发展，但文化的形成与发展往往滞后于社会物质生产的发展。因此，文化的改变和发展是一项较为艰巨的任务。文化产生于人类的生产、生活，又对产生它的各种因素具有反作用。文化对社会的反作用通过它的功能体现出来，包括维持生存、教育传播、整合、发展等功能。文化对社会的反作用既可以是良性的，即维持、推动社会发展；也可以是非良性的，具有破坏效应，对社会发展起阻碍作用。

2. 组织文化

虽然目前“组织文化”仍是一种较为模糊的概念，国内外学者关于组织文化内涵的界定也不尽相同，但基本上都认为，组织文化同民族文化和人的个性等概念一样具有实质性内容，它是组织的价值观和基本信念，这种价值观和信念指导组织的一切活动和行为，并影响着组织成员的行动和思维方式，决定着组织的基本取向。

国外的学者大多把组织文化看成是组织在长期的生产经营中形成的特定的文化观念、价值体系、道德规范、传统、风俗、习惯和与此相联系的生产观念。组织正是依赖这些来组织内部的各种力量，将其统一于共同的指导思想和经营哲学之下。我国学者关于组织文化的定义基本上是借鉴了国外学者的观点，认为组织文化是组织的价值观、行为方式、精神现象等。

组织是按照一定的目的和形式建构起来的社会团体，为了满足自身运作的要求，必须有共同的目标、共同的理想、共同的追求、共同的行为准则以及相适应的机构和制度，否则组织就会是一盘散沙。而组织文化的任务就是努力创造这些共同的价值观念体系和共同的行为准则。从这个意义上来说，组织文化是指组织在长期的实践活动中所形成的并且为组织成员普遍认可和遵循的具有本组织特色的价值观念、团体意识、行为规范和思维模式的总和。

专　栏

领导干部要严守党的政治纪律和政治规矩

党的纪律和规矩是多方面的、有机统一的，其中第一位的是政治纪律和政治规矩。遵守党的政治纪律和政治规矩，是遵守党的全部纪律和规矩的基础，是坚持党的政治立场、政治原则和政治方向的前提，是提高党的领导水平和执政水平、增强党的拒腐防变和抵御风险能力的关键。只有政治上清醒，才能有行动上的自觉；只有政治上坚定，才能经得住各种考验。各级领导干部要把严守党的政治纪律和政治规矩摆在更加重要的位置，作为刚性约束贯穿全过程，把党要管党、从严治党各项要求落到实处。

要强化理论武装，打牢严守政治纪律和政治规矩的思想基础。欲知平直，则必准绳；欲知方圆，则必规矩。要深入学习习近平总书记重要讲话精神，深刻领会精神实质和核心要义，把握贯穿其中的立场、观点、方法，使自己成为守纪律、懂规矩的明白人。要认真学习党章，严格遵守党章，始终在思想上政治上行动上与党中央保持高度一致，坚定维护党的团结统一，严格遵守党内政治生活有关制度和组织程序，坚决服从组织决定，做到在党言党、在党忧党、在党为党。要做尊法学法守法用法的模范，在法纪约束下用权、在制度笼子里办事、在规矩界限内作为，不超越政策搞变通，不违规操作越红线。

资料来源：领导干部要严守党的政治纪律和政治规矩．黑龙江日报，2015-08-29.

组织文化具有以下特征[①]：（1）组织文化的意识性。组织文化是组织内一种群体的意识现象，是一种意念性的行为取向和精神概念。（2）组织文化的系统性。组织文化由共享价值观、团队精神、行为规范等一系列内容构成，各要素之间相互依存、相互联系。（3）组织文化的凝聚性。良好的组织文化意味着良好的组织氛围，它能够激发组织成员的士气，有助于增强群体凝聚力。（4）组织文化的导向性。组织文化规定了人们行为的准则与价值取向，它对人们的行为有着最持久、最深刻的影响力。（5）组织文化的可塑性。组织文化可以通过人为的后天努力加以培育和塑造，已形成的组织文化也会随着组织内外环境的变化而加以调整。（6）组织文化的长期性。组织文化的塑造和重塑的过程需要相当长的时间，而且是一个极其复杂的过程，组织的共享价值观、共同精神取向和群体意识的形成不可能在短期内完成。

3. 公共组织文化

公共组织文化是在公共组织活动中表现出来的一种独特的文化形式，它借助公共组织主体、公共组织活动、公共组织对象体现相应的特质。从其构成上讲，公共组织文化是一个复合整体，包括人们对组织体系及其实践活动的态度、情感、信仰和价值观，以及人们所遵循的公共组织原则、公共组织传统和公共组织习惯等。具体来讲，公共组织文化的内容包括公共组织意识、公共组织观念、公共组织理想、公共组织哲学、公共组织道德、公共组织原则、公共组织传统、公共组织习惯等。

作为社会文化的一个有机组成部分，公共组织文化的产生同样受到社会物质生产运动的决定性影响。但是，直接促成公共组织文化的，则是社会文化和具体公共组织的实践活动两个因素。公共组织文化正是在社会文化基础上，在公共组织体系的实践活动中形成的。在不同的公共组织体系中，在一定的活动范围内，公共组织主体进行具体的实践活动时，总是不可避免地带有社会文化的各种因素和成分，推动形成特定的公共组织文化。因此，公共组织文化作为文化的一个有机组成部分，是通过公共组织主体之间的相互行为和相互关系表现出来的。通常，不同的社会有着不同的公共组织体系，在不同公共组织体系的实践活动中，会形成不同的公共组织文化。

与一般社会文化一样，公共组织文化具有适应性和整合性，这就意味着公共组织文

① 陈春花，段淳林．中国行政组织文化．广州：华南理工大学出版社，2005：14.

化处在不断变迁的过程之中。简单地讲，公共组织文化经历着从传统向现代的变迁。公共组织文化随着社会物质生产运动的变化而发生变迁，体现了公共组织文化的适应性特征。同时，如果公共组织文化的某个部分适应社会环境的变化而发生了变迁，则公共组织文化的其他部分也会发生相应的变化，这体现了公共组织文化的整合性特征。

公共组织体系中的组织成员对公共组织文化的变迁起着重要的作用。公共组织人员的行为变化或对公共组织文化规范的偏离给公共组织文化的变迁提供了可能。而社会环境是训练公共组织人员的重要场所，直接影响公共组织人员的观念、意识和价值观，从而间接地影响整个公共组织体系的活动过程。因此，良好的社会环境是形成良性的公共组织文化的前提。而建立和培育良好的社会环境，关键在于发展社会生产力，建构民族发展的先进文化，发展社会的物质文明和精神文明，由此，进一步推动公共组织管理的科学化和高效化。

循着上述思路，我们可对公共组织文化做出如下界定，即广义的公共组织文化是指公共组织意识形态，以及与之相适应的公共组织制度和公共组织机构。而狭义的公共组织文化，则是指公共组织意识形态，即在公共组织实践活动的基础上形成的，直接反映公共组织与公共关系的各种组织目标、价值标准、基本信念、行为规范和精神活动状态。[①] 本章将从狭义的公共组织文化这一视角对之做出分析和解释。

9.1.2 公共组织文化的类型

公共组织文化的类型可以从不同的角度来划分。

（1）根据结构-功能分析，公共组织文化可分为：

1）角色型公共组织文化。这是传统官僚型组织的典型形式，这种组织结构是由多个层级的等级制度构成的，有着健全的正式规则、规章制度和工作程序。2）权力型公共组织文化。它经常出现在具有高权威的个人的公共组织中。该类组织的中心权威倾向于通过非正式决策而不是通过固定的规则和规章制度来处理特定的问题。3）任务型公共组织文化。强调灵活性、适应性和工作团队内部成员之间的平等性，强调横向沟通而不是垂直沟通，注重个人和组织绩效，它经常被认为是最适合进行变革的组织文化。4）人本型公共组织文化。在这种组织文化里，强调个人的自由和人际关系，通过相互之间的信任对组织进行控制。因此，它是同高度非集中化和非正式的组织结构相联系的。

（2）根据隶属区域，公共组织文化可分为：

1）社会总体公共组织文化。这是指整个社会的各种公共组织活动中基本的、具有全社会普遍意义的价值体系、思想观念、组织道德等因素构成的公共组织文化。它往往对整个公共组织系统产生作用，对全社会的各个公共组织和管理活动都具有意义。2）区域公共组织文化。由于一个社会中的不同地区的政治、经济发展不平衡，或由于生活于不同地区的民族之间的风俗习惯的差异，往往形成与社会总体组织文化在形式上存在一定

① 张建东，陆江兵．公共组织学．北京：高等教育出版社，2003：135.

差异的区域行政文化，又可称为亚公共组织文化。

（3）根据表现形式，公共组织文化可分为：

1）精英公共组织文化。这是指在公共组织系统中占有一定地位，对公共组织活动尤其是公共组织决策产生重要影响的精英们的思维方式和行为方式。2）大众公共组织文化。这是指公共组织活动中执行者、接受者、旁观者对公共组织体系、公共组织活动产生的文化因素。通常，大众公共组织文化在公共组织生活中的作用并不突出。但是，一旦精英文化与大众文化发生矛盾冲突，公共组织管理中的危机便会降临。

（4）根据作用直接与否，公共组织文化可分为：

1）显性文化。这是指在公共组织中明确表现出来的文化因素，如公共组织原则、公共组织习惯等。2）隐性文化。这是指作用不太明显，而是潜移默化地影响公共组织行为的文化因素，如所谓的“潜规则”。

专　栏

潜规则

“潜规则”是相对于“元规则”“明规则”而言的，是指看不见的、没有明文规定的、约定俗成的、广泛认同的、实际起作用的、人们必须“遵循”的一种规则。

潜规则的特点：

- 潜规则是人们私下认可的行为规则。
- 这种行为规则，依据当事人双方（各方）给对方带来利益或者给对方带来伤害的能力，在社会行为主体的互动中自发形成，可以使互动各方的冲突减少，降低交易成本。
- 所谓约束，就是行为越界必将招致报复，对这种后果的共识，增强了互动各方行为的预期稳定性。
- 这种在实际上得到遵从的规矩，背离了正义观念或正式制度规定，侵犯了主流意识形态或正式制度所维护的利益，因此不得不以隐蔽的形式存在，当事人对隐蔽形式本身也有明确的认可。
- 通过这种隐蔽形式，当事人将正式规则的代表排除在局部互动之外，或者，将代表拉入私下交易之中，凭借这种私下的规则替换，获取正式规则所不能提供的利益。

（5）根据民族文化差异，公共组织文化可分为：

1）西方公共组织文化，以讲求实证、法治、规范和民主等为特征。在西方公共组织文化内部，按民族和国家，又可分为美国公共组织文化、英国公共组织文化、欧洲大陆公共组织文化、日本公共组织文化等几大类型。2）东方公共组织文化，以中国公共组织文化为代表。中国公共组织文化在一定程度上受到中国传统文化的影响。中国传统文化的主要内容有：大一统的信念，集权主义的价值和原则，人治与礼治的原则，官僚主义的组织方式等。

9.2　公共组织文化的内容与特征

9.2.1　公共组织文化的内容

公共组织文化的内容是指构成其文化的精神要素等。从公共组织文化的内在构成上分析其内在的精神要素，公共组织文化的内容包括公共组织精神文化、公共组织伦理文化、公共组织心理文化。①

1. 公共组织精神文化

人是有精神的，组织也不例外。广义的精神文化是心理、意识、精神等因素的综合，狭义的精神文化是其中的一部分。这里所论述的是狭义的精神文化。

具体地说，公共组织精神文化应当包括以下几个方面的内容：

（1）公共组织人员应当具备正确的世界观、人生观和价值观。所谓正确的世界观、人生观和价值观，是指马克思主义的辩证唯物主义和历史唯物主义的世界观、马克思主义的科学人生观和价值观。公共组织人员只有具备正确的世界观、人生观和价值观，才能正确地认识世界、认识社会、认识自我，才能明是非、识善恶，才能在金钱、美色、权力面前经得起考验，抵得住诱惑，从而把握自己在社会中的地位，树立起良好的形象。

（2）公共组织精神文化是政党精神、民族精神的综合体现。中国共产党是我国公共组织的核心力量，所以，党的精神理所当然是我国公共组织的核心的精神力量。党全心全意为人民服务的精神是公共组织人员行动的根本宗旨；党的大公无私的共产主义精神是公共组织人员的最高追求。以爱国主义为核心的团结统一、爱好和平、勤劳勇敢、自强不息的伟大民族精神是培育公共组织精神文化的重要基础。公共组织是融入中华民族之中的，是其中非常关键和重要的一部分。因而，中华民族精神在公共组织文化中体现得更为鲜明。如爱国主义体现在公共管理中就是要求公共组织人员忠于国家利益，忠于职守，管理好国家事务和社会公共事务。

（3）公共组织精神文化是民主精神和法治精神的结合。所谓民主精神，就是要意识到：人民政权是人民当家做主的政权，公共组织是接受法律委托，代表人民行使管理国家和社会的权力，所以权力的运作要忠于人民的意志和人民的利益。贯彻民主精神就是要在公共管理过程中，真正体现民主意识，了解民意，体察民情，民主决策，民主监督。所谓法治精神，就是法律至上的精神，以法制权，依法治国，将公共权力置于法律的有效控制之下，任何人、任何组织不得超越法律。公共组织精神文化要求公共组织及其成员贯彻民主精神和法治精神，这样才能真正体现公共组织作为国家和人民受托组织的人

① 陈春花，段淳林．中国行政组织文化．广州：华南理工大学出版社，2005：109－147.

民性和权威性。

（4）公共组织精神文化应是时代精神的典型体现。所谓时代精神，就是体现时代特点的精神、与时俱进的精神。每一个时代都有自己的特点，都有自己的精神精华。当前时代，世界正在向多极化、经济全球化、市场化与信息化的方向发展。公共组织人员要有全球观念，以世界眼光观察、分析、研究和处理问题，不闭塞、不保守，引领组织和社会向前发展。与时俱进的精神实质是把握事物发展的规律性。公共组织与时俱进的过程是一个探索规律的过程，是一个历史的、具体的、逐渐深化理论的过程。公共组织的时代精神就是不迷信、不僵化，独立思考，顺应时代，尊重规律，按规律办事，体现时代特色，引领时代进步。

（5）公共组织精神文化的特色内涵。这是指每一个公共组织在组织发展过程中所形成的具有自身特色的组织精神和组织价值观。由于公共组织的政治性特点，其精神文化表现出更大的一致性和统一性，但是这种统一性仍然是建立在差异性基础上的。公共组织虽然不像企业组织那样具有鲜明的特色，但与其他组织相比也存在差异，甚至每一个公共组织都有有别于其他公共组织的特殊精神文化。比如，中央公共组织的严肃精神不同于地方公共组织的地方特色；沿海地区的公共组织与西部地区的公共组织在精神气质上也有很大不同。

2. 公共组织伦理文化

公共组织伦理文化就是公共组织及其成员在其公共管理活动中形成的伦理意识、道德规范，以及与此相关的伦理道德活动现象的总和。公共组织伦理文化不仅可作为公共组织内部环境，而且是整个社会道德风气的晴雨表，公共组织伦理文化直接影响着社会风气和社会道德水平。公共组织伦理文化是以公共管理伦理规范为核心的一系列道德现象。

从公共管理伦理规范的具体内容上看，公共组织伦理文化主要表现在以下方面：

（1）廉洁奉公。廉洁奉公是公共组织人员必备的最基本的公共管理道德，是公共组织人员行为的道德底线，这里廉洁和奉公互为前提，二者有机统一于公共组织人员的具体行为之中，它是同一问题的两个方面。要做到廉洁，必须奉公，做到了廉洁，也就做到了奉公，反之亦然。我国现阶段公共管理伦理规范关于廉政建设的具体内容有：不贪、不占、不奢。我国公共管理伦理规范关于奉公的具体规定有：忠于党、忠于国家、以人民利益为根本、服从全局、团结协作、公正严明、一心为公。

（2）勤政为民。勤政就是忠于职守，勤奋敬业。公共组织人员是社会各项工作的组织者和指挥者，必须在其位谋其政，兢兢业业，脚踏实地，也只有如此，为人民服务才不会是一句空话。为民就是要为群众办好事、办实事，切实解决群众在衣、食、住、行等方面的问题。勤政为民就是指公共组织人员应勤于政务、忠于职守，一心为民、服务于民。坚持勤政为民，必须做到以下几点：深入基层，广知民情；加快发展，帮民致富；多办实事，解民之忧；改善环境，使民安乐。

专 栏

勤政为民乃官德之本

中国人历来把“勤”作为最重要的官德来看待。舜帝称赞大禹说：“克勤于邦，克俭于家，不自满假，惟汝贤。”把勤于国家事务的禹，看作贤者。后来舜把帝位禅让给禹。有的古人更认为，“勤”字为人生第一要义。无论居家、做官、从军，皆应以“勤”为本。这是有道理的。这个“勤”，不只是“夙兴夜寐”这种表层的东西，更是“身任其劳，而贻百姓以安”，即勤政为民。今天来说，也就是忠于职守，艰苦创业，努力学习，全面、正确、积极地贯彻执行党的路线、方针、政策，不断提高工作质量和效率，刚正不阿，扶正祛邪，公道正派，为人们掌好权，用好权……一句话，以勤政为民为己任，永远保持人们的勤务员的本色。而在勤政为民的过程中，要敢想敢干，开拓创新，创造新局面；勤政为民，更需要为了党和人民的利益而克己奉公、自觉奉献的精神。可见，勤政为民体现了一个新时代领导干部的科学世界观、人生观和价值观，体现了一个共产党员的党性。

资料来源：勤政为民乃官德之本．(2023-02-11)．人民视线．

（3）求真务实。求真就是求真理、做真人、办真事，务实就是务实际、说实话、见实效。求真务实是解放思想、实事求是思想路线的具体体现。求真务实，首先要真心实意，这是对公共组织人员服务思想上的要求。公共组织人员应真正树立人民利益为本的服务理念，诚心实意为人民服务，不讲空话，不讲套话；要以科学的态度对待工作中的一切问题，实事求是，务求实效，不弄虚作假，不搞形式主义；要敢于说真话，讲实情，不敷衍塞责，不曲意奉承。求真务实，必须要有真才实学，这是对公共组织人员服务能力的要求。真本事、硬功夫是公共组织人员立足于本职工作的根本要素，而一知半解，不求甚解，甚至以假文凭做面子文章，只会混过一时，时间长了自然会原形毕露，对工作以及国家、社会、自己都有害无益。求真务实，还必须真抓实干，这是对公共组织人员服务行为的要求，也是求真务实的落脚点，真心实意、真才实学要见诸真抓实干，也只有在真抓实干中才能体现真心实意，才能真正获得真才实学。当然，真抓实干，必须实事求是，尊重客观规律，必须以效率为本、以创新为动力。

3. 公共组织心理文化

公共组织心理文化也是公共管理过程中不容忽视的一种文化现象，它的健康与否关系到组织能否优质高效地提供公共服务。公共组织文化主要体现在公共组织人员的心理活动及行为表现中。

公共组织心理文化是在当代生活实践中形成的，是对当代现实生活、公共管理实践的反映，但不可避免地要受到传统行政组织心理文化的影响和西方文化特别是西方行政组织心理文化的影响。就我国公共组织文化来说，公共组织心理文化的内容主要有正当竞争心理、开放创新心理、追求成功心理、权威依附心理、等级意识、平均主义心理、清官寄托心理、权力崇拜心理等。这些公共组织心理文化内容，有的是健康的，有的则是消极的。

我国倡导建设服务型政府，同样，公共组织也应当以人民为中心，以人民为本位，以服务为导向。公共组织心理文化应当包括如下内容①：

（1）公益动机。需要引发动机，动机产生行为。公共组织把实现公共利益作为首要目标，公共组织行为的动机是具体地实现公共利益。换言之，公共管理的动机应是实现和维护公共利益及社会的稳定，而不是维护自身形象，也不是追求自身利益。

（2）平等心理。平等心理的一个主要体现就是公共组织人员把自身定位于一个服务者的角色，因而具有公仆心理。具有这种心理的公共组织人员在公共管理活动中，会把自己的行为和工作看成是一种责任和义务，而不是一种“赐予”和“施舍”。平等心理体现为公平、公正地处理公共事务，公平、公正地对待每一个行政相对人，而不是抱有偏见和歧视。

（3）博爱精神。公共组织人员的博爱精神不但体现为热爱自己的工作，不把工作当成谋取私利的手段，而且体现为爱每一个行政相对人，把每一个行政相对人视为一个有独立意识的权利主体，最亲切的人，而不是管理的对象。博爱精神还体现为一种负责的心理态度，即所谓“先天下之忧而忧，后天下之乐而乐”。博爱精神在公共组织人员之间体现为基于人格平等的尊重，互尊互爱，不把一般办事人员看成是上司的附属物与“私有财产”，及完成工作任务的机器和工具。

（4）热情态度。公共组织人员对行政相对人不因地域、贫富、利益、情感上的不同之处而区别对待，对工作积极进取、对他人热情友善。态度始终是心理的反映。有什么样的心理，就有什么样的态度。在等级社会中，行政态度无不标上了等级的标签，而服务型政府所要求的行政态度应当始终体现为平等、友好、亲和、热情，急群众之所急，想群众之所想，与群众同呼吸、共命运。

（5）周到服务、行动快捷的工作习惯。在公共组织中，周到服务和行动快捷是一种工作习惯。定位于服务者角色的公共组织和公共组织人员应办事周到、全面，反应及时、快捷，高效率地回应公民要求。

9.2.2 公共组织文化的特征

文化作为影响社会生活的一种重要因素，在不同的社会生活领域中表现为不同的形式。公共组织文化是文化在公共组织中的一种表现形式。因此，公共组织文化除了具有文化的共性外，也有自身的特性，这些特性集中体现在几对辩证统一的关系之中。

---

① 罗忠桓．服务型政府的心理文化特征．重庆行政，2004（2）．

专 栏

以学铸魂 以学增智 以学正风 以学促干

理想信念是共产党人精神上的钙，坚定理想信念，始终是共产党人安身立命的根本。深入开展主题教育，就是要教育引导广大党员、干部经受思想淬炼、精神洗礼，坚定对马克思主义的信仰、对中国特色社会主义的信念、对实现中华民族伟大复兴中国梦的信心，弘扬伟大建党精神，务必不忘初心、牢记使命，务必谦虚谨慎、艰苦奋斗，务必敢于斗争、善于斗争，筑牢信仰之基、补足精神之钙、把稳思想之舵。

对党忠诚是共产党人必须具备的政治品格，是纯粹的、无条件的。深入开展主题教育，就是要教育引导广大党员、干部锤炼政治品格，以党的旗帜为旗帜、以党的意志为意志、以党的使命为使命，始终忠诚于党、忠诚于人民、忠诚于马克思主义，真心爱党、时刻忧党、坚定护党、全力兴党。

干事担事，是党员、干部的职责所在，也是价值所在。深入开展主题教育，就是要教育引导广大党员、干部胸怀“国之大者”，紧紧围绕新时代新征程党的中心任务，真抓实干、务求实效，聚焦问题、知难而进，以时时放心不下的责任感、积极担当作为的精气神为党和人民履好职、尽好责，以新气象新作为推动高质量发展取得新成效，依靠顽强斗争打开事业发展新天地。

资料来源：以学铸魂 以学增智 以学正风 以学促干．(2023-04-06)．中央纪委国家监委网站．

1. 个性与共性的统一

公共组织文化的形成离不开特定公共组织具体的活动实践，不同组织的不同行为方式应融入相应的组织当中。同时，由于民族文化、所在地区、所属部门不同，形成了不同的公共组织不同的文化个性。首先，从纵向来看，公共组织在自己发展的各个不同时期，都有独特的公共组织文化。处在不同历史发展阶段的公共组织，其文化的形态必然不同。其次，从横向来看，不同的公共管理系统有着不同的公共组织文化。由于不同国家和民族的社会经济结构不同、政治体制不同、文化背景不同、民族心理和民族精神不同，因此其公共组织文化也各有不同。最后，在同一公共管理系统内部，层级不同、职能不同，其公共组织文化也有差异。

但是，各个公共组织毕竟同属公共管理系统，都从事公共管理活动，都必须遵守共同的客观规律，如必须调动组织成员的积极性，争取群众的欢迎和信任等，因而它们的组织文化又具有共性的一面。这就是公共组织文化的个性与共性的统一问题。

2. 抽象性与具体性的统一

我们所界定的公共组织文化概念属于主观意识领域，是对复杂的现实事物的高度抽象。第一，公共组织文化所包含的公共组织意识、观念、理想、哲学、道德、原则、传统、习惯等都是以人的主观意识为依托，存在于人们头脑中的无形的、抽象的精神因素；第二，公共组织文化并不简单地等同于公共组织活动中某一具体的人、事、物、行为或观念，而是蕴含于这一切之中的抽象的信息、含义或精神。

但同时也必须看到，公共组织文化并不是一种纯意识领域的东西，它不能离开现实的具体事物而孤立地存在。第一，公共组织文化是在公共组织成员的具体公共管理活动中逐步形成的，而不是凭空产生的；第二，公共组织文化总是蕴含于某一个别的事物之中，具体体现于公共组织成员的各种公共管理活动，并对公共组织人员及其公共管理活动产生影响和制约。

3. 稳定性与变革性的统一

公共组织文化伴随着组织的组建、成长、壮大而诞生和完善，所以它的形成往往要经历很长时间。一旦某一公共组织特有的文化形成，它就将长期影响甚至支配该组织成员的群体性行为，不会因为日常的、细小的外部环境的变化或个别领导和成员的岗位变迁而发生变化。这种稳定性从历史的角度看不是绝对的，其随组织生存发展环境的变迁而变迁（尽管带有一定程度的滞后性）却是绝对的。这种稳定性与变革性的辩证统一要求公共组织领导者在建设公共组织文化时既保持其相对稳定，也注意保持该组织文化的弹性，并自觉地经常地进行观念更新。否则，他领导下的组织必将因该组织文化的封闭僵化而产生工作失误。这就是公共组织稳定性与变革性的统一问题。

4. 理想性与现实性的统一

公共组织文化作为一种独特的文化形态，有它特定的理想模式，这种模式设定了公共组织及其成员应有的理想、价值观、信念、道德、情感、态度和行为方式，并以一定的制度和规范、一定的社会化模式以及经常性的社会暗示来保证公共组织文化发挥作用。理想性的东西，既是一种对美好事物的期盼和信念，也是一种对现存事物的积极要求和鞭策，同时又是一种评价行政主体的参照标准。任何一种政府统治，无论其性质或规模，都反映了由掌权者设定的理想。有些理想反映了社会的普遍愿望，也是统治者自觉或不自觉要维护的一种积极导向；而有些则纯粹是一种政治欺骗，在这种理想性公共组织文化背后，有一种与之大相径庭的现实公共组织文化。例如，在西方社会，每个党派为了取得政权，都向选民做出一个个美好的承诺，而掌权之后，它们便开始根据自己的利益与原则来运用权力。因此，我们研究一种公共组织文化，不能单看它由政府设计出来的理想模式，不能被它主动展示的理想的东西迷惑，而要穿过这些表象去透视真正的现实。

5. 软约束性与强制性的统一

公共组织文化能够对组织的管理起作用，主要不是靠规章制度之类的硬约束，而主要是靠其核心价值观对组织成员进行熏陶、感染和诱导，使组织成员产生对组织目标、行为准则及价值观念的认同，自觉地按照组织的共同价值观念及行为准则去开展工作。它对组织成员有约束的作用，而这种约束作用总体来看是一种软约束。然而，这种软约束之中又隐藏着强制性，使组织成员个体产生一种如果不遵守组织文化中的某种规范或准则就有负自己所在组织的自责感。这种自责感其实是公共组织文化使其形成的一种习惯或者是一种风气。这种成为主流的习惯或风气不但使组织成员个体会产生自责感，而且会使他周围的众多成员保持某种舆论，这种舆论往往比规章制度的作用范围更广。这就是公共组织文化软约束性与强制性的辩证统一。

9.3 公共组织文化的结构与功能

9.3.1 公共组织文化的结构

公共组织文化是一个多层次、多方面的复合系统。公共组织文化的结构大体上由两大部分组成，一是构成公共组织文化的各个基本要素；二是各要素之间的相互关联性即结构层次性。

1. 公共组织文化的横向结构

公共组织文化从横向结构上看由九个要素构成。

（1）组织宗旨或最高目标。组织宗旨是组织所认定的追求境界和发展方向，体现着一个组织的最高目标和信念，渗透在组织文化的诸要素中，贯穿组织的各项活动。它也指组织存在的价值及其对社会的承诺。一个公共组织有了明确的宗旨和目标，就可以调动各部门及成员的积极性和创造性。这是公共组织成员凝聚力的来源，是组织共同价值观的集中体现，同时也反映了公共组织领导和成员的追求层次和理想抱负。我国公共组织的宗旨就是为人民服务。

（2）组织精神。这是指组织形成和发展过程中自觉形成的共同的心理定式、思想观念、价值取向和主导意识。它经过组织精心培育而逐步形成，并为全体组织成员所认同，反映了组织成员对本组织的特征、地位、形象和风气的理解和认同，也蕴含着对本组织的发展、命运和未来所抱有的希望，折射出一个组织的整体素质和精神风貌，成为凝聚组织成员的无形的力量。我国公共组织的基本精神包括：无产阶级政治意识和以共产主义为最终奋斗目标的无产阶级政党的精神；社会主义法治精神；社会主义民主精神；中华民族的民族精神；与时俱进的精神；竞争精神；效率精神。

（3）组织价值观。组织价值观即组织哲学，它是指组织评判事物和指导行为的基本信念和总的观点。组织价值观可以持久地促使组织去追求某种价值目标。这种由强烈的欲望所形成的内在驱动力，往往构成推动组织行为的动力机制和激励机制。我国公共组织的价值观一般可概括为：尊重知识，尊重人才；服务群众，奉献社会；注重实效，崇尚公平。

（4）组织理念。广义的组织理念是包括组织最高目标与宗旨、组织精神、组织道德、组织作风等在内的意识形态系统。狭义的组织理念是组织思想和精神的高度概括和理性总结，它是组织人格化的体现，一般凝结成口号性的话语。如学校的理念就是“学生第一”的办学思想的体现；行政组织的理念就是“廉洁、勤政、务实、高效”的管理思想。

（5）组织道德规范。组织道德规范是指调整组织内部人与人、单位与单位、个人与社会、组织与社会之间关系的行为准则，它是组织成员自觉遵守的行为准则和道德风气、习俗。组织道德规范是组织文化的重要组成部分。我国行政组织道德规范主要包括：忠于职守、实事求是、秉公执法、团结协作、清正廉洁。

(6) 组织行为准则。这是指对组织整体行为以及组织成员个人行为起着约束作用的组织纪律、组织条例等。对于行政组织而言，诸如《公务员法》《涉外人员守则》等都是对行政组织成员行为的规范。组织行为准则可以分为两大类：对组织整体行为进行约束的行为准则和对组织成员个体进行约束的行为准则。前者多数通过国家法律和组织制度来体现，后者则主要是组织对其内部成员进行管理。组织行为准则与组织道德规范相比，是一些具体化、条文化的规范，有的组织道德规范包含在组织行为准则中。

(7) 组织制度。组织制度一般是指组织在管理活动中形成和确立的、带有强制性的行为准则和规范，它体现为保障一定权力的各项规章制度，主要包括：1) 工作制度，如奖惩制度。2) 责任制度，如岗位责任制。3) 监督制度，如舆论监督制度。

(8) 组织素质。组织素质主要是指组织成员的思想道德素质、文化素质和技术业务素质等的整体水平及其有机结合程度。组织的整体素质建立在组织成员的个体素质基础之上，组织成员的个体素质包括多方面的内容，文化素质和技术业务素质是基础，思想道德素质是关键。此外，心理素质也影响着组织素质。各组织成员的素质在组织中整合，形成组织整体的素质。

专 栏

成为公务员需要具备哪些基本素养

年轻人为何青睐于报考公务员？成为公务员需要具备哪些基本素养？……复旦大学教授孙关宏认为，公职理想中的公共理想是所有报考公职的人都应当具有的理想信念，工作上要勤学苦练真本领，做人要具备仁义礼智信等基本德行，坚持走群众路线，坚持权为民所用，利为民所谋。

上海市委党校教务处处长赵勇教授对公务员三个字进行了拆分解析："公"包括公共性、公益性和公心；"务"包括服务、事务和务实；"员"是一群人当中的一部分，所以需要有很强的团队意识。在赵勇看来，当代青年走上公务员岗位后，要有四力：一是笔力，即会写；二是眼力，会观察；三是脚力，把服务做得更好；四是心力，把心态调整好，助人为乐、知足常乐。

上海政治学会会长、复旦大学教授桑玉成认为，社会需求量越来越大，意味着在未来社会发展过程中，可能有越来越多的年轻人走向公务员队伍。公职人员的素养、价值观、能力等成为社会发展非常重要的决定性因素。

资料来源：成为公务员需要具备哪些基本素养？学者拆分解析．(2021-06-08)．中国新闻网．

(9) 组织形象。组织形象是组织内外对组织的整体感觉、印象和总体评价。它是组织精神文化的外化，也是组织状况的综合反映。从组织的外部而言，组织形象包括公众印象、公众态度和公众舆论；从组织的内部而言，组织形象体现为人员素质、组织风格、人文环境、发展战略、文化氛围、服务设施、工作场合等。组织形象反映的是人民群众与党和政府以及各级领导干部的关系，影响党和政府以及领导干部在人民群众中的信任度和支持度。

2. 公共组织文化的纵向结构

公共组织文化从纵向结构上看可分为范围上的三个层次（深层、中层、表层）和内容上的三个层次（心理观念层、管理制度层、行为物质层）。

（1）深层文化。深层文化又称精神层文化或心理观念层文化。这是指为公共组织的全体成员所接受和认同的对组织的性质、准则、风格和特征等的认识，包括组织成员的基本信念、价值观念、职业道德、思维方式、文化素质、精神风貌等方面。它是组织文化的核心和灵魂，是形成组织文化的行为物质层和管理制度层的基础，也是衡量公共组织是否有自己的组织文化的关键所在。

（2）中层文化。中层文化又称中介层文化或管理制度层文化。这是指体现组织文化特色的各种规章制度和成员行为准则的总和，也包括体现组织内分工协作关系的组织结构，以及典礼仪式、成员管理与培训、成员生活娱乐和成员消费方式等方面。这一层次是组织文化的深层与表层之间的中介，是由虚体文化向实体文化转化的中介，也是组织物质文化与精神文化联结的纽带。

（3）表层文化。表层文化又称行为物质层文化。这是指凝聚着组织文化内容的组织活动过程、组织行为、组织产出物品、组织为社会所提供的服务等。它包括组织的实体性的文化设备、设施，如带有本组织色彩的工作环境、工作方式、图书馆、活动中心、交通工具等，也包括公共组织行为活动形象。表层文化是公共组织文化最直观的部分，是人们最易于感知的部分，是组织深层文化的象征和体现。

在公共组织文化的三个子系统中，深层文化是最核心、最重要的部分，它决定着中层文化和表层文化；表层文化是最为外在、最容易观察到的部分，它和中层文化都是深层文化的载体和外化；中层文化介于上述二者之间，它是深层文化的延伸和载体，又是表层文化的条件和基础。三者相互依存、相互制约、相互联系、相互作用，构成有机统一的整体。组织文化的内在要素决定组织文化的外在要素，外在要素影响和反映内在要素；组织内在要素的变化，引起组织外在要素的变化，组织文化的内外要素是有机联系在一起的。

组织文化结构处于组织功能的运行之中，体现为不断变化的状态。有时组织文化结构要素和层次相同，但能量却有很大的不同。不同的人，生理结构相同，但活动能量却不相同。一个公共组织，可能其目标和职权划分与别的公共组织没什么两样，但效率低下，运转不灵，官僚主义严重。公共组织文化结构中的各种因素的自然排列组合是其静态表现；在此基础上组织成员的积极运作使其处于动态过程之中。而这种动态的文化结构及其运作，恰恰是组织文化的本真体现。所以，公共组织文化结构的动态运行不容忽视。

9.3.2 公共组织文化的功能

1. 公共组织文化的促进功能

公共组织文化是公共组织的灵魂，对公共组织的存在和发展，甚至对社会文化的发展都具有促进功能。这主要体现在以下几个方面：

（1）指导功能。这是指公共组织文化为公共组织活动确立正确的指导思想和良好的精神氛围。公共组织的任何一项活动都是在一定的观念，即组织的宗旨、价值观、精神等组织文化指导下进行的。良好健全的组织文化既能使组织活动保持正确的方向，又能使组织充满活力和生机。

（2）凝聚功能。这是指一个组织价值观一旦被组织成员认同、接受，达成共识，就会形成一种聚合力量，把组织成员团结起来，使组织产生巨大的向心力和凝聚力。同时，公共组织文化能够凝聚社会各种力量。

（3）激励功能。以组织文化为组织的精神目标和支柱，可以激励全体组织成员自信自强，团结进取。一个组织能否成功，关键是在于组织成员创造性的发挥。组织文化的建设和更新、群众心理素质的提高、民主意识的增强，客观上促进了组织成员思想水平的提高和参与意识的形成，有利于组织成员把个人利益与组织的利益和荣誉联系起来，以主人翁的姿态积极参与工作。而主人翁姿态又呼唤强烈的权利感和义务感，使组织成员精神振奋，形成朝气蓬勃、开拓进取的良好风气，激发每个组织成员的创造热情，从而形成一种激励环境及激励机制。

（4）创新功能。这是指随着环境的不断变化以及组织的不断发展，组织文化会不断自我更新和进化，而组织文化的变革、更新又成为组织进一步发展的重要动力。也就是说，组织在不断发展过程中所形成的文化积淀，通过无数次的拓展、反馈和强化，会随着实践的发展而不断地更新和优化，推动组织文化从一个高度向另一个高度迈进，而组织文化的不断深化和完善，又会持续地推动组织本身的进步和发展，从而形成良性的循环。

（5）统摄功能。这是指公共组织文化对社会公众和其他社会组织的影响。公共组织是行使国家权力、管理社会事务的组织，较其他社会组织而言，对整个社会具有更大的影响。公共组织文化塑造组织的形象，除了对本组织产生很大影响之外，还会对组织外部产生巨大的影响。而良好的组织形象不仅可以提高政府的信誉度，而且有助于推动社会文化的发展。

2. 公共组织文化的整合功能

公共组织文化的整合功能是指其具有调整其成员思想行为的作用和整合各种社会力量实现管理目标的作用。公共组织文化使组织成员认识组织的共同目标和利益，齐心协力，尽可能减少内耗。它使全体组织成员乃至全体社会成员的行为趋于一致。公共组织文化的整合功能主要体现在以下方面：

（1）导向功能。这是指公共组织文化对组织整体及组织内每个成员的价值取向及行为取向起引导作用。它通过两方面来实现这种功能，一是直接引导组织成员的个人行为、心理和思想；二是通过组织价值观的认同来引导成员的群体行为、心理和思想。

（2）约束功能。这是指公共组织文化通过非正式的、约定俗成的群体规范或共同的价值准则对组织成员的思想、行为产生约束和规范的作用。公共组织文化是一种“软约束”，它是用一种无形的思想上的约束力量，制约组织成员的行为，并引导全体组织成员认同和自觉遵守规章制度。

（3）协调功能。这是指公共组织文化对组织中群体和成员之间关系的协调作用。公共组织文化所具有的共同价值观念，使组织成员在组织活动中，具有共同的价值取向、共同的思想和信念、一致的行动，并能化解矛盾、减少摩擦、沟通思想、传递信息，建立良好的人际关系，形成互相信赖、密切合作、团结和谐的气氛。

（4）控制功能。这是指公共组织及其成员在公共组织文化的作用下，价值观、心理情感、伦理道德和行为方式受到规范和控制，有利于公共组织的稳定和健康发展。公共组织文化控制组织成员的行为方式，可分为两种：外化控制方式和内化控制方式。前者主要是通过组织的规章制度和管理要素等制度化管理系统，对组织成员的思想和行为产生控制作用。后者主要是通过组织全体成员的共有的价值观念使组织成员个体进行自我控制。组织的共有价值观念一经形成并被组织成功地内化为共同信念，就会成为每一个组织成员的价值观、思想信念和行为准则，就会使每个组织成员产生理应如此的感觉，并自觉用它们指导行动。

3. 公共组织文化的负向功能

不可否认，公共组织文化中也包含着一定的消极、不良的因素，对公共组织及其成员产生负面影响，我们把它称为公共组织文化的负向功能。公共组织文化的负向功能主要体现为以下几个方面：

（1）阻抑功能。这是指公共组织文化中的一些消极因素会阻抑公共组织管理的发展，降低公共组织管理活动的效率。比如，公共组织文化中的传统思想和思维定式容易在具体的管理活动中被公共组织人员接受，进而在公共组织行为和公共组织活动的过程中体现出来，如独裁专断、官僚主义、推脱责任等行为和作风。这些公共组织文化中的消极因素只会给公共组织的活动带来破坏性的后果。

（2）阻碍功能。这是指公共组织文化会对组织发展和多样化产生阻碍作用。公共组织文化的统一性或同质性可以维持组织的凝聚力，但多样性与异质才是组织发展的必要条件。而强文化使组织成员接受组织文化既定的内容，限定了组织可以接受的价值观与活动方式范围。所以，如果组织的核心价值观削弱了不同背景的职员带来的生机与活力，阻碍其异质文化的优势互补，那么这种文化就成为组织发展的一个阻碍因素。

专栏

“反四风”要有马不离鞍、缰不松手的定力

靡不有初，鲜克有终。应当清醒地看到，“四风”问题具有反复性和顽固性，稍微松懈就将反弹回潮；“四风”问题又具有传染性和扩散性，一处不慎就会形成“破窗效应”，针尖大的窟窿漏过斗大的风。

逆水行舟用力撑，一篙松劲退千寻。“反四风”马不离鞍、缰不松手，就是要始终保持高度警惕的状态，对“四风”问题紧盯不放、常抓不懈，不破楼兰终不还。对于中国这样一个大国，外界的风险挑战很难将我们打倒、使我们屈服，关键是怕内部出问题。提高政治能力，坚定人民情怀，都指向从严整治“四风”问题，持之以恒正风肃纪，营造风清气正的政治生态。

人法兼资，而天下之治成。“反四风”马不离鞍、缰不松手，既要靠领导干部带头转变作风，身体力行，以上率下；也要靠强化制度机制建设，密织整治“四风”顽疾的党纪国法，建立健全全过程监督的长效机制。一方面，各级领导干部必须修身律己，慎终如始，时刻注重自省自警自励，做到慎独慎初慎微慎友，像珍惜生命一样珍惜自己的节操，在廉洁治家、反对特权方面带好头、做示范。另一方面，我们要从党性高度全面思考与部署作风建设，不断完善党内法规制度体系，坚持纪严于法、纪在法前，划清党员干部行为底线，努力提高作风建设制度化、规范化、法治化水平，不断巩固和扩大作风建设取得的宝贵成果，为应对百年变局、实现民族复兴奠定更坚实的作风基础。

资料来源：钟超．“反四风”要有马不离鞍、缰不松手的定力．光明日报，2020-12-28.

9.4　公共组织文化建设

9.4.1　公共组织文化建设概述

1. 公共组织文化建设的含义

公共组织文化建设，就是指公共组织的管理者有意识地培育优良文化、消除不良文化的过程。任何一个组织包括公共组织，都存在着两种文化：个人文化和组织文化。个人文化是指一个人带入工作的行为规范、态度、价值观和信念。它们可以因一个人的工作态度、愿意承担风险的程度、对权力的欲望的不同而不同。组织文化则是群体的行为规范、态度、价值观和信念。二者相互作用、相互制约。因此，优秀的公共组织管理者在建设本组织的组织文化时，不仅应该善于选择认同本组织文化的人作为组织的成员，还要善于使不认同本组织文化的人改变初衷，转而与本组织的文化相协调。

优良的公共组织文化不会自发形成，它依赖于公共组织管理者有意识培育和长期的建设。因此，优秀的公共组织管理者，不仅应强烈地意识到公共组织文化的存在，而且应该注重它的建设，尽力发挥公共组织文化的正面影响，抑制、消除其负面影响，把它作为公共组织文化建设的出发点和落脚点，这也是加强公共组织文化建设的根本目的。公共组织文化的建设是一个长期的、复杂的过程，贯穿于公共组织文化的形成、社会化和变革发展的全过程。

2. 公共组织文化建设的影响因素

（1）民族文化因素。公共组织文化作为一种亚文化，应该深深地根植于民族文化的土壤之中。一个组织的价值观、行为准则、道德规范等无不打上民族文化的烙印。作为组织文化的主体，组织全体成员是同时作为社会成员而存在的。在其创建或进入该组织之前，他们已经受了若干年民族文化的熏陶，并在这种民族文化的环境中成长起来。所以，分析一个组织的文化内涵，就不能忽视其所在的民族文化大背景的影响。

（2）制度文化因素。制度文化是指不同的社会制度所带来的文化特征，它是宏观文化的重要组成部分。不同的国家以及同一国家在不同的历史时期，其基本的政治制度和经济制度各不相同，由此对一个组织的文化形成所产生的影响也各不相同。

（3）外来文化因素。严格来说，从其他国家、其他民族、其他地区、其他行业、其他组织中引进的文化对于一个组织来讲都是外来文化，这些外来文化都会对本组织文化产生较大影响。这种影响是伴随着经济、技术、教育等方面的相互交流而产生的。

3. 公共组织文化建设的目标

公共组织文化建设的目标是通过分析、把握公共组织文化对公共组织人员的影响，尽可能发挥它的积极作用和正面影响，抑制和消除它的消极作用和不良影响，创建良好、积极向上、廉洁高效、勤政负责、团结合作的公共组织文化，提高公共组织效率，达到预期的管理目标。

公共组织文化建设的总体目标是建设优秀的公共组织。具体来说，公共组织文化建设应包括如下具体目标：（1）提高公共组织的工作效率和管理水平。（2）树立公共组织的良好形象。（3）创造和谐、团结、心情舒畅的工作环境和良好的人际关系。（4）使本组织成员的物质文化生活要求能得到满足或逐步得到满足。（5）全面提高公共组织成员的素质，包括政治素质、文化素质、工作水平、道德水准、创业精神和职业道德，挖掘和开发人的潜能，充分发挥人的积极性和创造性。

9.4.2 公共组织文化建设的实践

1. 公共组织文化建设的途径

（1）选择标准。由于公共组织的价值观是整个公共组织文化的核心，因此选择正确的公共组织价值观是创建公共组织文化的首要战略问题。选择公共组织价值观有两个前提：第一，要立足于本组织的具体特点。第二，要使公共组织价值观与公共组织文化各个要素之间相互协调。

（2）强化认同。一旦选择和确立了公共组织价值观和公共组织文化模式，就应该通过一定的方法使基本认可的方案深入人心，具体做法包括：大张旗鼓地宣传公共组织文化的内容和要求；树立典型；培训教育。

（3）提炼定格。在经过本组织成员的初步认同实践之后，应当对反馈回来的意见加以分析和评价，仔细比较实践结果与规划方案的差距，必要时可吸收有关专家和组织成员的合理意见。在系统分析的基础上，进行综合的整理、归纳、总结和反思，把经过科学论证和实践检验的公共组织文化条理化、完善化，再加以必要的理论加工和文字处理，用精练的语言表达出来。

（4）巩固落实。在公共组织文化演变为全体组织成员的习惯行为之前，想使每一位成员都自觉主动地按照本组织文化标准去行事，几乎是不可能的。因此，必须建立某种奖优罚劣的规章制度。另外，公共组织领导者在塑造公共组织文化的过程中起着决定性的作用。领导者的以身作则对于培育和巩固优秀的公共组织文化是十分必要的。

（5）丰富发展。当公共组织的内外环境发生变化时，公共组织文化的内容和形式必须随之进行调整、更新、丰富和发展。这是一个在新旧文化之间如何继承和发展的问题，其中首先要搞清楚已有的公共组织文化中哪些是优良文化，哪些是不良文化，哪些是中性文化，以及总体上这种文化是否适应组织内外环境和管理要求，对公共组织的发展正在起促进还是阻滞作用等问题。

2. 公共组织文化建设的方法

（1）示范法。即通过总结宣传模范人物的事迹，发挥党员、干部的带头作用，表彰先进人物等方法，使公共组织文化发挥对组织成员公共管理行为的导向作用。做好这项工作，要把本组织所要建立的文化传达给所有的组织成员。

（2）激励法。即运用精神的与物质的鼓励或者二者相结合的方式，给先进以荣誉、让先进得实惠，激发全体组织成员的事业进取心，促使他们主动努力工作，并把自身的工作成就建立在有利于国家、社会和组织发展的基础之上。与此同时，在生活方面关心他们，想方设法解决他们生活上的实际困难，解决他们的后顾之忧。

（3）感染法。即运用一系列的文艺活动、体育活动和读书活动等，培育公共组织成员的自豪感和向心力。在潜移默化的过程中，使公共组织人员最终接受、认同、内化本组织的文化，形成强大的集体凝聚力。

（4）自我教育法。即让公共组织成员对照组织的要求找差距，进行自我教育，自觉使自己的价值标准、行为方式、精神理念与组织的文化要求相一致，并自觉地承担相应的责任和义务。

（5）灌输法。即通过讲课、学习、培训、报告会、研讨会等手段进行宣传教育活动，把本组织想要建立的文化的目标与内容直接灌输给公共组织成员，使他们系统地接受和认同公共组织所倡导的组织精神和组织价值观。

9.4.3 中国公共组织文化的建设

1. 中国传统政治文化

与制度变迁相比，文化变迁更为缓慢。研究中国当代的公共组织文化问题，必须考虑到中国传统政治文化的影响。

中国传统政治文化是中国传统文化在政治和行政领域中的表现形态。从文化哲学的角度看，包括中国传统行政思想、中国传统行政心理、中国传统行政观念和中国传统官僚体制四个互为关联的方面。①

中国传统行政思想是中国传统社会中人们在政治和行政实践中形成的主观想法和见解的总称，是理论化、系统化的行政认识。传统行政思想的内容比较丰富，既有仍具现代价值的“民本”思想、“仁政”思想、廉政思想，也有已淘汰落伍的“礼治”思想，还有精华和糟粕并存的“无为而治”思想。以儒家思想为主体的传统行政思想，在封建社会成为统治阶级的意识形态的重要组成部分，并被物化为等级森严的中央集权的官僚行政体制，如秦汉时期的三公九卿制和郡县制、隋唐时期的三省六部制、明清时期的内阁制和军机处等。在行政运行机制上，则表现为行政决策的“君权至上”，事无大小，皆决于上，皇帝的决策无论正确还是错误，百官唯有服从；行政执行具有很强的等级性，行政权力层层向上集中，等级森严，下级行政官员的自主性极弱。

中国传统行政心理是中国传统社会中人们在行政思想传播过程中形成的关于行政实践的稳定的行政态度、行政情绪、行政愿望、行政信念等的总和。它是传统行政思想在人们心理层面的积淀，是一种比传统行政思想内容更为丰富、形式更为多样、作用范围更为广泛的因素。传统行政心理包括“以吏为师”心理、宗法等级心理、“政治教化”心理、权势心理等形形色色的心理现象。与传统行政思想有别，传统行政心理是一种不容易被改造、被抹去的感情、态度、信仰和潜意识。传统行政心理一经形成，就会对人们的行政行为产生持久的、稳定的影响。传统行政思想容易被人们抛弃，传统行政体制在今天业已土崩瓦解，但传统行政心理则经过代代相传，就像一种遗传基因，沉淀在行政人员的灵魂深处，并成为民族心理性格的一个重要方面，对行政实践产生着深远的影响。

中国传统行政观念是传统行政思想和传统行政心理在人们头脑中留下的概括的映像。传统行政观念直接作用于行政体制和行政运行机制，影响着人们的行政实践。其内容十分复杂和丰富，既有仍然符合现代政治、现代行政的“民本”观念、“仁政”观念、“贵和”观念，又有阻碍市场经济过程和社会进步的“官本位”观念、“宗法”观念、特权观念、等级观念、“人治”观念。从传统行政思想到传统行政心理，再到传统行政观念，形成了传统行政文化由内至外的内部构造，亦使传统行政文化呈现出专制性与统一性、封闭性与实用性、保守性和严密性、排异性和兼容性、重形式轻效率、重人治轻法治、重权威轻民主、重集权轻分权、重经验轻制度等特征。一方面，在传统行政文化的规约、引导、控制和激励作用下，传统行政体制发挥了维护阶级统治，推动小农经济发展，促进文化繁荣的功能，使中国封建社会创造了农业文明的高峰；另一方面，传统行政文化又以其专制性、保守性、排异性和封闭性阻碍着现代行政文化的生成，影响着今天的行政改革和行政发展。

中国传统官僚体制，是以非理性文化为基础的，主要有以下几个特征：德治文化强调自身道德修养，倡导德性，普遍缺乏行政人员的专业化分工以及与此相适应的专业化

---

① 李鹏飞．论传统行政文化对政府机构改革的影响．学术论坛，2001（3）．

技能和人才；传统文化具有以自我为中心的封闭性，个人或传统权威得到遵从，行政官员及行为缺乏规范，行政权力表现出规则欠缺和随意性特征；行政人员与上级之间是一种依附和从属关系，没有个人独立的人格尊严，上级评价行政人员主要看个人德性及效忠程度；官民有别，行政管理以“身份取向”凌驾于“成绩取向”之上，个人德性取代了整体绩效的价值取向。

2. 中国公共组织文化建设的意义

随着我国政治经济体制改革的不断深化，社会对公共组织在职能定位和工作方式上也提出了新的要求和目标，为尽快适应这一新形势、新任务，有必要建设全新的公共组织文化，通过公共组织文化的建设来带动公共组织各项工作的开展。只有建立与社会进步和时代要求相适应的公共组织文化，才能更加积极有效地促进经济和社会的全面发展。公共组织文化建设具有十分重要的意义，具体体现为：

（1）加强公共组织文化建设是改进管理方式的需要。现代管理强调以人为本的原则，公共管理也不例外。从公共组织特别是党政机关机构改革的指导思想看，转变职能是机构改革的总体方向，提高效率是机构改革的根本目标，强化服务是机构改革的着力点，所有这些都体现了人性化的要求。由此，公共组织的管理方式也必须从传统的制度型管理向文化型管理过渡，加强公共组织文化建设正是公共组织转变管理方式的一种必要手段。

（2）加强公共组织文化建设是公共组织队伍建设的需要。公共组织是社会管理的核心，公共组织人员承担着社会管理的具体责任。公共组织人员素质的高低、服务意识的强弱、工作作风的优劣、工作效能的高低至关重要，直接影响社会经济发展的水平和速度。良好的公共组织文化可以立足根本，引导公共组织人员树立正确的世界观、人生观和价值观，树立崇高的事业心和强烈的责任感，调动公共组织人员的积极性、主动性和创造性，强化服务意识，改进工作作风，提高工作效率。

专 栏

文化自信是最基本、最深沉、最持久的力量

文化是一个国家、一个民族的灵魂。文化兴国运兴，文化强民族强。没有高度的文化自信，没有文化的繁荣兴盛，就没有中华民族的伟大复兴。

中华优秀传统文化促进中华民族在新的历史条件下的创造、发展，给我们的文化自信打下了最深厚的历史根基。中国特色社会主义文化蕴涵着中华民族最深沉的精神追求，是中华民族独特的精神标识，中华民族5 000多年文明历史所孕育的中华优秀传统文化是中国特色社会主义文化的源泉，是凝聚人心、汇聚民力的强大力量。

源浚者流长，根深者叶茂。文化自信是一个国家、一个民族发展中最基本、最深沉、最持久的力量。面对百年未有之大变局，在新时代新征程上，我们要大力弘扬传承中华优秀传统文化，进一步坚定文化自信，不断开拓创新，为开创党和国家事业发展新局面提供坚强思想保证和强大精神力量！

资料来源：文化自信是最基本、最深沉、最持久的力量．(2022-06-02)．央广网．

（3）加强公共组织文化建设是解决公共组织自身问题的需要。由于传统文化和社会意识等因素的深刻影响，有些公共组织的自身建设存在着大局意识不够强、效率有待提高、服务质量不够高的问题。要解决这些问题，各项配套的制度建设是一个方面，加快公共组织文化建设力度，提升公共组织人员的思想品质、职业道德、责任意识、大局意识和奉献精神，充分发挥文化独有的影响渗透、同化改造、激励鼓舞等“软性”作用，从深层次解决问题，是另一个方面。

3. 中国公共组织文化建设的要求

（1）必须以邓小平理论、“三个代表”重要思想、科学发展观和习近平新时代中国特色社会主义思想等为指导方针。邓小平继承并发展了马列主义、毛泽东思想，根据当代世界发生的巨大变化，在中国改革开放和现代化建设的实践中，提出了以发展社会生产力和改革开放为主要内容的理论，创立了中国特色社会主义理论体系。“三个代表”重要思想强调党始终代表中国先进生产力的发展要求，始终代表中国先进文化的前进方向，始终代表中国最广大人民的根本利益。科学发展观是马克思主义关于发展的世界观和方法论的集中体现，是我国经济社会发展的重要指导方针。习近平新时代中国特色社会主义思想是全党全国人民为实现中华民族伟大复兴而奋斗的行动指南，是当代中国马克思主义、21世纪马克思主义，是中华文化和中华民族精神的时代精华，实现了马克思主义中国化时代化新的飞跃。邓小平理论、“三个代表”重要思想、科学发展观和习近平新时代中国特色社会主义思想表明我们党对共产党执政规律、社会主义建设规律和人类社会发展规律的认识达到了新的理论高度，为中国公共组织文化的建设提供了理论依据。

（2）必须立足当代中国国情。公共组织文化是一种实践文化，它的创建和发展不可能脱离公共组织所在国的国情。中国特色当代公共组织文化，揭示了现实公共管理关系的本质和历史发展的必然趋势，体现出当代中国的公共管理精神。这就要求中国公共组织文化的创建必须立足当代中国国情，必须以中国当代社会的政治制度、经济制度和文化环境特点为依据。

（3）必须体现时代精神，具有时代特色。公共组织文化作为公共管理的深层结构，必然与周围社会的经济、政治、文化存在着一种功能上的依赖关系，而社会的政治、经济和文化又总是处在不断发展变化之中。时代的进步，社会生态环境的发展变化，公共组织活动方式、公共组织环境的变化，给公共组织文化带来了根本性的冲击，要求公共组织文化必须与之相适应。现阶段，改革开放是中国社会发展的主旋律，公共组织文化的建设也必须适应、体现这一主旋律。

专　栏

中国共产党人的精神谱系

精神之源——伟大建党精神

新民主主义革命时期——井冈山精神、苏区精神、长征精神、遵义会议精神、延安精神、抗战精神、红岩精神、西柏坡精神、照金精神、东北抗联精神、南泥湾精神、太行精神、大别山精神、沂蒙精神、老区精神、张思德精神社会主义革命和建设时期——抗美援朝精神、“两弹一星”精神、雷锋精神、焦裕禄精神、大庆精神、红旗渠精神、北大荒精神、塞罕坝精神、“两路”精神、老西藏精神、西迁精神、王杰精神

改革开放和社会主义现代化建设新时期——改革开放精神、特区精神、抗洪精神、抗击“非典”精神、抗震救灾精神、载人航天精神、劳模精神、青藏铁路精神、女排精神

中国特色社会主义新时代——脱贫攻坚精神、抗疫精神、“三牛”精神、科学家精神、企业家精神、探月精神、新时代北斗精神、丝路精神

资料来源：中国精神．共产党员网．

（4）必须适应人们心理活动规律的要求。公共组织人员是公共组织文化的载体，公共组织文化通过公共组织人员的思想、行为影响着公共管理实践。公共组织文化强调在公共管理中贯彻尊重人、理解人、关心人、教育人的基本原则，强调培育每个公共组织人员的主人翁意识和民主参与意识。公共组织的领导者在倡导、培育公共组织文化，确定组织目标时，也要充分考虑组织成员个人的需求。公共组织文化只有符合人们心理活动规律的要求，才能够被组织成员自觉接受，产生认同效应，进而转变成组织成员共同遵守的行为准则。积极的公共组织文化必然是人积极的心理状态的反映，必然体现对组织成员合理需要的满足。

（5）必须善于继承、借鉴和汲取中国传统行政组织文化和别国公共组织文化的精华。我国传统行政组织文化，虽然在当代遭到西方公共组织文化的强烈冲击，但仍以坚强的生命力存于当代中国公共组织文化系统中，对我国的公共管理实践产生深远的影响。它是当代中国公共组织文化的源泉，离开传统行政组织文化，根本无法创建真正意义上的中国新型公共组织文化。当代中国公共组织文化的建设应当善于把优秀的传统行政组织文化遗产变成文化财富，同时注意剔除其糟粕部分。对待外国公共组织文化，特别是发达国家的公共组织文化，也应客观、公正，敢于合理吸收，使之融入中国当代公共组织文化，使新的、有独特风格的中国公共组织文化成为全人类公共组织文化财富的重要组成部分。

4. 中国公共组织文化建设的现状

我国目前的公共组织文化应该说是发端于延安时代，建立于新中国成立之后。时至今日，其中既有中国传统行政文化的成分，也有近代传入的西方行政文化成分，还有五四反传统的新文化成分，更有新中国成立后深受苏联影响的社会主义行政文化成分。因此，对当代中国公共组织文化进行理性分析，可发现其中既有继承，也有发展，更有挑战。

目前我国的公共组织文化以中国化的马克思主义为指导，实现了升华和全新的发展。主要内容有：解放思想、实事求是、与时俱进，理论联系实际，群众路线，关心人、理解人、尊重人、全心全意为人民服务，廉洁自律等。坚持行政改革，优化行政组织，注重法治、效率，走向开放，成了中国现代公共组织文化的主旋律。

专 栏

社会主义先进文化是激发民族自信心的力量源泉

“翩若惊鸿，婉若游龙。荣曜秋菊，华茂春松。髣髴兮若轻云之蔽月，飘飖兮若流风之回雪……”在2021年6月12日河南广播电视台推出的端午节晚会《端午奇妙游》中，最先引起舆论惊叹的，正是一支将洛神之美展现得淋漓尽致的水下舞蹈——《洛神水赋》。

“我们中国的传统文化太棒了，我太喜欢这个《洛神水赋》了，看了好几遍，还是看不够。”一位网友留言表示。

如果说河南卫视春节晚会上的《唐宫夜宴》使河南卫视成功“出圈”，此次的《端午奇妙游》则引燃了观众的极大热情。

中华优秀传统文化是中华民族的“根”和“魂”，是最深厚的文化软实力，是中国特色社会主义植根的沃土，是我们在世界文化激荡中站稳脚跟的根基。

之所以要保护传统文化，是因为传统文化所蕴含的丰富文化基因是创新创造的源泉。而之所以要创新创造，是因为文化是深深根植于我们日常生活中的，也是深深根植于经济社会发展中的。

不管是《唐宫夜宴》《端午奇妙游》还是2016年央视纪录片《我在故宫修文物》，独特的创意、绝美的形式、深厚的底蕴、最新的技术完美结合使得社会主义先进文化正在促进全体国民自信心的不断提升。

资料来源：社会主义先进文化是激发民族自信心的力量源泉．中国经济时报，2021-07-01.

然而，中国当代公共组织文化建设仍存在一些不足，主要表现为：

（1）存在着无文化现象。一些公共组织虽然有十分系统和严格的各种规章制度，规定了组织成员可以做什么、必须做什么和不能做什么，但没有明确的文化观念和价值观系统，疏于对组织成员思想意识的教育与培训。此类现象的产生多数是因为这些公共组织的领导人本身素质不高，或对当代公共组织文化缺乏深层次的认识。这样的组织通常缺乏活力、动力和创造力，工作效率低下，严重者可能离心离德现象严重。

（2）存在着不同程度的封闭性和排他性。中国传统行政文化的封闭性和排他性非常突出。这种特征迄今还在公共组织文化体系中残存明显的痕迹，具体表现为：一些公共组织与社会环境之间缺少经常性交流，公务活动透明度不够高，等等。在政府内部，各地各级政府的协调配合不够理想，一些地区、单位搞本位主义和地方保护主义，在一定程度上损害了全局利益、国家利益，对行政体制的改革和社会主义市场经济体制的发展和完善产生了不利的影响。

（3）带有一定的“官本位”色彩。由于受传统文化中“官本位”思想的影响，我国公共组织文化中仍有一定的官本位色彩。在公共组织中，个人权威直接与其职位相适应，因此容易形成崇尚权威、唯权是尊的以“官念”为本的价值倾向，职位以及与其对应的职权容易成为竞相追逐的对象。这种文化取向的泛化则直接影响社会整体价值取向，甚至出现了企业行政化、事业行政化的现象。

(4) 存在着形式主义。形式主义有诸多表现：其一，文牍主义。如官样文章、办事拖拉、公文旅行、会议成风。其二，主观主义。如因循守旧、墨守成规、决策凭经验、执行脱离实际、弄虚作假搞浮夸等。其三，重形式轻内容。在公共组织文化的建设中，注重文化的表层形式，忽视了文化内涵。一些公共组织在文化建设中，热衷于搞文化活动或做形象设计，这就给人一种误导，似乎公共组织文化就是公共组织开展的文化活动或组织形象设计。其实，文化活动和组织形象设计都是公共组织文化的表层形式。表层形式脱离了深层的基础则没有意义，对公共组织的发展产生不了推动作用。

(5)“重人治，轻法治”的思想观念比较突出。人治是中国古代政治的基本治理方式。直到今天，人治思想仍然影响许多公共组织人员。在公共管理活动中，重视人际关系，不重视法制建设，或者有法不依、权大于法等现象实际上都是传统行政思想的现实表现。这不仅直接干扰了公共组织的正常运转和公共组织人员积极性的发挥，而且阻碍了公共管理的现代化进程。

(6) 与西方公共组织文化的融合过程中产生了一些负面效应。一些公共组织人员受西方思潮的影响，片面强调个人主义、自由主义、功利主义。在工作中首先考虑个人利益，强调个人奋斗，甚至把个人利益与他人利益、集体利益、社会利益对立起来。显然，这种思想和行为与我们所倡导的公共组织价值是格格不入的。作为社会主义国家的公共组织人员，必须有正确的思想观念，公共事务的处理要以大局为重，把国家、集体利益放在第一位，坚持全心全意为人民服务的宗旨，坚决反对极端个人主义、自由主义和功利主义。我们在吸收借鉴西方文化的过程中，全盘西化是错误的，在现实中也是行不通的。

5. 中国公共组织文化再造与创新

要实现公共组织文化的再造与创新，必须实现以下几个方面的转变：

(1) 由集权型向参与型转变。传统公共组织文化中集权主义的最大弊端是公共组织决策的非民主性，导致了专制主义和权力滥用现象。现代公共组织要求的是一种参与型公共组织文化，要求公共组织主体和客体积极参与公共组织活动，以自己独特的方式影响公共组织活动的结果，从而加强公共组织活动的民主化、科学化，实现公共组织文化从集权向民主的转型，这也是公共组织文化现代化的客观要求。

(2) 由管制型向服务型转变。管制型公共组织文化适合于集权管理方式。在这一体制下，政府是全能的，政府与社会的关系是控制与被控制的关系。随着现代市场机制的建立与运行，传统的管制型公共组织失去了意义，转变政府职能，强调有限政府，要求政府增强对社会的服务意识，从管制型公共组织向服务型公共组织转变，已经成为必然趋势。

(3) 由一般型向专业型转变。传统体制下公共组织的形式和内容较为简单。随着现代市场经济的发展，公共组织的内容和职能已经扩大到社会的所有领域，每一个领域的公共组织管理活动都要求具备相应的专业知识和专业能力，尤其是政府在制定财政、金融、产业政策等时，更是需要高深的专业知识，以做出科学、合理的决策。

(4) 由人治型向法理型转变。人治型公共组织文化的主要特征是无法可依或有法不依，缺乏对权力的约束，政策多变等。这种公共组织文化给中国社会带来了诸多弊端。法理型公共组织文化是公共组织程序化、科学化、规范化的体现，它要求法律至上，依法运行公共组织，对各种公共组织的权力明确界定，对权力运用依法监督，严格控制，它是现代公共组织的基石。

专 栏

坚持全面依法治国 推进法治中国建设

全面依法治国是坚持和发展中国特色社会主义的本质要求和重要保障，关系党执政兴国，关系人民幸福安康，关系党和国家长治久安。习近平总书记深刻指出，历史是最好的老师。经验和教训使我们党深刻认识到，法治是治国理政不可或缺的重要手段。法治兴则国家兴，法治衰则国家乱。

1978 年党的十一届三中全会首次提出“有法可依、有法必依、执法必严、违法必究”的十六字方针，1997 年党的十五大正式确立依法治国的基本方略，2002 年党的十六大将“依法治国基本方略得到全面落实”列为全面建设小康社会的奋斗目标，2007 年党的十七大提出加快建设社会主义法治国家，2012 年党的十八大正式确立了“科学立法、严格执法、公正司法、全民守法”的新十六字方针，2014 年党的十八届四中全会通过《中共中央关于全面推进依法治国若干重大问题的决定》，2019 年党的十九届四中全会再次庄严宣告：“必须坚定不移走中国特色社会主义法治道路。”党的二十大报告以“坚持全面依法治国，推进法治中国建设”为小标题，将法治单列进行了论述和部署，这显然并非巧合，而是蕴含着中国式现代化与法治之间的内在关联性。

资料来源：坚持全面依法治国 推进法治中国建设．文汇报，2023－04－29.

（5）由封闭保守型向开放进取型转变。传统公共组织体系是一个封闭、保守的系统，在严格、陈旧的规范体制约束下，公共组织体系的功能发挥有限，在迈向现代化的进程中，旧有的保守型公共组织已明显不适应时代要求。伴随社会经济的发展、政府职能的扩大，政府不仅应打破旧有的体制，建立和完善新的管理体制和规范，而且应在公共组织活动中积极进取、勇于开拓，主动适应现代化发展的需要，为社会进步创造良好的环境。

《 本章小结 》

公共组织文化是在公共组织活动中表现出来的一种独特的文化形式，它借助公共组织主体、公共组织活动、公共组织对象体现相应的特质。公共组织文化的类型可以从不同角度来划分。公共组织文化的内容包括公共组织精神文化、公共组织伦理文化、公共组织心理文化。公共组织文化的特征为：个性与共性的统一；抽象性与具体性的统一；稳定性与变革性的统一；理想性与现实性的统一；软约束性与强制性的统一。

公共组织文化从横向结构上看由九个要素构成：组织宗旨或最高目标、组织精神、组织价值观、组织理念、组织道德规范、组织行为准则、组织制度、组织素质、组织形象。公共组织文化从纵向结构上看可分为范围上的三个层次（深层、中层、表层）和内容上的三个层次（心理观念层、管理制度层、行为物质层）。

公共组织文化是公共组织的灵魂，对公共组织的存在和发展，甚至对社会文化的发展都具有促进功能。公共组织文化的整合功能是指其具有调整其成员思想行为和整合各种社会力量实现管理目标的作用。不可否认，公共组织文化中也包含着一定的消极、不良的因素，对公共组织及其成员产生负面影响，我们把它称为公共组织文化的负向功能。

公共组织文化建设，就是指公共组织的管理者有意识地培育优良文化、消除不良文化的过程。公共组织文化建设的总体目标是建设优秀的公共组织。公共组织文化建设的途径包括：选择标准、强化认同、提炼定格、巩固落实、丰富发展。公共组织文化建设的方法有：示范法、激励法、感染法、自我教育法、灌输法。

目前我国的公共组织文化以中国化的马克思主义为指导，实现了升华和全新的发展。然而，中国当代公共组织文化建设仍存在一些不足。要实现公共组织文化的再造与创新，必须实现以下几个方面的转变：由集权型向参与型转变；由管制型向服务型转变；由一般型向专业型转变；由人治型向法理型转变；由封闭保守型向开放进取型转变。

关键术语

文化　组织文化　公共组织文化　角色型公共组织文化　权力型公共组织文化　任务型公共组织文化　人本型公共组织文化　社会总体公共组织文化　区域公共组织文化　精英公共组织文化　大众公共组织文化　显性文化　隐性文化　西方公共组织文化　东方公共组织文化　公共组织精神文化　公共组织伦理文化　公共组织心理文化　组织宗旨　组织精神　组织价值观　组织理念　组织道德规范　组织行为准则　组织制度　组织素质　组织形象　深层文化　中层文化　表层文化　公共组织文化建设

复习思考题

1. 简述公共组织文化的含义。
2. 论述公共组织文化的内容与特征。
3. 公共组织文化分为哪些类型？
4. 试分析公共组织文化的横向结构和纵向结构。
5. 公共组织文化具有哪些功能？
6. 什么是公共组织文化建设？
7. 简述公共组织文化建设的影响因素。
8. 论述公共组织文化建设的途径和方法。
9. 中国公共组织文化建设有哪些要求？
10. 中国公共组织文化如何实现再造与创新？

《 阅读材料 》

当前一些地方政务App泛滥，成为干部新负担。“河长、林长、田长、路长App各一个，禁毒、科普学习打卡忙不停，还有应急、人社、环保、自建房排查都要求安装App……”中部某县一名村干部向记者展示手机里满屏的政务App，“几乎每个部门、每项职能都在推App，手机内存都快不够用了”。

政务App多了，令人眼花缭乱，一些地方的基层干部不仅没有因智能化工具减负，反而苦不堪言。App卡顿或闪退，一切又得重来。一名村干部说，上级部门要求使用巡林App进行巡林，而且必须“定线巡查、定点签到”，但他所在的村山林面积大，每次要花费近3小时才能完成App任务，时间紧、压力大。好不容易巡了一轮，如果结束时遇到网络卡顿、App闪退等情况可能导致打卡失败，又得从头再来。

搞了信息化，还离不了纸质表。“摆弄手机大半天，几十条信息填进去，结果台账、报表等纸质材料照样要留痕，操作App完全成了额外负担。”这种情况被基层干部称为“半吊子信息化”“做样子信息化”。

记者调查中注意到，政务App往往设置实时定位、拍照记录、问题填报等多项功能，配有详尽的信息填写栏目。一些地方对名目繁多的政务App提出注册、登录、打卡、问题反馈等硬性要求，并与干部工作考核挂钩。

有的地方政务App考核登录率，要求每天上线“打卡”。“村干部每天要花近2小时看手机，完成多个打卡学习任务。”一名村书记说，不少村干部连上厕所都在“刷积分”、填数据。甚至有地方专门为此安排了“登录员”：指定一名村干部管理6个工作账户，定时定点把需要登录的App“刷一遍”。

有的地方对政务App中填报信息数、反馈问题数搞排名，动辄通报批评，基层干部为了“拼业绩”费尽心思。

在一个乡镇工作群里，记者看到一则关于使用某款综治App的公告：每天上报新增事件，每月每个网格事件录入不得少于20件、矛盾纠纷事件录入不少于5件……未按要求落实情况则在月底绩效考核中扣分。

另一款用于道路交通安全管理的App则要求村里3名干部每月分别至少填写130余条信息，还要配发“穿红马甲做交通劝导”的照片，并详细记录违法人员信息。有村干部反映，拍照成了技术活，“照片里没穿红马甲、没有劝导动作、拍摄角度不到位等都会被‘打回’”。

“从整治‘填报表’，到解散工作群，现在又来了App……要警惕基层减负年年喊，形式主义年年新。”一些受访干部和专家认为，当前一些部门考核多头重复、条线之间缺乏统筹、留痕要求过严过细等问题尚未根治，各类形式主义问题借助信息化手段升级变异，形式主义出现“新面子旧里子”。

资料来源：这些形式主义，让他们苦不堪言…….（2023-04-22）．光明网．

思考题

1. 结合本案例，分析政务App形式主义的根源。
2. 从公共组织文化建设的角度，谈一谈如何整治政务App形式主义。

第10章

公共组织绩效

提高公共组织的绩效水平是公共组织管理活动的主要目标。绩效评估是公共组织绩效测量的一个重要的也是最盛行的方法，组织中许多决策都是建立在绩效评估的基础之上的。本章主要介绍效率与绩效、公共组织绩效的概念、公共组织绩效的影响因素、公共组织绩效管理；公共组织绩效评估的概念、目的、类型；公共组织绩效评估的实践。

10.1 公共组织绩效概述

10.1.1 效率与绩效

在考察组织效率时，各个学者使用的相关概念及概念的解释存在着或大或小的差异，诸如效用、功用、功效、业绩、功绩、效益等。虽然这些概念有些区别，但是它们仍具有基本的共同内涵，即反映组织工作的数量与质量、价值与作用。

在公共行政学的研究中，行政效率是一个常用的概念。行政效率的概念最初是从机械学中引进的。在机械学中，效率是指输出的能量与输入的能量之间的比率。后来，效率这个概念被引入社会生活当中，商学和经济学相继采用，主要是指将经济活动的劳动效果同消耗的劳动量进行比较，以考察某项经济活动的有效性。19世纪末20世纪初，由于工商管理理论的成熟，以及威尔逊、古德诺等一大批学者的努力，公共行政学应运而生。自公共行政学诞生之日起，行政效率便成为其核心概念。如何提高行政效率，成为公共行政学的一个焦点问题，而以效率为中心的管理理论也在学术界占据着主流地位。

一些西方学者认为，效率（efficiency）只是广义的绩效（performance）或生产率（productivity）的一个组成部分。英国政府运用“绩效”概念衡量政府组织的行政活动效果，认为它应包括经济（economic）、效率、效益（effectiveness）三项主要内容。其中，经济涉及成本和投入之间的关系，效率涉及投入和产出之间的关系，而效益则涉及产出和客观效果之间的关系。实际上，经济是为了实现政府行政成本的最小化；效率是为了在投入固定的前提下，实现政府产出公共产品能力的最大化；效益则涉及如何实现政府产出的公共产品的经济效益和社会效益。

对处于竞争环境而只能被动接受市场价格的企业来说，高效率意味着低成本，意味着高回报和高利润。效率至上本无可非议，但是对公共组织来说，效率并不是追求的唯一目标，在许多情况下甚至不是首要目标。公共组织的公共性质带来了目标的多元性，目标多元性又要求不同目标之间的选择和权衡。由于效率与公共组织的其他价值和目标之间存在替代和竞争关系，在不同的职能领域、特定的公共政策、具体的管理环节等方面，效率的合理定位就成为公共组织研究的一个独特问题。

传统公共行政学由于受到经济学的影响，把效率和经济（节约）作为行政组织管理活动的两个基本原则，所谓效率是指利用有限的资源提供更多更好的服务，而所谓经济则是花费更少的资金保持和提高服务水平。在传统的公共行政学视野中，经济特别是效率无可置疑地是公共行政组织管理活动的出发点和终极目标。但是，公共行政组织不只是执行政策的工具，它对广大民众生活的各个方面都具有决定性影响，担负着广泛的社会责任。为此，实现以较少的投入换取较大的产出即经济和效率目标固然是公共行政的价值追求和目标之一，但绝不是其核心价值，更不是唯一的价值和终极目标。公共行政组织管理活动的核心价值应该在于效益。国际行政改革的实践也证明，高效率并不一定带来高质量和高的顾客满意度。随着行政改革的深入，效率与质量的平衡成为当代行政改革关注的焦点。那么随着“质量运动”的兴起，如何综合性地评估行政组织管理的效率和效益呢？这就得引入一个新的概念——绩效。

关于绩效，目前学术界有人认为广义的“效率”就是绩效，但这样容易造成概念混淆。严格意义上的效率是指投入与产出之间的比例，力求以最少的投入获得最大的产出。而绩效是一个与效率既有联系又有区别的概念，是一个包括效率但又比效率更为广泛的概念。

绩效包含成绩和效益的意思，二者本来就是一个相辅相成的统一体。成绩产生效益，效益反映成绩，效益是成绩的导出，而成绩是效益的根本所在。成绩侧重于从定量的角度进行考评，而效益则更侧重于从定性的角度进行考评。

可以说，效率是一个单向度的概念，而绩效却是一个综合性的范畴。绩效应该是个体或群体为实现其目标而展现在不同层面的工作表现、直接成绩和最终效益的统一体。它包括个人绩效和组织绩效两个层面。

10.1.2 公共组织绩效的概念

公共组织绩效是指公共组织利用组织资源的经济性、效率和效益，是公共组织功能的实现程度。公共组织绩效可以定义为公共组织在积极履行公共职责的过程中，在兼顾内部管理与外部效应、数量与质量、经济因素与政治因素、刚性规范与柔性机制的基础上，获得的公共产出最大化。

公共组织绩效主要指“3E”，即经济（economic）、效率（efficiency）和效益（effectiveness）。3E实质上是三种关系，涉及公共管理活动的四个方面：成本、投入、产出、效果。以环境保护为例，政府环保部门从事管理活动耗费的人力、物力、设施和设备等是投入；获得和维持这些人力、物力、设施和设备所花的资金就是成本；产出既可以是决策活动的产出，如出台的法规实施细则和环保计划，又可以是执行活动的产出，如建设项目的审批、违规企业的处罚、清洁生产技术的推广等；效果则主要体现为环境质量的改善。

专 栏

我国数字社会建设推动优质服务资源共享

我国数字社会建设推动优质服务资源共享。国家教育数字化战略行动全面实施，国家智慧教育公共服务平台正式上线启动，建成世界第一大教育教学资源库。数字健康加速发展，全国远程医疗服务超过2 670万人次。智慧城市和数字乡村建设取得积极成效。

2022年，数字中国建设取得新的重要进展。数字基础设施实现“市市通千兆、县县通5G、村村通宽带”，截至2022年底累计建设开通5G基站231万个，千兆光网具备覆盖超过5亿户家庭的能力。数字产业规模稳步增长，2022年电子信息制造业营业收入达到15.4万亿元，软件业务收入首次超过10万亿元，达到10.8万亿元。

第六届数字中国建设峰会于4月27日至28日在福建省福州市举办。峰会以“加快数字中国建设，推进中国式现代化”为主题，由国家网信办、国家发展改革委、科技部、工业和信息化部、国务院国资委、福建省人民政府共同主办。

本届峰会设置“1+3+N”系列活动，包括开幕式、主论坛、分论坛，数字中国建设成果展、数字产品博览会、数字中国创新大赛，以及云生态大会、工业互联网生态大会、人工智能生态大会、“闽江夜话”和“有福之州·对话未来”、数字经济重大项目签约等系列特色活动。

数字中国建设峰会已连续五届在福建省福州市成功举办。五年来，有关部委累计发布近百份国家级重大政策和重要报告；近1 500家单位参展，一大批数字新技术新产品在峰会首发，首展率超过50%；开展了上百场对接洽谈活动，近2 000个数字经济项目签约落地，总投资金额超过1.3万亿元。

数字中国建设峰会是汇聚全球力量助推数字中国建设的合作平台、交流平台，也是汇聚共享开放的平台。本届峰会继续通过多种方式提升各方面的参与度，让峰会成果惠及更多群体。

资料来源：我国数字社会建设推动优质服务资源共享．2023-04-03)．新华网．

随着新公共行政的发展，公平问题越来越受到重视。新公共行政理论认为，经济与效率目标固然是公共行政的价值追求与目标，但不应该是其核心价值和终极价值。当公平与效率发生矛盾时，不能牺牲社会公平来强调效率。[①] 因此，公共组织绩效还应当包括公平（equity），即将“3E”发展为“4E”。

公共组织绩效的内容包括两个基本方面：

（1）内部绩效。公共组织的内部绩效是指公共组织在管理过程中所实现的公共组织内部经济性、效率、效益和公平。公共组织的内部绩效是公共组织实现外部绩效的内在前提。公共组织的内部绩效表现为：针对公共组织目标的科学而及时的决策；良好的工作纪律和健全的管理体制下对公共组织资源的有效利用；通过人性化的管理方式所取得的学习与创新效果；公共组织成员的自我实现和成就感等。

（2）外部绩效。公共组织的外部绩效是指公共组织在管理过程中所实现的公共组织外部社会效益。公共组织的外部绩效是公共组织内部绩效的外在实现。公共组织的外部绩效表现为：维护公共安全；提高人口素质；促进经济发展；促进社会和人民生活的进步等。

在公共管理过程中，实现公共组织的高绩效是公共组织管理所追求的主要目标。一般认为，一个高绩效的公共组织应具有以下特点[②]：

（1）可行的公共组织目标体系。公共组织的目标体系是公共组织及其成员的“导航灯”，是组织聚合力和组织行为动力的内在源泉。公共组织的目标体系可分为组织总目标、组织分目标和个人目标三个层次。组织总目标是公共组织的战略目标，是组织高层决策的结果。组织分目标是组织的部门目标，是总目标的分解落实，是实现战略目标的具体步骤。个人目标是组织目标和个体的结合，是操作性强的日常工作目标，是组织成员行为动力系统的有机组成部分。明晰的、具有层次性的公共组织目标体系可以促进组织结构和权责关系的合理化，为公平、客观的考核打下基础，增强组织的协调整合能力，激发组织成员的竞争与合作意识。

（2）合理的权责结构体系。通过适当的权责划分，公共组织能够建立合理的权责结构体系，特别是对于情况变化快、需要灵活处理、更多地依赖执行者的主动性和创造性的工作，应向中低层次的决策者进行临时授权或制度化授权，这样可以有效地促进公共组织绩效的提高。例如，现代组织管理中的组织结构扁平化的设计即是为了有效地赋予组织成员决策权，以提高组织成员的参与意识，激发组织成员的主动性和创造性。

（3）人性化的人事管理范式。公共组织应强调对工作人员的心理关怀，运用社会心理学规律，使他们对组织有归属感，将组织的工作当作自己的事业，既遵守工作制度与纪律，又能动地发挥积极性、创造性。要建设组织的特色文化，在内部管理上应充分体现以人为中心的理念，采取集体座谈、个别谈心、集体娱乐活动等方式，实现组织内部纵向和横向的充分沟通、及时了解、相互信赖。在社会公众形象上，努力塑造符合组织气质的特色形象，取得社会的高度认可和良好信誉。工作人员会为成为组织的一员感到自豪，产生以组织归属感为基础的凝聚力。

---

① 唐兴霖．公共行政学：历史与思想．广州：中山大学出版社，2000：401.

② 张建东，陆江兵．公共组织学．北京：高等教育出版社，2003：276－278.

（4）较高的灵敏度和创新能力。对服务对象的不同需求类别、内容及其变化有敏锐的洞察力。组织要安排专门的工作人员或者设立专业部门，对服务对象、服务效果、公众反应、同类服务市场状况等进行详细的追踪甚至实时动态调研，掌握社会对服务的新要求，向决策者及时报告，组织据此及时做出调整，从而使公共组织的服务“适销对路”。科技的进步、公民社会阶层结构的变化、国家法律法规的变革、国际交流引入的国际先进经验等，必然给公共组织的工作目标、结构、管理、服务等提出新的挑战。公共组织的决策机构和参谋机构应当有先见之明和革新精神，不断地进行组织的创新，保持组织较强的生命力；因循守旧、故步自封，只会被时代淘汰。

（5）建立在绩效评估体系基础上的内部竞争。建立有效的绩效评估体系是组织激励的主要手段。有效的绩效评估体系能解释公共组织及其成员的努力程度。绩效能定性、定量地表明公共组织及其成员的价值实现程度。这种价值实现程度与公共组织及其成员的期望值之间的对比，能进一步激励公共组织及其成员参与公共组织的内部良性竞争，从而创造令人满意的组织绩效。

专栏

学生总体近视率将纳入政府绩效考核

2023 年 3 月，教育部印发《2023 年全国综合防控儿童青少年近视重点工作计划》（以下简称《工作计划》），全面部署年度全国综合防控儿童青少年近视重点工作计划。

《工作计划》明确，要指导地方教育行政部门督促和确保落实学生健康体检制度和每学期视力监测制度，及时把视力监测结果记入儿童青少年视力健康电子档案，并按规定上报全国学生体质健康系统。

《工作计划》明确，要指导地方教育行政部门确保落实“双减”政策，继续指导各地落实课后服务、作业管理和考试管理的要求，加强大数据监测，防止中小学生过重课业负担反弹。丰富课后服务内容，充分发挥课后服务在促进学生身心健康发展方面的作用。要指导地方教育行政部门和学校开齐开足上好体育课与健康课，推进体育教学改革，做好体质健康监测，完善体质管理体系。

《工作计划》还明确，要将儿童青少年近视防控工作、总体近视率和体质健康状况纳入政府绩效考核，严禁地方各级人民政府片面以学生考试成绩和学校升学率考核教育行政部门和学校。对儿童青少年体质健康水平连续三年下降的地方政府和学校依法依规予以问责。要将视力健康纳入素质教育，将儿童青少年身心健康、课业负担等纳入国家义务教育质量监测评估体系。

资料来源：学生总体近视率和体质健康状况等将纳入政府绩效考核．（2023－04－08）．光明网．

（6）相对充分的外部竞争。如果公共产品、公共服务由某一个公共组织垄断，除非有严格周密的法律规范其行为，强有力的执行机构保障相关约束机制的有效运行，否则就会出现效率低下、产品与服务质量差、腐败等不良现象。由于建立有效的约束机制的成本很高，因此，除了特殊公共产品和公共服务外，其他一般公共产品和公共服务都应当允许社会竞争，从而使社会公众在提供者和服务内容上拥有选择权，提供者迫于竞争的压力必然提高服务和产品质量，从而提高公共组织的社会效益。

10.1.3 公共组织绩效的影响因素

公共组织绩效是一个综合性、全局性的问题，公共组织管理的每一个环节都对绩效有影响。现实中公共组织绩效低下的主要表现是：公共物品的过度供给，成本上升和浪费；权责界限不清，机构臃肿，人浮于事，缺乏沟通协调，互相掣肘，互相推诿；办事手续烦琐，层层请示、报告；办事拖拉，不讲时效；文山会海，公文旅行；瞎指挥，决策失误频繁；工作马虎，草率从事，甚至敷衍塞责，缺乏为人民服务的精神。因此，必须通过绩效评估提升公共组织的绩效水平。分析公共组织绩效的影响因素，对于正确开展公共组织绩效评估有着十分重要的意义。根据公共组织管理的实践经验，公共组织绩效的影响因素主要包括如下几个方面：

1. 外部因素

（1）政治因素。一个国家的政治体制决定着行政体制，政治权威决定着行政权威，所以，国家的政治稳定，政治生活民主化、法制化是公共管理活动正常进行的基本条件，也是公共组织管理高效化的前提。

（2）经济因素。国家经济发展状况是提高公共组织绩效的物质基础，公共组织管理体系的结构和功能要与经济发展的类型和水平相适应。在计划经济体制下，政府对经济实行全面但低效的管制。政府机构重叠、人浮于事，效率低下。目前我国已进入社会主义市场经济时期，要求“小政府，大社会”，如果公共组织管理体系还建立在原有的基础上，公共组织绩效将大打折扣。只有大力提高公共组织绩效才能满足社会主义市场经济体制的需要。

（3）社会因素。第一是社会团体对公共组织绩效的影响，比如各种利益集团对公共组织绩效影响就很大；第二是社会风气对公共组织绩效的影响，党风、政风以及公民整体效率意识都是影响公共组织绩效的因素。如果一个国家有良好的社会风气和优良的文化传统，那么它就有健康的公共组织环境，将有助于公共组织绩效的提高。

（4）地理环境因素。地理环境影响地区交通、邮政、电信等事业的发展，也是影响公共组织绩效的重要因素。

（5）科学技术因素。当今社会，科学技术的发展日新月异。在现代化的公共组织管理中，能否大幅度提高公共组织绩效，在很大程度上取决于现代科学技术在公共组织管理活动中的运用情况。在决策阶段，利用科学的决策技术方法，比如决策树法，可以提高决策水平，帮助决策者更快、更准确地选出最优方案。运用以计算机为中心的信息处理技术，逐步实现办公自动化，也可以大大提高公共组织绩效。即使是最普通的办公设备的更新与改进，也对提高公共组织绩效具有积极作用。

2. 内部因素

（1）组织因素。影响公共组织绩效的组织因素主要有：第一，机构的设置。首先，机构的功能是否齐全，是否适应社会和经济发展的客观要求，是否事事都有人管。其次，机构是否精简。如果机构太多，部门林立，管理幅度过窄，就会造成权力过于集中，严重影响下级的积极性和创造性；如果管理幅度过宽，又会造成权力过于分散，不利于统一领导。最后，权责是否明确，权责划分和组合是否合理。第二，职位的设置。机构中有各种职位，这些职位的设置是由机构的功能、地位和职责范围等因素决定的。一个机构到底有多少个职位才是最合理的，应该根据实际情况的需要，按照科学高效的原则，通过法律规章等确定下来。一经确立，不可随意更改。职位的法定性和稳定性也是公共组织管理高效的重要前提。那些因人设事，滥设副职、虚职的现象都会造成人浮于事、推诿扯皮，严重影响机关的效率。第三，公共组织管理各环节的衔接。高效的组织不仅自身设置专业化和程序化，而且能够做好公共组织管理各环节的衔接工作，形成各司其职、各尽其责的协调局面。公共组织的各部门是否尽职、管理的各环节联系是否紧密，关系到能否顺利实现总体目标，能否最大限度地减少内耗，提高效率。

专　栏

“层层加码”现象

从组织行为学视角出发，“层层加码”现象的发生与科层组织政策执行中的焦虑密切相关，即目标设定期的信任焦虑、检查验收期的限期焦虑和政策执行期的竞赛焦虑。能者多劳、讨价还价、争先恐后和死限突击是科层组织以“层层加码”回应政策执行焦虑的基本逻辑。

然而，当“层层加码”超出合理限度，“不顾客观条件”“简单化”的“层层加码”会在释放焦虑的同时引发新的焦虑，如“显规则”变通导致的“潜规则”变异、“滚雪球”效应下的治理“内卷化”、“逐层传递”末端的“接盘侠”尴尬、“加码超限”带来的“补偿性反馈”等。

因此，要高度重视“层层加码”背后的组织行为因素，并针对不同情境下的不同行动逻辑采取差异化的回应策略。

资料来源：李辉．科层焦虑的生成、释放与再生产：对“层层加码”现象的一种解释．行政论坛，2022（6）．

（2）人员因素。在各管理要素中，人是最为关键的。人员因素对公共组织绩效有直接影响。第一，人与事的关系。能否做到人人有事做、事事有人做，是衡量公共组织绩效的重要指标。第二，人员素质。包括领导者素质和一般工作人员素质两个方面。公共组织领导者是组织的决定性因素，可以将组织和事业的兴衰系于一身，其政治思想、道德品质、决策能力、指挥能力、用人能力等，都对公共组织绩效有重大影响。一般工作人员是大量业务工作的完成者，其政治思想、工作态度、效率观念、业务知识和技能等方面的素质，直接影响着公共组织绩效的高低。高素质的公共组织人员能够准确地理解和执行政策，进行科学的管理，恰当地处理社会公共事务，有助于提高公共组织绩效。

10.1.4 公共组织绩效管理

绩效管理的基本做法就是将组织目标分解为组织成员的职责，并与资源的配置和整个组织系统的控制、评估相结合。何谓绩效管理？美国国家绩效衡量小组曾对此下过一个被人们普遍认可的定义：所谓绩效管理，是利用绩效信息协助设定统一的绩效目标，进行资源配置与优先顺序的安排，以告知管理者维持或改变既定目标计划，并且报告成果是否符合目标的管理过程。据此，绩效管理乃是设定并实现公共服务或目标计划，并对结果进行系统评估的过程。

绩效管理是公共组织系统整合组织资源以达成组织目标的过程，它包括全方位控制、监测、评估组织的绩效。由此看来，绩效管理就是指收集绩效信息，进行绩效衡量，执行有效管理，推动公共组织绩效持续改进的整体活动和过程。

要正确把握绩效管理的含义，必须注意以下几个方面：

（1）绩效管理是一个运作系统，是为了达到组织设定的绩效目标并最终提高工作绩效而做出的一系列制度安排以及实施的管理机制和方法。绩效管理工作涉及组织管理的各个活动环节和领域，包括组织的工作制度、人事制度、财务制度、采购制度等。绩效管理还要运用不同的方法，如标杆管理方法、质量管理方法等，它将这些管理方法统一于绩效管理体系中，形成一个完整的运作系统，为支持高绩效的公共组织而服务。

（2）绩效管理是一个管理过程，是为了提高工作绩效而采取的一整套具体操作程序。绩效管理作为操作程序应当包括明确组织的战略和目标、制订组织的年度工作计划、实施绩效评估等具体步骤。各个环节紧密联系，相互影响，一个环节的成功与否将直接影响下一个环节的实施情况；各个环节相互依存，缺一不可，任何一个环节的缺失都将导致整个“管理链”的断裂，使得绩效管理成效减弱或是彻底失去意义。

（3）绩效管理是一种改革手段，它是改变公共组织原有的管理模式、组织氛围、领导方式，消除那些导致公共组织绩效不高的因素，提供公共组织发展的动力，发掘公共组织发展活力源泉的一种手段。绩效管理不仅是一种管理制度上的改变，而且是一种管理观念的改进，是改变公共组织精神面貌的有效尝试。绩效管理是一种综合的改革手段，更是世界各国行政改革实践中的一项重要内容。如，美国、英国、新西兰等国的行政改革中都含有绩效管理的基本内容。

专 栏

会议节时法

会前做好准备，不开无目的、无意义或议题不明确的“糊涂会”；

联系实际，解决问题，不开传声筒式的“本本会”；

权衡轻重缓急，抓住重点，不开“扯皮会”；

发扬民主精神，集思广益，不开家长式的“包办会”；

讲究实效，不开一“报告”、二“补充”、三“强调”、四“表态”、五“总结”式的“八股会”；

不开七时开会、八时到、九时领导做报告的“迟到会”；

不开与议题无关人员的“陪坐会”；

不开名为开会实为游山玩水的“旅游会”。

总之，要做到可开可不开的会不开，能开短会的不开长会，能开小会的不开大会，能合并开的不单独开，能站着开的不坐着开。

绩效管理最早被应用于企业中。20 世纪七八十年代，西方一些国家针对政府机构膨胀、官僚主义、管理成本无限增长、管理效率低下等弊端掀起了一场“重塑政府”的“新公共管理运动”，绩效管理被引入政府改革的实践中。通过一系列的改革实践，公共组织的绩效管理形成了自身的特点，主要表现为：

（1）讲求结果导向。绩效管理不否认程序和规则，但一切必须以公共产品的数量和质量是否满足公众的需求来衡量，并根据对结果的需要来组织、落实和协调管理。

（2）注重组织绩效。公共组织的“公共性”决定了其绩效管理注重对组织绩效的追求，这是一种对外的组织形象的塑造。而在企业中，一般是从人力资源管理的角度，注重个人绩效的管理，以提高企业自身目标实现的质量。

（3）重视动态管理。公共组织重视组织资源的整合，组织目标设定后，在运行过程中，会不定期地对目标进行回顾、反馈和调整，并检查评估，以促进管理目标的真正实现。

（4）强调战略管理。由于公共组织面临的环境越来越具有复杂性、变化性和多元性，公共组织的绩效管理积极回应外在环境的变化，不仅仅关注现实，还指向未来，强调管理的持续性和循环性。

（5）关注系统管理。公共组织的绩效管理把组织视为一个有机的系统，强调对组织系统各要素的整合，包括全方位控制、监测、评估组织绩效。

绩效管理在公共组织中的应用，一方面为公众从组织外部正确地认识和评价公共管理的结果提供了可能，并在相当程度上成为公众对公共组织进行监督、促进公共组织提高绩效的有效的工具，另一方面也为公共组织对组织自身运行状况进行反思、评价、协调提供了依据，成为公共组织整合系统资源、提高组织绩效的重要手段。

10.2 公共组织绩效评估概述

10.2.1 公共组织绩效评估的概念

评估是指评估主体对评估客体所具有的价值与作用以及这些价值与作用的数量与质量进行评价、判断和预测的活动。绩效评估就是运用科学的方法、标准和程序，对行为主体的业绩、成就和实际作为做尽可能准确的评价。公共组织绩效评估提供公共组织绩效方面的信息，鼓励和促进单位之间的竞争，有助于公众监督，还可以诊断组织中的问题并提出针对性的改进措施，从而推动效率和服务质量的提高。

公共组织绩效评估的学术研究可以追溯到 1910 年。莫里斯·库克（Morris Cooke）在《学院和工业效率》的研究报告中提出了大学工作效率的测定方法。他建议设立“学生学分制”作为衡量效率的单位，用于奖励那些注重效率的教授。

公共组织绩效评估的实践在第二次世界大战以前就已经开始了。当时，美国政府机构寻求制定工作准则和业绩衡量标准的初步技术已在几个机构中运用。各种专业协会开发了评级制度以评价行政工作的业绩以及公共服务的需求。

第二次世界大战期间，克莱伦斯·雷德利（Clarence Ridley）和赫伯特·西蒙出版了《市政工作衡量：行政管理评估标准的调查》一书。书中提出了评估的五个方面的内容（需要、结果、成本、努力、业绩），并且调查了测定的必要性和难点。雷德利和西蒙把后三项合并作为对行政管理效率的测量指标。这项研究为以后的组织绩效评估做了技术上的准备。

大规模的公共组织绩效评估始于 20 世纪 70 年代初期。随着政府成本意识的强化和公民监督意识的提高，政府绩效评估作为一项重大的政治活动蓬勃展开。1972 年，卡洛尔·韦斯（Carol H. Weiss）在《评估研究：评估计划有效性的方法》一书中，对政府计划评估的目的、问题和方法进行了详细阐述。1973 年，尼克松政府颁布了《联邦政府生产率测定方案》，力图促使公共组织绩效评估系统化、规范化、经常化。1974 年，福特政府要求成立一个专门机构，对所有公共机构的主要工作进行成本-收益分析。

公共组织绩效评估于 20 世纪 80 年代受到极大的重视和推广。英国率先在这方面进行了实践：1979 年效率工作组的成立，1980 年引进的“部长管理信息系统”，1983 年“财政管理创议”的启动，1987 年推行的“下一步行动方案”，1991 年梅杰政府开展的“公民宪章运动”等，都推动了绩效评估的广泛应用和评估技术的成熟发展。

公共组织绩效评估在其他西方国家也得到了广泛的应用。1993 年，美国国会颁布了《政府绩效和结果法》。克林顿政府根据此法制订了一个雄心勃勃的十年计划，并由副总统戈尔亲自挂帅，领导联邦改革机构国家绩效评估委员会，要求所有联邦机构发展和使用绩效评估技术，制定五年战略规划、年度业绩计划，并向社会公众通报各自的绩效状况。绩效评估在美国地方政府中的应用更为普遍，到 20 世纪 90 年代中期，有 29 个州开展了政府部门绩效测评。除英、美之外，新西兰、澳大利亚、荷兰、挪威、芬兰、丹麦等国家都借鉴并实施了公共组织绩效评估。

公共组织绩效评估在理论和实践上的发展与多种因素有关。

（1）公共组织绩效评估的兴起与社会科学的发展紧密相关。第二次世界大战后，政治学、经济学、社会学、管理学等社会科学的理论和研究取得显著进展，新的数理统计方法的出现及计算机技术的应用，推动了公共组织绩效评估理论和方法的产生与发展。其中，政策科学的创立起了重要的作用。政策科学从系统、宏观的角度促进了绩效评估理论和方法的产生与发展。

（2）财政压力是公共组织绩效评估兴起的重要动因。公共组织绩效评估发展最主要的推动力就是经济压力造成的财政困境。20 世纪 70 年代末开始，西方各国普遍出现经济衰退，财政赤字持续增加，各国政府纷纷进行行政改革。行政改革所倡导的是结果导向的、关注绩效的政府。绩效评估作为一种测量政府绩效、推动政府提高绩效的主要技术工具，取代了以往官僚程序和规则等，成为控制组织的手段。

（3）新的管理理念是公共组织绩效评估兴起的理论基础。新公共管理强调私营部门的管理方法与公共部门的管理方法有相似之处，可以广泛运用于公共部门。主张引进私营部门的管理人员，借用私营部门的管理哲学、模式、原则和技术方法来重塑政府，如努力精简组织机构，大幅减少行政人员，推行目标管理、绩效管理、全面质量管理等，强调结果为本、讲求效果的政府。公共组织绩效评估正是在这种背景下被引入的。

（4）竞争的挑战是公共组织绩效评估兴起的主要推动力。西方行政改革的特点之一便是在传统的垄断性公共服务部门引入竞争机制，各部门提供服务要通过竞争性投标，扩大服务对象的选择权。中央政府内部和地方权力机构内部，许多公共事业部门如学校、医院等，都通过强制性竞争投票产生的执行机构等创造了新的市场环境，这使得公共部门更加关注绩效评估。

10.2.2　公共组织绩效评估的目的

公共组织管理活动是一项高投入、高产出的社会管理活动。管理过程要投入包括制度、人力、物力、财力等在内的大量的资源，而消耗资源所产生的效果及生产过程离不开评估。绩效评估是公共组织运行过程这一有机链条中的重要一环。只有明确绩效评估的目的，准确地把握绩效评估的类型，清楚地了解绩效评估的各种影响因素，才能对公共组织绩效评估有一个总体的把握，促进绩效评估活动顺利进行。

专　栏

多地统计造假 如何挤干统计数据水分

统计数据是政府相关部门判断形势、做出决策的重要依据。然而，统计数据造假的情况在全国屡见不鲜。有的地方是为了领导政绩，有的地方是迫于考核压力，有的地方则需要平衡关系。部分地方干部为了数据好看，利用手中的权力干预干扰统计工作，手段包括下达指标、威逼利诱企业配合造假等。

尽管统计造假频发，但问责乏力的现象一直存在。在很多统计造假的问责清单中，被撤职的是负责统计工作的部门有关人员，对政府负责人则只是诫勉谈话或行政记过，连开除处分都很少见到，如此低廉的违法成本，只能为统计造假推波助澜。

值得欣慰的是，党中央一直高度重视统计造假问责乏力情况。2016 年 10 月，中央全面深化改革领导小组审议通过了《关于深化统计管理体制改革提高统计数据真实性的意见》，提出对统计数据造假的干部要“一票否决”。2017 年 6 月 26 日召开的中央全面深化改革领导小组第三十六次会议审议通过两个重要文件：《地区生产总值统一核算改革方案》《统计违纪违法责任人处分处理建议办法》。

2019年7月19日发布的《国家统计局关于山西省朔州市应县重大统计违纪违法案件责任追究情况的通报》，对17名统计违纪违法责任人启动集体问责。其中，时任应县县委书记受到撤销党内职务、政务撤职处分；时任应县县长受到党内严重警告、政务降级处分；分管统计工作的副县长和分管经信工作的时任副县长受到党内严重警告、政务降级处分。

资料来源：落实责任制问责制挤干统计数据水分．(2019-10-23)．人民网．

为评估而评估是不可取的。那么公共组织绩效评估究竟是为了什么？到底值不值得投入大量的人力、物力去对公共组织的绩效进行评估呢？为了避免盲目状态，我们有必要明确把握组织绩效评估的目的，以使得我们进行绩效评估的时候有一个清晰的方向。绩效评估的目的是多种多样的，我们认为公共组织绩效评估主要是围绕以下几个目的展开的：

（1）提高公共组织对社会的回应能力。回应，就是公共组织在公共管理过程中，对公众的需求和所提出的问题做出积极反应和回复的过程。公共组织在公共管理过程中，应更加注重公众的需求，更加注意公众的意见和建议。公共组织需要有更灵敏的反应力，更加注重以公众需求和意见为中心制定公共政策，提高服务质量，对公众提出的意见和问题做出负责任的回复。公共组织回应是一个公共管理过程，在管理过程中，制定公共政策要符合公众的利益，关注公众。但这只是一个方面，更重要的是公共组织要能够及时获取公众的意见、建议、批评以及最新需求，并对这些意见和需求做出积极灵敏的反应，做出公众满意的答复，按公众的意愿解决。由此可见，公共组织回应的主要内容都涉及为公众提供公共服务。所以公共组织提供公共服务的效果、公众对服务是否满意需要有相应的体系来评价，这就需要建立一个评估系统对公共组织回应的绩效进行评估。通过绩效评估，可不断改进公共组织的公共服务方式，提高公共组织回应能力，增强回应效果。

（2）改善公共组织绩效。现代公共管理的核心问题是改善绩效。公共组织绩效评估的目的是改善公共组织的行为。公共组织的行为难免有缺陷与不足，绩效评估具有计划辅助、监控支持、报告、政策评价和激励等多项功能，通过评估就可以反映公共组织运行中的缺陷与不足。这些缺陷与不足被发现后，要把绩效评估报告作为改善工作的指南。

（3）加强对公共组织的监督，提高公共组织的信誉。展示绩效状况，能推动社会公众对公共组织的监督。监督的前提是了解、知情，是对公共组织工作的实际效果的把握。社会对公共组织工作的满意与否，不能仅凭表面现象来下结论，而应该依据实际的绩效。因此为了有效地对公共组织实施监督，必须对公共组织的行为有准确客观的评估。许多政府部门的服务处于垄断地位，无法将其服务同其他地方或组织的服务进行比较——公民不能体验其他组织提供的同类服务（如消防、治安等公共服务）。绩效评估的实质是一种信息活动，其特点是评估过程的透明和信息的公开。因此，评估和公布绩效状况是公众“体验服务”的一种方式。对政府各部门、各个公共服务机构在各方面的表现情况做出全面的、科学的描述并公之于众，无疑有助于广大群众了解、监督和参与公共组织的工作，有效地制止公共行政权力主体“寻租”行为的泛化、严重化和持续化。同时，进行绩效评估有助于公共组织提高信誉。公共组织信誉是社会公众对公共组织的一种良好的印象和评价，是公共组织服务于民、取信于民而树立良好形象的表现。信誉的取得只能来自绩效，绩效评估是向公众展示工作效果的机会，展示效果能赢得公众对公共组织的支持。当然，绩效评估并不只是展示成功，它也暴露不足和失败。暴露不足和失败并不一定损害公共组织的信誉。相反，它更能促进公共组织的信誉提高，因为它向公众展示了公共组织为改善绩效而做出的不懈努力。

（4）促使公共组织进行制度创新。公共组织制度创新的重要目标之一就是提高公共组织绩效。公共组织绩效是否能真正得到提高，反过来又是检验制度创新成功与否的重要标准。绩效评估以公共组织的效益为核心，综合考核公共组织的各方面情况。通过绩效评估，可以横向比较同类型的公共组织之间的绩效，开阔公共组织的视野，扩大比较分析范围，能够使公共组织看到自身的实际绩效水平以及与其他公共组织之间的差距，从而促使其进行制度创新。

10.2.3　公共组织绩效评估的类型

从不同的角度，依据不同的标准，我们可以将公共组织绩效评估分为不同的种类。

1. 内部评估和外部评估

内部评估是由公共组织内部的评估者完成的评估。内部评估最大的优点在于评估的主体是公共组织内部的决策者、管理者和工作人员，他们对该组织有更详尽的了解，他们在持续性的、长期的方案评估中可能更有优势。但是要求公共组织对自己的行为做出客观的评价实非易事。这是因为：（1）内部评估往往会导致一些自利行为，如避免暴露缺陷，只强调取得的成就。例如某服务资金投入太多，未达到或只是较小程度达到目标，内部评估的主体很可能找出种种理由为其项目的失败辩护等。（2）内部评估往往代表着某一部门的局部利益，这使内部评估容易走向片面性并带有浓厚的主观色彩。（3）绩效评估是一项复杂而细致的工作，需要评估者系统地掌握有关的理论知识，并熟悉某些专门的方法和技术。因此，公共组织内部是否拥有具备绩效评估能力的专家就成为绩效评估的先决条件，很多公共组织绩效评估之所以失败，就是因为缺乏这方面的专家。

外部评估是由公共组织外部的评估者完成的评估。它可以是由公共组织委托的营利性或非营利性研究机构、学术团体、专业性咨询公司以及大专院校专家学者进行的，也可以是由投资或立法机构组织的，或由报纸、电视、社会团体等外部评估者组织的。同内部评估相比，外部评估的优点在于评估者更为客观。目前，由外部评估主体来评估公共组织绩效被广泛使用，知名的外部评估机构有英国审计委员会和美国审计署。但是外部评估也存在获取资料困难等问题。

从以上分析可以看出，内部评估和外部评估各有其利弊。在实践中，我们应把内外评估结合起来，取长补短，以提高评估质量。

专　栏

国务院参事建言献策成果外部评估机制

一、主要职能

负责国务院参事建言献策成果外部评估的组织协调工作；研究提出落实外部评估工作的办法、方案；协调解决外部评估过程中的重大事项；组织协调成员单位依据评估标准与参考指标实施评估；及时按程序向有关方面反馈报告评估结果与考评情况；对国务院参事建言献策工作提出建议。

二、成员单位

评估机制由国务院参事室、国务院办公厅、国家发展改革委、教育部、科技部、工业和信息化部、司法部、财政部、人力资源社会保障部、自然资源部、生态环境部、住房城乡建设部、交通运输部、农业农村部、商务部、文化和旅游部、国家卫生健康委、中国人民银行、海关总署、税务总局、银保监会、证监会、国家能源局、国家乡村振兴局等部门和单位组成，国务院参事室为牵头单位。

三、工作规则

评估机制一般每年召开一次全体会议，由召集人主持，部署国务院参事建言献策成果外部评估工作。研究具体工作事项时，可召开专题会议，召集部分成员单位参加，也可邀请其他相关部门、地方和专家参加。

资料来源：国办：同意建立国务院参事建言献策成果外部评估机制．（2022－03－04）．中国新闻网．

2. 定量评估和定性评估

定量评估，就是运用定量指标进行评估的过程。定量指标也可以称作数值分析指标，定量指标较为具体、直观，评估时有明确的实际数值和可供参照的标准值。这样对公共组织所做的评估，结论直接、明确，给外界的印象清晰。但事实上，公共组织的绩效很多情况下是无法用定量指标来测量的。

定性评估，即某些公共组织行为或项目的绩效无法用具体数据来表达，无法进行定量的考核，只能采用基本概念、属性特征、通行惯例等对被评估项目进行语言描述和分析判断，从而说明公共组织绩效好坏。定性评估的不足包括指标外延宽、内涵广，难以具体化，实际操作中存在随意性和受主观意识影响大等问题，会对评估的客观、公正产生影响。但定性评估能将无法计量却反映公共组织某方面状况的潜在因素纳入评估范围，通过分析判断、验证指标、评估结果，得出综合评估结论。

由于定量评估和定性评估各有优缺点，在公共组织绩效评估的实际操作中必须将二者结合起来使用，根据不同的情况来确定它们的比重，以便能够全面有效地反映公共组织的实际绩效。

3. 正式评估和非正式评估

正式评估是指事先制订完整的评估方案，严格按规定的程序和内容执行，并由确定的评估者进行评估。它在公共组织绩效评估中占据主导地位。正式评估具有评估过程标准化、评估方案科学化、评估结论比较客观全面的特点。缺点是要求的条件苛刻，不仅要求系统地掌握相关信息，而且要求评估者自身具备较高的素质。

非正式评估是指对评估者、评估形式、评估内容没有严格规定，对评估的最后结论也不做严格要求，人们根据自己掌握的情况对公共组织绩效进行评估。平时大量地进行的评估都属于此类。它具有方式灵活、简便易行的优点。通过非正式评估，不但可以基本了解公共组织管理的实际效果，还能够吸引社会各阶层的人员参与评估活动，增强公众的参与性。非正式评估的缺点是评估者掌握的信息往往有限，加上缺乏科学的程序和方式，因而得出的结论难免粗糙，容易犯以偏概全的错误；同时它具有随意性，结论也难以被整理。

正式评估与非正式评估是公共组织绩效评估的两种主要方式，它们各有优缺点，正式评估是占据主导地位的评估，直接关系到评估活动的质量，是应该大力提倡、不断改进的一种方式；非正式评估一方面可视为正式评估的必要准备，另一方面也是正式评估的一种重要补充。因此，在公共组织绩效评估中，非正式评估和正式评估缺一不可，都应给予足够的重视。

4. 短期评估、中期评估和长期评估

短期评估，是对公共组织在过去较短时间内行为与绩效的评估，一般以一年为限。短期评估适用于一些短时间内便可充分展现结果的项目。

中期评估，是对一定时期内公共组织行为的评估，一般为 1～5 年。事物的发展变化有个过程，对大多数公共组织行为来说，其效果会在 1～5 年内有比较充分的体现，是可以做出客观公正的评价的。

长期评估，是对一定历史时期内公共组织行为的评估，主要适用于一些需要很长时间才能展现其效果的公共组织政策及行为。

对公共组织绩效进行评估究竟选用哪种时间标准，取决于公共组织绩效本身的情况。如果公共组织管理活动的绩效可以迅速地体现出来，那就选择短期评估，反之则宜用中期、长期时间指标。

5. 宏观评估、中观评估和微观评估

宏观评估，即对公共组织管理行为的科学性、合理性及其实际所发挥的作用的整体性、综合性的评估。公共组织绩效的宏观评估是一个整体的概念，针对的是特定的公共组织在特定时期内的绩效，其评估指标是一个综合的体系。

中观评估，即对公共组织内部各具体职能部门的评估。它起着承上启下的作用，既是宏观评估的基础（公共组织的宏观绩效正是建立在各职能部门绩效的基础上），同时又覆盖了微观评估的各项内容。

微观评估包括两大部分：一是对公共组织所实施的某些具体项目或所提供的某些服务进行的评估。二是对公共组织内部成员个体的绩效评估，公共组织的整体绩效正是由一个个公共组织人员的工作所取得的，离开他们的工作，公共组织就成了抽象的概念。

10.3　公共组织绩效评估的实践

10.3.1　公共组织绩效评估的标准和指标

绩效评估标准是公共组织绩效评估的参照系。绩效评估指标是公共组织绩效的衡量依据，它反映了绩效衡量的内容，因而，设立衡量指标的一个基本要求，就是必须准确地表示衡量对象的意义、性质与关键特征；同时，指标所衡量的因素与结果之间必须具有明确的因果关系。绩效指标的设计必须遵循如下原则：一是效度，即指标反映实际绩效的程度，差异越小，效度越大。二是信度，即指标所取得的结果要稳定，指标在不同的时间针对同一对象进行衡量时，能产生大致相同的结果，结果越稳定，信度越大。三是客观性，即指标必须具有公信力，应以客观的定量指标为主，主观的定性指标为辅。四是因果关系，即绩效指标与衡量结果之间应有高度相关的因果关系，不能以与衡量结果之间不具有真正因果关系的指标来衡量绩效。五是可行性，即指标的测量成本和困难度应在可接受的范围之内，资料收集、监控及评价所付出的成本不宜过高，程序也不可过于复杂。

专　栏

绿色 GDP

人类的经济活动包括两个方面。一方面在为社会创造着财富，即所谓“正面效应”，但另一方面又在以种种形式和手段对社会生产力的发展起着阻碍作用，即所谓“负面效应”。这种负面效应集中表现在两个方面，其一是无休止地向生态环境索取资源，使生态资源在绝对量上逐年减少；其二是人类通过各种生产活动向生态环境排泄废弃物，使生态环境在质量上日益恶化。现行的国民经济核算制度只反映了经济活动的正面效应，而没有反映负面效应的影响，因此是不完整的，是有局限性的，是不符合可持续发展战略的。

改革现行的国民经济核算体系，对环境资源进行核算，从现行 GDP 中扣除环境资源成本和对环境资源的保护服务费用，其计算结果可称为“绿色 GDP”。绿色 GDP 这个指标，实际上代表了国民经济增长的净正效应。绿色 GDP 占 GDP 的比重越高，表明国民经济增长的正面效应越强，负面效应越弱，反之亦然。

资料来源：绿色 GDP.（2021-09-09）. 浙江政务服务网.

一般而言，绩效评估标准包括经济、效率、效益、公平四个方面，即“4E”标准。

（1）经济/成本标准。这种标准只是说明花了多少钱，或是否按程序花钱。当然，成本标准能很好地体现出预算和实际成本之间的差距。然而，成本本身并不能衡量服务的效率和效果，因而单一使用成本标准不能满足绩效评估的要求。

（2）效率/生产力标准。效率是指投入与产出之间的关系，指公共管理活动的产出与所消耗的人力、物力、财力等要素之间的比率。比率越大，效率越高。高效率意味着用最小的投入达到既定的目标，或者投入既定而产出最大。效率可以分为两种类型：一类是生产效率，它是指生产单位产品或提供单位服务的平均成本。另一类效率是配置效率，指组织所提供的产品或服务是否能够满足利益相关者的不同偏好，如国防、社会福利、教育、健康等政府公共服务项目，其预算配置比例是否符合民众的偏好。配置效率的最佳状态即经济学家所讲的帕累托最优，也就是指资源的配置产生最大多数人的最大利益。

（3）效益/质量标准。以效率作为衡量标准，仅适用于那些可以量化的公共产品或服务，而许多公共服务很难界定，更难量化，这时，效益便成为衡量公共服务的重要标准。效益关心的问题是情况是否得到改善。如福利状况的改变程度、使用者满意程度、政策目标的成就等。效益可以分为两类：一类为现状的改变程度，例如，国民健康状况改善程度、水质的净化程度、道路的耐用程度；另一类为行为的改变幅度，例如，以犯罪数量的减少幅度来衡量刑事政策的效果，用接受辅导者病情的改善状况来衡量社会工作的效果等。

（4）公平标准。传统公共行政重视效率与效益，而不大关心公平问题。当代公共管理过程中，公平问题日益受到广泛重视，并成为衡量政府绩效的重要标准。公平关心的主要问题在于：接受服务的团体或个人是否都受到公平待遇，需要特别照顾的弱势群体是否能够享受到更多的服务。公平指接受公共服务的团体或个人之间的公正性，通常无法在市场机制中界定出来。

此外，回应性也是非常重要的评价标准。回应性指的是效益、效率和公平标准是否真实反映了特定群体的需要、偏好和价值观。例如，一项娱乐方案可能实现了设施的公平分配，但对特定群体（如老人）的需要却没有回应性。

根据上述评价标准可设置如下衡量指标：

（1）工作量指标。工作量指标的确定有多种方式，可根据管理层次来确定，可根据职能部门来确定，可根据职位或岗位来确定，也可从管理环节来确定。一般从管理层次来确定。一是决策的工作量。工作量指标是不稳定的，因为决策很多是非常规决策，决策工作是一种创造性的活动，而且许多工作成果是无形的。评估决策工作时，数字指标难以全面准确地反映实际完成的工作量，因而是参考性的。决策的工作量主要包括一定时期做出决策的数量、为各项决策提出的备选方案的数量、处理信息量等。二是中间管理层次的工作量。管理层次的工作种类繁多，不同职能的管理部门，其工作的性质、任务、方式各不相同。测定这些部门工作量的一般指标有所管理的下属单位数量、地理范围、人口数量，以及所处理的信息量、处理突发事件的数量等。对具体部门来说，应根据实际情况测量具体的工作量指标。三是具体执行工作量。具体执行层次的工作可量化的指标较多。各职能部门工作性质不同，可根据不同情况设立各种反映工作量的指标。如交通管理部门，有所管地段总公里数，设置各类交通标志和安全设施数量，道路维修保养工程量，平均车流量，处理各类交通事故次数，处罚违章次数，出动巡查的车辆、人员和行程数等指标。工作量指标反映工作完成情况，其中有些主动性工作的指标可纳入工作计划，设定检查标准，有些工作属于被动性的，工作量大小不完全取决于行政单位和人员。工作量增加不意味着绩效提高。如处罚违章，处罚增多既可能是加强管理，也可能是管理不善的结果。这类工作量只有联系其他指标来分析才有意义，不宜设定计划标准。

（2）时间指标。时间是公共组织绩效的重要衡量指标。可分为两类：一类是强调速度的指标。包括公共服务提供之间的时间间隔、社会公众提出要求与政府部门做出反应之间的时间间隔，以及这种频率变化的情况和趋向。另一类是强调时限的指标。在实践中，要根据需要和条件，为每项工作设定时限标准，并不断完善。如公安部门接到报警到现场进行处理，要有“平均个案处理时间”“反应速度”这一类时间指标。

（3）费用指标。这是较易量化的指标，但公共管理中的隐性费用较难量化。通常有两种基本尺度：一是衡量人力消耗的尺度，即劳动时间尺度，以工作日或工作小时来计算；二是衡量物力和财力消耗的尺度，以货币来计算。每一项活动的费用都要做到“可以量化的量化，不能量化的等级化”，都要建立机关“总开支”“人均开支”这一类经济指标。

（4）目标实现程度指标。一是政策质量与实施效果。政策质量主要包括方向和优化两个方面。前者指政策是否符合国家意志和人民要求，后者指是否选择了最优的行动方案。实施效果体现在社会发展、社会稳定、文化教育、公平公正、就业保障、参与程度、宗教信仰、民族关系、道德规范、妇女问题、卫生保健等方面。可通过制定各种法规、制度、指标，将实际成果与预期目标进行比较，来确定公共组织绩效的高低。要有“差错率”“失误率”这一类质量指标。二是公共组织管理活动的质量。主要有对上级命令执行的程度，下层信息反馈的准确和及时程度，管理系统内部协调一致的程度，对所属部门工作的指挥是否正确、有效、灵活，能否及时有效地处理突发事件等。

公共组织目标的实现，体现为社会秩序良好、经济持续增长、收支平衡、资源配置合理、国民财富增加、物价稳定、充分就业、生活质量提高等。具体执行工作的质量指标有服务态度好坏，有无严格的工作程序，执行程度如何，工作成果是否符合计划要求等。

（5）社会公众的满意程度指标。社会公众的满意程度包括公民对社会公平和公正是否充满信心，人们对人身、财产安全受到保护的程度是否满意，提供公共服务是否及时与准确，是否让民众感到方便，提供服务时的态度是否令民众满意，民众对政府颁布的行政规章、行政措施、政策方针的拥护和支持程度，人民群众生活水平的改善和提高程度。通过对各项实际成果进行评价，将其与预定目标和人们的期望值进行比较，可对该公共组织绩效进行衡量和评价。也可通过服务对象、上级组织、同级党群机构、新闻媒体、本机关内部等各个方面的满意度、投诉率，多维度地进行测定。

专　栏

政务服务中心优化服务，提升群众满意度

为更好更快更便捷地服务办事群众，铜仁市政务服务中心通过夯实两项基础、推动两项“通办”、紧盯两项目标等方式，切实给群众提供便捷、高效的服务，不断提高群众满意度。

夯实两项基础，审批服务行为更规范。夯实“一站式”基础。取消了社保、医保、司法援助分厅，实现政务服务部门和事项100%进驻，同时，将涉及群众生产生活和企业服务的所有事项全部纳入政务大厅，有效解决了企业、群众办事“满城跑”“多头跑”“来回跑”问题。筑牢“一窗式”基础。根据政务服务事项关联度，按区域划分政务大厅服务窗口，形成了前台综合受理、后台分类审批、统一窗口出件的新模式，让群众只到一个窗口，就能办成全部事。

推动两项“通办”，变群众跑为数据跑。抓实“全省通办”，实现就近办。按照省级统一部署，实现了671项清单事项“全省通办”。推进“跨省通办”，实现联动办。围绕市场主体和广大群众异地办事需求，立足实际，在全省通办事项的基础上，共梳理可实现“跨省通办”政务服务事项328项。

紧盯两项目标，政务服务满意度更高。紧盯“好差评”国家标准试点工作任务。着力从“构建评价体系、抓实评价工作、处理评价意见、运用评价结果、提升社会影响”五个方面，同步推进市县乡三级政务服务“好差评”线上评价和线下服务窗口评价以及服务大厅离台评价。紧盯红色审批链党建品牌打造。将红色审批链作为政务服务大厅最高荣誉，围绕“政治强、思想好、作风正、服务优、业务精、效率高”六个方面进行打造和评选，充分发挥基层党组织凝聚力战斗力创造力和共产党员先锋模范带头作用。

资料来源：市政务服务中心优化服务提升群众满意度．(2021-06-24)．人民资讯．

10.3.2　公共组织绩效评估的程序和方法

1. 公共组织绩效评估的程序

公共组织绩效评估是有计划、有步骤的活动，是一个动态过程，需要有相应的准备、实施和总结。将公共组织绩效评估作为一个过程或系统来看待是有益的，这种衡量在于评价公共组织目前与以前的绩效相比、与其他机构相比做得究竟如何，并在多大程度上达到了预期的目的和目标。由于评估的类型不同，因而评估活动的步骤也不尽相同。一般来说，一个科学的评估程序应该包括以下几个步骤：

第一，准备阶段。周密的组织准备是评估工作的基础和起点，也是评估工作得以顺利进行和取得成效的前提条件。组织准备比较充分，就能抓住关键问题，明确评估的中心和重点，避免盲目性。组织准备阶段的主要任务包括：

（1）确立评估的项目。确立评估项目实质上是解决评估什么的问题。全面与有效，这是对评估项目的要求。评估方案中所确定的评估项目首先要保证与绩效的取得有重

要的相关性，虽然绩效评估对公共组织来说十分重要，但这并不意味着公共组织的任何一项行为在任何时候都可以而且有必要进行评估。在确定评估项目时，我们必须根据理论研究和实际工作的需要，遵循有效性与可行性相结合的原则，选择那些确实需要评估的项目。其次要尽可能全面、完整。绩效具有多因性和多维性，评估的项目虽不应包罗万象，但必须包括影响组织绩效的各个主要方面，这样才能保证评估是全面而有效的。

（2）制订评估方案。制订评估方案是公共组织绩效评估准备阶段最重要的一项工作，评估方案设计得合理与否，直接关系到评估质量的高低。设计评估方案时要在公共组织实际情况的基础上应用绩效评估的理论和方法。一般来说，评估方案应该包括以下几项内容：阐述评估项目；明确评估的目的、意义和要求；选择评估的指标，确定评估标准和类型，并选择评估的具体方法；提出评估的基本设想，根据评估的目的，确定评估的内容、范围，制订评估方案。总之，评估方案应将公共组织绩效评估的“六要素”（即评估者、评估项目、评估目的、评估指标、评估标准和评估方法）都包括在内。其中，评估者是评估的主体，评估项目是评估的客体，评估目的是评估的出发点，评估指标是评估的工具，评估标准是评估的准则，评估方法则是评估赖以实现的手段。这六个方面相互依存、相互作用，构成一个完整的绩效评估系统。与此同时，评估方案还要说明评估的场所、时间、频率、工作进度安排，以及评估经费的筹措与使用等。

第二，实施阶段。实施评估是整个绩效评估活动中最重要的阶段，其主要任务是利用各种调查手段全面收集公共组织活动的各种信息，并在此基础上进行系统的整理分类、统计和分析，运用相应的评估方法对公共组织绩效进行评估，得出评估结论。在评估实施过程中，评估者应该坚持三个原则：

（1）真实性原则。真实性是公共组织绩效评估工作的基本要求，在评估过程中，必须保证评估基础数据和基础资料的真实、准确，要采取一定方法核实评估基础数据和基础资料的真实性，以确保评估结果的真实可靠。

（2）一致性原则。这是指所采用的评估基础数据、指标口径、评估方法、评估标准要前后一致。

（3）独立性原则。评估人员在评估过程中要保持独立性，不能受评估对象及其他外来因素的影响，要根据基础数据和基础资料做出评估，运用自己的知识和经验，客观、公正、公平地实施评估。

专 栏

规范开展人大监督领域第三方评估工作

人大监督工作领域引入第三方评估或开展相关工作，是近年来全国人大常委会和地方人大常委会的新探索新尝试。全国人大常委会 2019 年在水污染防治法执法检查工作中引入第三方评估，广东、北京、安徽、上海、重庆、湖北等地人大常委会，也在监督工作领域探索委托第三方开展相关工作。

人大监督工作领域委托第三方开展评估工作，是指人大常委会在监督工作中引入独立的、有资质的社会组织或专业机构，对监督议题或具体专项工作开展调查评估等相关工作。从各地的具体实践来看，目前这项工作尚处于起步阶段，还存在一些亟待解决的困难和问题。

在具体工作中，不宜在所有的监督工作议题中都引入第三方评估，应坚持确有必要的原则，科学合理地确定需要引入第三方评估的监督工作议题。第三方评估机构应以经常参与政府项目、与本地没有行政隶属关系的高校或者科研机构为宜。要增强评估过程的规范性，规范制定文书、规范构建评估指标、规范开展协调监督。要增强结果运用的实效性，最大限度地把第三方机构评估结果运用好。要增强组织实施的保障性，坚持人大的主体地位，保障第三方机构对人大监督工作的参与权，完善第三方评估制度体系。

资料来源：规范开展人大监督领域第三方评估工作初探．(2022-10-11)．湖北人大网．

此外，要维持一个有效的绩效评估项目还得依靠连续性的监控过程并且做出必要的变更。因为一个组织变化着的内部和外部环境要素要求绩效评估项目的设计和（或）实施做出相应的变化，而且一个总体评估系统包括几个步骤，每一个步骤都应加以监控。

第三，结束阶段。这是处理评估结果、撰写评估报告阶段。个人的价值观受主客观条件的限制，处理评估结果时难免有疏漏。因此，当我们收集评估信息，得出评估结论后，还必须对评估结果进行复核。这是为了保证公共组织绩效评估的工作质量，保障公共组织绩效评估的客观性、公正性和真实性，避免因工作差错而产生不准确的评估结果。最后，必须撰写评估报告，并提交给主管部门，使之了解公共组织管理绩效的情况，及时改善公共组织管理行为。评估报告除了写明评估机构、评估依据的数据的来源、评估指标和方法、采用的评估标准值、评估责任等内容并对公共组织管理绩效进行客观陈述外，还必须对评估过程、方法及评估中的一些评分问题加以说明，对评估工作的优缺点进行总结，为提高绩效评估水平提供参考。

2. 公共组织绩效评估的方法

公共组织绩效评估，主要是对效益和管理成本以及它们之间的比率的测定。但无论是效益还是管理成本，都包含了各种有形的或无形的因素。因此，测定公共组织绩效有的比较简单，可直接进行；有的相对复杂，需要间接进行。公共组织绩效评估的方法具体包括：

（1）管理费用测量法。这是最直接、最简便的测定方法。任何公共管理工作都离不开管理费用，管理费用的使用是否恰当、合理，是否发挥了最大效益，对实现组织目标的作用如何等，都能体现公共组织绩效的高低，此方法较适合于管理层及操作层。完成同样一件工作，开支少，公共组织绩效就高，反之则较低。完成同类工作，在开支相同的情况下，完成的任务量多，公共组织绩效就高，反之则较低。

（2）职能测量法。每个公共组织都有一定的职能，公共组织绩效的高低取决于该组织能否充分发挥其职能，圆满地完成组织目标。运用此方法，首先要确定每种职能的各项指标，制定出理想的标准和最低限度标准，然后根据工作的开展状况，对每项职能进行分数评定，最后以该职能的总分反映其绩效高低。以教育部门为例，其基本职能是提高全民素质，普及义务教育等。在整个教育工作中，存在儿童入学率、教学质量、师资力量等各项指标，能否完成这些方面的目标，超过最低标准，达到理想标准，是衡量教育部门绩效的主要依据。这种方法的优点是与计划和目标结合起来，有利于督促公共组织实现预定的目标。但是，由于有些公共组织（如公安部门）的职能指标（如犯罪预防）很难确定，或者即使制定了也难以作为评价的根据（如某公安机关的破案率高，究竟意味着其管辖区内的治安状况好还是坏），因而该种方法难以实施，或实施后容易出现简单化的倾向。

专栏

全国小学净入学率提高到99.9%以上

2012—2021年，全国小学净入学率从99.85%提高到99.9%以上，初中阶段毛入学率始终保持在100%以上。义务教育阶段建档立卡脱贫家庭学生辍学实现了动态清零，长期存在的辍学问题得到了历史性解决。连续实施特殊教育提升计划，切实保障残疾儿童少年平等接受教育的权利，适龄残疾儿童义务教育入学率超过95%。

截至2022年6月，我国义务教育阶段有20.7万所学校、1.58亿名学生、1 057万名教师，是整个教育体系当中学段最长、人数最多的一个学段。办好义务教育事关亿万儿童少年健康成长，事关国家发展和民族未来。从2012年到2021年，我国义务教育在实现全面普及的基础上，仅用10年左右的时间就进一步实现了县域基本均衡发展，成为我国义务教育发展史上又一个新的里程碑。

资料来源：教育部：全国小学净入学率提高到99.9%以上．(2022-06-21)．中国新闻网．

（3）标准比较法。这种方法又叫作常模参照法，即首先建立一个关于公共组织绩效高低的标准（常模），然后将实际部门的公共组织绩效与这个标准相比较，以此来判定被测定部门的公共组织绩效高低的方法。运用此方法有一个基本前提，即存在一个没有争议的标准。该标准或者是公认的，或者是经专家研究由有关部门规定的，它必须科学、合理、全面、可靠，而且要有可比性。运用这一标准对特定工作的效果进行评定，看其是否以及在多大程度上符合标准。凡是达到或超过标准的，则为高效；凡是达不到标准的，则为低效。把组织效益的得分与管理费用情况进行比较，便可对其绩效做出评定。按照这种方法所测定的公共组织绩效是一种相对的绩效，它只表明所测得的与标准相比的公共组织绩效，不代表绩效的绝对值。

（4）要素评分法。这种方法对影响工作的各种要素进行评分和评估，从而测量公共组织绩效。在公共管理活动中，有诸多要素在起作用，不同要素对工作成败和绩效高低有不同的影响。有些因素会导致成功和高绩效，有些因素则会导致失败和低绩效。通过对工作中各要素的分析，可间接评定公共组织绩效。当然，还可以通过分析找出影响公共组织绩效的原因，为改进工作、提高绩效提供依据。使用此方法，要先找出影响工作成败和绩效高低的主要因素，按照其作用的方向和强弱，确定等级分数标准和最高标准分。评定时，根据实际情况按标准评分，以各项因素得分总和评价公共组织绩效。实际得分与最高标准分比较，可反映该组织的工作在管理方面是否高效。要素评分法实际上是一种间接测评方法。因为要素得分的高低与整个组织绩效的关系比较复杂，并不完全是直线的因果关系。

10.3.3　公共组织绩效评估的改革和发展

当今世界各国行政改革莫不以建立以绩效为导向的公共组织为目标。公共组织绩效评估作为一种有用的工具历来受到人们广泛的关注。在当前建设服务型政府的过程中，完善公共组织绩效评估体系对于提升公共服务的水平有着十分重要的促进作用。

公共组织绩效评估与服务行政在本质上是一致的。这是因为服务行政强调“公民本位”，政府把主动为公民提供服务作为其本职工作。政府与公民的关系由治理者与被治理者的关系转变为公共服务的提供者与消费者之间的关系。公共组织绩效评估则把政府为公众提供的服务作为考察的对象，把公众对政府的满意度作为政府绩效考核的主要依据。服务行政本身包含着公众对政府的绩效评价，包括政府绩效的公众满意度评价。公共组织绩效评估内在地包含在服务行政的整个体系和内容之中，它是服务行政区别于传统行政的重要标志。

公共管理理论提出了“结果导向的政府再造策略”，即在目标管理的基础上建立定性分析与定量分析相结合的公共组织绩效评估体系。近年来，英、美等国的行政改革皆采用绩效评估制度。我国政府在实施目标管理、改革人事考核制度等方面也做过有益的探索，但仍然不能杜绝凭印象打分、平均主义、大锅饭等问题，甚至存在一些不合理现象，这需要我们尽快完善公共组织绩效评估体系，解决下列问题：

第一，公共组织绩效评估应将公众满意、以人为本作为根本价值取向。公共组织绩效评估与企业绩效评估的最大不同即在于企业绩效评估是以企业盈利最大化为根本价值取向的；公共组织绩效评估尽管也要考虑成本与产出等经济指标，但政府提供的毕竟是公共产品与公共服务，不同于企业提供的私人产品与私人服务，它必须以社会公共利益的实现为己任，以公众满意为根本价值取向。公众满意既是服务行政的基本准则，也是公共组织绩效评估的重要向度。它既表明了公众对政府行政行为的直接影响，使政府行为沿着民意的方向发展，也表明了公共组织绩效评估更深层次上的结果取向和顾客取向，是服务行政设计的最高准则，体现了执政为民的理念。公众满意的价值取向与以人为本的价值取向是一致的。政府能够做到以人为本，自然就能够获得人民的赞许。我国有些地方出现的部分经济社会矛盾，与以 GDP 为取向评价政府和领导的业绩有密切的关系。要从根本上解决这些问题，必须树立科学发展观，按照服务型政府的要求，坚持以人民为中心，将政府职能切实转变到为社会提供基本的公共产品和公共服务上来，强化政府的社会服务功能。与此同时，建立科学的行政问责机制，追究政府机关和领导在公共服务职能方面的失职责任。只有这样，才能建设一个让人民满意的服务型政府。

第二，公共组织绩效评估要考虑以下几个维度：(1)“4E”指标维度。“4E”是指经济、效率、效益、公平。“4E”指标在西方新公共管理运动中被证明是行之有效的指标体系，我们应有所借鉴。(2) 公共服务质量维度。政府的主要职责是为公众提供公共产品和公共服务，其提供的公共产品和公共服务的质量如何关系到公众对政府绩效的评价。公共服务质量概念的提出为进行公共组织绩效评估提供了新的视野和角度，它表明公共组织绩效评估不仅有量的要求，更有质的要求。新公共管理运动在很大程度上表现为追求服务质量的运动，如服务价格、服务速度、服务品质、服务人员素养等。（3）廉洁维度。在现实政府行为中，政府是否廉洁影响着政府的形象，也是影响公众对政府的评价的重要因素。廉洁的目标表明政府及其工作人员在从事国家与社会公共事务的管理时不仅要与公众建立良好的行政关系，还要不滥用公共权力谋求合法报酬以外的收益。（4）公众满意维度。现代政府是“人民的政府”“为公众服务的政府”“满足人民需求的政府”，理应把公众满意作为行政的出发点和归宿。把公众满意作为公共组织绩效评估的一个重要指标维度，必将大大改善政府服务质量。①

第三，建立多层次、多元化的评估组织。公共组织绩效评估首先必须明确谁来评估的问题，过去对政府机构和公务员的考核往往局限在部门内部上对下的考察，部门保护和人情因素会干扰评估的公正性，也会形成各级组织和公务员只对上级负责，不对下级负责的错误导向。实际上，政府服务质量的好坏，取决于公众的满意度。因此评估主体的组成应是多层次、多渠道的，可以成立由政府领导、社会组织代表、企业代表、人大代表、政协委员代表、专家学者、社区居民代表组成的综合性的政府服务绩效评估委员会，负责指标制定、信息收集整理、评估和鉴定以及综合协调等工作，以确保评估工作的公正、公平。

第四，采用科学、合理的评估方法，完善评估的方法体系。由于公共组织的绩效很难像企业那样采用成本-效益分析，而必须以效能分析为主，因此在绩效评估的方法上也必须从公共组织自身的特点入手展开探索。首先在绩效指标的设定方面必须与目标管理相结合，将组织目标转化为可操作的绩效指标。绩效指标的设定也要注意定性分析与定量分析相结合，与组织的业务性质相结合，以建立客观且实用的指标体系。同时，绩效指标的设定还要鼓励公务员和有关政府部门的积极参与，取得他们的认同，将评估的外压力转化为自觉的内动力。评估信息的采集也应该是全方位、多渠道的，大致应包括来自主管、部属、同事、服务对象以及被评者自身的信息。尤其要疏通政府服务对象——公众参与评估的渠道，可以设立民意信箱、开展民意调查、建立明白卡制度等，使普通公众可直接表达对政府的评价和意见，让公众评议、让人民监督。在实施组织绩效评估时还应建立分级、分类评估制度，将业务性质相近的部门归为一类，以增强可比性。考虑到我国的国情，也可先挑选易于衡量其绩效、与民众直接接触较多的部门进行试点，以便积累经验。

第五，在评估的基础上建立激励、约束机制。绩效评估的目的是建立行之有效的激励、约束机制，使公共组织及其成员自觉提高服务质量。在设计激励机制时应注意下列问题：一是精神激励和物质激励相结合。大量的研究和调查证明：成就感、认可、职业发展机会对公共部门及其成员的激励作用大于物质激励。因此，各级政府可以通过评优嘉奖、提供学习培训机会、职级职务晋升等措施激发公共组织成员的荣誉感和成就感，

---

① 高建华．论服务行政视域下的政府绩效评估．学术论坛，2005（7）．

也可以通过绩效工资、绩效奖金、带薪休假、共享节余等形式进行鼓励。二是在激励对象方面，团队激励与个人激励相结合。组织的绩效取决于员工之间的合作与互助，以团队为基础进行激励，有利于强化团队的合作精神。同时，在个人绩效能够明确区分和测量之时，也有必要实施个人激励。应合理采用负激励，建立行政执法责任追究机制。在现代民主法治社会，如果没有政府责任追究机制，行政权的运用就没有制约的力量，公民权利的行使就没有保障，违法行政就不可能受到追究，依法行政就不可能真正推行。因此有必要通过组织告诫、责令改正、扣发奖金、末位离岗培训或待岗、末位调整工作岗位、辞退等制度明确职责，奖惩分明，由此激发工作人员的责任感。当然，约束的目的重在激励，因此尤其要重视惩罚程序的公正、公开、公平，提供申诉的机会与途径。

专　栏

公安机关全面实行办案质量终身负责和错案责任倒查制度

2023 年 5 月 19 日，公安部召开线上新闻发布会，指出公安机关全面实行办案质量终身负责和错案责任倒查制度，完善案件评查等问题发现机制，建立常态化执法责任倒查机制。

“聚焦执法公正，把严格、规范、公正、文明执法要求贯穿于执法活动全流程。”公安部新闻发言人说，聚焦法治公安建设目标，全面强化全警法治思维，坚持严格、规范、公正、文明执法，坚持不懈推动公安工作法治化水平和执法公信力不断提升，让人民群众在每一起案件办理、每一件事情处理中都感受到公平正义。

公安机关着力强化执法监督管理，推进执法监督管理机制和执法责任体系改革，健全受立案制度和刑事案件“两统一”、涉案财物管理等机制；严格执行防止干预司法“三个规定”，切实加大对执法不作为、乱作为和趋利执法、选择性执法等突出问题的整治力度，有效预防和减少执法问题的发生；在派出所等基层执法单位实施法制员制度，强化对执法办案全过程的质量管控，深化实施“阳光警务”，健全执法全流程记录工作机制，实现全链条、闭环式、可追溯的监督管理，自觉接受各方面监督。

资料来源：公安机关全面实行办案质量终身负责和错案责任倒查制度．(2023 - 05 - 19)．新华社．

《本章小结》

效率就是指投入与产出之间的比例，力求以最少的投入获得最大的产出。绩效包含成绩和效益的意思。效率是一个单向度的概念，而绩效却是一个综合性的范畴。公共组织绩效是指公共组织利用组织资源的经济性、效率和效益，是公共组织功能的实现程度。公共组织绩效的影响因素主要包括外部因素和内部因素。绩效管理就是指收集绩效信息，进行绩效衡量，执行有效管理，推动公共组织绩效持续改进的整体活动和过程。

公共组织绩效评估主要是围绕以下几个目的展开的：提高公共组织对社会的回应能力；改善公共组织绩效；加强对公共组织的监督，提高公共组织的信誉；促使公共组织进行制度创新。从不同的角度，依据不同的标准，我们可以将公共组织绩效评估分为不同的种类：内部评估和外部评估；定量评估和定性评估；正式评估和非正式评估；短期评估、中期评估和长期评估；宏观评估、中观评估和微观评估。

绩效评估标准是公共组织绩效评估的参照系。绩效评估指标是公共组织绩效的衡量依据，它反映了绩效衡量的内容。一般而言，绩效评估标准包括经济、效率、效益、公平四个方面，即“4E”标准。根据上述评价标准可设立如下一些衡量指标：工作量指标、时间指标、费用指标、目标实现程度指标、社会公众的满意程度指标。公共组织绩效评估是有计划、有步骤的活动，是一个动态过程，需要有相应的准备、实施和总结。公共组织绩效评估的方法具体包括：管理费用测量法、职能测量法、标准比较法、要素评分法。在当前建设服务型政府的过程中，完善公共组织绩效评估体系对于提升公共服务的水平有着十分重要的促进作用。

关键术语

效率　行政效率　绩效　效益　公共组织绩效　内部绩效　外部绩效　绩效管理　绩效评估　内部评估　外部评估　定量评估　定性评估　正式评估　非正式评估　短期评估　中期评估　长期评估　宏观评估　中观评估　微观评估　绩效评估标准　绩效评估指标　管理费用测量法　职能测量法　标准比较法　要素评分法

复习思考题

1. 效率与绩效有何区别和联系？
2. 简述公共组织绩效的概念。
3. 论述公共组织绩效的影响因素。
4. 如何正确理解绩效管理的含义？
5. 简述公共组织绩效评估的产生与发展。
6. 论述公共组织绩效评估的目的。
7. 公共组织绩效评估可分为哪些类型？
8. 简述公共组织绩效评估的标准和指标。
9. 简述公共组织绩效评估的程序。
10. 简述公共组织绩效评估的方法。
11. 如何完善公共组织绩效评估体系？

阅读材料

2020 年 5 月，山东省临沂市罗庄区被省财政厅确定为乡镇政府财政运行综合绩效评价试点县，目前试点工作已接近尾声，并取得了“123”的试点成果，达到了预期目标。

“1”，即 1 个指标体系。政府财政运行综合绩效评价指标体系共 4 个一级指标、12 个二级指标、43个三级指标，紧扣各街镇“缺不缺钱，能不能用好”这一根本问题，围绕收入绩效、支出绩效、管理规范性、财政可持续性四个方面设置。

“2”，即2个试点报告。一是通过指标体系对傅庄街道办事处2020年财政运行情况进行综合分析评价。评价认为，傅庄街道2020年财政运行总体情况较好，综合评价得分82.85分。二是通过指标体系对黄山镇2020年度财政运行情况进行综合分析评价。评价认为，黄山镇2020年度财政运行总体情况较好，综合评价得分79.54分。

“3”，即3个促进作用。一是促进完善区对街镇体制结算制度。试点调研发现，目前参照“预算部门”对各街镇进行管理，导致财权与事权不匹配。因此，罗庄区街镇财政体制尚待进一步完善。应在充分考虑街镇履职需要和财政承受能力的基础上，结合以前年度体制结算办法，合理划分区与街镇政府间财政收入和支出，加快建立财力与事权相匹配的财政体制。二是促进街镇加强预算管理。目前，街镇预算管理规范性有待提高、相关人员专业素质不足。应推动各街镇提高财政管理水平，如科学编制预算、强化预算执行力度、健全会计制度、提高财政基础工作规范化；进一步提升工作人员业务水平，打造高素质财政人才团队。三是促进预算绩效管理工作开展。遵循由易到难、打牢基础的思路，以街镇政府为主导，由第三方机构进行指导、培训，全区8个街镇主要围绕事前绩效评估、绩效目标管理、绩效评价三个方面开展试点，内容主要包括新增项目的绩效评估、街镇政府绩效目标的评审以及重大项目绩效评价。

下一步，省财政厅将进一步研究完善罗庄区乡镇财政运行综合绩效评价办法，为全面推开政府财政运行综合绩效评价提供指引。根据试点工作推进情况，将该区2个省级重点试点街镇的乡镇财政运行综合绩效评价结果报送区人大。各街镇将评价结果作为重要依据，并按照规定公开评价结果。进一步完善指标体系，对8个街镇2021年的政府财政运行进行综合评价，并将评价开展情况和评价结果与经济社会发展考核挂钩。

资料来源：山东乡镇财政运行综合绩效评价试点“收官”.（2021-06-23）. 财政部网站.

思考题

1. 结合本案例，谈一谈公共组织绩效评估标准与指标之间是什么关系。
2. 结合本案例，分析公共组织绩效评估的特点。

第11章

公共组织战略

21 世纪，公共组织面临的环境越来越具有复杂性、变化性和多元性的特征。由于影响公共组织运作的最大因素涉及公共组织与外界环境的互动问题，而非仅仅是内部管理问题，因此，战略管理日益受到公共组织的重视。作为一种新的管理途径或研究途径，公共组织战略管理试图通过对公共组织内外环境变量、组织长期目标以及组织角色与环境的匹配的关注，提高组织实现其使命的能力。本章主要介绍战略与公共组织战略、公共组织战略制定者、公共组织战略的层次；战略管理与公共组织战略管理、公共组织战略管理的兴起、公共组织战略管理的意义；公共组织战略管理过程。

11.1 公共组织战略概述

11.1.1 战略与公共组织战略

1. 战略

“战略”一词原为军事用语，它是指在战争中由战争指挥者依据战争规律及其进程，制定与实施的具有全局性、长远性与纲领性的方针、策略与计划。可以说，军事战略是一门指挥与驾驭战争的学问与艺术。因此，在古今中外的军事专著与文章中，战略一词出现的频率是很高的。

当人类历史进入 20 世纪时，企业之间的竞争日益激烈，人们渐渐形成了“商场如战场”的观念，并且越来越感觉到商业竞争也带有军事竞争的色彩。相应地，战略一词也被逐渐应用于工商企业的管理中。据研究，1938 年，巴纳德首次将战略的概念引入管理理论，他认为，把战略因素局限于管理活动和交易活动的某些方面是没有必要的，在需要做出决策的任何情况下，企业组织应该遵循的原则是相同的，都必须考虑到战略因素。

20 世纪 40 年代，冯·诺伊曼（von Neumann）和摩根斯特恩（Morgenstern）在其所著的《博弈论与经济行为》一书中将战略理解为“一个企业根据其所处的特定情形而选择的一系列行动”。但是，第一个真正为企业战略下定义的人是美国著名管理学家钱德勒。他在其《战略与结构》（1962 年）一书中，将战略定义为“确定企业基本长期目标、选择行动途径和为实现这些目标进行资源分配”。

20 世纪 80 年代，“战略”一词被广泛地应用于企业界，关于战略的理论也有了很大的发展。加拿大麦吉尔大学的亨利·明茨伯格教授在对以往的战略理论进行梳理和深入研究的基础上，将人们对战略的各种定义概括为 5P，即 plan、pattern、position、ploy 和 perspective。plan 是指从企业未来发展的角度来看，战略表现为一种“计划”，它强调的是组织领导者要有意识地进行领导，凡事谋划在前行事在后。pattern 是指从企业的发展历程来看，战略表现为一种“模式”，它强调战略重在行动，否则只是空想。position 是指从产业层次来看，战略表现为一种“定位”，它强调企业应适应外部环境，并在激烈竞争的环境中找到一个有利于自己的位置。ploy 是指企业在竞争过程中采用的一种“计谋”，它强调战略是为了击败竞争对手，达到企业的预期目标而采取的一种手段。perspective 是指从企业层次来看，战略则表现为一种“观念”，它强调战略过程的集体意识，要求企业成员认同企业的战略，以此为基础采取一致的行动。至此，战略已成为管理学中的一个重要词语，战略管理的理论与实践也应运而生。

2. 公共组织战略

公共组织战略是指为实现公共组织目标，在分析外部环境的机会与威胁、内部条件的优势与劣势的基础上制订的涉及职能范围、成长方向、竞争优势等内容的总体行动计划。不同的组织，有不同的收益目标。企业组织的目标是利润最大化；科研组织的目标是多出科研成果，实现科技进步；教育组织的目标是培养优秀人才，满足社会对人力资源的需求等。组织不同，收益不同，但追求收益最大化的目标是完全一致的。收益最大化目标的实现必须以组织的持续发展为基础。组织战略管理是组织可持续发展的重要手段，因而是组织收益最大化的必要条件。组织战略管理，可以激发组织的创新能力与创新精神，使组织能更主动地塑造自己的未来，而不是被动地接受环境变化的挑战。

近几十年来，全球化、信息化以及风起云涌的政府改革使得公共组织的职能、地位、角色、结构和社会关系都发生了巨大的变化，公共组织在变革环境中不得不开始关注自身的生存和发展问题。战略管理避免了传统行政只关注内部问题的短视行为，以系统的方法，以组织内部的优缺点和组织外部的机会与威胁为出发点，审视组织变化前景，成为公共组织应对不确定的环境、迎接挑战和解决生存与发展问题的有效手段。战略管理既是公共组织一种新兴的管理工具，也成为新公共管理运动的一个重要组成部分。

专栏

“八八战略”蕴含的战略思维

2003 年，时任浙江省委书记的习近平做出了发挥八个方面的优势、推进八个方面的举措的决策部署，简称“八八战略”。

“八八战略”充分运用辩证思维，十分注重两点论和重点论的统一。“绿水青山就是金山银山”，就是一个经典的辩证关系，生态账和发展账不再对立矛盾，而是和谐统一，形成了发展的更高境界。按照“腾笼换鸟”“凤凰涅槃”的要求，浙江将存量和增量、立和破的辩证关系，用于推进经济结构的战略性调整和增长方式的根本性转变。巧妙灵活运用市场无形的手和政府有形的手，义乌的手摇拨浪鼓叩开开放之门，“鸡毛换糖”换出“世界超市”，实现了“无中生有”“点石成金”。放眼世界，统筹国际国内市场，从产品走出去到企业走出去，再到模式走出去，浙江成为中国对外开放的高地。

凸显战略重点、推进战略实施：一项一项地分解，一件一件地落实。文化建设上，习近平同志在浙江工作期间做出了加快建设文化大省的决策部署，概括提炼了红船精神、浙江精神，提出推进文化改革发展的一系列新观点新论断，奠定了浙江文化改革发展的四梁八柱，推动浙江从文化大省向文化强省、文化浙江奋力迈进。

资料来源：“八八战略”蕴含的战略思维．（2023－05－15）．中工网．

11.1.2　公共组织战略制定者

在组织战略制定过程中，起主要作用的是以下三个因素：组织的外部环境、组织的内部条件和战略制定者个人（团队）目标。虽然组织的外部环境、内部条件是战略制定的制约因素，对于战略制定者来讲具有难以改变的“刚性”，但如何分析机会与威胁、判断优势与劣势却与战略制定者个人有着密切的关系，甚至可以讲，战略制定者起着关键性、决定性的作用。这在我国历史上的“淝水之战”“赤壁之战”等经典战役中得到了验证，也可以从《隆中对》《论持久战》等历史名篇中得到启发。古语“谋事在人，成事在天”就说明了这个道理。因此，在战略的制定过程中，对于评价组织的外部环境、内部条件和确定自我的目标起关键性作用的是组织高层管理人员的价值观念；组织战略的差异主要体现在组织高层管理人员价值观念的差异上；组织成功与否，最为关键的是组织高层管理人员的思想、理念和对事物判断的基本标准。

专　栏

《论持久战》

《论持久战》是毛泽东于1938年5月26日至6月3日在延安抗日战争研究会上的演讲稿，是关于中国抗日战争方针的军事政治著述。毛泽东在总结抗日战争初期经验的基础上，针对中国国民党内部分人的“中国必亡论”和“中国速胜论”，以及中国共产党内部分人轻视游击战的倾向，系统地阐述了中国实行持久战以获得对日胜利的战略。

文章开篇以“中国必亡论”和“中国速胜论”做引子，然后针对这两种错误观点进行了一一驳斥，接着引出作者自己的观点：抗日战争是持久战，最后的胜利是中国的，并通过“能动性在战争中”“战争和政治”“抗日的政治动员”“战争的目的”“防御中的进攻，持久中的速决，内线中的外线”“主动性，灵活性，计划性”“运动战，游击战，阵地战”“消耗战，歼灭战”“乘敌之隙的可能性”“抗日战争中的决战问题”“兵民是胜利之本”等既独立而又有联系的各个部分的阐述，来说明抗日战争为什么是持久战，怎么进行持久战，我们为什么能取得最后的胜利，我们应当怎样做才能取得最后的胜利。

公共组织战略制定者必须具有战略思维。战略思维是指对全局性、长远性、根本性重大问题的分析、综合、判断、预见的理性思维过程，是对社会经济发展变化规律的思考与把握，是战略制定者思维能力、思维水平、思维成果的高度体现。战略思维的核心就是能够把握住事物运动变化发展的趋势，做到“运筹帷幄之中，决胜千里之外”，这需要战略制定者深谋远虑，具有战略眼光和洞察能力。尽管事物是运动变化发展着的，但其总包含着一定的规律性。认识了事物发展的客观规律，把握了事物发展的趋势，就能掌握主动权，就有了许多行动的“自由”，就能充分发挥战略制定者的能动性。

公共组织战略制定者在公共组织战略体系中主要承担组织战略决策和组织战略领导的重要职责。

组织战略决策是最重要的管理决策，它关乎组织的成败。组织战略决策一般由组织高层管理者做出，他们对组织战略负有重大责任。组织中的管理者分别处于不同的层次与部门，从事着不同岗位的管理工作，他们在组织运行中发挥作用的频率、程度等是不尽相同的，高层管理者主要扮演战略领导者与战略决策者的角色。虽然，战略管理的最新发展趋势要求调动全体员工的积极性，使他们参与组织战略的制定、实施与评估等管理过程，但这不等于说，全体员工都是战略的决策者。战略选择与战略决策的任务还是由组织的高层管理者——战略决策层来承担。在不同的组织中，战略决策层有不同的称谓。比如在企业称为董事会或董事局，在大学称为校务委员会，在党组织称常务委员会等。小型组织通常只有一位战略决策者，一般而言，这位决策者既是组织所有者，也负责组织的管理工作。而大型组织的情况有所不同，它往往有多名高层管理人员，管理决策与战略决策常常是以团队的方式进行。

组织战略领导是指组织的高层管理者领导全体员工，在一定条件下实现组织战略目标的过程。组织的高层管理者不仅要承担战略决策的任务，还要把制定的战略落实到组织的管理过程中去。他们需要采取措施，使组织中的其他人也像他们一样思考，让其他人了解组织的前进方向、追求的目标以及实现目标的方式。而且，高层管理者还应该学会严肃而深入地思考他们所领导的组织的宏观目标，明确他们自己的职能。与此同时，还要考虑他们实现宏观目标所需要的战术、技术、机制与人员安排等。组织战略领导是组织战略目标实现的关键，所以，组织的高层管理者必须培养与提升自己的组织战略领导能力。可以说，组织战略领导体现在战略规划、战略实施与战略评估的整个战略管理过程中，实际上，它是一种综合性的战略管理能力。归结起来，组织战略领导集中体现在把握与处理以下五种关系上：

（1）战略目标与实现能力的统一。这个统一关系要求战略目标的制定既有高度，又具有现实性。战略目标定得太低，全体员工能轻易地完成，不能有效地激发员工的创造力与能动性，这样的目标不能称为战略目标；战略目标定得太高，目标实现的难度太大，员工就会失去信心，这样也会降低员工的动力。要实现“目标”与“能力”的统一，战略领导应注意两个环节：一是战略目标的建立需要全体员工共同参与，要着力倾听全体员工的建议，尤其是一线员工的建议；二是战略目标要明确而具体，而非一种空泛而笼统的概念目标。

（2）外部机会与内部能力的匹配。抓外部机会是指在对外部环境进行实时扫描的基础上，发现环境机会，并把它切实地转变为组织机会。同时，环境机会向组织机会的转变有赖于组织相应的内部条件，即组织具备相应的资源与能力。这就是人们常说的“机会永远垂青那些有准备的人”。

（3）眼前生存与未来发展的互动。组织战略领导需要处理好长期与短期的关系，它涉及的是组织当下的生存与未来的发展的问题。组织的战略管理行为都必须在考虑每时每刻有效运作的同时，顾及它对于组织此后运作的潜在影响。尽管对“长期”与“短期”的理解是一个见仁见智的问题，但是不管怎样，组织战略领导如果丝毫不考虑组织的长期战略，只顾眼前、缺乏前瞻性，组织是没有生命力的；相反，如果只考虑长期发展战略，而没有顾及组织当前支持长期发展的能力，那么，组织就有可能被拖垮。

（4）战略制定与战略执行的衔接。从动态角度看，组织战略领导是一个持续的过程，是战略制定与战略执行的有效衔接。战略制定主要是一个思维过程，它依靠的是直觉与分析能力，是组织行动之前的部署与安排。在组织确定战略之后，战略领导过程并没有结束，必须将战略思想转变为战略行动。而战略执行主要是一个行动过程，是在行动中管理与运用组织的各种资源的能力，它依靠的是激励与领导技能。战略执行通过战略实施，取得战略地位，获得战略利益。从中外组织的经验来看，一个成功的组织一般都有好的战略规划，而且重要的是，它善于通过其自身的战略执行力将战略规划转变为行动。

（5）战略刚性与战略柔性的兼容。所谓战略刚性，是指战略规划的一致性、不变性与严肃性。如果一个组织与组织的战略规划朝令夕改，组织的员工就会无所适从，从而会使战略规划失去严肃性与号召力。可以说，在早期的战略管理理论与实践中，比较强调战略刚性，即外部环境因素可变性不大，总体上外部环境是可知的、可预测的。但是，随着外部环境中不确定性因素的增加，外部环境可预测度的减少，战略管理只能在确定大致方向的前提下，根据环境因素的变化进行动态的调整与变革，即战略柔性变得越来越重要。因此，兼顾战略刚性与战略柔性也是战略领导需要处理的问题。

11.1.3 公共组织战略的层次

一般来说，公共组织战略可划分为三个层次，即组织总体战略、事业部战略与职能层战略。因为，公共组织的目标是多层次的，它包括组织的总体目标、组织各层次的目标以及各经营项目的目标等，各个层次的目标形成了一个完整的目标系统。组织的战略管理，不仅要涉及组织的整体目标及实现目标的方法与途径，而且涉及组织内每一层次、每一职能部门的目标与实现方式。因此，组织的战略管理要力争做到这三个层次的有机结合与统一。从实践的角度看，组织不仅要阐明其总体的发展目标，更重要的是要为这一总体目标的实现提供可行的思路、方法与途径，从而在现状与目标之间架起桥梁。

专　栏

既着眼“千年大计”又立足“只争朝夕”

习近平总书记在河北雄安新区考察期间指出，“建设雄安新区是千年大计、国家大事，既不能心浮气躁，也不能等靠要，要踏实努力，久久为功”。这体现了以习近平同志为核心的党中央在谋划中华民族永续发展的千秋伟业时，始终坚持对历史负责、对人民负责、对子孙后代负责的态度，始终保持时不我待、只争朝夕的紧迫感和使命感，这种“功成不必在我”的境界胸怀和“功成必定有我”的历史担当，值得我们深刻领会和认真践行。

先谋于局，后谋于略。一张蓝图绘到底，不仅需要视野宏阔的科学决策，而且需要甘做铺垫工作、甘抓未成之事的思想境界。党的十八大以来，习近平总书记强调要树立大历史观，要求“用深邃的历史眼光、宽广的国际视野把握事物发展的本质和内在联系”，“从更宏大的视野思考人类社会发展问题”，“用宽广视野吸收人类创造的一切优秀文明成果”，“以数千年大历史观之”，等等，既着眼百年、千年甚至数千年观察和思考历史演进，谋划未来的发展蓝图，又立足当下聚焦我们正在做的事情，践行好自己的初心使命。

资料来源：既着眼“千年大计”又立足“只争朝夕”.（2023－05－17）.光明网.

1. 组织总体战略

总体战略，在企业中又称公司战略，它是组织的战略总纲，是组织的领导层指导与控制组织一切行为的行动纲领。在大中型企业里，特别是多种经营的企业里，公司战略是企业最高层次的战略，它主要是决定企业应该选择哪些业务，进入哪些领域。它需要根据企业的任务与使命，选择企业可以进入的经营领域，并合理配置企业所拥有的资源，使各项经营业务相互支持、相互协调。可以说，从企业的经营发展方向到企业各经营单位之间的协调，从有形资源的充分利用到整个企业价值观念、文化环境的培育都是总体战略的重要内容。

2. 事业部战略

事业部战略处于公共组织战略的第二层次，在企业中又称子公司战略。它是在企业总体战略的指导下，经营与管理某一个单位的战略计划，是企业总体战略下面的子战略，它为企业的总体战略服务。从实践的角度看，为了加强战略实施与控制，一些大型企业集团常常把具有共同战略因素的若干部分组合成一个经营单位，每个经营单位一般都有自己独立的产品和市场定位，所以事业部战略又叫经营单位战略。事业部战略的制定者与参与者主要是各事业部或子公司的经理。

3. 职能层战略

在企业中，它是各主要职能部门的短期计划与目标，主要涉及企业的生产、营销、财务、产品开发与人力资源管理等不同职能的定位、协作，以更好地为各级战略目标服务，从而保证企业总体目标的实现。职能层战略的主要作用是，使职能管理人员可以更加清楚地认识到本职能部门在实现总体战略中的责任，有效地发挥各方面的职能，保证实现组织总体战略目标。制定职能层战略是企业各职能部门管理者的主要职责。

以上三个层次的战略都是组织战略的重要组成部分，三者共同构成组织的战略体系。从不同层次战略的作用来看，总体战略与事业部战略更加强调“做正确的事”，而职能层战略则是考虑“将正确的事做好”。在一个组织内部，战略的各个层次之间相互联系、相互配合，每一个战略层次都构成了其他战略层次赖以发挥作用的环境，任何一个战略层次的失误都会导致战略无法实现。

11.2 公共组织战略管理概述

11.2.1 战略管理与公共组织战略管理

1. 战略管理

“战略管理”一词最初是由安索夫在其1976年出版的《从战略规划到战略管理》一书中提出的，他认为，企业的战略管理是指将企业的日常业务决策同长期计划相结合而形成的一系列经营管理业务。而斯坦纳（George A. Steiner）在他1982年出版的《企业政策与战略》一书中则认为，企业战略管理是确定企业使命，根据企业外部环境和内部经营要素确定企业目标，并保证目标最终得以实现的一个动态过程。所谓战略管理，是指在制定、实施与评价具有全局性、指导性与纲领性的组织目标、方针与计划的活动中，通过一定的策略、技术与手段实现组织长远目标的过程。战略管理总是针对一个组织的整体活动或组织在某方面的活动而展开的，从其过程来看，可以划分为战略分析、战略制定、战略实施与战略控制四个阶段。

战略管理的关键不是战略，而是动态而持续的管理过程，它是一种崭新的管理思想与管理方式。这种管理方式的特点是，支配组织全部活动的核心内容是组织战略，组织的全部管理活动的重点是制定战略与实施战略。而制定战略与实施战略的关键在于对组织的外部环境进行分析，对组织的内部条件进行考察，并以此为基础确定组织的战略目标。

战略管理是以传统管理为基础，又高于传统管理的新型的组织管理方式，因此，战略管理相对于传统管理而言，其特点是显著的。

（1）战略管理是一项“综合性的管理活动”。“综合性”体现在三个方面，第一，战略管理不仅指组织战略的制定与规划，还包括组织战略的实施、控制、评价等一系列管理活动。第二，战略管理不是强调组织的某一部门或某一职能的重要性，而是通过制定组织的使命与目标，来协调各部门的活动，尤其是在控制与评价等管理过程中，战略管理重视的不是各个部门与职能的自身表现，而是看它们对组织使命与目标的贡献程度。

第三，战略管理不仅要权衡与评估组织内部的环境条件，还要分析与考虑组织外部环境中的诸多因素对组织目标实现的影响与作用。

（2）战略管理是一个“长期性的管理过程”。“长期性”可以从两个方面来理解，第一，传统的管理活动关注眼前，其管理周期较短，一般为 1～2 年。而战略管理更加关注组织的未来发展，其管理周期一般是 3～5 年，其战略规划与决策是对组织较长时间的生存与发展进行统筹与谋划。第二，战略管理不是静态的、一次性的管理，而是一个无终点的管理活动，它需要根据组织外部环境的变化、组织内部条件的改变以及战略实施情况的反馈信息等因素，不断地进行调整。也就是说，只要组织存在，战略管理就是必要的。

（3）战略管理是一门“决策的科学与艺术”。第一，说它是“科学”是因为它以系统化的知识形态反映了管理过程的客观规律，是以科学知识与客观规律为基础的管理活动。第二，说它是“艺术”是因为战略管理的真正灵魂在于应用、在于实践。只要将组织战略付诸实践，它就会呈现出不同的风格、模式与效果。比如，在战略实施中，有时为了完成长远的组织使命，需要放弃短期的组织目标；有时出于对组织整体战略目标的考虑，不得不舍弃个别部门或职能目标的实现。战略管理的灵活性反映与体现了战略管理的艺术性。第三，说它是“决策的科学与艺术”是因为战略决策必然涉及组织大量资源的配置方式，这就要求高层决策者不仅具有专业能力，而且具有创新能力与应变能力。

2. 公共组织战略管理

公共组织战略管理决定着该组织在一定时期内管理的方向和所要达到的目标，涉及组织政策的制定、组织结构的调整、资源的配置等，还影响组织的计划、组织、协调和控制等各项职能。

对公共组织战略管理的含义，学者们提供了不同的解释。纳特和巴可夫在《公共和第三部门组织的战略管理：领导手册》中提出，公共组织战略管理负责为面临着日益增加的不确定性未来的组织进行定位。波兹曼和斯特劳斯曼在《公共管理战略》中提出，公共组织战略管理包含着处理组织的外部环境、使命和目标；公共组织战略管理途径有三个主要的特征，即界定目标和目的，提出一个能协调组织与环境的行动计划，设计有效的执行方法。

综合以上的内容，我们将公共组织战略管理定义为：为了实现公共利益和自身目标，公共组织在分析外部环境的机会与威胁、内部条件的优势与劣势的基础上，调整职能范围和发展方向，选择资源目标和对策，以便更好地向社会公众提供公共服务而进行的整体性谋划。

专　栏

深圳市人民政府与中国广核集团有限公司签署全面深化战略合作协议

2023 年 5 月 26 日，深圳市人民政府与中国广核集团有限公司（以下简称“中广核”）签署全面深化战略合作协议。中广核将聚焦落实习近平总书记、党中央赋予深圳的新时代历史使命，把握粤港澳大湾区建设等重大战略机遇，深度融入湾区发展，以本次合作协议签约为契机，进一步加强与深圳对接交流，扩大和深化双方各领域合作，推动核能、新能源等产业更高质量发展，期待双方合作取得更大成效，共同为深圳先行示范区建设和国家能源产业发展做出更大的贡献。

根据协议，双方将围绕新能源、环保、科技创新等方面，以总部经济打造、核技术应用推广、氢能产业集群建设等重点项目为载体，积极推进互利共赢的深度合作。

资料来源：深圳市人民政府与中国广核集团有限公司签署全面深化战略合作协议 杨长利孟凡利出席活动．(2023－05－27)．深圳新闻网．

根据这一定义，公共组织战略管理除了具有一般战略管理的特征外，还具有自己的特性，归纳起来有以下几个方面：

(1) 公共性。公共组织战略管理的主体必然是政府和非政府公共组织，而公共组织的发展目标是提供公共服务以及实现和发展公共利益。因此，公共组织战略管理不可避免地具有强烈的公共性，其产生、存在是为了公共利益、公共目标、公共服务以及创造具有公益精神的意识形态等。政府部门作为实现这些目标的最重要的主体，在其公共战略中从来不会公然宣布自己丧失公共目的，政府必须保护国家安全，提供法律手段以惩治违规者，提供社会福利以及保护国民财产等。同时，公共组织战略管理在公共性的选择上，在维护正义和提供公共物品，即公平和效率的选择上，必须首先维护社会正义，其次才是提供公共物品。政府提供的公共物品的多少与效率密切相关，高效的政府提供更多的公共物品，低效的政府往往提供少于需求的公共物品。

(2) 权威性。公共组织战略管理必然受到政治权威的影响，政府权力具有垄断性，因而在其实施战略管理时会带有以国家为后盾的政治权威。可以从以下几个方面看出：首先，从公共组织战略管理所需的资源来看，由于政府部门依靠国家权威，因此，其所需的资源大多是通过国家强制力获取的，诸如税收、紧急情况下的各种征用等。其次，由于公共组织是代表国家行使公共权力，因此公共组织战略代表国家的利益和行为倾向，其不会因为个别或少数服务对象的异议轻易地发生改变，为了最大限度地维护整体利益，公共组织战略必须在不同地区、不同部门之间进行协调，以调动全国或者是整个地区或部门的力量来实施。最后，公共组织战略不能只满足单一目标群体的特殊需求，它必须把全体公民视为顾客，或维护广大人民群众的根本利益，公共组织战略更强调的是非抗争性——合作性，即求同存异，共同发展。而这些，都是缺乏公共权威的企业所无法做到的。

(3) 模糊性。公共组织战略管理的目标确定具有模糊性。第一，由于政府等公共组织所处的政治环境具有复杂性、多元性和不确定性，同时不同的利益集团对政治的各个方面具有不同程度的影响，加上政治的不断变迁等，公共组织通常同时具有很多模糊的、往往不断变化的目标，这些不同的目标以及长期与短期的目标常常是相互冲突且难以界定的。第二，对于政府等公共组织来说，公平地对待每一位委托人并为其提供服务是其首要宗旨，即从公共组织本身的价值目标来说，公共性和公平是最重要的。但在市场经济条件下，公民对公共物品的需求呈现多样化和个性化特征，同时公共组织越来越处在与私人部门竞争提供公共物品的位置，因此效率的提高也将随之为公共组织战略管理所关注。因而公共组织在体现公平性、公共性的同时还必须做到高效，而公平与效率又往往是冲突的，公共组织的战略管理目标往往要在公平与效率的冲突中进行判定，从而使自身具有了模糊性。

（4）参与性。由于政府部门的公共性及权威性，其与公众切身利益高度相关，为了使政府部门等公共组织更好地开展管理活动，同时也受政治民主化的驱动，公共组织要以为公众服务和维护公共利益为宗旨，其运作过程必须公开化、透明化，同时鼓励公民参与公共组织的战略管理，让公民在知情的情况下进行参与、监督、检查，同时必须寻求可以让外界参与战略制定程序和检查的有效途径。

基于公共组织战略管理的以上特性，公共组织必须在战略管理中采取适当的应对措施。在运用战略分析工具进行公共组织战略分析时，应该考虑公共权力的设立依据和范围、财政拨款、利益相关者的需求和影响力以及政治形势的变化等环境因素。在战略选择（制定和评估备选方案）阶段，公共组织要对战略分析中所识别出的压力和制约因素做出响应，制定多个不同角度的备选方案，将战略目标和组织内的等级整合在一起，公正地评估备选方案，规避战略模糊和公众参与带来的潜在风险，以便科学决策。公共组织的战略抉择，必须均衡考虑效率和公平，用高效的方式实现公平。在战略执行过程中，应该充分考虑公共组织的特殊因素，包括预算分配的政治技巧，战略执行的合规，组织内部员工、政治家和公众舆论等的参与。战略管理的每个环节都需要加以控制，通过突发事件预案来应对危机。总体上来看，公共组织战略管理需要跟政治决策协调，符合宪法的要求，保证在公共组织内推行的成功。

11.2.2　公共组织战略管理的兴起

战略管理最早产生于企业管理，直到 20 世纪 80 年代，这种在企业中兴起的管理技术才在公共组织内引起回应。

1. 企业战略管理的发展阶段

（1）预算与财务控制阶段（20 世纪 50 年代以前）。这一阶段的主要指导理论是泰罗和法约尔的“计划”思想，强调内部控制导向，依靠预算编制、财务控制和项目管理来组织生产经营活动，假定环境是简单的、重复发生的，量入为出，通过努力做到与预算相符，寻求更好的企业经营控制，以提高企业的计划性和协调性。按年编制预算，属于有限的计划形式，可能产生短视的管理方法和不良的管理后果。

（2）以预测为基础的长期规划阶段（20 世纪 50 年代）。进入 20 世纪 50 年代，传统科学管理理论已不适应企业的外部环境，企业出于全球化竞争等的需要必须改变内部控制导向，对未来进行长期规划，通过预测下一年度以后的情况，寻求更有效的发展规划。预测实际上是根据企业发展历史依靠趋势外推法来预测企业未来环境的变化，并没有详尽分析外部环境。长期规划与当时的一元化公司、低层次竞争、可预测的趋势相适应，规划活动类型有企业合并、跨国经营、一体化发展等。

（3）外部导向的战略规划阶段（20 世纪 60—70 年代）。20 世纪 60 年代，企业面临着日益复杂、瞬息万变的环境，因而必须具备对环境变化的适应能力，选择灵活的发展战略。战略规划不再是通过简单的趋势外推法进行预测，而是详尽分析企业外部环境，实现企业能力和外部环境的匹配，通过战略性思考，寻求对市场和竞争做出更快反应。战略规划成为一个具有清晰步骤、受控的、自觉的、正式的计划过程。战略规划前提假设是企业环境的变化和发展趋势可以预测；思考和行动可以分离，战略制定和战略实施分开；战略规划注重理性分析，是计划人员的职能，与管理人员无关；战略一经制定就可自动执行。

专　栏

上海期货交易所发布三年战略规划

2023 年 5 月 25 日，《上海期货交易所 2023—2025 年战略规划》（以下简称《规划》）在第 20 届上海衍生品市场论坛正式发布。《规划》涵盖上海期货交易所（以下简称“上期所”）的指导思想、使命、核心价值观、战略目标、战略举措等内容。

在使命、核心价值观上，《规划》提出，上期所的使命是服务实体经济高质量发展，协助全球客户定价交易、管理风险、配置资源；并以稳健、进取、诚信、专业为核心价值观。

在战略目标上，《规划》提出，到 2025 年，上期所市场运行平稳有序、功能发挥显著提升、服务实体经济作用进一步凸显，“上海油”“上海铜”“上海胶”“上海金”“上海镍”“上海纸”等“上海价格”在国际市场接受度更高、影响力更大，亚太领先交易所地位更加巩固。到 2035 年，上期所将努力建成与高水平社会主义市场经济体制相匹配的，产品丰富、功能健全、技术领先、治理高效，具有重要大宗商品价格影响力的世界一流交易所。

在战略举措方面，《规划》提出“七高”的实施举措，以及“四强”的保障措施。“七高”包括：一是构建高质量产品体系；二是打造高能级服务平台；三是加快高效率机制创新；四是推动高水平对外开放；五是建设高赋能信息技术系统；六是践行高标准绿色理念；七是强化高效能自律监管。“四强”包括加强党的领导、加强内部治理、加强队伍建设和加强实施保障。

资料来源：上期所发布三年战略规划：提升“上海价格”影响力 巩固亚太领先交易所地位．（2023-05-26）．上海证券报·中国证券网．

（4）战略管理阶段（20 世纪 80 年代至今）。20 世纪 80 年代以来，企业发展环境变化难以预测，充满了非连续性的事件，需要基于全局和整体视野来管理企业所有资源，及时预测和动态应对环境的突变，把握机会，规避风险，制定并实施战略，寻求竞争优势。战略管理侧重战略结果，涉及所有组织部门，作为一个管理过程包括战略制定、实施、实施控制、效果评价。

在新公共管理运动的大潮中，西方的公共组织开始借用企业战略理论，在 20 世纪 80 年代应用战略计划，80 年代后期引入战略管理。包括商会、教育机构、医疗机构、图书馆和政府机构等在内的公共组织都在应用战略管理。有研究表明，美国抽样调查过约

200 个非营利组织，发现其中有一半以上采用战略规划去应对财政紧缩和多变的组织环境。美国《政府绩效和结果法》侧重于财政预算的政府改革思路，按照项目、部门和跨部门三个层级将战略规划、年度计划与项目预算进一步关联起来，要求 1997 年所有联邦政府机构实行战略规划。自该法 1993 年颁布、1994 年试行、2000 年全面实施以来，制定战略规划的做法不仅遍及联邦政府和州政府，甚至已经延伸到了各公署、二级机构、项目与实施部门。

2. 公共组织战略管理的发展阶段

（1）预算阶段。20 世纪 80 年代之前的传统行政模式都可归纳为预算阶段。预算与财务控制在公共组织中很早就已存在，计划就是为了分配预算。主要缺点是存在预算指标松紧不一的现象，可能存在短视的公共活动。

（2）战略规划阶段。战略规划阶段为 20 世纪八九十年代。公共组织的这一阶段大体相当于企业外部导向的战略规划阶段。20 世纪 80 年代以来，同企业一样，公共组织的发展环境变化难以预测。在高度不确定性的环境中，传统的科层官僚制组织及其权力的响应性已经难以满足环境的需要。公共组织开始采用企业战略规划技术，面向环境来预测变化、创造变化和利用变化，将环境不确定性转变为创造价值的源泉。

战略规划要求大范围收集信息，研究预备方案，强调决策对未来的作用。和私营部门相同，公共组织战略规划旨在计划而非管理，即重在形成战略计划。这一阶段，忽视战略执行是公共组织中的一种普遍现象。战略规划被当作涉及高层管理者的根本决策，它弥补了传统的公共行政学关注中低层决策而忽视高层决策的缺陷。

公共组织的战略规划过程还应建立在政治决策的基础上，将政治决策模型与理性决策模型结合考虑。政治决策模型保证战略方案和公共政策的一致，理性决策模型将一致同意转化为战略目标、公共政策等。

奥尔森和伊迪较早地倡导在公共组织引入企业战略规划技术，认为大多数企业战略规划技术在公共组织可行，并提出了五步骤的奥尔森和伊迪战略规划模式。布赖森 1988 年提出了八步骤战略规划模式。

（3）战略管理阶段。战略管理阶段为 20 世纪 80 年代末至今。20 世纪 80 年代后期，公共组织面临更加不确定和突变的环境，在运用战略去保证生存争取发展的过程中，发现许多成功的战略并未产生预期的结果。与私营部门一样，公共组织开始认识到战略规划的局限性，引入了战略管理，关注战略执行，进入了战略管理阶段。

亨利·明茨伯格在综合战略管理理论家们对战略本质的认识之后，认为存在下列共识：战略与组织、环境都有关系；战略的本质是复杂的；战略影响着组织的整体利益；战略包括内容和程序；战略不是完全深思熟虑的；战略存在于不同的层次；战略包括不同的思想过程。

这一时期，对战略概念的理解也在不断加深；战略管理作为一个动态的、全面的管理过程，其范围扩大到执行控制、结果评价等；特殊战略的研究受到重视，如公私合作战略、政府间合作战略、顾客导向战略等。

11.2.3 公共组织战略管理的意义

公共组织必须进行战略管理才能解决公共组织中发生的问题，提高公共组织的效率。具体来说，公共组织战略管理的意义主要体现为以下几个方面：

（1）公共组织战略管理是应对不确定环境的必然选择。进入 20 世纪 80 年代以来，公共组织面临的环境日益复杂。不仅政治在发生变化，经济、技术、文化、社会都在发生巨大的变化。尤其是信息技术的迅猛发展使得公共组织面临的环境更加动态和不确定。不可预测的变化在整个社会中随时发生，引发混乱和危机。从管理角度来看，任何组织都力图从各个方面降低或减少环境的不确定性。在平稳的环境中，组织可以制定具体的规章制度来处理日常事务。但在变化迅速的环境中，这种做法就行不通了，组织必须建立一个更有适应性的反应系统。战略管理能够保证组织与其环境之间有一个良好的战略配合，使组织的能力与环境要求相匹配，同时安排组织内部的结构与程序以使其随战略选择而成长，并发展出新的、能应对未来挑战的能力。

（2）公共组织战略管理是公共组织改革的重要途径。过去几十年中，复杂变动的环境促使公共组织改变传统的运作方式，公共组织为了化解财政危机，必须以较少的成本为顾客提供高质量的服务。在这种背景下，公共组织，尤其是政府角色必然发生重要的变化。在福利国家时代，政府是一个大政府。政府在社会管理中扮演了十分重要的角色，政府管理包罗万象，人们认为“管理越多的政府是越好的政府”。从 20 世纪 80 年代以来，大政府的观念受到越来越多的质疑，相反，小政府无论在理论还是在实践上均获得了人们的认同和支持。许多国家的政府改革主张在公共服务中推行市场机制。据此，政府的角色发生了重大变化，政府要成为掌舵者而非划桨者。在改革大潮的推动下，公共机构经常面临重组、合并和私有化的威胁，公共组织再也不能像过去那样对自身的生存、发展高枕无忧了。考虑组织所面临的环境（机会和威胁），考虑组织的长远发展目标，提高组织自身竞争力成为公共组织的重要任务。在这种背景下，作为一种新的管理途径或思维方式，战略管理日益受到公共组织管理者的重视。

专 栏

共建“一带一路”为世界做出重要贡献

推进“一带一路”建设，既是中国扩大和深化对外开放的需要，也是加强和亚欧非及世界各国互利合作的需要，是关乎中华民族伟大复兴和人类可持续发展的长久大计。

在经济全球化深入发展、全球价值链分工深刻调整的背景下，“一带一路”建设是我国扩大开放的重大战略举措和经济外交的顶层设计，有利于构建内外联动的开放型经济体系，促进国内国际双循环。

基于对世界经济发展状况和经济全球化发展态势的科学判断，中国提出共建“一带一路”倡议，契合了沿线国家和地区发展的需要，顺应了区域经济合作的潮流，得到沿线国家和地区的积极响应和热情参与。

高质量共建“一带一路”，破除零和博弈思维，推进全球治理体系变革和完善，为解决世界性难题贡献了中国智慧、中国方案。

“一带一路”沿线各国文化积淀深厚，共建“一带一路”倡议有利于促进不同文明之间的交流，以文明交流互鉴取代文明对抗、文明冲突，把世界的多样性和各国的差异性转化为促进各国共同发展的活力和动力，使文明之花成为增进各国人民友谊的桥梁、推动人类进步的纽带、维护世界和平的润滑剂。

资料来源：共建“一带一路”为世界作出重要贡献．(2023-05-30)．中国经济网．

(3) 公共组织战略管理是应对全球化挑战和提升国际竞争力的需要。公共组织不可避免地要受到全球化的影响。全球化在于使整个国际社会成为一个相互联系和相互依赖的网络，各种公共组织相互依赖程度加深，这无疑增加了公共组织管理的复杂性，加快了社会变革的速度，同时全球化也使国家之间的竞争更加激烈。国家之间的竞争集中表现为综合国力的竞争。综合国力是一国物质力量、制度力量、精神力量的总和。物质力量主要由一国的自然环境、自然资源、人口、经济、科技、军事等因素构成。制度力量主要包括一国制度的保障力、动员力、激励力，以及政府的组织力、决策力、执行力和效率等。精神力量主要是指一国价值观念、民族意志等。为了应对全球化和国际竞争的压力，公共组织，尤其是政府必须从更宏观的视野和更长远的角度制定国家发展和提高国家综合国力的战略。

(4) 公共组织战略管理是更好地实现公共利益的要求。公共利益是公共组织实施管理的出发点。公共性是公共管理与企业管理的根本区别。为了实现社会公平，必须坚持公共管理的公共性质。“公共”的实质就在于代表公共利益。与此相一致，政府必须坚持公共目的，承担公共义务或公共责任。作为公共利益的代表，公共组织的管理要兼顾整体利益和局部利益，兼顾长期利益与眼前利益。战略管理从整体和长期发展的角度，将组织内部情况与外部环境结合起来进行分析，确定资源配置的优先顺序，将有限的资源优先用于战略性的、关键性的领域，以维持国家可持续发展与繁荣，最终保障社会公共利益的实现。

11.3　公共组织战略管理过程

11.3.1　战略管理一般过程

战略的特性决定了战略管理与其他管理的不同。除了着眼全局和长远的未来外，战略管理还是一个寻求成长和发展机会以及识别威胁的过程，是直觉和理性分析的结合，是持续与循环的过程。战略管理与一般管理的差异还体现在其内容上。中外学者在探讨战略管理内容过程时往往采用建构分析框架或模型的方式，把战略管理有关内容及其相互关系揭示出来。企业战略管理理论中关于战略管理流程的模式较具影响力的是哈佛大学商学院的学者提出的模型（见图 11－1）以及格莱斯特在此基础上提出的改进模型（见图 11－2）。

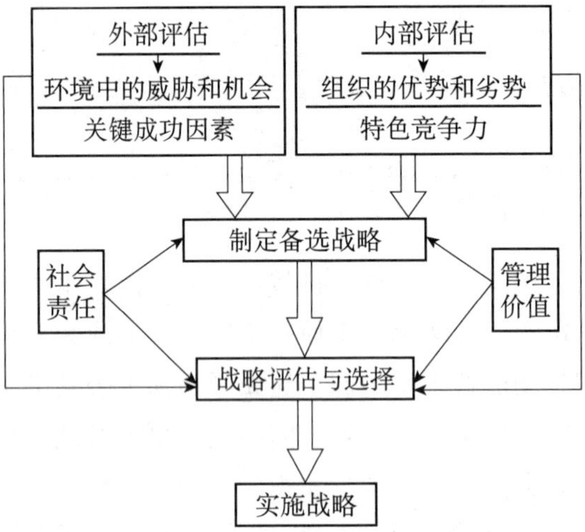

图 11－1　哈佛大学学者的战略管理模型

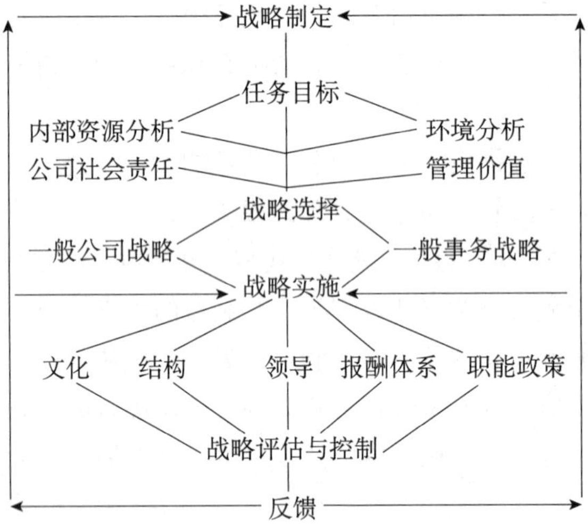

图 11－2　格莱斯特的战略管理模型

奥尔森和伊迪把公共部门战略规划的要素概括为五点：综合任务和目标的描述；环境监测与分析；评价组织内部概况和可利用资源；战略制定、评价与选择；战略规划的执行与控制。布莱斯设计了一个八步骤模式：开始制定战略规划并取得一致意见；明确组织权限；阐明组织任务和价值；对外界环境进行评价（机会和威胁）；对企业内部状况进行评价（优势和劣势）；明确组织面对的战略性议题；制定战略——处理问题；制定有效的、未来的组织蓝图。奥斯本与盖布勒指出，公共部门的战略规划是考察一个组织或社区当前的状况和未来的轨迹、确立目标、制定实现目标的战略并估量结果的过程，它包括内部与外部状况分析、组织面对的关键问题的判断或鉴别、组织基本任务的确定、组织的基本目标的表达、前景的明确、实现前景和目标的战略的形成、战略的时间表的形成、结果的估量和评价等环节。较著名的公共组织战略管理模型有两个：一个由纳特与巴可夫提出，见图 11－3；一个由菲利普·科特勒与艾伦·安德里亚森在《非营利组织战略营销》一书中提出，见图 11－4。①

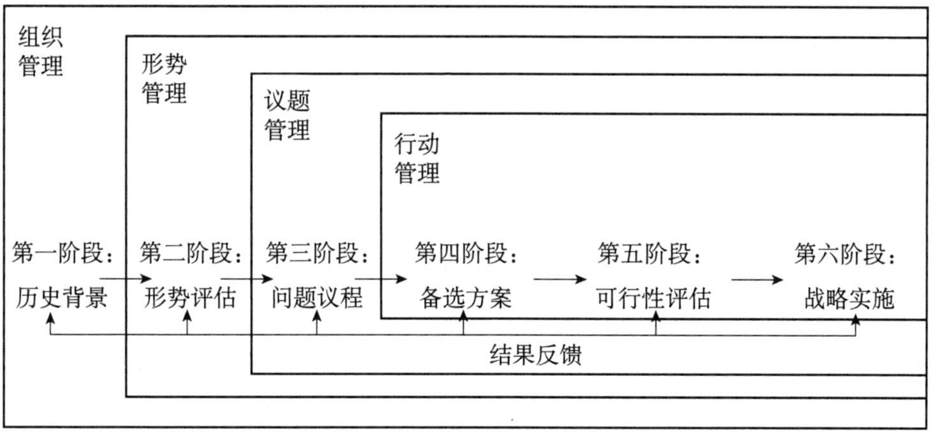

图 11－3　战略管理过程的循环

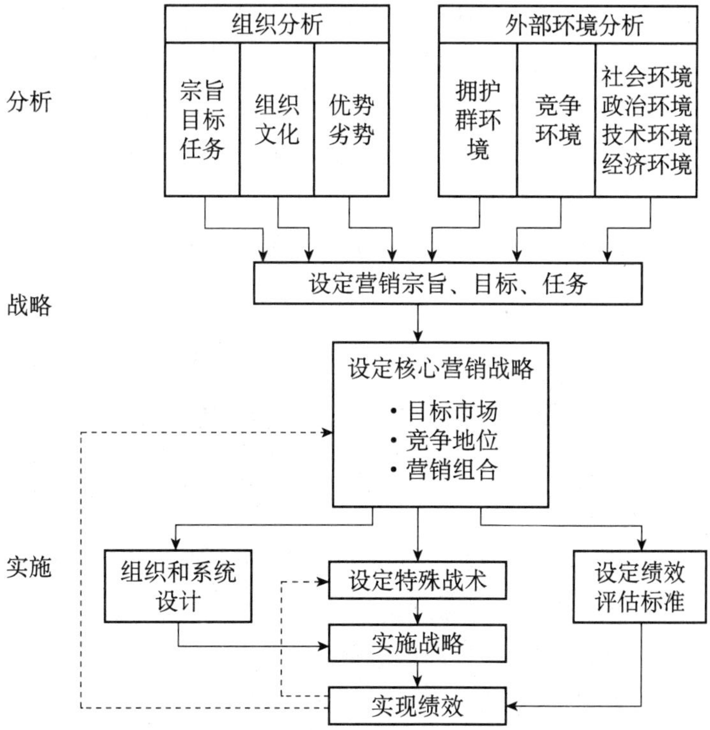

图 11－4　战略营销规划程序

① 曾峻．公共管理新论．北京：人民出版社，2006：154.

战略管理可以视为一种客观、具有逻辑性和系统的过程与步骤。管理学家罗宾斯将战略管理过程分为八个步骤：确定组织当前的使命、目标和战略；分析环境；识别机会和威胁；分析组织的资源和能力；识别优势和劣势；构造战略；实施战略；评估结果。[①]通观已有的战略管理模型可以发现，战略管理离不开环境分析、战略制定、战略实施、战略绩效评价与结果反馈等基本环节，这些内容对于公共组织战略管理同样有效。为简化起见，我们将公共组织战略管理过程概括为公共组织战略分析、公共组织战略制定、公共组织战略实施、公共组织战略控制四个环节。

11.3.2 公共组织战略分析

任何一个组织都处在一定的环境中，而且必须在一定的环境中生存与发展。“适者生存”不仅是自然界的法则，也是一个组织必须遵循的规则。因此，组织战略管理必须以认识环境为基础。所谓组织战略分析，主要是指对组织存在的环境进行系统扫描，又称战略环境分析。组织环境可以区分为外部环境与内部环境两个方面。通过对组织内外环境进行系统分析，可以了解组织的现状及其长处与不足，并依此对组织进行定位。

组织的外部环境既可以给组织发展带来一定的机遇，也会成为组织发展的威胁力量。战略管理必须注重对组织的环境因素进行分析。具体的分析过程如下：首先，收集经济条件、法律法规、政府政策、社会发展、技术创新、文化背景、人口数量质量、人力资源、自然条件状况等方面的信息；其次，对收集的信息进行分类、整理与评估；再次，确定哪些是一般环境因素，哪些是具体环境因素，进一步确定哪些是重要的或关键的环境因素；最后，将有关的环境因素在组织内广泛宣传，让更多的员工了解组织面临的机遇与压力。

专　栏

河南省实施创新驱动、科教兴省、人才强省战略，加快国家创新高地建设步伐

新一轮科技革命和产业变革突飞猛进，科技创新成为国际战略博弈的主要战场，以科技创新为核心的大国竞争正在加剧。

我国开启了现代化建设的新征程，正在向第二个百年奋斗目标进军。河南省委、省政府坚持以习近平新时代中国特色社会主义思想为指导，聚焦新发展阶段、贯彻新发展理念，紧抓构建新发展格局的战略机遇，把创新摆在发展的逻辑起点、现代化建设的核心位置，以“不进则退、慢进亦退、不创新必退”的历史使命感和责任感，坚定走好创新驱动高质量发展这个“华山一条道”，努力实现直道冲刺、弯道超车、换道领跑，到2035年，把河南建成国家创新高地和全国重要人才中心。

---

① 罗宾斯，库尔特．管理学：第7版．北京：中国人民大学出版社，2004：205.

河南省委、省政府旗帜鲜明地提出实施创新驱动、科教兴省、人才强省战略，是顺应河南经济发展阶段性规律、突破现代化河南建设瓶颈的重大战略决策，寓意深远、正当其时。战略的提出，把原有的创新驱动、科教兴省、人才强省这三个战略整合起来，强化了科技第一生产力、创新第一动力、人才第一资源三方面的集成，形成了 1＋1＋1＞3 的叠加效应，将为实现“两个确保”战略目标，奋力开启现代化河南建设新征程注入强大动力。

资料来源：河南“十大战略”系列主题讲座：（一）实施创新驱动、科教兴省、人才强省战略，加快国家创新高地建设步伐．（2022-03-21）．河南机关党建网．

面对激烈的竞争，一个组织不仅要研究外部环境因素的构成与情况，而且应该深入分析组织内部各因素的现状与趋势，对组织的优势与劣势了然于胸。一般而言，组织内部条件，由于受创办者经营理念、领导者的决策水平，以及其他历史的、现实的主观与客观原因的制约与影响，总会表现出差异性，也就是说，任何组织都会有优势因素，也会有劣势因素。而这些优势与劣势都会直接影响组织战略的制定与实施，因此，组织要分析自身的优势条件与劣势条件。其分析过程如下：第一步，收集与组织内部条件相关的各种信息；第二步，对所收集的信息进行分类、整理与评估；第三步，确定组织的优势因素与劣势因素；第四步，让员工广泛认识与了解组织的优势与劣势。

在进行组织战略分析时常运用 SWOT 分析法。SWOT 是由优势（strengths）、劣势（weaknesses）、机会（opportunities）与威胁（threats）英文首字母组合而成的，前两个方面对应组织自身状态，后两个方面对应外部环境因素。SWOT 分析法是哈佛大学教授安德鲁斯提出的。这是一种综合考虑组织内部条件和外部环境的各种因素进行系统评价，从而选择最佳经营战略的方法。SWOT 分析法由美国哈佛大学商学院率先采用，它根据组织拥有的资源，分析组织内部优势与劣势以及组织外部环境的机会与威胁，进而选择适当的战略。

SWOT 分析法要求在全面分析组织内外部形势的基础上，发挥组织优势、克服组织劣势，利用外部机会、规避外部威胁。该方法不仅更具有针对性，容易抓住组织问题的症结所在，而且通过不同组合，能够为组织发展战略指明方向。

SWOT 分析由两大环节构成：第一环节，分别列出组织的优势与劣势以及机会与威胁；第二环节，把组织的优势与劣势和机会与威胁进行匹配，得到四种战略组合（SO、ST、WO、WT），如表 11-1 所示。

表 11-1　SWOT 分析矩阵

	组织	
	优势（S）	劣势（W）
	1.	1.
环境	2.	2.
	3.	3.
	⋮	⋮

续表

机会（O） 1. 2. 3. ⋮	SO 战略： 发挥优势 利用机会	WO 战略： 克服劣势 利用机会
威胁（T） 1. 2. 3. ⋮	ST 战略： 发挥优势 规避威胁	WT 战略： 克服劣势 规避威胁

将上述结果在 SWOT 分析图上具体定位，可确定组织战略能力。组织在此基础上，选择相应的战略。如图 11－5 所示，SWOT 分析法为组织提供了几种可供选择的战略。

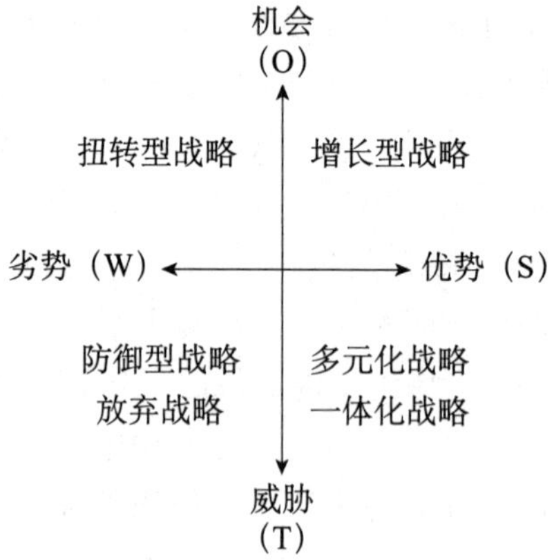

图 11－5 SOWT 分析模型

（1）SO 象限是机会和优势的结合。这时的组织拥有强大的内部优势和外部机会，可以采取增长型战略。

（2）WO 象限内，组织有外部机会但缺少内部条件，可以采取扭转型战略，尽快改变组织内部的不利条件，从而有效地利用外部机会。

（3）WT 象限是最不理想的内外部因素的结合。处于该区域中的经营单位或业务在其劣势处恰恰面临环境威胁。在这种情况下，组织可以采取减少产品或紧缩市场的防御型战略，或是采取改变产品或市场的放弃战略。

（4）ST 象限内的业务尽管在当前具备优势，但正面对不利环境的威胁。面对这种情况，组织可以考虑采取多元化战略，利用现有的优势在其他产品或市场上寻求和建立长期机会。另外，在组织实力非常强大、优势十分明显的情况下，组织也可以采用一体化战略，利用组织的优势正面克服环境中的障碍。

SWOT 分析法的基本出发点，是每一组织的战略都应该以己之长攻敌之短，利用机会、避免威胁。应该既能积极进攻，又能积极防御，否则就很可能导致失败。任何一个组织都有内在的优势和劣势、外在的机会和威胁。

好的组织战略，就是要使组织通过发挥自己的优势来抓住机会，避免威胁，积极进攻，或者利用自己的机会和优势来克服自己的劣势并避免威胁的打击。通常组织外部威胁会因为组织内部的劣势而强化，所以组织必须能够利用机会，减少劣势因素的影响，将组织内部因素和外部因素有机地结合在一起。

11.3.3　公共组织战略制定

战略制定就是在战略分析的基础上，制定组织的战略方案，它包括确定组织使命与目标、进行战略选择这两个内容。

1. 确定组织使命与目标

组织使命是对组织在社会中的责任与义务的一种理性认识，也是对组织社会角色的定位。确定组织使命就意味着明确组织为谁做何种贡献，为谁提供何种服务，以及贡献与服务的程度如何。组织使命的确定主要涉及以下几个基本问题：

（1）组织业务活动范围。组织使命的首要内容是确认组织向社会提供何种服务，承担何种任务，具体来说就是确定组织的业务活动范围。

（2）组织生存与完成使命的关系。组织得以生存是它完成使命的前提，尽管生存本身并不是组织的使命，但是在一定条件下，组织求得生存在某种程度上与完成使命同样重要。因为，组织只有在求得生存的基础上发展起来了，才能谈得上完成其使命。

（3）组织宗旨与形象。一个成功的组织往往在创办时或在发展过程中就会逐渐形成反映组织使命的宗旨，并在公众心目中留下深刻的印象。组织的宗旨常常以非常精练的语言来表达与传递，比如一些大学的校训。这些组织宗旨不仅表达了组织的追求与抱负，而且树立了组织的良好形象。

专　栏

红十字国际委员会的职责与宗旨

一、红十字国际委员会的职责

红十字国际委员会的职责具有两个来源。一个是《日内瓦公约》，它使红十字国际委员会承担以下任务：探视被关押者；组织救援行动；帮助离散家庭重新团聚以及在武装冲突期间进行人道主义活动。另一个是《红十字国际委员会章程》，它鼓励该组织在《日内瓦公约》不适用的国内暴力事件中承担类似的工作。

《日内瓦公约》是有约束力的国际法条约，它在世界范围内都具有适用力。《红十字国际委员会章程》是在红十字与红新月国际大会上通过的。该大会每四年召开一次，《日内瓦公约》的缔约国都参加会议，因此，它赋予了《红十字国际委员会章程》一种准法律或“软法律”的地位。

二、红十字国际委员会的宗旨

红十字国际委员会是一个公正、中立和独立的组织，其特有的人道使命是保护武装冲突和其他暴力局势受难者的生命与尊严，并向他们提供援助。

红十字国际委员会还通过推广和加强人道法与普遍人道原则，尽力防止苦难发生。红十字国际委员会创建于1863年，它是《日内瓦公约》和国际红十字与红新月运动的发起者。该组织负责指导和协调国际红十字与红新月运动在武装冲突和其他暴力局势中开展的国际行动。

在战略制定中，组织使命的抽象表达还必须具体化为组织目标，而组织目标是指在特定的期限内，组织领导在考虑内外部环境资源的基础上，所要达到的程度与效果。提出目标并进行有效的目标管理也是战略管理的一项重要内容。组织目标是组织使命的具体化，因此，组织目标应具有数量化、层次化、现实性、挑战性、可接受性、好理解等特点。

需要说明的是，由于公共组织不像企业那样存在着明确清晰的工作标准（如利益目标），因而，公共组织内往往出现存在冲突甚至背道而驰的目标。这种现象在存在多样的支持者时更容易出现。当公共组织的决策者发现支持者难以同意组织确立的特殊、准确的使命并可能因此放弃对组织的支持时，他们往往把组织的目标定得十分广泛，甚至变为空洞的术语。这种做法的结果是目标失去了自身的指导意义。

2. 进行战略选择

战略选择是指组织在战略分析以后，提出战略方案并进行选择的过程。组织的理想战略应当利用外部环境机会并减少不利因素的影响，同时加强自身的优势并对劣势加以克服。组织应借助一定的分析工具来对众多战略方案进行选择，并将选出的方案具体化，以形成相应的战略规划。

第一，拟订战略方案。经研究，企业组织的战略大致可以归纳为五大类：（1）一体化战略。它是指企业出于自我发展的需要根据自身实力，向深度与广度扩大规模的一种战略。（2）加强战略。它是指通过采取一系列的行动，使现有产品与服务赢得更高的市场占有率、更强的竞争力和更广阔的市场空间。（3）多种经营战略。它是指企业通过扩大业务内容与经营形式，进入与本企业现有业务相关或不相关的行业或市场的一种整合战略。（4）防御战略。它是指企业通过放弃部分业务或让渡部分产权，从经营失败、收益水平偏低或预期前景不佳的市场中退出，或者出于发展战略的需要而放弃部分项目的战略。（5）竞争战略。这是战略管理学家迈克尔·波特提出的一种战略，它主张通过进攻性或者防守性的行动，在产业中占据进退有据的位置，从而为企业赢得收益。这五种战略虽然是针对企业提出的，但在某种程度上也适用于其他组织。因此，公共组织战略的选择可以此为依据，也就是说，在权衡组织内外环境与条件的基础上，根据组织的使命与宗旨，拟订可供选择的战略方案。

第二，进行战略选择。根据国外的研究成果，战略选择有以下一些具体标准：（1）战略组合内部是否具有一致性？即企业战略的各个组成部分是否相互衔接与配套，并能形成一个整体。(2) 战略与环境是否保持一致？即战略与可能变化的环境之间的适应程度，以及战略是否考虑到未来环境的影响。(3) 战略与组织所拥有的资源是否匹配？组织在进行战略选择时，应对资源进行评价，以确定这些资源能否满足战略实施的需要。(4) 战略可能遇到的风险是否适当？(5) 战略是否具有明确的时间安排？应当衡量战略目标在不同时间阶段实施的可能性。(6) 战略是否切实可行？因此，可以依据这六大标准，对拟订的各种战略方案进行分析与评估，以选择一套最优方案。

在实际的战略管理中，决策者往往容易犯一些共同的错误，从而造成方案选择的失误。战略选择的误区主要有：(1) 盲目追随。这是指组织在没有仔细分析自身特有的内外环境的情况下，盲目地照搬流行的战略方案，结果是东施效颦、贻笑大方。(2) 四面出击。这是指组织过早或者过多地实施了多元化。在有些管理者的战略观念中，业务领域越多越能降低组织的经营风险，还能显示组织的实力。事实上，多元化会使得组织资源分散和管理经验变得欠缺。(3) 收缩。退出或者防御战略都属于收缩型战略。一般来说，实行收缩意味着管理人员的失败，而大多数人则不愿看到自己的失败。另一类管理人员是因为缺乏全局观念而排斥收缩型战略，他们一方面没有认识到许多成本具有沉没性，一旦投入进去就无法弥补，还不如及早退出或清算，另一方面没有认识到组织在面临更好的机遇时，完全可以将运转不良的业务的资源转移过来，从而实现组织资源的最优配置。(4) 过于自信。许多组织或组织领导人由于过去曾经获得过巨大的成功，就坚信自己的能力和运气，总是倾向于寻找另一项能够再现辉煌的业务，结果就如同买彩票中了大奖的人一样，再中一次的概率微乎其微。(5) 追求完美。没有缺陷和风险的完美战略几乎是没有的，如果组织追求战略的完美，必将把所有有创意的战略扼杀。拟订战略方案中的民主和集思广益是必要的，但这个过程只是为最终战略的决策者提供一个更坚实的分析基础和更富有启发性的思维空间，战略选择最终取决于决策者的决心和判断力，不可能得到所有人的一致认同。

专 栏

柯达胶卷为什么会破产

柯达胶卷最大的冲击者非数码相机莫属。而比较有戏剧性的是，最早的数码相机就是诞生在柯达的应用电子研究中心。1975 年，柯达应用电子研究中心工程师史蒂芬·沙森发明了第一台数码相机，即使成像粗糙，亦足以彻底颠覆传统摄影。然而摆在柯达公司面前的，是选择继续开发数码相机还是永久雪藏。遗憾的是，柯达决策层为了不让柯达胶卷遭到冲击，最终选择了后者。

然而这并不是柯达胶卷衰落的最大原因。即使在千禧年前，柯达如果重启数码技术仍不算迟。如果加大投入力度，加快数码研究步伐，柯达仍有可能保持住龙头地位。而这也只是如果，可悲的莫过于决策层仍然守着柯达胶卷不放，数码转型力不从心，不全面不彻底。柯达公司在数码技术上逐步被超越，而消费者也追随着新技术抛弃柯达胶卷。此后，柯达经历了几乎所有企业破产的路径——卖专利再到卖自己。2012 年 1 月 19 日，柯达公司正式发起破产保护。

归结结底，柯达胶卷之“死”很大程度上是由于决策层固守传统，盲目自信。联想到摩托罗拉和诺基亚这些曾经的世界巨头，它们流过的血泪或许能让我们对这类教训理解得更加深刻透彻。一个拒绝拥抱新技术的企业，即使根基深厚，也抵不过新科技的一个支点和一个杠杆。柯达未死，诺基亚未亡，只希望在经历了卖身割肉之痛后，能反省思量，更好地活下去。

资料来源：柯达胶卷为什么会破产 柯达胶卷还有卖的吗．（2022－11－10）．电脑商网．

11.3.4 公共组织战略实施

在战略管理中，战略实施是战略制定的后续工作，即组织选定了战略以后，必须将战略的构想转化为战略的行动。在这个转化过程中，组织首先要考虑战略制定和战略实施的关系，二者配合得越好，战略管理越容易取得成功。

应当认识到，战略实施与战略制定同样重要。战略制定者往往简单地假定组织能够有效地实施这一战略。但这只是一种美好的愿望，而且，如果战略实施无效，也很难判断组织所制定的战略的质量。在考虑组织战略制定和战略实施时，需警惕下面的两个误区：一是重视制定而忽视实施。比如聘请专家为组织制定战略是一种被广泛认可的方式，但是，管理者只关注获得战略方案和咨询报告，而不能认真思考战略实施问题。尤其是在战略制定与实施的责任主体相分离时，战略目标很难实现。二是重视战略而忽视战术。战略是方向性的，尽管在选择战略时会考虑到实现的可能性，但实现的方法和手段通常不是战略方案所能够考虑到的，因此，如果组织只重视战略而忽视实现它的方法，战略同样会无法落实。

战略实施的过程可以细分为四个相互联系的阶段：战略发动阶段、战略计划阶段、战略运作阶段、战略控制阶段（见图 11－6）。

上述每个战略实施阶段都要有分阶段的目标、政策措施、部门措施以及相应的方针等。组织往往要制定出分阶段目标的时间表，要对各分阶段目标进行统筹规划、全面安排，并注意各个阶段之间的衔接。

战略实施更应该注意新战略与旧战略的衔接以减少阻力和摩擦，分阶段的目标及计划应该更加具体化，应该制定年度目标、部门策略、方针与沟通措施等，使战略最大限度地具体化，变成组织各个部门可以具体操作的业务。

战略实施在组织的战略管理中是一个系统工程。在战略实施中，必须重点考虑以下三个因素：

（1）组织结构。管理大师钱德勒在研究美国大公司的战略与组织结构演变的关系时得出了一个著名结论：新战略的实施，在管理中会出现一些问题，此时，有必要建立新的、适应战略要求的组织结构，也就是说，如果原有的组织结构成为战略实施的障碍，就必须打破它，并建立新的组织结构。钱德勒关于“结构追随战略”的观点获得了普遍的认可。但是，在实践中，受组织网络化、组织扁平化、组织流程再造等理论的影响，

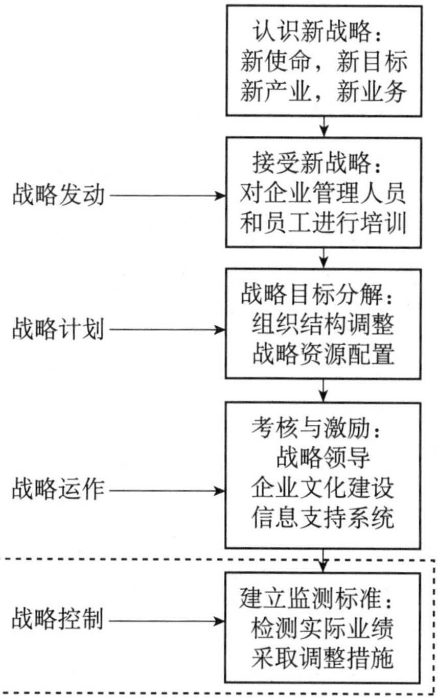

图 11-6　战略实施过程框架

许多组织常常将结构变革作为组织管理的一个重要目标来追求，结果就形成了结构与战略互不关联的格局，也就是说，组织结构的变革并没有反映组织战略意图的调整。这样，结构不是追随战略，而是影响战略。组织结构决定了一个组织内人员的分组方式，它既可以支持其战略实施，也可以阻碍其战略实施。组织结构的设计既要鼓励不同部门和不同团队保持其独特性以完成不同的任务，还要能够将这些部门和团队整合起来为实现组织的战略目标而合作。因此，组织应该在结构设计之前，先研究组织的战略及其目标，然后将其具体化为一套组织设计的原则，并以此为依据重新审视组织的结构形式、部门设置、职能分配、岗位设置，以优化其组织结构，并在变革的过程中不断地思考所设计的组织结构是否与其战略相适应。

（2）组织文化。制定战略需要考虑组织文化的因素，但不能屈从于文化。就像“结构追随战略”一样，文化应该适应战略需要，为战略服务。而且，改变组织文化使其适应新的战略通常比改变战略使其适应组织文化更为有效。组织文化通常反映了组织内部潜在的价值观、态度与行为方式，而这种价值观、态度与行为方式不是一成不变的。随着组织外部环境的变化与战略的改变，组织文化必须做出相应的调整。当然，组织文化到底是一种积极的力量还是消极的力量，主要看组织文化与其战略相匹配与适应的程度。一种适合且先进的组织文化不仅能够激发广大员工的积极性与创造性，促使员工按照组织战略的方向努力，而且能够适应动态环境下组织战略的调整。而一种不适合且过时的组织文化，不仅会成为组织战略实现的障碍，甚至会成为扼杀组织的主要因素。因此，战略领导者应当重视与保护现有组织文化中那些支持新战略的方面，同时，组织文化中与战略相矛盾的方面也应该得到确认与改变。改造组织文化的方式很多，其中包括：招募具备或能接受新战略文化的雇员；开展解说与肯定新战略的培训；调动与提升能接受新战略文化的管理者与员工；发挥新战略文化的榜样示范作用等。

专 栏

中国传统战略文化的内核精髓

中国传统战略文化思想丰富、意蕴深厚，蕴含着中华民族的安全理念和战略考量。其中，“大一统”的战略追求、以德安邦的战略眼光、文武相资的战略手段、富国强兵的战略根基、安国全军的战略境界等，尤能体现传统战略文化的内核精髓，今天仍具历久弥新的启示意义。

中国传统战略文化的突出特点，在于始终追求和坚持国家“大一统”，表现为对国家统一的深层认同和持续努力，并成为实现政治安定、人心归附乃至国家崛起的强大力量。这一特征深深融入中华民族的血液之中，成为历代王朝制定安邦大略的思想基础。

中国传统战略文化的一大突破，在于能够站在政治高度把握国家安全问题，较早挣脱了单纯军事观点的束缚。映射到安邦大略上，体现为重视安定民心、安抚四夷，以此维护国家长治久安。

文和武是我国古人提出的一对重要范畴，其内涵丰富、意义深远。从国家安全角度看，文是指政治、文化、外交等非军事手段，武则特指军事手段。古人很早就认识到，综合运用多种战略手段有利于达成战略目标，主张通过文、武两个方面共同发力。

中国古人很早就从战略高度理解经济与军事的关系，认为经济实力是建设强大国防的必要条件，国防强大才能长久实现经济发展和民众安宁，从而形成富国强兵的战略文化。立足于丰富的军事斗争实践，中华民族从生存发展的全局利益、长远利益出发，较早地超越了战争视野的局限，把安国全军作为国家安全的至臻追求和最高境界，形成了与西方迥异的传统战略文化。

资料来源：张欣，邱剑敏，李元鹏．中国传统战略文化的内核精髓．解放军报，2022-09-16.

（3）组织资源。战略实施是组织发展的重要事件，它对于组织资源的需求势必会产生重要的影响，因此，围绕战略如何做好资源配置工作，对于战略实施的成败是至关重要的。资源是组织生存与发展的必要条件，也是组织竞争与发展的基础要件。按照传统的观点，组织的资源可以分为四类：人力资源、财力资源、物力资源与技术资源。所谓资源配置，就是根据一定的原则，把组织所拥有的这四类资源合理分配并有效地加以运用的过程。一些普遍妨碍资源有效配置的因素包括：过于强调短期财务指标，组织内政策、战略目标不明确，不愿承担风险与缺乏足够知识等。为了使资源得到充分的利用，需要不断提高资源配置的效率。具体而言，包括：制定规范的、严格的资源配置制度，明确资源主管人员的职权范围；按照战略总目标、分目标和年度目标，依次确定资源分配比例，全面考虑各层次目标的需要，避免出现顾前不顾后、顾左不顾右的情况；资金的配置尽可能具体，年度目标通常还要分解到具体项目，资金的使用按项目分配，由专人负责，保证使用效率；实现战略目标，对资源的需求有轻重、缓急之分，重点项目需要重点投资。

11.3.5　公共组织战略控制

战略控制是战略实施的保证，它实际上是监控战略实施过程，及时纠正偏差，确保战略方案顺利实施的必要手段，是整个战略管理过程的最后一个环节。

战略控制之所以必要，基本原因在于组织所制定的战略在执行以前仅仅是一种观念或设想，在执行后所取得的实际结果与其原定的目标之间将会有一定的差异。之所以会产生这种差异，是因为在战略实施过程中不可避免地会出现以下两种情况：一是产生与战略计划要求不相符合的行动，这主要是由个人的认识、能力和掌握信息的局限性，以及个人目标与组织目标的不一致等引起的；二是出现战略计划的局部或整体与组织当前的内外部环境不相适应的状况，其原因可能是原来的战略计划制订不当，或是环境的变化、发展与组织事先的预测有差异。因此，组织要对战略实施过程进行控制，并在适当的时候对战略计划进行调整与修改。通过战略控制，整个战略管理就成为一个动态的过程。

战略控制过程有三项基本要素：确定评价标准、评价工作成绩、反馈。这三项要素对保证有效的控制是必不可少的。

（1）确定评价标准。评价标准是组织工作成绩的规范，它用来衡量通过战略措施或计划是否达到战略目标。一般来说，组织的战略目标是整个组织的评价标准。此外，在较低的组织层次上，个人制定的目标也应是评价标准。评价标准应当是定量的，易于衡量。选择合适的评价标准主要取决于组织所确定的战略目标及战略。

（2）评价工作成绩。评价工作成绩是指将实际工作成绩（即控制系统的输出）与确立的评价标准相比较，找出实际工作成绩与评价标准的差距及其产生的原因。这是发现战略实施过程中是否存在问题、存在什么问题以及为什么存在这些问题的重要阶段。在评价工作成绩时，组织不仅应将实际绩效与评价标准或目标相比较，而且应当将自己的实际工作成绩与竞争对手相对照。通过这样的比较更能发现自身的长处或弱点，以采取适当的纠正措施。评价工作成绩中的主要问题，是决定将在何时、何地以及间隔多长时间进行一次评价。为了提供充分而及时的信息，工作成绩应当经常地评价。但是，如果评价过于频繁，可能会产生负面影响，例如使得评价过程的费用变得过高，消耗许多资源。因此要根据所评价问题的性质及其对战略实施的重要程度，确定合理的评价频率。

（3）反馈。对通过评价工作成绩所发现的问题，必须针对其产生的原因采取纠正措施，这是战略控制的目的所在。如果制定了评价标准并对工作成绩进行了评价，但并未接着采取恰当的行动，则最初的两步将毫无意义。当然，如果工作成绩标准得到了满足，则完全可能不采取纠正行动。但如果没有达到评价标准，管理人员就必须找出偏差的原因并加以纠正。实际工作成绩与评价标准存在偏差的原因很多，比如战略目标不现实、为实现战略目标而选择的战略错误、用以实施战略的组织结构错误、主管人员或作业人员不称职或玩忽职守、缺乏激励、组织内部缺乏信息沟通、环境压力等。

控制系统必须满足的几个基本要求为：（1）控制系统应是节约的。既不能产生过多的信息，也不能提供太少的信息，而应是最经济地产生各部门所需要的最低限度的信息。

（2）控制系统应是有意义的。控制必须与组织的关键目标相联系，能为各个层次的管理人员提供真正需要和有价值的信息。（3）控制系统应当适时地提供信息。经常和快速的反馈并不一定意味着是较好的控制，关键是要及时地将信息提供给管理者使用。（4）控制系统应提供关于发展趋势的定性的信息。因为，同时使用定性信息比仅用定量数据能更快地发现问题，从而有助于更迅速地采取解决问题的行动。（5）控制系统应有利于采取行动。控制系统输出的信息必须传递给组织中那些根据这些信息采取行动的人。（6）控制系统应当是简单的。复杂的控制系统常常会引起混乱，收效甚微。有效控制系统的关键是它的实用性，而非其复杂性。管理信息系统是为便于战略实施和战略控制而设计的一个正规系统。不管其复杂程度如何，其目的是以系统化和整体化的方式，而非以分散和零碎的方式来为管理人员提供信息。谨慎地设计和运行管理信息系统是非常重要的。如果它的设计及运行能与组织的战略相配合，则能大大提高管理信息系统的应用价值。

本章小结

公共组织战略是指为实现公共组织目标，在分析外部环境的机会与威胁、内部条件的优势与劣势的基础上制订的涉及职能范围、成长方向、竞争优势等内容的总体行动计划。公共组织战略制定者在公共组织战略体系中主要承担组织战略决策和组织战略领导的重要职责。一般来说，公共组织战略可划分为三个层次，即组织总体战略、事业部战略与职能层战略。

公共组织战略管理是指为了实现公共利益和自身目标，公共组织在分析外部环境的机会与威胁、内部条件的优势与劣势的基础上，调整职能范围和发展方向，选择资源目标和对策，以更好地向社会公众提供公共服务而进行的整体性谋划。公共组织战略管理经历了以下阶段：预算阶段、战略规划阶段、战略管理阶段。

在进行组织战略分析时常运用 SWOT 分析法。SWOT 由优势、劣势、机会与威胁英文首字母组合而成，前两个方面对应组织自身状态，后两个方面对应外部环境因素。战略制定就是在战略分析的基础上，制定组织的战略方案，它包括确定组织使命与目标、进行战略选择这两个内容。在战略管理中，战略实施是战略制定的后续工作，即组织选定了战略以后，必须将战略的构想转化为战略的行动。战略控制是战略实施的保证，它实际上是监控战略实施过程，及时纠正偏差，确保战略方案顺利实施的必要手段，是整个战略管理过程的最后一个环节。

关键术语

战略　公共组织战略　组织战略决策　组织战略领导　组织总体战略　事业部战略　职能层战略　战略管理　公共组织战略管理　战略规划　公共组织战略分析　公共组织战略制定　公共组织战略实施　公共组织战略控制　SWOT 分析法　一体化战略　加强战略　多种经营战略　防御战略　竞争战略

复习思考题

1. 简述战略与公共组织战略的含义。
2. 组织战略领导要处理好哪些关系?
3. 公共组织战略包括哪几个层次?
4. 简述战略管理的含义和特点。
5. 简述公共组织战略管理的含义和特点。
6. 简述公共组织战略管理的发展阶段。
7. 论述公共组织战略管理的意义。
8. 论述战略管理的一般过程。
9. 如何确定组织使命与目标?
10. 战略选择的误区有哪些?
11. 战略实施必须重点考虑哪几个因素?
12. 简述战略控制过程三要素。

阅读材料

人口老龄化是社会发展的重要趋势，也是今后较长一段时期我国的基本国情。党的十九届五中全会明确提出实施积极应对人口老龄化国家战略，“十四五”规划纲要进一步以此作为标题单独设章，把制定人口长期发展战略，优化生育政策，以“一老一小”为重点完善人口服务体系，促进人口长期均衡发展等，作为“十四五”时期经济社会发展的重要任务，明确提出推动实现适度生育水平、健全婴幼儿发展政策、完善养老服务体系等重要举措。

我国是当今世界老年人口最多的国家，2019 年底已有 60 岁及以上老年人口 2.54 亿，预计“十四五”末期将突破 3 亿人，占总人口比重超过 20%，由轻度老龄化转入中度，在 2035 年前后突破 4 亿人，进入重度老龄化阶段。同时，优化生育政策实施迎来生育小高峰后，受育龄妇女减少、养育成本提高等多重因素影响，近年来新出生人口逐步回落，我国人口发展正经历着从数量压力到结构性挑战的历史性转变。

人口老龄化将给经济社会发展带来三方面挑战：一是劳动年龄人口的减少，大龄、老龄劳动者的增多，将影响潜在经济增长率和高质量发展；二是全社会的社会保障、医疗及其他福利性支出不断增长，老年人照护服务等需求持续增加；三是养老育幼需求持续增加，增大家庭压力和负担，降低家庭抗风险能力，进而影响社会稳定和中华传统文化传承。

挑战虽然严峻，但也存在诸多发展机遇：一是有利于促进老年产品和服务消费，壮大银发经济，形成经济发展新动能；二是有利于不断发展壮大养老保险基金和丰富商业保险，为资本市场带来长期稳定的资金来源，促进多层次资本市场健康发展；三是有利于推动企业寻求资本和技术创新，提高全员劳动生产率，助推产业升级。面对人口老龄化，我国具备坚实的物质基础、充足的人力资本、深厚的孝道文化和后发优势，我们完全有条件、有能力、有信心有效应对。

实施积极应对人口老龄化国家战略，事关国家发展全局，事关百姓福祉，是践行党的初心使命、坚持以人民为中心发展思想的重要体现，是维护国家人口安全与社会和谐稳定、实现第二个百年奋斗目标的重要考量，是推动高质量发展、加快构建新发展格局的重要举措，对“十四五”和更长时期我国经济社会持续健康发展具有重大和深远的意义。

资料来源：“十四五”规划《纲要》解读文章之 30｜实施积极应对人口老龄化国家战略．(2021－12－25)．国家发展改革委网站．

思考题

1. 运用 SWOT 分析法，分析我国人口老龄化问题。
2. 结合本案例，谈一谈我国应当如何制定应对人口老龄化的国家战略。

第12章

公共组织发展

当今社会瞬息万变，有人说，唯一不变的就是变革本身。在此背景下，公共组织必须适应社会的变化，进行相应的公共组织变革。传统的组织发展途径就是被动的组织变革。但是，公共组织的特殊使命决定了仅有被动的适应是远远不够的。在具备必要的社会适应能力的基础上，公共组织必须顺应社会发展的大趋势，加强公共组织学习，主动对自身进行全局性、长期性的规划和建设，实现公共组织创新，增进公共组织的有效性，促进公共组织发展，从而推动社会的全面发展。本章主要介绍公共组织发展的含义、动因、内容；公共组织学习；公共组织创新；公共组织变革。

12.1　公共组织发展概述

12.1.1　公共组织发展的含义

1. 组织发展

人类社会处于不断的发展过程之中，组织也不例外。组织发展（organization development，OD）是近年来国内外组织学学者比较关注的热点问题，但不同的学者由于对组织发展研究的角度不同，对组织发展的理解也有一定的差异，最具典型性的组织发展观点包括以下几种：

第一种观点认为，组织发展就是“敏感性训练”。该观点认为组织成员对组织中的各种问题具有敏感性，但在等级森严的科层制组织中，容易形成组织成员对组织的不关心或麻木状态。组织中的各种问题由于得不到关注和及时解决，由此积累下来，致使组织出现停滞。要使组织得以发展，就必须打破科层制组织的森严等级，使组织“扁平化”，并且对组织成员进行敏感性训练，使他们对组织的各种问题具有强烈的敏感性和较高的关注度，以及时解决这些问题，实现组织的发展。

第二种观点认为，组织发展是组织对人的因素进行改善的过程，即对组织中人事的调整和变革。这种观点认为，只有把组织中诸如对个人的激励、权力、知觉、人际关系、群体内部与群体间的关系等人事因素处理好、解决好才可以实现组织的发展。

第三种观点认为，组织发展是为了增进组织的有效性，组织运用行为科学的知识进行有计划的、全局的、自上而下发动的对组织内的各种过程进行干预的活动。

第四种观点认为，组织发展是为了使组织结构、活动过程、战略、人员以及组织的作风、制度更好地相互配合，增强组织的自我更新能力等，进行的收集资料、分析问题、制订行动计划、采取干预措施、对成效进行评估的完整过程。

学者们概括了组织发展的理论基础。具体包括：（1）系统理论——强调组织的开放性和有机性以及各系统要素之间的作用关系变化引发的组织变革；（2）权变理论——突出组织针对不确定性环境因素变化选择“适应”战略的特殊意义，认为组织结构设计、管理体制或方式的确定需要依据变化的环境；（3）行为理论——认为组织成员的关系模式受到需要、意愿、价值观等的深刻影响，组织能够控制成员的行为，组织成员也可以表达出不同的群体氛围，组织变革和发展可以通过改变人的行为作风、价值取向来实现；（4）生态理论——认为组织环境是决定组织变革和发展的主体力量，组织变革和发展不是组织行为的有目的调整，而主要是自然选择的过程；（5）制度理论——主张由于制度研究的缺失，发展战略难以有效解释和解决现实发展中出现的主要问题，所以组织变革与发展并非只是由客观需要决定，更多的是组织面对环境的一种制度结构的设计以追求其合法性、合理性和有效性的价值认定。

2. 公共组织发展

公共组织发展是指公共组织在对未来社会发展趋势进行科学预测的基础上，有规划地、长期地依法对公共组织的职能、结构、技术、管理方式、人员、文化等方面进行重大调整和改革，以增进公共组织的绩效。理解公共组织发展，需把握以下要点：

（1）公共组织发展是公共组织适应环境变化，在对社会趋势进行科学预测的基础上追求自身生存和发展的变革。公共组织是一个开放的组织系统，它存在于政治、经济、文化环境之中，不断地进行输入、转换、产出、再输入循环活动，与社会环境保持动态平衡，实现协调一致的发展。而社会环境始终处在不断变化和发展中，环境的变化必然要求公共组织进行变革与发展。公共组织的理念、结构、功能、工作方式和方法等的僵化不变将导致公共组织不适应环境，降低组织绩效，使组织失去生机与活力。面对这种情况，公共组织要想存在下去并且实现自己的职能，就必须满足社会发展的需求，进行变革以适应环境变化。公共组织发展不仅仅是被动的变革与调整，更是公共组织成员，特别是公共组织领导者参与的、主动的、着眼于未来策划的、对未来社会发展趋势进行科学预测的战略行为。

专 栏

中国加入世贸组织20周年 商务部：切实履行了加入世贸组织所做出的承诺

在加入世贸组织的时候，中国有一份加入议定书和一个加入工作组报告，这两份文件规定了中国加入世贸组织之后需要履行的义务，确定了中国需要履行世贸组织义务的时间表。对照这个时间表，会看到我们早已完全履行了世贸组织规定的中国的义务，我们做出的承诺也得到了完全履行。对此，世贸组织先后几任总干事以及绝大部分世贸组织成员都对此充分肯定和认可。在对接世贸组织规则方面，我们加入世贸组织以后，需要修改法律、法规和政策使之符合世贸组织规则。在这方面，中央政府清理的法规和部门规章就有2 000多项，地方政府清理的地方性政策、法规有19万多项。在加入世贸组织之后，按照这个时间表，我们已经使我们的法规、政策体系完全符合世贸组织规则。入世以后一段时间内，我们现有的法律、政策要符合世贸组织规则，同时在我们制定新的政策、法律和规定的时候，我们也要确保这些与世贸组织规则相符合。

资料来源：中国加入WTO 20周年 商务部：切实履行了加入世贸组织所作出的承诺．(2021-11-04)．WTO/FTA咨询网．

(2) 公共组织发展是公共组织在稳定、持续过程中的一种有规划的、长期的变革。公共组织一旦产生和确立，就具有相对的稳定性和持续性。公共组织只有具有足够的稳定性，才能成为发展的载体和制定计划、规划的基础；只有具有足够的持续性，才能保证在目标、理念、方法等方面进行有秩序的变革。同时，公共组织也具有适应性和革新性。公共组织以其稳定性、持续性为前提，并在稳定和持续的过程中，对外部的变化、机会、要求以及内部的变化做出及时的、创新性的主动反应。公共组织对组织整体系统的认知、公共组织对社会发展趋势的把握、公共组织发展规则的制定和完善以及发展目标的实现，都需要一个漫长的过程，是一个复杂而艰巨的工程。公共组织发展必须科学、谨慎地进行战略规划，并在一个循序渐进的长期过程中实现。公共组织通过新的政治、经济、文化背景下理论和实践的共同作用，不断创新与调整，在保留原有公共组织的基础上实现重大改革，革除公共组织的自身弊端，更新公共组织的思想，吸收公共组织的理论精华，把握公共组织的时代脉搏，最终实现公共组织的自身升华。

(3) 公共组织发展是公共组织实现动态平衡、全面发展的变革。公共组织建立在一定历史条件和背景之下，它的结构、功能等是根据当时的形势设置的，具有其历史性和局限性。公共组织的平衡是一种相对于历史的平衡。当历史环境发生变化，公共组织原有的稳定和平衡不适应形势变化的要求时，就需要打破原有的稳定和平衡，建立适应新形势的稳定和平衡，从而在一个动态过程中实现公共组织的动态平衡。公共组织发展是公共组织主动变革、不断自我调适与完善的动态平衡手段。而且，公共组织发展具有全面性和广泛性的特点，整个公共组织体系的各层次、各部门都必须参与其中，这将弥补公共组织在建立和成长过程中体制、职能、结构、技术、方式等方面的缺陷和不足，实现公共组织日常工作运转机制的完备化，推动公共组织系统全面调整结构、完善功能与制度，从而战略性、全局性、整体性地实现公共组织全面健康地发展。

（4）公共组织发展是公共组织依法提升绩效的变革。任何一个组织及其制度一旦存在时间过长，就会产生某些弊端。公共组织中经常存在的诸如官僚主义、形式主义、机构臃肿、人浮于事、效率低下、腐败等弊端，严重损害了公共组织的形象、破坏了公共组织的权威性、影响了公共组织的绩效。要克服公共组织中的弊端，必须进行变革与发展。但公共组织变革与发展不能是盲目的，必须在遵循社会发展规律的前提下，遵循法定原则和程序，做到有法可依、有法必依、执法必严、违法必究，这样才能保证发展的合理性和合法性，提高科学性和有效性。公共组织发展的目的是提升公共组织绩效，更好地服务社会。

12.1.2 公共组织发展的动因

所有的发展都有动因。所谓动因，就是指行为主体活动得以进行的一些力量要素。公共组织发展的动因包含诸多方面的内容，这些动因的结构化系统模式所构成的“场力”决定着公共组织发展在规模、内容、形式乃至速度等方面的差别。概括地讲，公共组织发展的基本动因来自组织内外两个方面：外部主要指公共组织环境的压力，内部则是公共组织系统自身管理所产生的需求。公共组织发展的动因是众多的，这些动因并不是彼此孤立、互不相干的，也不是单个地对公共组织发展产生影响，而往往是几个方面同时发生不同程度的影响，产生一个合力，推动公共组织的发展。

1. 外部动因

外部动因主要是指公共组织发展所处的外部环境。公共组织发展常常受到环境的影响，包括政治、经济、文化、社会、法制、科学技术、人口、资源环境等。这些因素一般间接而长远地影响公共组织发展，当它们发生剧烈变化时，将导致公共组织的重大变革。外部环境对公共组织发展有很明显的制约作用，公共组织发展必须与社会环境相适应。

专 栏

乌卡时代

世界真的迈入了乌卡（VUCA）时代。

“VUCA”源自20世纪80年代沃伦·本尼斯和伯特·纳努斯的领导理论，是volatile（易变）、uncertain（不确定）、complex（复杂）和ambiguous（模糊）首字母的缩写。“乌卡时代”的最大确定性，就是充满了不确定性。在国际局势复杂多变的背景下，如何与“VUCA”共处成为全人类面临的共同考验。

“万物各得其和以生，各得其养以成。”换个视角看，“VUCA”同样是“生态”所具有的特性，易变、复杂、难以预测，同时自我维持、自我调节、自我进化。《周易》有云“生生之谓易”，生生不息、革故鼎新本就是自然之道，也是生态之法——先哲们其实早已告诉世人，生态以变应变。

资料来源：乌卡时代 中国品牌向上生长的逻辑．(2022-06-18)．腾讯网．

2. 内部动因

内部动因主要包括公共组织目标和价值取向、公共组织文化、公共组织管理、公共组织技术、公共组织结构。

（1）公共组织目标和价值取向。公共组织目标是指公共组织希望通过努力争取获得的组织成果。公共组织目标是公共组织存在和发展的基础，每一个公共组织都必须有一个明确的目标，并且在不同的历史时期都有自己的目标。公共组织目标是公共组织机构设置的前提、公共组织活动的方向、公共组织工作任务确立的基础。目标的修正和变动，意味着公共组织的工作任务、组织结构、人员素质、工作方式、管理方法等的变动，能够对公共组织发展产生强大的推动力。公共组织价值取向是公共组织在活动中所拥有的价值理念和遵循的行动思维方向，公共组织人员价值取向的改变、思想觉悟和工作态度的变化，对公共组织发展有较大的影响。

（2）公共组织文化。公共组织文化是公共组织管理之魂，它在公共管理活动中的巨大渗透力和影响力使公共组织的活动、组织体制、组织管理处在一种特定的文化氛围之中。公共组织文化是在一定的历史条件下，在人们的公共组织实践中产生的反映公共管理实践的观念意识，以及通过公共管理社会化形成的公共管理思想、公共管理制度和公共管理心理的总和。公共组织文化随着时代的发展而发展，同时，公共组织发展也随之进行。

（3）公共组织管理。公共组织管理是推动公共组织发展的重要因素，如公共组织领导者的变动常常是影响公共组织发展的一个直接因素。公共组织领导者的思想水平、工作能力、人际关系、领导风格等都有所不同，当变换公共组织领导者时，新的公共组织领导者往往从新的角度来审视原来的组织，找出其中存在的问题，并针对这些问题采取变革与发展的措施。一般来说，公共组织工作人员的素质也是不断变化的，当他们的士气由低落转为高涨时，当他们之间的关系由紧张转为融洽时，都将引起公共组织活动的明显变化。而且，具有先进管理理念和管理技能的公共组织人员也将大力推动公共组织的发展。同时，管理方法的变化也是引起公共组织发展的一个直接因素。如公共组织由采用经验管理的方法转变为采用科学管理的方法，或由采用某一种管理方法变为采用另一种管理方法，会在一定程度上推动公共组织的发展。

（4）公共组织技术。公共组织活动往往运用现代科学技术，在现代科学技术渗透到组织的过程中，通过对管理方法的改进、管理手段与装备的更新，新的管理行为随之改变。现代科学技术对管理产生影响，推动管理者由观念到现实的变化。自动化、信息化、网络化等科学技术手段对公共组织发展产生了广泛的影响，从而推动了包括劳动形式、组织机制等方面在内的转变，这些变化在结构、心理等方面对公共组织有相当大的促进作用。

（5）公共组织结构。公共组织结构是组织内各组成要素之间相互联系、相互作用的方式。公共组织目标和价值取向、文化、管理、技术等的变化将使公共组织结构进行相应的调整，进而引起整个组织联系、作用方式的改变，从而使整个组织系统的效能和作用发生变化。公共组织结构的改变使公共组织有机地整合起来，并发挥其整体效用。如公共组织部门设置的精简、部门层次的调整，将有利于整个公共组织的协调运转，推动公共组织的发展。

12.1.3 公共组织发展的内容

公共组织发展本身包含的内容是极其广泛的，实际上涵盖了组织原则、组织结构、组织职能、组织体制、组织主体、组织心理、组织文化、组织方式、组织生态、组织过程和组织结果等有关组织管理的所有方面，下面择其要点进行阐述。

1. 公共组织主体的发展

公共组织发展归根结底是公共组织主体的发展，即作为公共组织主体的人的全面发展。公共组织人员是公共权力的载体，是公共事务的管理者，是公共组织的基本要素。公共组织主体的发展主要包括认识能力的发展和行为能力的发展两个方面。

公共组织主体认识能力的发展表现在诸多方面，可以通过人们对公共组织管理形成的理性成果加以概括地体现。古典理论以传统经济学为研究方法，以“经济人”为基本的人性假设，以经济利益作为人们行为的动机，管理成为完全可以通过理性设计（结构的、制度的、目标的、方法的、效率的等）达到预期效果的活动过程。早期行为科学从管理学角度提出“社会人”假设，人们对管理和公共组织管理的认识也得到深化：需要、动机、情感、个性、信仰、价值观等都成为对管理实践产生重要影响的因素，管理成为一件首先需要整合人的心理要素并通过具有不同文化背景的人之间的协调活动来完成的艰巨任务。

公共组织主体的行为能力发展既体现为个体行为能力的提高，也充分地表现在组织化和制度化程度的变化之中。就公共组织主体的个体层面而言，随着管理学科的形成，专业知识教育的普及使公共组织人员的知识层次得到相应的提升，使致力于公共组织管理工作的人通过各种方式来获取有关公共管理的科学知识。有了较为科学系统的专业理论知识武装的组织成员在思想观念上必然与传统的经验型成员有所不同，他们会通过理性思维的力量在科学知识的引领下审视公共组织管理的本质、规律、特点、目标等一系列基本问题，以更为自觉的态度践行公共管理的公共性和科学原则，保证公共组织管理职能目标的顺利完成。这种条件下的组织个体能够把对工作与事业、生活与价值、权力与责任等的认识提升到一定的理论高度，在进行具体的管理实践中强化行为改造的意义。一方面努力提高自身的综合素质，使自己始终处于一种动态的发展进程中，以更好地适应公共组织环境的基本要求，追求工作业绩；另一方面则是其公共管理行为的创新性改造，公共组织人员队伍的不断更新和公共组织环境的不断变化为此提供了基础性条件。在任何组织中，人的行为能力的发展都体现为一种制度化和规范化的行为过程，这一过程所包含的变革因素以及变革实践完全超越了组织个体行为改造的限阈而成为组织的整体性活动，尽管完成此项任务的工作必然要实际地落到组织个体身上。对于公共组织而言，其制度化和规范化特征更为明显，而且制度化和规范化对公共组织结构体制、职能目标、行为方式等诸多方面所起的平衡作用也更为重要。这种平衡作用既通过制度体系来加以表达，要求公共组织完善制度体系，保持制度发展的动态性和长期性；也表现为通过规范要件来指导和约束制度运行的基本方向和基本方面，即以主要的法律法规体系作为保障性依据，以公共管理伦理、传统习惯等因素为辅，规约组织制度化发展的状况。为此，公共组织人员的个体行为必须首先与组织的制度化行为保持高度一致，在组织整体不断提高制度化和规范化程度的前提下，组织成员的个体素质才能在组织管理中发挥其应有的作用。

2. 公共组织职能的发展

公共组织的发展是在变化之中实现的，而这种变化首先就应体现在公共组织管理社会公共事务的范围、性质和程度等的动态过程中，这就是公共组织职能的发展。公共组织职能的发展主要来源于环境的变化以及对这种变化所达到的认知程度。公共组织环境始终处于变化之中，环境的变化要求处于其中的公共组织能够积极适应这种变化并为变化着的环境提供政策性资源，亦即面对环境的变化，公共组织需要做出关于变化性质、变化方向、变化程度以及变化层次范围等方面的价值认定，根据这种价值认定来选择自身作用和功能的目标调整机制，从而推动公共管理的进步。

公共组织的基本职能可分为政治职能、经济职能、文化职能和社会职能。公共组织处于不同时期，它的职能内容重点是不同的，而且，不同类型的公共组织所承担的职能也存在很大的差异。一方面要实现公共组织整体职能的发展，另一方面还要在各种不同的公共组织之间实现职能的优化配置。前者如公共组织（主要是国家组织）由主要承担国家政治事务的管理发展到逐渐承担起经济、社会、科教文化等社会公共事务的管理。后者如西方国家的政治与行政的二分，我国的党政分开、政社分开等。

公共组织职能的发展以政府职能模式的变迁最为典型。政府职能模式是指政府与市场的关系模式，是政府对经济的运行加以调控的方式、方法的总和，集中反映在政府所确立的经济体制和经济运行机制之中。近代以来，政府职能模式主要有三种类型，分别是：

（1）保护型政府职能模式。这是自由资本主义时期的产物，是服务于自由市场经济的。早期的资产阶级思想家把政府看作公共的领域和政治的领域，把市场看作私人活动的范畴和个人的领域。因而，他们主张严格限制政府职能的范围，即严格地把政府限制在公共领域中，发挥其维持公共秩序的作用。换言之，就是要防止政府直接进入市场，侵入“私人”领域，只要政府能忠于职守，守望在市场之外，就能有效地起到“保护人”的作用。

（2）干预型政府职能模式。这是以凯恩斯主义为代表的宏观经济学所做出的政治设计。随着自由资本主义的结束和垄断市场的出现，市场部分失去了自我调节的能力，以至于经济危机的范围越来越广、周期越来越短、规模越来越大，这就使政府不得不从原来的维护市场经济环境和秩序转变到维护市场本身的秩序上来，因而开始了干预市场的活动。

（3）引导型政府职能模式。这是亚洲新兴工业化国家和地区在经济腾飞过程中出现的一种新型的政府职能模式，这一职能模式既能保证社会的独立性与自主性，又能充分发挥政府作为社会总体利益代表者对社会经济生活的协调与控制作用。在这种模式下，政府与社会处在一种相互制约又相互合作、相互独立又彼此依赖的有机统一的关系中。

3. 公共组织结构的发展

公共组织结构是公共组织内部各组成要素相互联系、相互作用的方式，是公共组织内各要素排列组合的方式，包括组织的纵向管理层次和横向管理幅度，以及整个公共组织内部的纵横结构和部门之间的关系。公共组织结构是否合理，直接关系到公共组织系统运转的好坏和效率的高低，因此，根据环境的变化对公共组织结构进行适时、适度的调整是非常必要的。公共组织结构的发展主要是指通过对公共组织结构进行调整，改变公共组织系统内部的构成方式，提高公共组织适应性和绩效的过程。

公共组织结构方面的调整与改革，主要是通过机构改革或调整公共组织系统内部构成方式来实现的。但是，机构改革并非只是组织结构发展的特定方式，职能方面和体制方面的改革都可能引起机构改革。这里我们仅从组织结构方面来考虑机构改革。机构改革是公共组织发展的最为直观的表现方式。机构的调整具有丰富的内涵，职能转变、体制改革、管理原则选择等问题都与公共管理理论的发展相关联，而直接反映这种理论发展成果的实体就是由公共组织机构组成的公共组织系统，机构的变化成为公共组织发展的一个最重要的呈现方式。因此，无论在发达国家还是发展中国家，公共组织发展最终必然通过对公共组织机构的调整来完成。

公共组织结构改革一般从如下方面着手：第一，合理调整控制幅度。这是世界各国常见的一种机构改革形式。层次与幅度是公共组织结构的两个基本构成要素，层次涉及组织的纵向结构，幅度涉及组织的横向结构。一般来说，在管理层次方面进行改革的很少，因为层次的变革比幅度的变革更加剧烈。在幅度上的改革通常分为两个方面：限制或缩小控制幅度，这意味着减少机构数目；扩大或增加控制幅度，这意味着横向机构的增加。目前在世界较发达国家，由于权力结构多为分权式，以及通信、计算机技术的普及运用，组织结构呈扁平发展倾向，因此控制幅度有扩大的趋势。权力结构为集权式的国家，组织结构呈高耸形，因此控制幅度有缩小的趋势。第二，合理调整权力结构。公共组织是公共权力的外在表现形式。在权力结构中具有核心地位的问题是权力的集中与分散问题。在集权与分权之间存在着有限授权、模拟分权、联合分权等多种形式。权力结构在不同类型之间转换，这种转换将涉及领导制度的变革。此外，权力结构也可在同一种类型中进行调整，而这又涉及职权范围的调整。

专 栏

监察部撤销 并入国家监察委

2018年党和国家机构改革的一项重要内容就是设立国家监察委员会。我国深化国家监察体制改革，成立国家监察委员会，并使之与党的纪律检查机关合署办公，代表党和国家行使监督权和监察权，履行纪检、监察两项职责。加强对所有行使公权力的公职人员的监督，从而在我们党和国家形成巡视、派驻、监察全覆盖的统一的权力监督格局。形成发现问题、纠正偏差、惩治腐败的有效机制，为实现党和国家长治久安，走出了一条中国特色监察道路。

在国家监察体制改革之前，反腐败力量分散。党的纪律检查机关依照党章党规对党员的违纪行为进行审查，行政监察机关依照行政监察法对行政机关工作人员的违法违纪行为进行监察，检察机关依照刑事诉讼法对国家工作人员职务犯罪行为进行查处，反腐败职能既分别行使，又交叉重叠，没有形成合力。同时，检察机关对职务犯罪案件既行使侦查权，又行使批捕、起诉等权力，缺乏有效监督机制。

深化国家监察体制改革，组建党统一领导的反腐败工作机构即监察委员会，就是将行政监察机关、预防腐败机构和检察机关等部门查处贪污贿赂、失职渎职以及预防职务犯罪的工作力量整合起来，把反腐败资源集中起来，把执纪和执法贯通起来，攥指成拳，形成合力。

资料来源：监察部撤销 并入国家监察委．(2018-03-13)．21 财经．

12.2　公共组织学习

12.2.1　公共组织学习的内涵

21 世纪是学习的世纪。随着信息社会、知识经济时代的全面到来，学习不仅是人们获取知识、应用知识的重要工具和手段，而且成为人们生活的第一需要。何谓学习？心理学家的概括是，学习是一个由经验引起的、潜在的、相对持久的行为变化过程。这一概念包含以下几层意思：(1) 学习是一个过程，而非单一事件；(2) 只有产生相对持久的变化，才可被视为学习，各种形式的暂时变化被排除在学习之外；(3) 学习是一个逐步积累的过程，学习主体在潜移默化中得到成长；(4) 学习由经验引起，表明学习是一个由行而知的过程。

在广泛意义上，我们可以认为一切生物都在“学习”，因为它们都能适应环境的变化。在这个意义上，因生存环境变化不断地主动或被动地对自身能力做出调整而发生行为的相对持久改变并获得新行为的过程，均可视为学习。简单地说，对环境变化的适应过程就是学习，包括主动学习和被动学习。被动学习仅仅是因为生物学和心理学意义上的刺激-反应需要而在不得已时发生的防御性的、机械的反应。主动学习则是学习主体自发的、主动的、灵活的适应过程。

人是高等生物，人的学习能力当然远远高于低等生物。人的学习不仅有个体学习，更重要的在于人能够形成组织，通过组织学习来不断进步。在由个体学习向组织学习的转变过程中，社会化起了关键性的作用。

组织学习的概念是建立在关于“组织”和关于“学习”的基本概念之上的。第一次在管理学领域里提到“组织学习”这个术语的是赛厄特和马奇。1978 年出版的《组织学习》一书被公认为是关于组织学习的经典著作。

有人认为，所谓“组织学习”，就是指组织成员积极主动地利用有关资料与信息来规划自己的行为，以提高组织持续适应能力的过程。

也有人认为，组织学习是指以某个组织、团体的目标为中心，以组织的学习方式，通过组织中个体的学习行为，构建组织或团体的知识来达到组织、团体的工作目标。由于组织学习的目的性强，要解决的问题更广泛，进行沟通的方式更多，需要大量的、不同类型的知识来支持他们的工作，因此，组织学习是一项极为复杂的系统工程。

还有人认为，组织学习是一种学习、工作和智慧层次的协作，以达到组织、团体的工作目标。学习行为可以是个体行为，也可以是组织行为，以构建组织或团体的知识。它强调协作智慧以及组织或团体智慧。

我们把组织学习定义为组织为了适应生存环境的变化，不断主动或被动地对自身及其知识做出调整与修正，从而发生相对持久的行为改变并获得新行为的过程。可以看到，组织学习实质上是组织发展的具体表现形式。

对于组织学习，我们可以从以下方面加以理解①：

（1）组织学习可以理解为一种拟人化的行为改变。组织是由个人构成的，它具有将个人知识创新纳入特定方向并加以支持的能力，它提供了个人学习发生的背景，而且它存在着类似个人但又不完全等同于个人的学习过程。组织在演进中，逐渐被拟人化，成为学习的主体。

（2）组织学习强调的是一个正在进行中的过程。一方面，作为一个概念，组织学习强调的是组织为了适应生存环境的变化，不断主动或被动地对自身及其知识做出调整与修正，从而发生相对持久的行为改变并获得新行为的过程；另一方面，当把组织学习视为一种现实存在的组织运行“状态”时，它也是一个连续性的存在。所以，可以说组织学习是一个正在进行中的过程，而不是结果。

（3）组织学习实质上是“组织过程中的学习”。“组织”这个术语在语义上可以转化为“组织过程”这一术语。这就意味着组织学习实质上是“组织过程中的学习”，即一个组织在其运行过程中的学习。基于这样的理解，如果我们要研究组织学习，就应当运用一种确切的、规范的描述方法，把关于组织过程和这个过程中产生的学习的机制通过理论表述整合起来，形成能完整地描述组织学习及其变化过程的理论框架，并用这个理论框架解释现实中的组织学习过程。

（4）组织学习是一个互动过程。在组织学习中，存在着几种互动过程：一是组织成员的主体意识之间的互动；二是作为一个整体，整个组织这一主体与外部环境之间的互动；三是第一种互动的结果与第二种互动的结果之间的互动。就第一种互动而言，组织学习并不是个体学习的简单相加，而是个体及个体之间相互作用的结果。第二种互动是组织与其外部环境之间的信息交换。第三种互动，比如组织成员主体意识间互动形成了人们关于组织远景的共识，组织与外部环境之间互动的结果是感知到来自动荡环境的新的变化的需求。在面对这样的新的变化需求时，人们关于组织远景的看法可能需要调整与修正，以达成新的共识。这样就在关于组织远景的共识与关于组织环境的解读之间发

① 刘霞．公共组织创新战略．北京：中国社会科学出版社，2005：3－11.

生了互动。

（5）组织学习是活生生的人的活动过程。无论何种组织都是由人组成的，组织的本质在于人而不在于机构本身，同样，组织学习的实质是人的活动而不是组织机构的运作。如果只见机构不见人，并以此看待组织及组织学习的话，那么我们永远只能看到组织在运转，无法看到组织在学习。在研究组织学习时，必须考虑人的因素或人性因素。事实上，无数组织学习问题和障碍的背后都是人的问题。

专栏

如何终身学习

虽然每个人都会从学校毕业，但毕业不代表着学习的终止。真正做事有效率的人，从来不会让自己闲着，他们会迫使自己每天学习，不断进步。

1. 了解自己的学习类型。了解对自己最有效的学习方法和技巧，并使用它们学习。

2. 了解自己的特长和兴趣所在。乐于尝试不同的事物，不要给自己设限。你可能连自己都不知道自己的潜力有多大。

3. 将学习看成是一种探索和机会，而不是繁重的任务。不要强迫自己学习不喜欢的东西，将任务与喜好相结合。在愉悦的心境下，完成任务。

4. 打好基础。将枯燥的基础学习和智力游戏结合起来。不要“三天打鱼两天晒网”，要持之以恒，每天可以少学一些。

5. 多阅读。多去当地的图书馆和书店。阅读是通向更宽广的世界、更广阔的人类智慧的有效途径。

6. 扩大你对学习的理解。找寻你可能适合的领域，并将你的所长发挥到极致。

7. 做与职业不相干的事。对于一个成年人来说，经验或许是最好的老师。不管有没有金钱作为回报，你可以勇敢做对你有吸引力的事（当然是在合法的范围内），多尝试然后观察结果。将所学运用到生活的其他方面，以增加学习的价值。或许在你的业余活动中，你会有非常重要的发现。

8. 创造。并不是所有的学习都来自外部，事实上，在你创造的过程中，你就有很好的学习机会。可以是艺术创造，也可以是科学创造；可以是实物创造，也可以是精神创造；可以是团体创造，也可以是个体创造。尝试各种领域，并在你最喜欢的领域尝试创造。

9. 观察。注意观察身边的事物，不管是普通还是奇特的事物。对观察到的事物做评价，并关注自己的反应。

10. 参加正式或不正式的课程。不管你是多么努力的自学者，有些科目的学习还是需要老师辅导。

11. 问问题。问对问题比答对问题更重要。任何人都有值得你学习的地方。问完问题后，要注意倾听，并理解对方的回答。

12. 评价反馈你所学的内容。你懂了吗？你相信吗？谁提出的理论？怎么确定的？可以被证明吗？是一个论据还是建议？逻辑对吗？有价值吗？可用于实践吗？

13. 应用你的所学。这是检验你学习效果的最有效的方法，还可以帮助你真正掌握内容。此外，你还可以借此发现学习中的不足之处，当然也包括优势，进而做到“取长补短”，这就是人类不断进步的关键所在。

14. 传授自己的知识。教学是掌握一门知识并增进自己的理解的最好的方法。

（6）对组织学习过程最具影响力的是组织的制度因素。在组织学习过程中，形成了稳定的规则，这就是组织的制度及制度体系。制度体系从人性因素的角度与组织因素的角度同时使得个体的学习行为经由群体化而成为组织化的学习过程。

应当指出，组织学习与学习型组织是两个不尽相同的概念。二者侧重点不同，学习型组织的侧重点在于描述学习型组织是什么，强调学习型组织的特征；组织学习的侧重点在于说明组织如何学习，强调组织学习的过程。因此，组织学习应该是学习型组织理论的一个核心理念。

12.2.2 组织学习的途径与方式

1. 组织学习的途径

组织学习的途径在不同组织中差异很大。哈佛大学的加尔文教授将它们归纳为五种①：

（1）系统地解决问题。系统地解决问题的过程本身就是一种学习活动。系统地解决问题主要是指利用科学的方法收集数据，系统地分析问题产生的原因，把握不同因素之间的联系，并从中找出解决问题的最有效方法的过程。

（2）试验。试验是将理论应用于实践的重要环节。试验是组织学习过程中一种常用的方式。试验分为持续性试验与示范性试验两种基本类型。持续性试验由一系列持续的小试验组成，目的是逐渐积累组织所需的知识。示范性试验是组织在进行比较重大的、系统的变革之前的尝试，其目的通常是为日后大规模推行的重大决策或变革准备条件。

（3）从自己过去的经验中学习。学习不仅需要不断地增加新的知识，更需要不断地反思过去。所谓“吃一堑，长一智”就是这个道理。如果没有反思，错误重复一千遍也不会自然而然地导向成功。同样地，如果不总结自己成功的经验，那么只会使成功成为一种偶然。

专栏

以问题为导向推动机关干部转作风树新风

2023 年 6 月 1 日，长春市委政法委召开专题会议，审议通过了《市委政法委机关干部队伍作风问题排查整治实施方案》。

① 教军章，侯丽岩，吴永忱．公共行政组织论．哈尔滨：黑龙江人民出版社，2005：213－216.

会议强调，要深入学习贯彻习近平总书记关于加强作风建设的重要论述，对标省委提出的“严新细实”要求，按照市委动员大会安排部署，切实增强作风建设的紧迫感责任感，把思想和行动统一到中央和省市委部署要求上来。要抓好问题排查梳理，找准主攻方向和突破点，坚持问题导向，深入开展大排查、大梳理、大起底，真正把苗头性、倾向性、隐蔽性问题彻底找出来、解决掉，推动机关作风大转变、大提升。要注重成果转化实效。把作风建设融入主题教育全过程，贯穿政法工作各领域，落实到机关各层级各方面，切实把作风建设成果体现在推动政法工作、服务振兴发展上，真正以作风建设锤炼攻坚精神、践行为民宗旨、锻造过硬队伍。要通过细化责任、强化举措、优化机制，以“五化”闭环工作法推动各项任务落实，以实际行动清除作风积弊、弘扬新风正气，促进各项工作提标、提速、提质、提效，为打好打赢长春振兴突破攻坚战做出应有贡献。

资料来源：排查整治作风顽疾 激励干部担当实干：市委政法委以问题为导向推动机关干部转作风树新风．(2023－06－02)．长春市长安网．

（4）向他人学习。三人行，必有我师焉。组织学习不能只从其自身学习，组织外部存在更多、更丰富的知识。向他人学习包括向同行学习和向人民群众学习两种。“三百六十行，行行出状元”，每一个行业都有最出色的人、最出色的组织，因此，向同行学习对于组织具有特别重要的意义。人民群众是组织服务的对象或产品的最终消费者。向人民群众学习可以为组织提供大量丰富的信息。对于公共组织而言，人民群众中蕴藏着丰富的智慧。

（5）在组织传递知识中学习。组织学习很重要的一点就是全员学习，它要求全体组织成员以及所有团队或部门都积极行动起来，促进知识在组织内部快速传递，这也是学习型组织的重要特征。促进知识在组织内传递的方式有很多，比如书面或口头报告、经验交流、参观观摩、个人岗位轮换、教育与培训等。促进知识在公共组织中的流动，关键在于打破信息封锁，建立知识传递的制度。

2. 组织学习的方式

阿吉里斯把组织学习的方式分为单环学习和双环学习两种。

单环学习（single-loop learning）是指组织依照一定的规则和规范追踪并修正错误的过程，它是在组织的运行结果与策略和行为之间，依照组织的规则和规范建立的一个反馈环路。单环学习是“知道如何做”，是一种维持学习，主要用来发现并纠正不符合组织现有规范的偏差。所以，单环学习的实质就是通过学习来维持组织的现状。这种学习并不触动组织本身，不能称为管理变革。当单环学习的依据是一种教条的时候，它反而会使得组织更加僵化，不利于组织的发展。

双环学习（double-loop learning）是相对单环学习而提出的，双环学习是在组织运行结果与策略和行为之间以及结果与规则或规范之间形成两个反馈环路，除对策略和行为进行修正外，还对其策略和行为所依据的规则和规范进行反思，也就是说能够在纠正错误时对组织规则和规范进行修正。双环学习即“知道为何这样做”，也被称为“创造学习”。当组织发现错误时，改正方法包括组织目标、政策和常规程序的修改。双环学习向组织中根深蒂固的观念和规范提出挑战，其提出的截然不同的问题解决办法有利于实现变革的重大进展。

阿吉里斯认为，学习型组织的学习是双环学习，而传统的科层组织的学习则是单环学习。在组织环境相对稳定、组织对环境能够有效控制的情况下，单环学习有助于组织形成良好的策略和行为，进而取得满意的结果。但是，知识经济时代的组织所面临的是急剧变化的组织环境，单环学习已经不适应组织学习的需要了，双环学习对组织内长期存在的根深蒂固的观念和规范提出挑战，为解决问题提供了超乎寻常的机遇，因此双环学习才是学习型组织的组织学习方法。

12.2.3 组织学习的障碍及克服

组织学习是以组织成员个体学习和团队学习为基础的。由于组织固有的文化、结构、管理模式、工作方式以及员工的互动方式，组织通常存在学习障碍。彼得·圣吉在对企业进行研究的过程中发现，“以往许多团体中，每个成员的智商都在 120 以上，而整体智商却只有 62”①。之所以如此，是因为组织学习的障碍妨碍了组织学习与成长，使组织被一种看不见的巨大力量侵蚀甚至吞没了。这些障碍有很多：就个人而言，如倾向于肢解问题，没有系统思考，把世界分割成片段来理解；就团队学习而言，则体现为过分自我保护所致的成员间彼此猜疑、相互防范、“窝里斗”、搞“内耗”，最终使得整体小于部分之和，甚至是负值。彼得·圣吉还发现组织学习的其他障碍，如归罪于外、专注于个别事件、对渐变过程反应迟钝、对经验学习的错觉等。

概括起来，组织学习的障碍主要包括②：

（1）盲目。盲目是指组织无法感知外界变化或机遇。由于外界变化太缓慢或组织对变化的抗拒（组织惰性），或由于变化会影响一些人的既得利益，组织对明显的问题或外界变化视而不见。克服方法：请外部的咨询公司来帮助组织认识外部环境的变化和自身存在的问题。

专 栏

一代空调巨头盲目扩张后销声匿迹

曾经的春兰连续 8 年销量第一，技术上也有巨大的优势，让其他品牌都望尘莫及。但如今的春兰却几乎可以说是销声匿迹了。

虽然当时已经在空调市场上遥遥领先，但春兰仍不甘心，于是开始了向外扩张，试图在机械、新能源、房地产等行业也占据领先地位。但这个决定对于当时的春兰来说有些太早，也有些太宽泛了。

当春兰发现自己在其他领域没有取得预期的成就，想要重返空调行业时，这个领域

---

① 圣吉．第五项修炼：学习型组织的艺术与实务．上海：上海三联书店，1998：1.

② 陈国权，马萌．组织学习的过程模型研究．管理科学学报，2000（3）.

已经风云变幻，春兰错过了空调领域技术创新的最佳时机，自己原本的招牌也在其他新品牌的冲击下变得摇摇欲坠。不过，虽然春兰这个时候错过一大风口，但仍然很善于营销，所以虽然不如以前，但也没有受到很严重的打击。就在这个时候，春兰再次做出了一个错误的决定。

即便如今电商发展势头迅猛，实体店地位下降，也没有哪个企业会直接关闭自己的线下店铺，更不会拿线下经销商"开刀"。尤其是空调这一领域，实体店销售占据的份额还是相当大的。而春兰就做出了这样破天荒的决定，事实证明，这一决策是非常严重的错误，让春兰彻底失去了广大经销商的支持，从此一蹶不振，在空调市场的地位越来越低。

这一案例的深层次问题是：怎么样确定公司的业务边界？原则是什么？公司要成长，成长就要扩张，扩张到什么边界？不能把这个边界画得太小，如果太小，画地为牢，企业没法成长，但是边界画得太大太远，就是机会主义、盲目扩张。

资料来源：一代"空调大王"的陨落，曾是行业的标杆，盲目扩张后一蹶不振！．(2019-09-27)．中国质量万里行．

（2）能力陷阱。组织由于过去的成功产生了盲目的自信，去做一些超出自身能力的事。克服方法：建立员工建议系统和顾客反馈系统，请咨询公司帮助，组织高级管理者定期对组织行为进行反思等。

（3）局限思维。局限思维往往导致组织认识的偏差，而使组织在发现、发明等阶段产生认识失误。克服方法：培训和提高管理者的系统思考能力。

（4）机制缺陷。组织机制上的不完善导致组织难以察觉外部环境的变化和组织内部的问题。克服方法：成立监测环境变化与组织内部问题的正式机构，举行信息拥有者和决策者的正式和非正式会谈，建立员工建议系统等。

（5）舍本逐末。只针对问题的症状而不是本质来解决问题。克服方法：建立平行的独立决策过程以避免小团体意识，对管理者的系统思考能力进行培训。

（6）辅助设施不足。缺乏完整合理、运行无误的管理信息系统等辅助设施以促进信息的交流，难以保证正确的信息抵达正确的位置。克服方法：完善数据的交流体系（如信息管理系统、组织内部网的建立等）。

（7）报酬与决策系统缺陷。组织缺乏鼓励性的报酬和决策系统，使决策者不愿意冒险寻找新的方法。克服方法：建立合理的奖惩制度。

（8）缺乏合作。当不同组织和部门之间缺乏协调而独立操作时，方案将不能顺利实施。克服方法：建立健全执行组织变革的机制和程序，深度会谈。深度会谈能超越个人见解，使每个人自由交换他们的想法，融入毫无阻力的共同讨论中，帮助消除各部门之间的分歧并促进知识的交流。

（9）传播失效。知识无法在组织内传播共享，这是由不同子系统的文化差异、利益关系或不同部门之间的知识传播方式差异造成的。克服方法：建立组织内统一的知识管理系统，深度会谈实现员工之间的良好沟通。

（10）反馈失误。新方法起作用时间太长，不能及时发挥功效，导致信息反馈不全或有误，造成管理者对决策结果的错误认识。克服方法：定期检查机关新方法执行的效果，培养系统思考的能力。

（11）知识存储缺失。知识没有被存储，而是随某次学习的结束被忘却。组织不能很好地运用以前的知识辅助现阶段的学习，即不善于提取运用知识库中的知识。克服方法：知识管理可以帮助人们对现有的知识进行整理、保存与反思，建立决策支持系统，进行数据挖掘。

12.2.4 学习型组织的模型构建

组织学习的有效进行有赖于学习型组织的构建。构建学习型组织的过程实际上是同组织变革与发展的历史进程一脉相承的，构建学习型组织的发展模型也是学者们关注的问题。下面介绍三种较为成熟的理论模型。

1. 沃尔纳模型

鲍尔·沃尔纳（Paul Woolner）运用实证研究方法，特别是从组织教育与培训活动这个角度出发，对许多组织进行了深入的观察和分析，并在此基础上归纳出创建学习型组织的模型。他认为，学习型组织的创建一般要经历五个阶段。

第一阶段：无意识的学习。这是组织发展的初始阶段的学习状态。组织中的学习一般是自发的、不正规的、非真正意义上的组织学习。组织中存在的学习多是成员出于个人发展目的的自发的、偶然的个体行为。

第二阶段：消费性学习。从长远发展考虑，组织开始出资选送部分骨干成员接受外部培训、接受新的教育，把员工学习纳入组织整体发展规划之中。

第三阶段：学习被引入组织。教育和培训面向更多的员工。同时，组织有意识地开发满足自己特定需要的学习项目，并建立相应的学习基地来推动此项工作。

第四阶段：确定组织学习进程。组织学习进入高级阶段，组织将学习与组织发展战略目标紧密结合起来。组织学习的课程设计进一步趋于成熟。

第五阶段：学习型组织阶段。其特点是学习与工作的完全融合。具体表现在：学习的责任已经置于组织管理指令系统中，成为每个成员的共同职责；学习是工作的新形式，学习成为成员的乐趣；建立了组织绩效的反馈机制；组织工作团队的管理方式是以自治为主，团队成员之间能互相学习，协同并进，不断地改进他们的工作系统。在这种管理方式中，主管的作用不再是控制和解决问题，而是鼓励和促使人们自己解决问题，取得满意的结果。

2. 瑞定模型

约翰·瑞定（John Redding）主要从战略规划的角度分析组织学习的各种模式以及学习型组织的基本特点。他认为，未来环境的急剧变迁将导致组织的生存能力取决于它能否成功实施变革，为此，应该将持续学习的理念纳入组织变革战略设计的整体思考中。他提出的学习型组织模型有四个基本要点。

第一，持续准备。组织变革的成败直接取决于种种准备工作的充分与否。组织持续的准备工作包括：认清形势，广泛沟通，达成共识；协调组织文化等因素，创造有利于变革的环境；用改革所需的各种技术技能来武装组织员工。

第二，不断计划。在学习型组织模型中，组织计划是一种开放灵活的设计，它必须根据形势的变化不断加以调整，以保证组织计划的适应性功能。

第三，即兴实施。学习型组织在推行变革计划的过程中一般不要求员工按部就班地进行，组织鼓励他们充分发挥潜力，采用即兴创作原则，创造性地实施变革计划。

第四，行动学习。学习型组织不是通过一年一度的评估活动衡量改革的成败，相反，它提供大量的机会使组织随时检验行动，及时做出反应，从而调整组织的行动路线，加快变革速度。

总之，学习型组织经过持续准备、不断计划、即兴实施和行动学习完成变革，同时每一次变革又为下一次变革做准备，这样，随着时间的推移，组织不断获得创新发展，这就是学习型组织的生命力之所在。

3. 圣吉模型

彼得·圣吉提出，在学习型组织中，有五项新技能正在逐渐会聚起来，他把这五项技能称为“五项修炼”。

第一，自我超越。自我超越强调自我向极限挑战，实现人们内心深处最想实现的愿望。自我超越是学习型组织的精神基础，它要求抓好三个“要”：一要开展境界教育；二要把工具性工作观转变为创造性工作观；三要向极限挑战。还要求注意三个“不”：一对员工不要想方设法地控制，而是想方设法地启发；二对影响变革的力量不是想方设法地压制，而是想方设法地令其转变；三对员工和自己的要求不是“反应”，而是“创造”。

第二，改善心智模式。心智模式影响着人们如何认识这个世界以及如何采取行动。不同的人对相同的问题有不同的看法，就是因为他们的心智模式不同。组织内部也存在一个共有的心智模式。改善心智模式的修炼要求组织对通常以局部或静态思考方式为主的心智模式进行检查和修正，并向以注重互动关系与动态变化的思考方式为主的心智模式转变。同时，组织成员之间也充分表达自己的想法，并且以开放的心态容纳别人的想法。

第三，建立共同愿景。共同愿景是指组织所形成的共同目标、价值观和使命感，是组织中全体成员的个人愿景的整合。共同愿景对于组织学习是至关重要的，因为它能为组织学习提供焦点和能量。当人们专注于他们关切的事情时，会产生创造性的学习。没有共同愿景就没有学习型组织。共同愿景由三个要素组成：目标、价值观和使命感。共同愿景有三个层次：组织大愿景、团队小愿景和个人愿景。共同愿景的构建要遵循三条原则：要重视个人愿景，不能排斥压制；要学会将领导层的愿景变成鼓舞组织的愿景；共同愿景应随形势和环境而变化。

第四，团队学习。由于集体智慧通常大于个人智慧，因此应利用集体思考和分析，找出个人弱点，强化团队向心力。通过团队学习，可以做出正确的组织决策，进而采取有创意而又协调一致的行动。团队学习就是发展成员整体搭配与实现共同目标的能力的过程。团队学习的修炼要求团队成员能够超越自我，克服防范心理，学会如何相互学习和共同工作，形成共同的思维。

第五，系统思考。系统思考要求人们用系统的观点对待组织的发展，它可以引发创新思维，促进改革，令组织增强竞争力。系统思考是五项修炼中最重要、最核心的一项技术。系统思考要求组织成员将遇到的问题在整个组织内加以考虑，从组织整体利益和长远利益出发寻找恰当的解决方法。

专 栏

学习型政府再造：国家治理能力的提升之道

学习型组织的理论与实践从20世纪90年代开始风靡西方国家企业界，然后向公共部门扩展，随之又向全球扩展。之后不久，中国也掀起了建设学习型企业、学习型城市、学习型社会、学习型政府、学习型政党的热潮。一时间，学习型组织成为人们竞相谈论的组织建设话题。尽管时过境迁，建设学习型组织陷入沉寂，一些组织在喊了口号后不久就回归原样，但还是有一些组织在锲而不舍地推进学习型组织的建设。就我国的党政部门而言，党的十八大报告提出了建设学习型、服务型、创新型的马克思主义执政党的重大任务。2017年1月中共中央办公厅印发的《中国共产党党委（党组）理论学习中心组学习规则》指出，党委（党组）理论学习中心组学习，是各级党委（党组）领导班子和领导干部在职理论学习的重要组织形式，是建设学习型服务型创新型的马克思主义执政党，提高党的执政能力和领导水平的重要途径，指出了党委（党组）理论学习中心组的学习对于建设学习型政党、学习型政府的重要意义。党的十九大报告指出，要“增强学习本领，在全党营造善于学习、勇于实践的浓厚氛围，建设马克思主义学习型政党，推动建设学习大国”。一些党政部门运用各种形式大兴学习之风，如中宣部建立的“学习强国”平台、国家税务总局建立的“学习兴税”平台等等，都是利用信息技术专门为党政机关、行业从业人员及全社会开发的移动在线学习平台，平台上提供各种优质课程，在电脑、手机上可以随时学习，也为社会大众提供有关政策和知识普及方面的服务。事实上，从2010年2月中共中央办公厅印发《关于推进学习型党组织建设的意见》以来，党的历次代表大会一直在强调建设学习型政党、学习型政府、学习型国家和学习型社会。党的二十大报告再次提出要“建设马克思主义学习型政党”，“建设全民终身学习的学习型社会、学习型大国”。

资料来源：竺乾威．学习型政府再造：国家治理能力的提升之道．理论与现代化，2022（6）．

12.3 公共组织创新

12.3.1 组织创新与公共组织创新

在一般意义上，创新是指某种新事物的引入或引入某种新思想、新方法、新装备。在组织学中，创新是指以新思想为指导，为达到组织目标而创造出不同于过去的新事物、新手段，即把一般意义上的创新引入管理领域。创新并不等同于变革。比如，首次创立某种全新组织形式的组织被视为创新，而模仿的组织则只被认为是变革。然而，从管理创新的角度，创新和变革这两个词是可以替换使用的，因为无论一项变革对于外界其他组织是早还是晚，组织内的变革过程都是趋于一致的。但是，组织创新的分析单位是组织本身，这又不同于组织变革对象的广泛性。

按照熊彼特的说法，组织创新就是“引进新的组织形式”，而“组织的创造性破坏”也是组织创新的重要形式。组织创新主要关注的是在特定制度安排下的组织内部管理问题。它主要分为三种类型：一是组织结构创新。二是组织过程创新，其核心是业务流程再造，如公共组织的政务流程再造等。三是组织体系创新。学习型组织、虚拟组织以及战略联盟等全新组织观念与组织创新形式的出现，正是组织体系创新的反映。[①]

我们知道，企业组织创新是技术发展和市场需求共同作用的结果。从一般意义上来讲，决定组织创新的因素包括：（1）组织的外部环境；（2）组织自身的特征（结构）；（3）组织管理者的行为特征。就组织的外部环境而言，环境的不确定性与组织创新密切相关，因为外部环境变化的速度越快，越要求组织创新，以适应环境的变化。当外部环境发生变化或与更为敏捷的竞争对手竞争时，组织必须学会快速调整自身的行为特征。组织结构也与组织创新相关，这主要是因为组织结构提供了创新赖以产生的组织内部的正式条件。组织结构决定了谁有权做出与创新有关的决策以及组织内管理者采用新思维的灵活度和控制权，并影响着创新过程中信息在参与者之间交流的方向和数量。组织管理者的行为特征影响着组织本身的结构，间接影响着组织创新。

组织创新是一个过程，首先是组织成员意识到一项可能的创新，评价其适用性，然后再进行筛选。具体来讲，组织创新包括以下步骤：

（1）构思。一个构思便是做事的一种新方式，它可能是一项新产品或新服务、一个新的管理概念，或是组织内共同工作的一种新过程。构思可以来自组织内部或外部。对于公共组织而言，组织成员和社会公众的广泛参与是构思的源泉。没有新构思，组织不可能保持其竞争性。如果没有“改革开放”的战略构想，就没有中国近几十年来的重大发展。

（2）需求。当管理者看到组织内实际绩效与期望绩效的差距时，便产生了创新的需求。创新需求与创新构思之间的关系体现为：有时是为了满足创新需求而产生了构思，有时则是先产生的构思引发了创新需求。

（3）采纳。当决策制定者决定采用一项构思时，这便是采纳。组织创新能否实现，关键在于管理者和员工能否达成一致，支持创新。一项重大的组织创新，需要高层的支持；一般的组织创新，只需获得中层管理者的非正式认可。

（4）实施。实施是指组织成员将采用的新构思付诸实践。实施是非常重要的步骤。组织创新绝对不能“坐而论道”，没有真抓实干，光喊口号、唱高调只会把组织引向绝路。

从传统的公共组织到当今世界范围内的各种组织变革，组织的结构和体系都在经历不同层面的转型与变化，公共组织正在经历不同程度的组织创新过程。从根本上来说，

---

① 阎海峰，王端旭．现代组织理论与组织创新．北京：人民邮电出版社，2003：26－27.

各种公共行政改革、政府再造运动、改革政府浪潮，都是公共部门为了更有效地应对环境变化而进行的组织创新。

12.3.2 知识管理与公共组织创新

知识管理（knowledge management）的中心内容是通过知识共享、运用集体的智慧提高应变和创新能力。知识管理的实施在于建立激励员工参与知识共享的机制，培养组织创新和集体创造力。知识管理是一场管理革命，它标志着一个新时代的到来，即人类进入知识社会。一个新时代必然会要求社会生活的每一个领域与之相适应。在公共管理领域中，首先会对公共组织创新造成影响，这些影响具体体现为如下几个方面①：

1. 公共组织结构重组

若干世纪以来，金字塔式的结构是我们用来组织和管理自己的结构形式。在传统组织中，权力和信息从金字塔的顶端有秩序地流向底部，中间层的主要作用就是上传下达，充当“信息传递员”——把组织中的信号加以整合放大，并传递给他人。进入知识社会，为了加快知识和信息在组织内的传递并防止它们在传递过程中的耗散和扭曲，许多组织都大刀阔斧地压缩管理层级，扩大管理幅度，实施管理结构扁平化。实现组织扁平化需要一个基本前提，即组织需要明确、简单的共同目标以指导个人的行动。因为技术仅仅为组织扁平化提供了一种可能。技术如果不与管理相结合，其本身并不能直接转化为生产力。

尽管网络技术为公共组织扁平化提供了技术可行性，但公共组织向知识型组织转变的过程并不像我们所想象的那样简单。因为它会威胁到很多人的利益。尤其是中间管理层，他们是一些工作时间较长的中年人，渴望稳定，不希望自己的工作、职位、人际关系和行为发生大的变化。因而，建立健全必要的社会保障机制对于公共组织真正成为知识型组织是十分必要的。

在公共组织中，应通过工作分析和职位分类，制定职位规范，明确每个工作岗位的职权、职责，构建公共组织明确规定的目标和目标与效果比较的反馈机制，使每个人都能自我管理，从而形成一种适应知识管理要求的知识型组织。

2. 公共管理方式创新

知识管理的实施在于建立激励员工参与知识共享的机制，培养组织创新和集体创造力。而信息技术使管理者更容易得到全面准确的信息，从而为他们实现理性决策提供了可能。

随着网络的普及，虚拟社区正以惊人的速度增长。它按照不同的主题把人群进一步细化，并通过多种多样的电子方式把这些人连接在一起。由于利益的表达和聚合更加自由，兴趣爱好相投或意识形态取向一致的人即使进行跨国界的交流和组织活动也相当容易，不必提交申请或支付任何有形的管理费。网民甚至可以进行民意测验，围绕各种争

---

① 李传军．知识管理与公共行政组织创新．公共行政，2000（5）.

论组成自己的“网络社区”或“电子社团”。这种在很大程度上摆脱了政治控制的全新的政治参与方式，提高了人们参政议政的兴趣。

政府可以借助互联网、电子邮件、电子布告栏等新兴的科技方式，与民众建立一个迅速、有效的沟通途径和意见反馈机制，从而实现和扩大民众对政府公共管理的参与。政府上网对于民众思想观念的潜在影响是巨大的，随着信息技术的逐渐普及，会有越来越多的人由政治体系中的狭隘观念者、顺从者向主动参与者转变，即愿意参与政治，并力图通过自己的努力影响政府决策，从而推动民主制度的发展。

专 栏

“数字政府”赋能中国式现代化江苏新实践

江苏把数字政府建设作为助推数字经济、引领数字社会、营造数字生态的先手棋，聚焦重点行业和关键领域，全面推动各领域数字化转型，赋能中国式现代化江苏新实践。

2022 年 12 月 13 日，泰兴市政银合作“苏服办”便民服务点正式揭牌，全市企业开办、不动产登记、社保、医保等 4 个领域 13 个事项的服务，可依托 92 家基层银行网点办理。通过深化“政银合作”，江苏打通政务服务最后一公里，截至 2023 年 1 月已覆盖省内工农中建交五大行 4 623 个网点，并同步输出至长三角区域 7 546 个网点，着力打造 15 分钟政务服务圈。

省级政府部门、设区市政府数字化转型工作正全面快速有序展开。江苏人社一体化平台网上办事服务大厅实现 30 个高频事项“跨省通办”，截至 2022 年底，平台所办事项达 8 065 万件；制造业领域通过“智改数转”，产业数字化、数字产业化不断实现新突破；借助数字技术融合应用，数字城乡建设也取得实质性成果；数字化治理模式创新，进一步提升了社会治理水平；生态环保数字化转型，为助力美丽江苏建设做出新贡献……

高效的政务服务为中国式现代化江苏新实践提供了重要支撑。一年来，江苏先后出台“苏政 40 条”“苏政办 22 条”，持续深化“放管服”改革，积极推进重大项目建设审批“一件事”改革，“拿地即开工”“交地即发证”“竣工即交付”等一批创新做法在江苏落地。

资料来源：“数字政府”如何赋能中国式现代化新实践．（2023－01－17）．光明网．

3. 政府服务的创新

政府职能的服务化是近年来政府职能转变的大方向，向公民提供信息服务是政府的职能之一。政府信息是一种有重要价值的国家资源。政府一直掌握着大量的公众信息，又是许多法规、规章、规范的制定者，凭借互联网强大的技术支持，政府能够为公众提供有关政治、经济、社会一切公共领域过去、现在与将来的知识和信息，而这些信息在网上是易于检索的。

从一定意义上说，面向知识管理的电子化政府是服务型政府，即通过电子媒体创新政府的服务。电子化政府期冀达成这样一个理想的服务形态：公民无须走进政府机关即可获取丰富的信息；公民只需在单一机关办事，任何问题皆可随问随答，所办事情立等可取；若公民申办事情涉及多个机关，则政府机关可在一处办理，全程服务；公民无须进入政府机关，即可经过网络线上申办。政府服务将朝“单一窗口”“跨机关”“24小时”“自助式”服务的方向发展。电子化政府要求政府创新其服务的方式，使政府服务更为快捷、更为方便、更为畅通、更为直接、更为公平、具有更高的附加值。

总之，将知识管理的理念引入公共组织，必将对公共组织结构和运作方式形成冲击。从世界各国的情况来看，政府信息化使传统的科层组织朝着网络组织方向发展，打破了地域、层级、部门的限制，促使公共组织和职能的整合；政府信息化促使政府的程序和办事流程更加简明、畅通；政府信息化节约了人力、物力和财力资源；政府信息化提高了政府机关的办事效率……凡此种种，均对政府效率的提高和公共组织创新起着巨大的推动作用。

12.3.3 组织再造与公共组织创新

“再造”（reengineering）作为一种管理思想和方法，是一个相当新的概念。组织再造就是重新设计和安排组织的整个运作流程，使之合理化。20世纪90年代起，企业界进行了“再造”的探索，称为企业流程再造（business process reengineering，BPR），强调以经营过程为中心和改造对象，以关心和满足顾客需求为目的，对现有经营过程进行根本性的再思考和彻底的再设计，利用先进的制造技术和信息技术及现代化的管理手段，最大限度地实现技术上的功能集成和管理上的职能集成，打破传统的职能型组织结构，建立起过程型的结构，以实现企业在质量、效率、效益和柔性等方面的巨大提升。

组织再造是一种涉及业务流程彻底再设计的跨职能的创新，包含了对组织业务流程的根本再设计，以实现巨大的绩效改进。由于关注点在于流程而不是职能，组织再造通常会导致组织结构由纵向结构向横向结构的转换，同时需要组织文化和管理哲学的重大变革。

组织再造关注的是组织整体和根本的运作方法，认为某些组织在运作上相当落后，有一些过时的制度和工作流程，这些不合潮流的或不合环境需要的地方不能局部及分割处理，因为可能涉及基本的价值观和管理哲学，因而需要重新反省，做彻底的变革，以有效地提高生产力。组织再造在本质上意味着采用全新的方式，抛弃所有有关现在如何工作的概念，着眼于如何更好地设计工作流程以取得更好的绩效。

组织再造会为组织带来如下根本性的变化：（1）在组织结构方面，由于组织再造要重新审查跨职能边界的工作流程，因此总是会引起组织结构向横向结构的转变，管理层级减少，组织结构更为扁平。（2）在组织文化方面，当组织扁平化，更多的权力下放时，组织文化便发生了变化，低层的员工被授予决策权，并对绩效的改进负有责任。信任和对过失的宽容成为组织的核心价值观。（3）在组织的管理信息系统方面，在传统组织结构的公司中，管理信息系统一般将职能部门内的人员联系起来。但是随着工作流程的重点转向过程而不是职能，管理信息系统也需要跨越部门边界。

组织再造通过对组织管理的各个方面、每个环节进行全面的调查研究和细致分析，对其中不合理、不必要的环节进行彻底的变革。在具体实施过程中，可以按以下程序进行：(1) 对组织原有流程进行全面的功能和效率分析，发现其存在的问题；(2) 设计新的流程改进方案，并进行评估；(3) 制定与流程改进方案相配套的组织结构、人力资源配置和业务规范等方面的改进规划，形成系统的组织再造方案；(4) 组织实施与持续改善。

在公共组织中与再造紧密相连的是“重塑政府”或称企业化的政府，它是由美国的戴维·奥斯本和特德·盖布勒两位学者借由许多行政与公共部门的成功经验，所建构的“以企业家精神改革政府”的公共组织创新模式。在此模式中，他们为改革政府开出了十种药方。比较组织再造与重塑政府的概念，我们会发现二者在为解决组织存在的问题开出的药方上有相同之处，也有一些不同的地方。

再造是使机构忘记它们是怎样被组织的，决定它们需要去做什么，然后设计最佳结构去做，它强调过程更新与再设计，是为了完成组织目标而寻找的一种具有想象力和创造力的新方式。换句话说，再造是组织能力提高的持续性变革手段。公共组织再造注重成本、时间、质量、过程、服务产品传递方式等的改进，通过对组织运作过程的再设计或彻底的变化，掌握先进技术，丢弃过时的运作方法，减少管理层次，削减开支，从而提高组织绩效和能力。故再造侧重于组织内部的过程改造与变革。而重塑政府最主要的办法就是用企业家精神来克服官僚主义，其本质特征在于竞争精神，还权于公众和雇员以及绩效评估。此外，它还强调政府代表公众的倾向、使命驱动及参与式管理，从而提高资源的使用效率和效益。基本上，重塑政府侧重于组织内部与外部服务对象的关系及运作规则和条例。

从国外的实际情况来看，组织再造这一改造原理不仅适用于企业，也适用于事业单位或政府部门。现在，在国际上利用组织再造理论进行改造和变革的单位越来越多，其中有工厂、医院、事业单位、学校、政府部门等，已取得巨大效益，获得成功的案例越来越多。公共组织再造虽没有私营部门再造成效显著，但也有了实质性的突破，主要表现在管理过程的信息化，减少管理环节和管理层次，节省开支，以及改进组织绩效等方面。

专　栏

落实机构改革任务，转变政府职能

2023 年 3 月 7 日下午，十四届全国人大一次会议听取了关于国务院机构改革方案的说明，方案着眼于转变政府职能、加快建设法治政府，重点加强科学技术、金融监管、数据管理、乡村振兴、知识产权、老龄工作等重点领域的机构职责优化和调整。这一改革，适应统筹推进“五位一体”总体布局、协调推进“四个全面”战略布局的要求，适应构建新发展格局、推动高质量发展的需要，为全面建设社会主义现代化国家、全面推进中华民族伟大复兴提供了有力保障。

经济不断发展，社会不断进步，人民生活不断改善，上层建筑就要适应新的要求不断进行改革。党的十八大以来，以习近平同志为核心的党中央把深化党和国家机构改革作为推进国家治理体系和治理能力现代化的一项重要任务，按照坚持党的全面领导、坚持以人民为中心、坚持优化协同高效、坚持全面依法治国的原则，深化党和国家机构改革，党和国家机构职能实现系统性、整体性重构。通过改革，加强党的全面领导得到有效落实，维护党的集中统一领导的机构职能体系更加健全，党和国家机构履职更加顺畅高效，中国特色社会主义制度更加成熟更加定型，国家治理体系和治理能力现代化水平明显提高，为党和国家事业取得历史性成就、发生历史性变革提供了有力保障，也为继续深化党和国家机构改革积累了宝贵经验。

机构改革是一个过程，不会一蹴而就，也不会一劳永逸，需要不断进行调整。党的二十大对深化机构改革做出了重要部署，党的二十届二中全会审议通过了在广泛征求意见的基础上提出的《党和国家机构改革方案》。总的看，这次党和国家机构改革突出重点行业和领域，针对性比较强，力度比较大，涉及面比较广，触及的利益比较深，着力解决一些事关重大、社会关注的难点问题，对经济社会发展将产生重要影响。这充分彰显了以习近平同志为核心的党中央将改革进行到底的坚定决心，充分体现了我们党推进国家治理体系和治理能力现代化的坚强意志。这次国务院机构改革，正是贯彻落实党的二十大和二十届二中全会精神的重要部署，是党和国家机构改革的一项重要任务。

资料来源：落实机构改革任务，转变政府职能．人民日报，2023-03-08.

再造在公共组织中尚处于实验探索阶段，它像其他管理方法、原理一样，不可能是解决所有管理问题的灵丹妙药。但总的来说，再造仍不失为在市场经济力量占主导地位的条件下，公共组织处理和应对环境变化及全球性竞争的有效手段。无论在理论还是实践方面，再造作为公共组织创新的一种方式，必将推动公共组织的发展。

12.4 公共组织变革

12.4.1 公共组织变革的含义与类型

变革是指改变事物的本质（多就社会制度而言），而改革则是指把事物中旧的、不合理的部分改成新的、能适应客观情况的部分。这意味着变革和改革是同义词。就变革本身来说，本来无所谓好或坏。这一点与发展的概念不同，我们倾向于认为，发展是一个促进组织优化的过程，而变革则不然。但是，发展是一个长期的过程，它需要借助变革来实现。如果把发展视为战略的话，变革则是战术。发展是组织追求的长远目标，变革是组织发展的近期手段。当我们这样来认识组织变革的时候，就能够破除“变革有理”的教条。管理学的常识告诉我们，没有稳定就谈不上组织的正常运转，更谈不上组织的长远发展。那么，我们应否为了追求片面的稳定，甚至只是形式上的稳定，而放弃对效率和其他价值目标的追求？答案是否定的。因为，组织环境在不断变化，我们难以做到以不变应万变。关键在于，作为组织的决策者要清醒地认识到什么样的情况下需要变革，什么样的情况下要保持稳定。邓小平在不同的情况下，针对改革、稳定和发展表达了他的远见卓识。他认为，"改革是中国发展生产力的必由之路"[①]。他甚至把改革提到革命的高度来认识。[②] 但同时，他又强调，"压倒一切的是稳定"[③]，因为"没有安定的政治环境什么事都干不成"[④]。改革和稳定都是为了促进发展，不能把二者对立起来。发展是我们的目标，因为"中国解决所有问题的关键是要靠自己的发展"[⑤]。他的这些观点同样可以指导我们正确认识组织的变革、稳定和发展的关系。

当今社会，各类组织都处于不断的变革之中。随着经济全球化的不断推进，竞争日趋激烈，组织所面对的挑战不单来自周围熟悉的环境，也可能来自跨国经营的某些组织或其他因素。这无疑增加了组织管理的复杂性。在这种背景下，组织如果不能随环境的变化做出相应的变革，很有可能会被发展形势淘汰。也就是说，组织变革是当今每一个组织都需要正视的问题。无论是何种组织，也无论其规模是大或小，都需要进行改革来提高效率。改革的内容很多，可能针对的是组织的运行过程，也可能是在组织的激励机制上做出改变，还可能是为了适应组织环境的变化而进行的组织结构和权力分布的调整等。

现代组织理论普遍认为，组织是动态的，诸如政府职能的转变，部门结构的调整，竞争或激励机制的修订，人力资源制度的变革，组织技术的革新，管理方法的改进，文化理念的更新，等等。那么，组织为什么必须变革？我们可以从权变理论中找到答案。

根据权变理论的观点，很多组织都具有不确定的生命周期，不管组织的生命周期是长还是短，它们要生存，就必须使自身同变化的环境条件相适应。这种适应要求组织在稳定性、持续性、适应性和革新性之间保持动态平衡。组织要履行其职能，就应当具备足够的稳定性，但是，又不能变得保守、停滞，因而又必须不断变革。

一个有活力的组织，要保持动态平衡就必须做到：有足够的稳定性，以利于达到目前的目标；有足够的持续性，以保证在目标或方法上进行有秩序的变革；有足够的适应性，以对外部的机会和要求以及内部的变化条件做出反应；有足够的革新性，以使组织在条件适宜时进行主动的变革。[⑥]

当我们运用系统论的观点来解析组织变革时，组织变革的动力体系是十分清晰的：组织变革常常由其环境的变化而引起；组织变革的另一种动力来源于组织目标的修正；技术系统也是一个明显的组织变革的源泉；组织变革的另一个源泉是结构系统；有些组

---

① 邓小平文选：第3卷．北京：人民出版社，1993：136.

② 同①113.

③ 同①284.

④ 同①244.

⑤ 同①265.

⑥ 朱国云．公共组织理论．南京：南京大学出版社，2003：438.

织变革的动力来源于社会心理系统；组织变革最为重要的动力来源于管理系统。组织总是面临着其外部系统和内部的各种系统的变化。作为组织的管理者，他们是组织变革的中心人物。无疑，决策者是变革的最终决定者。

上面是对组织变革的一般认识，那么，什么是公共组织变革呢？简单地说，公共组织变革就是公共组织根据组织环境的变化，及时地调整组织战略、组织结构、管理方式、组织文化等，以促进组织发展的过程。公共组织变革是公共组织发展的实现过程和具体表现。公共组织发展的内容表现在多个方面。发展是对公共组织管理状态的宏观定位，它必须经由具体的实践过程加以表现，这种过程的常规形态就是公共组织变革。表现在行政组织中就是政府组织从管理主体、职能目标、结构体制到运行方式的各种各样的改革活动。

专栏

官僚制组织的缺陷及改良

以理性、客观、严谨为特征的官僚制通过制定严密的组织结构和实行专业化分工等，理论上能够保证组织平稳运行并提高工作效率。但是，任何事物都存在两面性，官僚制作为一种理想的行政组织体系，以“经济人”假设为理论前提是不符合人类本性的，因而在实践过程中会产生很多问题，其中最典型的就是官僚主义。

面对高度复杂和高度不确定的全球化和后工业化时代，官僚制显得缓慢且僵化。我们应该根据时代的特点，从官僚制理论的假设前提和组织结构本身入手，对官僚制进行改良，以信息化为支撑完善官僚制组织结构，遏制官僚主义；在法理基础上增加“情”的因素，以共情力平衡非人格化，在提高组织效率的同时体现组织的人性化。

资料来源：原志刚．信息化与共情力：官僚制组织的缺陷及改良．领导科学，2022（5）．

公共组织是一个多变量的系统，其中任何一个变量发生变化，其他变量也将随之发生相应的变化。组织变革必须注意这种连锁反应。但具体到每一次公共组织变革，由于情况不同，其变革的重点也不一样。一般说来，主要有以下类型：

（1）以组织结构为中心的变革。这种变革是通过改革组织结构来实现的，一般包括划分或合并部门、改变职位及其权责范围、协调各部门之间的关系、调整管理幅度和管理层次、下放部分权力等。

（2）以人为中心的变革。人的变革是实现公共组织变革的基础。因为公共组织变革归根到底必须通过改变人们的观念和态度来实现。以人为中心的变革主要包括知识的变革、态度的变革、个人行为的变革以至于整个群体行为的变革。

（3）以技术为中心的变革。公共组织不仅是一个权力系统、结构系统、心理系统，也是一个社会技术系统。从技术变革的情况来看，主要集中于管理技术化、专业化、职业化等方面。

（4）以系统为中心的变革。在改革某一方面或某一因素时，应注意到对其他因素和方面的影响，考虑其他方面应做出何种相应的变革。同时，还应考虑组织与外部环境之间的平衡。唯其如此，才能促进公共组织系统的整体功能和结构的优化，提高整个公共组织体系的整体效率。

不论哪种类型的公共组织变革，都必须考虑如下因素：公共组织变革须能有效达成组织目标；变革公共组织须有助于员工的发展；提防利用公共组织变革机会不必要地增加人员与扩大公共组织；公共组织变革须使人际关系感到满意；形成公共组织变革的理想条件，包括公开、诚实、相互尊重、提倡奉献等。①

12.4.2 公共组织变革的方式与程序

公共组织变革能否以有效、合理的方式进行，直接决定着变革的成败。根据客观环境的要求以及组织内部变革的迫切程度，一般有如下三种方式可供选择：

一是渐进式变革。这种变革基于一种理念：变革是一项涉及组织成员切身利益的重大问题，必须谨慎进行。所以这种变革往往从最容易解决的问题和部分开始，以按部就班、稳中求变、积小为大的原则进行。这种变革的优点是易于对整个变革过程进行控制，不易引起组织内的混乱和动荡，缺点是花费时间太长，不能适应社会发展对公共组织提出的迫切要求。

二是突变式变革。这种变革往往需要在较短时间内实现公共组织从职能到结构的重大变更。其优点是能够在较短的时间内解决长期积累下来的问题，很快达成变革目标，但也存在明显的缺点，如变革的思想准备不足，往往导致变革中阻力重重，或者导致组织内冲突不断，有可能使整个变革归于失败。

三是计划式变革。这种组织变革采取系统发展、统筹解决的办法，即由领导先设想出一个方案，经有关人员共同研究，分析修改，建立变革的系统模型，确定解决问题的具体措施，然后一步步实施，最终达到公共组织高效化、最佳化的状态。这种组织变革方式的特点是：有战略眼光，符合组织长期发展的要求；组织变革可以与人员培训、管理方法改进同步进行；组织成员有一定的变革思想准备，抵触情绪相对较小。

以上三种公共组织变革方式均有各自的适用范围和适用情景：渐进式变革适用于利益矛盾非常突出、非常复杂的情况；突变式变革适用于通过长期变革解决不了问题的情况；计划式变革的适用范围相对较广一些，一般性、常规性变革都可以采用这种方式。

公共组织变革是个系统工程，也是科学性很强的工作，因而应当按照一定的程序和步骤来进行。从系统变革的角度来看，公共组织变革一般会经历这样一个基本过程：

（1）公共组织变革需求的认知。对于管理者而言，仅仅认识到公共组织变革的重要性是不够的，还必须了解在什么情景下需要变革。对此管理学家提出了诸多真知灼见。管理学家西斯克提出，当组织面临下列情景之一时，必须开始变革：决策过程过于缓慢，以致造成错误和错失良机；沟通不良，信息系统失灵；效率低下，管理功能不能实现；

---

① 曾繁正，等．行政组织管理学．北京：红旗出版社，1998：74.

缺乏创新。[①] 就公共组织来说，下述情形变革不可避免：公共组织职能不能适应变化了的社会、经济、政治的要求；组织系统结构混乱和公共管理功能（如计划、组织、控制等）不能得到很好实现；持续性的效率低下、资源浪费、管理人员的腐败行为；缺乏制度上、管理上的创新，趋于僵化与保守。但是，公共组织变革能否发生，最终取决于变革所带来的利益是否大于变革所需的代价，只有当前者大于后者时，变革才能真正产生。

（2）公共组织诊断。所谓公共组织诊断，是指公共组织管理者和管理专家运用各种科学管理理论、方法，对公共组织的现状进行缜密的调查和研究，找出公共组织在结构、功能、程序、行为等诸方面存在的问题，并对它进行定量和定性分析，查明“病因”，提出切实可行的变革方案，以指导公共组织变革的一种管理活动。公共组织诊断涉及的内容是多方面的，诸如公共组织战略、公共组织绩效、公共组织人力资源、公共组织变革阻力预测等。因为公共组织变革成败，在很大程度上取决于对现实问题的认知，通过公共组织诊断，把需要变革的具体问题逐一列出，分清其性质、范围、轻重缓急，能够为公共组织变革目标和方案的确立提供依据。

（3）公共组织变革目标、方案的确立与选择。良好的和成功的公共组织变革需要一个合理的目标、可行的方案。目标的作用在于使公共组织变革有一个明晰的行动趋向和追求。对于公共组织变革而言，总体目标包括公共组织职能和结构的优化、公正地提供服务、公共组织绩效的改善、公共组织人员素质的提高、公共组织适应能力的提升等。在目标确立过程中，必须区分长远目标和近期目标、主观目标（期望达到的目标）和客观目标（实际可能达到的目标）。这样，目标的确立才能更加科学。但是，仅有公共组织变革目标是不够的，还需要将变革的目标具体化，这便是变革方案。变革方案包括公共组织变革的范围、内容，实现目标的可操作的措施与方法，变革的时间序列与安排。变革方案的可行性分析是方案确立中的关键问题之一，它决定着变革方案是否能在变革过程中加以推行。可行性分析的内容是多方面的，诸如：政治上的可行性，即公共组织变革在多大程度上能获取政治上的支持（如政治领导者的认同与支持、法律的配合与支持、与政治结构关系的协调等）；经济上的可行性，主要包括公共组织变革在多大程度上能获得经济资源的支持；行政上的可行性，包括变革推动者的力量、公共组织人员对变革的认同、公共组织机构的能力与效率等；技术上的可行性，即变革方案在技术上的合理性问题。

（4）公共组织变革方案的实施。为了保证公共组织变革方案的顺利实施，把握以下环节是必要的：选择适当的时机及时发动变革，努力在公共组织内部形成变革的氛围，激发变革的积极性，增强变革的动力；选择适宜的变革规模，选择变革的突破口；对投入变革的人力、物力、财力做出科学预算与控制，以保证变革取得成效；尽量使变革早见成效，用变革的成果证明新形态的有效性，以强化变革；将改革过程中的负面效应控制在较小的规模与范围，并不断反馈与修正；用法律和制度的形式巩固变革已经取得的成果。

---

① 许文惠．行政管理学．北京：红旗出版社，1992：312.

专　栏

聚焦重点 明确目标 深化事业单位机构改革

2018 年 3 月，黑龙江省委、省政府印发了《黑龙江省深化事业单位机构改革实施意见》，明确指出深化事业单位机构改革主要通过以下途径推进：

一是全面压缩现有事业单位编制规模。二是大力精简事业单位机构数量。具体来说，“空壳”事业单位一律撤销；整合撤并“小散弱”事业单位。省直编制 30 名及以下单位、市（地）编制 5 名及以下单位、县（市）编制 3 名及以下单位要重点推进机构整合；省直编制 5 名及以下单位原则上一律撤并。通过整合撤并，省直各部门所属事业单位中，20 名及以下编制规模的事业单位最多只可保留 1 个；优化整合职能相同或相近事业单位，按整合后单位职责任务确定合理的事业编制规模；推进跨部门跨层级跨地域事业单位整合。重点是科研、报刊、干部教育、培训疗养、地质勘查、工程勘察设计、检验检测认证、信息服务等领域事业单位。三是推进承担行政职能事业单位改革。与党政机构改革相衔接，全面清理和剥离事业单位承担的行政职能，使行政职能回归行政机关。推进行政执法力量下沉，实行以市县属地化执法为主的管理体制。四是推进从事生产经营活动事业单位改革。区分不同事业单位经济效益，实施不同改革政策。经济效益较好的先期转企；经济效益一般的创造条件转企；不具备转企改制条件的予以撤销或稳妥退出事业单位序列。五是推进公益类事业单位去市场化。对公益一类事业单位开展分类回头看。公益一类事业单位不得从事生产经营活动（包括举办企业），不得取得经营性收入；对公益二类事业单位从事的竞争性业务及收入进行清理规范。公益二类事业单位一律不得从事面向市场的竞争性业务并取得竞争性经营收入。

资料来源：黑龙江：全面压缩事业单位编制规模，精简事业单位机构数量．(2018-04-08)．澎湃新闻．

（5）公共组织变革评估。公共组织变革评估的主要目的一方面在于检验公共组织变革是否达到预期目标，另一方面在于发现公共组织变革本身的影响和效果，特别是负面影响，以便修正。公共组织变革评估的困难在于评估的标准问题，例如什么样的公共组织变革才是成功的变革？对此问题一般很难做出判断。当然，检验公共组织变革成效的最终标准是是否有利于社会生产力的发展，这一点是确定无疑的。

12.4.3　公共组织变革的阻力及对策

公共组织变革不会是一帆风顺的，必然会遇到各种阻力。公共组织变革的阻力主要来自以下几个方面：

第一，心理原因造成的阻力。公共组织变革在本质上是要改变人们长期形成的态度、价值观念和行为模式，这是最困难的。心理方面的阻力主要表现为：

（1）职业认同危机。人们长期从事某种职业，对该职业较为熟悉，形成了一套特定的工作方式，工作起来得心应手，这种职业认同，给人们带来了安全感。变革可能使人们转变职业，进入一个陌生的领域，从而产生职业认同危机，在心理上产生不安全感，从而抵制变革。

（2）人际关系改变。公共组织变革往往会涉及组织人事的变动。这种变动也意味着打破原有的人际关系网络和群体的组合，而原有的人际关系网络和群体不仅给人提供了情感交流的场所，也为工作中的个人利益提供某种方便。要改变这种关系组合，往往会遇到阻力。

（3）求稳怕变心理。变革会打破旧的观念和原有的行为模式，使得人们一时适应不了，造成紧张感和不安全感。由于惰性和认识上的原因，人们有一种求稳怕变心理，总是认同旧的观念、态度和行为，从而造成对公共组织变革的阻力。

（4）急于求成心理。不切实际地要求变革迅速产生显著效果，对变革的艰巨性和复杂性认识不足，对变革求全责备，不容有任何疏忽和漏洞，遇到困难便气馁消沉。

第二，利益丧失造成的阻力。公共组织变革在一定程度上是利益的调整过程，虽然从长期来讲，公共组织变革有利于大多数人的利益，但是，变革也意味着一部分人眼前利益的丧失。这必然会引起利益受损方的反对。具体来讲，利益障碍主要来自两个方面：

（1）经济利益。例如职务的变动所引起的收入的下降，实行劳动报酬与工作绩效相联系使一部分人的收入下降等。变革时期公平、合理的分配机制尚不健全，有些人蒙受经济上的损失，产生不公平感，也会引起对变革的抵制情绪。

（2）政治利益。公共组织变革在本质上是权力的重新分配，精简机构、转变职能、裁减冗员、废除领导职务终身制、竞争机制的引入、权力的监督与制约等，无一不涉及权力问题。权力的重新分配在一定程度上意味着一些人的政治利益，如原有的特权、地位、荣誉、职位的丧失。这一部分人宁愿维持现状，也不愿参与变革，甚至抵制变革。

第三，群体、组织原因造成的阻力。这包括两个方面：

（1）任何一个群体要维持自己的生存，都会形成一致的价值观、共同的态度和行为规范，以保持群体成员行动的一致性。组织变革有可能打破群体的平衡状态，因而会遭到群体的反对。

（2）变革的阻力也来自典型的等级制组织本身。组织的层次多，上下层信息的沟通按特定的渠道进行。当要求变革的意愿触动了组织中某一层次人员的利益时，反映变革意愿的信息便往往受到阻滞。

公共组织变革取得成功的关键在于，尽可能地不让那些反对变革的因素发挥作用，最大限度地减少反对变革的力量，其基本对策有以下几个方面：

（1）客观分析变革的动力与阻力的强弱。变革遇到阻力时，如果运用高压手段，可能一时平息，但反抗者会积聚力量，卷土重来。因此，应客观分析变革的动力与阻力的强弱，然后采取措施，增强支持因素，削弱反对因素，推动变革。

（2）营造公共组织变革的社会舆论。一般来讲，越是能够被理解的东西越容易为人们所接受，也就是说，对公共组织变革理解力越强的人和群体，其心理承受能力和应变能力越强。因此，在变革伊始，加强舆论的宣传与引导，让民众对变革有一个较好的“理性认知”，有助于减少变革的阻力。

（3）让组织成员参与变革。让组织内的上下级所有人员都不同程度地参与变革的全过程，共同商讨变革的必要性，制定变革的目标及实施办法等，可使下级人员由被动等待的心理状态转变为主动进取的姿态。这是减少变革阻力的最有效措施之一。

（4）利用群体动力。群体动力在于其促进作用、社会标准化倾向和群体规范作用。公共组织变革，要充分运用群体动力推进变革，具体方法为：培养归属感；提高凝聚力；利用群体目标；形成共同的认知；利用领导者的威信；注重群体规范；充分进行沟通等。

（5）强化革新行为。其主要方法是对表现出新态度、新行为的团体和个人给予积极的宣传和充分的肯定，如公开表扬、宣传报道、物质奖励、升职加薪等。公共组织的宣传和肯定对于新态度、新行为的继续存在和扩散是十分重要的。在这方面，组织的公开的变革态度和倾向性，尤其是高层领导人公开的变革态度和倾向性，往往是冲破变革阻力的一个重要因素。

（6）折中妥协。在变革阻力较为强大而持久，而公共组织又必须进行某种变革的情况下，公共组织将不得不面对现实的压力，放弃较高的目标期望值，以降低目标的方式来换取有限目标的实现，即折中妥协。这比完全不能实现变革目标还是进了一步。在实践上，折中妥协一般表现为迫于某一情境压力而放弃某一目标，同时作为交换，而坚持和强调另一目标。在涉及利益的诸多变革中，不搞“一刀切”，而采取“老人老办法，新人新办法”，实质上就是一种折中妥协。

专　栏

国家统一法律职业资格考试关于“老人老办法、新人新办法”的措施

实行“老人老办法、新人新办法”，是实施法律职业资格制度的一项重要原则，具体体现在两个方面：一是针对法律职业岗位，只对新进法律职业岗位人员实行考试和职前培训。2017 年 9 月 1 日第十二届全国人民代表大会常务委员会第二十九次会议通过《全国人民代表大会常务委员会关于修改〈中华人民共和国法官法〉等八部法律的决定》（自 2018 年 1 月 1 日起施行），明确规定行政机关中初次从事行政处罚决定审核、行政复议、行政裁决、法律顾问的公务员，需要进行法律职业资格考试。已经在行政机关中从事这些工作且胜任现职务的人员，没有从业资格方面的要求。二是针对专业学历，《国家统一法律职业资格考试实施办法》第九条的规定属于新人新办法，第二十二条的规定则为老人老办法，具体如下：

第九条　符合以下条件的人员，可以报名参加国家统一法律职业资格考试：

（一）具有中华人民共和国国籍。

（二）拥护中华人民共和国宪法，享有选举权和被选举权。

（三）具有良好的政治、业务素质和道德品行。

（四）具有完全民事行为能力。

（五）具备全日制普通高等学校法学类本科学历并获得学士及以上学位；全日制普通高等学校非法学类本科及以上学历，并获得法律硕士、法学硕士及以上学位；全日制普通高等学校非法学类本科及以上学历并获得相应学位且从事法律工作满三年。（新人新办法）

第二十二条　本办法实施前已取得学籍（考籍）或者已取得相应学历的高等学校法学类专业本科及以上学历毕业生，或者高等学校非法学类专业本科及以上学历毕业生并具有法律专业知识的，可以报名参加国家统一法律职业资格考试。（老人老办法）

资料来源：国家统一法律职业资格考试关于“老人老办法、新人新办法”的措施该怎么理解？.(2022-11-09). 福建省人民政府门户网站.

12.4.4　我国公共组织变革实证分析

新中国成立以来，为适应政治、经济形势的发展和变化，我国先后进行了 12 次以机构改革为核心的重要的公共组织变革。

1. 1954 年的机构改革

1949 年 10 月 1 日，中华人民共和国中央人民政府宣告成立。政务院在中央人民政府领导下开展工作。政务院下设政治法律、财政经济、文化教育、人民监察 4 个综合性委员会及其所属部、委、院、署、行、厅共 35 个。

1954 年，我国制定第一部社会主义宪法，并依此对政务院进行改革。这次改革将政务院改为国务院，撤销了 4 个综合性委员会；设立了分别协助总理处理政务的 8 个办公室；对部委进行了较大调整。调整后的国务院一共设置了 64 个工作机关。与此同时，各级地方政府比照中央政府对口设置了厅、局，形成了自上而下的以中央为主的、与计划经济相一致的部门管理体制。这次改革奠定了我国高度集中统一的行政管理体制的基本模式。

2. 1958—1959 年的机构改革

随着 1955—1956 年城乡经济建设事业的发展，中央政府为了加强对整个经济建设工作的指导，推动国民经济建设各部门有计划、按比例地均衡发展，对国务院所属的财经部门的机构进行了调整。调整的结果是按行业、产品设置的经济管理部门分工愈来愈细，机构愈来愈多。到 1956 年底，国务院有部委机构 48 个，直属机构 24 个，办公机构 8 个，秘书厅 1 个，总数达到 81 个。

国务院行政部门的大量增加，不仅使国务院本身机构臃肿，妨碍了行政效能的发挥和提高，而且强化了部门管理体制，加强了中央集权，影响了地方的积极性。对此，1958 年，中央开始对管理体制进行改革，把一部分计划、基建项目审批、财政、税务、劳动管理、商业、金融和教育管理等权力下放给地方政府，将中央直属的大部分企业、事业单位（约 8 100 个）下放给地方管理，同时对国务院行政部门进行了精简调整。到 1959 年底，国务院所属部门设部、委 39 个，直属机构 14 个，办公室 6 个，秘书厅 1 个，机构总数减少到 60 个，小于 1954 年的规模。这次改革是新中国关于国家行政管理分权的第一次尝试。

3. 1965 年的机构改革

从 1961 年开始，中央开始对国民经济实行“调整、巩固、充实、提高”的八字方针，在总体指导方针上中央重新强调集中管理，将 1958 年以来下放的权力先后收回。与此相适应，中央政府恢复和增设了机构。

到 1965 年底，中央各部门直属企业、事业单位由 1959 年的 2 400 余个增加到 10 500 余个。国务院部委机构 49 个，直属机构 22 个，办公室 7 个，秘书厅 1 个，机构总数达到 79 个。

4. 1982 年的机构改革

从 1977 年开始，国务院恢复了部门管理体制，至 1981 年，国务院设部委机构 52 个，直属机构 43 个，办公机构 5 个，机构总数高达 100 个，达到了新中国成立以来的最高峰。

机构膨胀不仅使国务院机构林立、职责不清、人浮于事、运转不灵，而且导致了严重的官僚主义的滋长。在这种背景下，党和政府做出重大决策，下决心进行领导体制和管理制度的改革。经过一段时间的准备，从 1982 年开始，国务院率先进行较大幅度的机构和人员调整。

改革后，国务院的部委机构减为 43 个，直属机构减为 15 个，办事机构减为 2 个，以及办公厅 1 个，机构总数共 61 个。这次改革是在党和国家工作重心全面转移到社会主义现代化建设上来之后进行的行政改革，它所提出和建立的关于改革的思想，在一定程度上为以后的行政改革提供了理论基础。但是，由于未能建立起与社会主义初级阶段的发展特征相适应的行政组织模式，因此已经精简的机构很快又膨胀起来，形成了精简—膨胀—再精简—再膨胀的恶性循环。

5. 1988 年的机构改革

这次改革的近期目标是转变职能、精简机构、精减人员、提高行政效率，克服官僚主义，逐步理顺政府同企事业单位和人民团体的关系、政府各部门之间的关系以及中央政府同地方政府的关系；长远目标是逐步建立符合现代化管理要求，具有中国特色的功能齐全、结构合理、运转协调、灵活高效的行政管理体制。

这次改革调整了国务院机构的总体格局，强化了综合部门、经济调节部门、监督部门和社会保障部门，适当弱化了专业经济管理部门，也就是说强化了实行间接管理的部门，弱化了进行直接管理的部门。改革前，国务院有部委机构 45 个，直属机构 22 个，办事机构 4 个。改革后，设部委机构 41 个，直属机构 19 个。非常设机构从 75 个减少到 44 个。精减人员方面，有 32 个部门弱化了职能，减少 1.5 万余人；有 30 个部门增强了职能，增加了 5 300 人。改革后减少 9 700 余人。

6. 1993 年的机构改革

1992 年党的十四大所提出的建立社会主义市场经济体制的目标，为此次机构改革指明了方向。此次改革的指导思想是，适应社会主义市场经济的要求，按照政企职责分开和精简、统一、效能的原则，转变职能，理顺关系，精兵简政，提高效率。

这次改革，国务院各部委和直属机构做了若干调整，重点是经济部门。主要有：撤销航空航天工业部，分别设立航空工业总公司、航天工业总公司；撤销轻工业部、纺织工业部，分别设立中国轻工总会、中国纺织总会；撤销商业部、物资部，组建国内贸易部；组建国家经济贸易委员会；等等。改革后，国务院部委和直属机构、办事机构减为59个，85个非常设机构经过清理和调整，改为29个议事协调机构和临时机构，精简约66%。国务院各部门内设的司局机构精简8%。机关行政编制原有近5万人，经过1988年改革精简后，此次又精简20%，减为3万人，完成了八届人大一次会议确定的精简任务。

7. 1998年的机构改革

这次改革的原则是：（1）按照发展社会主义市场经济的要求，转变政府职能，实现政企分开。把政府职能切实转变到宏观调控、社会管理和公共服务方面来，把生产经营的权力真正交给企业。（2）按照精简、统一、效能的原则，调整政府组织结构，实行精兵简政。加强宏观经济调控部门，调整和减少专业经济部门，适当调整社会服务部门，加强执法监管部门，发展社会中介组织。（3）按照权责一致的原则，调整政府部门的职责权限，明确划分部门之间的职能分工，完善行政运行机制。相同或相近的职能交由同一个部门承担，克服多头管理、政出多门的弊端。（4）按照依法治国、依法行政的要求，加强行政体系的法制建设，实现政府机构、职能、编制、工作程序的法制化。

机构改革的重点是国务院组成部门。除国务院办公厅外，国务院原有组成部门为40个，经过改革，减少为29个。为适应改革的要求，国务院直属机构和办事机构也进行了调整。经过调整，国务院直属机构设15个，办事机构设6个。此外，地方各级行政组织也按照国务院的要求进行了相应的改革。

8. 2003年的机构改革

本次改革的目的在于解决行政管理体制中的一些突出矛盾和问题，为促进改革开放和现代化建设提供组织保障。改革的重点是：深化国有资产管理体制改革，完善宏观调控体系，健全金融监管体制，继续推进流通管理体制改革，加强食品安全和安全生产监管体制建设。机构改革涉及七个方面：深化国有资产管理体制改革，设立国务院国有资产监督管理委员会；完善宏观调控体系，将国家发展计划委员会改组为国家发展和改革委员会；健全金融监管体制，设立中国银行业监督管理委员会；继续推进流通管理体制改革，组建商务部；加强食品安全和安全生产监管体制建设，在国家药品监督管理局基础上组建国家食品药品监督管理局，将国家经济贸易委员会管理的国家安全生产监督管理局改为国务院直属机构；将国家计划生育委员会更名为国家人口和计划生育委员会；不再保留国家经济贸易委员会、对外贸易经济合作部。

根据国务院机构改革方案，除国务院办公厅外，国务院组成部门共设28个。国务院机构改革以后，地方各级政府机构改革也在中央的统一部署下，结合本地实际，积极探索符合各地特点的改革路子。国有资产管理机构设置按照中央的规定，依法有序进行。其他一些机构设置不搞“一刀切”，也不要求完全上下对口。

9. 2008年的机构改革

根据2008年3月公布的国务院机构改革方案，2008年国务院机构改革的主要任务是：围绕转变政府职能和理顺部门职责关系，探索实行职能有机统一的大部门体制，合理配置宏观调控部门职能，加强能源环境管理机构，整合完善工业和信息化、交通运输行业管理体制，以改善民生为重点加强与整合社会管理和公共服务部门。

国务院机构改革方案的主要内容包括：（1）合理配置宏观调控部门职能。国家发展和改革委员会要进一步转变职能，减少微观管理事务和具体审批事项，集中精力抓好宏观调控。国家发展和改革委员会、财政部、中国人民银行等部门要建立健全协调机制，形成更加完善的宏观调控体系。（2）加强能源管理机构。设立高层次议事协调机构国家能源委员会。组建国家能源局，由国家发展和改革委员会管理。（3）组建工业和信息化部。组建国家国防科技工业局，由工业和信息化部管理。国家烟草专卖局改由工业和信息化部管理。不再保留国防科学技术工业委员会、信息产业部、国务院信息化工作办公室。（4）组建交通运输部。组建国家民用航空局，由交通运输部管理。国家邮政局改由交通运输部管理。不再保留交通部、中国民用航空总局。（5）组建人力资源和社会保障部。组建国家公务员局，由人力资源和社会保障部管理。不再保留人事部、劳动和社会保障部。（6）组建环境保护部。不再保留国家环境保护总局。（7）组建住房和城乡建设部。不再保留建设部。（8）国家食品药品监督管理局改由卫生部管理。明确卫生部承担食品安全综合协调、组织查处食品安全重大事故的责任。

改革后，除国务院办公厅外，国务院组成部门共设置 27 个。

10. 2013 年的机构改革

2013 年的机构改革，重点围绕转变职能和理顺职责关系，稳步推进大部门制改革等。主要内容有：（1）实行铁路政企分开。将铁道部拟订铁路发展规划和政策的行政职责划入交通运输部；组建国家铁路局，由交通运输部管理，承担铁道部的其他行政职责；组建中国铁路总公司，承担铁道部的企业职责；不再保留铁道部。（2）组建国家卫生和计划生育委员会。将国家人口和计划生育委员会的研究拟订人口发展战略、规划及人口政策职责划入国家发展和改革委员会；国家中医药管理局由国家卫生和计划生育委员会管理；不再保留卫生部、国家人口和计划生育委员会。（3）组建国家食品药品监督管理总局。保留国务院食品安全委员会，具体工作由国家食品药品监督管理总局承担；不再保留国家食品药品监督管理局和单设的国务院食品安全委员会办公室。（4）组建国家新闻出版广电总局。不再保留国家广播电影电视总局、国家新闻出版总署。（5）重新组建国家海洋局。国家海洋局以中国海警局名义开展海上维权执法，接受公安部业务指导；设立高层次议事协调机构国家海洋委员会，国家海洋委员会的具体工作由国家海洋局承担。（6）重新组建国家能源局。将现国家能源局、国家电力监管委员会的职责整合，重新组建国家能源局，由国家发展和改革委员会管理；不再保留国家电力监管委员会。

这次改革，国务院正部级机构减少 4 个，其中组成部门减少 2 个，副部级机构增减相抵，数量不变。改革后，除国务院办公厅，国务院设置组成部门 25 个。

11. 2018 年的机构改革

进入新时代，面对新形势新任务，2018 年 2 月，党的十九届三中全会审议通过了《中共中央关于深化党和国家机构改革的决定》和《深化党和国家机构改革方案》。相较过去国家机构改革只侧重于行政体制改革，此次国家机构改革立足于经济社会发展全局，统筹推进党政军群机构改革。

党的十九届三中全会提出，深化党和国家机构改革的首要任务是，完善坚持党的全面领导的制度，加强党对各领域各方面工作领导，确保党的领导全覆盖，确保党的领导更加坚强有力。

2018 年 3 月，国务院公布机构改革方案，改革后国务院正部级机构减少 8 个，副部级机构减少 7 个，除国务院办公厅外，国务院设置组成部门 26 个，直属特设机构 1 个，直属机构 10 个，办事机构 2 个。

这次机构改革关于国务院组成部门的调整具体为：（1）组建自然资源部。不再保留国土资源部、国家海洋局、国家测绘地理信息局。（2）组建生态环境部。不再保留环境保护部。（3）组建农业农村部。不再保留农业部。（4）组建文化和旅游部。不再保留文化部、国家旅游局。（5）组建国家卫生健康委员会。不再保留国家卫生和计划生育委员会。不再设立国务院深化医药卫生体制改革领导小组办公室。（6）组建退役军人事务部。（7）组建应急管理部。不再保留国家安全生产监督管理总局。（8）重新组建科学技术部。（9）重新组建司法部。不再保留国务院法制办公室。（10）优化水利部职责。不再保留国务院三峡工程建设委员会及其办公室、国务院南水北调工程建设委员会及其办公室。（11）优化审计署职责。不再设立国有重点大型企业监事会。（12）监察部并入新组建的国家监察委员会。不再保留监察部、国家预防腐败局。

关于国务院其他机构的调整具体为：（1）组建国家市场监督管理总局。不再保留国家工商行政管理总局、国家质量监督检验检疫总局、国家食品药品监督管理总局。（2）组建国家广播电视总局。不再保留国家新闻出版广电总局。（3）组建中国银行保险监督管理委员会。不再保留中国银行业监督管理委员会、中国保险监督管理委员会。（4）组建国家国际发展合作署。（5）组建国家医疗保障局。（6）组建国家粮食和物资储备局。不再保留国家粮食局。（7）组建国家移民管理局。（8）组建国家林业和草原局。不再保留国家林业局。（9）重新组建国家知识产权局。（10）调整全国社会保障基金理事会隶属关系。（11）改革国税地税征管体制。

12. 2023 年的机构改革

党的二十大对深化机构改革做出重要部署，对于全面建设社会主义现代化国家、全面推进中华民族伟大复兴意义重大而深远。必须以习近平新时代中国特色社会主义思想为指导，以加强党中央集中统一领导为统领，以推进国家治理体系和治理能力现代化为导向，坚持稳中求进工作总基调，适应统筹推进“五位一体”总体布局、协调推进“四个全面”战略布局的要求，适应构建新发展格局、推动高质量发展的需要，坚持问题导向，统筹党中央机构、全国人大机构、国务院机构、全国政协机构，统筹中央和地方，深化重点领域机构改革，推动党对社会主义现代化建设的领导在机构设置上更加科学、在职能配置上更加优化、在体制机制上更加完善、在运行管理上更加高效。

此次国务院机构改革提出，加强科学技术、金融监管、数据管理、乡村振兴、知识产权、老龄工作等重点领域的机构职责优化和调整，转变政府职能，加快建设法治政府，为全面建设社会主义现代化国家、全面推进中华民族伟大复兴提供有力保障。

具体包括十三个方面：（1）重新组建科学技术部；（2）组建国家金融监督管理总局；（3）深化地方金融监管体制改革；（4）中国证券监督管理委员会调整为国务院直属机构；

(5) 统筹推进中国人民银行分支机构改革；(6) 完善国有金融资本管理体制；(7) 加强金融管理部门工作人员统一规范管理；(8) 组建国家数据局；(9) 优化农业农村部职责；(10) 完善老龄工作体制；(11) 完善知识产权管理体制；(12) 国家信访局调整为国务院直属机构；(13) 精减中央国家机关人员编制（按照 5%比例）。

改革后，除国务院办公厅外，国务院组成部门仍为 26 个。

本章小结

公共组织发展是指公共组织在对未来社会发展趋势进行科学预测的基础上，有规划地、长期地依法对公共组织的职能、结构、技术、管理方式、人员、文化等方面进行重大调整和改革，以增进公共组织的绩效。公共组织发展的基本动因来自组织内外两个方面。公共组织发展本身包含的内容是极其广泛的。

公共组织学习是指公共组织为了适应生存环境的变化，不断主动或被动地对自身及其知识做出调整与修正，从而发生相对持久的行为改变并获得新行为的过程。组织学习的途径在不同组织中差异很大。阿吉里斯把组织学习的方式分为单环学习和双环学习两种。组织学习的有效进行有赖于学习型组织的构建。较为成熟的学习型组织的发展模型有沃尔纳模型、瑞定模型和圣吉模型。

组织创新主要关注的是在特定制度安排下的组织内部管理问题。它主要分为三种类型：组织结构创新、组织过程创新、组织体系创新。组织创新包括以下步骤：构思、需求、采纳、实施。知识管理对公共组织创新产生的影响包括公共组织结构重组、公共管理方式创新、政府服务的创新。组织再造是一种涉及业务流程彻底再设计的跨职能的创新，包含了对组织业务流程的根本再设计，以实现巨大的绩效改进。

公共组织变革就是公共组织根据组织环境的变化，及时地调整组织战略、组织结构、管理方式、组织文化等，以促进组织发展的过程。公共组织变革是公共组织发展的实现过程和具体表现。公共组织变革主要有以下类型：以组织结构为中心的变革、以人为中心的变革、以技术为中心的变革、以系统为中心的变革。公共组织变革的方式有渐进式变革、突变式变革、计划式变革。公共组织变革一般经历这样一个基本过程：变革需求的认知；诊断；变革目标、方案的确立与选择；变革方案的实施；变革评估。公共组织变革不会是一帆风顺的，必然会遇到各种阻力。新中国成立以来，为适应政治、经济形势的发展和变化，我国先后进行了 12 次以机构改革为核心的重要的公共组织变革。

关键术语

组织发展　公共组织发展　保护型政府职能模式　干预型政府职能模式　引导型政府职能模式　组织学习　公共组织学习　单环学习　双环学习　沃尔纳模型　瑞定模型　圣吉模型　共同愿景　团队学习　系统思考　组织创新　公共组织创新　知识管理　组织再造　重塑政府　公共组织变革　渐进式变革　突变式变革　计划式变革

复习思考题

1. 简述公共组织发展的含义。
2. 简述公共组织发展的动因。
3. 论述公共组织发展的内容。
4. 简述组织学习的途径与方式。
5. 组织学习存在哪些障碍？如何克服？
6. 简述组织创新的概念。
7. 知识管理对公共组织创新的影响表现在哪些方面？
8. 组织再造会为组织带来哪些根本性的变化？
9. 简述公共组织变革的含义与类型。
10. 公共组织变革的方式有哪些？
11. 结合实际，谈一谈公共组织变革的阻力及对策。

阅读材料

2022年，海南省人民政府办公厅发布《海南省推动公立医院高质量发展实施方案》。该方案分为主要目标、重点任务、工作要求三大部分。在“重点任务”部分，由于该文件提出要“取消公立医院的行政级别”“逐步取消三级公立医院普通门诊”，引起广泛关注。该方案主要内容如下：

在“推动建立健全现代医院管理制度”方面，突出完善机制，包括加强公立医院党的建设、健全公立医院治理体系、完善公立医院管理制度、完善公立医院运行机制、强化政府投入责任。其中核心要点是，完善公立医院政事分开、管办分开的实现形式，创新公立医院管理体制；推动公立医院全面完成医院章程制定，全面落实医疗质量安全管理、人力资源管理、财务资产管理、绩效考核、人才培养培训管理、科研管理等管理制度；加强财政项目支出管理，完善设备购置、学科人才建设等重点项目支出标准，落实对中医、传染病、精神病、儿童、妇产、妇幼保健和康复等专科医院的投入倾斜政策，全面锁定和化解符合规定的公立医院债务。其中，“完善公立医院运行机制”部分提出，推进公立医院去行政化改革，取消公立医院的行政级别，逐步推行院长职业化和聘任制，全面落实公立医院的经营管理自主权，实行全员聘用管理。行政部门负责人一律不得兼任公立医院领导职务。探索三级公立医院总会计师委派制度。

在“全面提升医疗卫生服务能力”方面，强调加强省市三级公立医院布局调整、实施县级公立医院能力提升行动、推动省市优质医疗资源下沉。文件明确表示，探索建立“省属县用”工作机制，推动省市三级公立医院人才、技术、管理等优质资源向县域下沉，补齐县级公立医院医疗服务和管理能力短板；逐步取消三级公立医院普通门诊。

在“构建公立医院高质量发展新体系”方面，提出开展推进医学、医疗双中心建设，推进城市医疗集团建设，推进县域医共体建设，推进重大疫情救治体系建设，推动重大慢性病防治体系建设。方案提示，要以外转率和病死率高的疾病为重点，建设3～5个国家区域医疗中心和50个省级临床医学中心，减少患者出岛就医；由地级市公立医院牵头组建公益性城市医疗集团，为网格内居民提供一体化、连续性医疗卫生服务；推进三级公立医院与县域医共体牵头医院建立对口帮扶和双向转诊关系，推进分级诊疗。

在“引领公立医院高质量发展新趋势”方面，要发挥博鳌乐城国际医疗旅游先行区政策优势，开展临床技术成果转化应用，同步开展特许经营；支持参与真实世界数据研究；鼓励建立住院一站式服务中心，积极推行日间手术；推进电子病历、智慧服务、智慧管理“三位一体”的智慧医院建设。

在“提升公立医院高质量发展新效能”方面，要健全运营管理体系、加强全面预算管理、完善内部控制制度、健全绩效评价机制。

在“激活公立医院高质量发展新动力”方面，要改革编制管理方式、创新人事管理制度、改革薪酬分配制度、完善卫生人才评价制度、深化医疗服务价格改革、深化医保支付方式改革。

资料来源：公立医院改革重启？海南提出“取消公立医院行政级别”、“行政人员不得任院长”等．(2022-09-20)．界面新闻．

思考题

1. 你认为公立医院在性质上是否属于公共组织？

2. 结合本案例，谈一谈应如何推进公立医院改革。

参考文献

1. 纳特，巴可夫．公共和第三部门组织的战略管理：领导手册．北京：中国人民大学出版社，2001.

2. 圣吉．第五项修炼：学习型组织的艺术与实务．上海：上海三联书店，1998.

3. 戴斯，拉普金．战略管理．北京：中国财政经济出版社，2004.

4. 丹哈特．公共组织理论教程：第2版．北京：华夏出版社，2002.

5. 罗宾斯，库尔特．管理学：第7版．北京：中国人民大学出版社，2004.

6. 边一民，徐力，喻燕刚，等．组织行为学．杭州：浙江大学出版社，1998.

7. 陈春花，段淳林．中国行政组织文化．广州：华南理工大学出版社，2005.

8. 陈国权．组织行为学．北京：清华大学出版社，2006.

9. 陈振明，孟华．公共组织理论．上海：上海人民出版社，2006.

10. 陈振明．公共管理学．北京：中国人民大学出版社，2005.

11. 陈振明．公共管理学：一种不同于传统行政学的研究途径．2版．北京：中国人民大学出版社，2003.

12. 陈振明．公共管理学：转轨时期我国政府管理的理论与实践．北京：中国人民大学出版社，1999.

13. 盖勇．组织行为学．济南：山东人民出版社，2002.

14. 甘华鸣，李湘华．沟通．北京：中国国际广播出版社，2001.

15. 甘华鸣，许立东．谈判．北京：中国国际广播出版社，2001.

16. 胡君辰，杨永康．组织行为学．上海：复旦大学出版社，2002.

17. 教军章，侯丽岩，吴永忱．公共行政组织论．哈尔滨：黑龙江人民出版社，2005.

18. 孔祥勇．管理心理学．北京：高等教育出版社，2001.

19. 李剑锋．政府组织行为学．北京：中国人民大学出版社，2005.

20. 李谦．现代沟通学．北京：经济科学出版社，2002.

21. 廖为建．公共关系学．北京：高等教育出版社，2000.

22. 刘熙瑞，张康之．现代管理学．北京：高等教育出版社，2000.

23. 刘霞．公共组织创新战略．北京：中国社会科学出版社，2005.

24. 娄成武，魏淑艳．现代管理学原理．北京：中国人民大学出版社，2004.

25. 罗珉．组织管理学．成都：西南财经大学出版社，2003.

26. 齐明山．行政学导论．北京：中国人民大学出版社，2006.

27. 苏东水．管理心理学．4 版．上海：复旦大学出版社，2002.

28. 孙萍，张平．公共组织行为学．北京：中国人民大学出版社，2006.

29. 孙彤．组织行为学教程．北京：高等教育出版社，1990.

30. 谭力文，吴先明．战略管理．武汉：武汉大学出版社，2006.

31. 唐晓阳．公共行政学．广州：华南理工大学出版社，2004.

32. 汪玉凯．公共管理．修订本．北京：中共中央党校出版社，2006.

33. 王惠岩．政治学概论．北京：高等教育出版社，1999.

34. 王乐夫，许文惠．行政管理学．北京：高等教育出版社，2000.

35. 吴爱明，朱国斌，林震．当代中国政府与政治．北京：中国人民大学出版社，2004.

36. 吴培良，郑明身，王凤彬．组织理论与设计．北京：中国人民大学出版社，1998.

37. 谢庆奎．当代中国政府与政治．北京：高等教育出版社，2003.

38. 许文惠．行政管理学．北京：红旗出版社，1992.

39. 尹钢，梁丽芝．行政组织学．北京：北京大学出版社，2005.

40. 曾峻．公共管理新论．北京：人民出版社，2006.

41. 张成福，党秀云．公共管理学．北京：中国人民大学出版社，2001.

42. 张建东，陆江兵．公共组织学．北京：高等教育出版社，2003.

43. 张康之，李传军，张璋．公共行政学．北京：经济科学出版社，2002.

44. 张康之，李传军．行政伦理学教程．北京：中国人民大学出版社，2004.

45. 张康之，李传军．一般管理学原理．修订版．北京：中国人民大学出版社，2005.

46. 张兆本．公共管理概论．北京：人民出版社，2006.

47. 赵国俊，陈幽泓．机关管理的原理与方法．北京：中国人民大学出版社，1999.

48. 周兵．企业战略管理．北京：清华大学出版社，2006.

49. 周三多，陈传明，鲁明泓．管理学：原理与方法．3 版．上海：复旦大学出版社，1999.

50. 朱国云．公共组织理论．南京：南京大学出版社，2003.

人大版公共管理类教材

公共管理类专业教材——学科基础课教材

书名	作者
现代管理学原理（第三版）（“十一五”国家级规划教材）	娄成武　魏淑艳
一般管理学原理（第四版）	张康之　周　军
管理学基础（第三版）	方振邦
政治学原理（第三版）	景跃进　张小劲
现代政治学原理（第四版）	石永义　刘玉萼　张　璋
公共管理学（第二版）	陈振明
公共管理学——一种不同于传统行政学的研究途径（第二版）	陈振明
公共管理学（第三版）（数字教材版）（“十二五”国家级规划教材）	蔡立辉　王乐夫
公共管理学（精编版）	王乐夫　蔡立辉
公共管理学（第二版）	张康之　郑家昊
公共管理概论（第二版）	朱立言　谢　明
公共政策导论（第六版）（数字教材版）	谢　明
公共政策概论（第二版）	谢　明
公共政策学——政策分析的理论、方法和技术（“十一五”国家级规划教材）	陈振明
公共政策学（第二版）	杨宏山
政策科学——公共政策分析导论（第二版）	陈振明
公共经济学（第三版）（“十二五”国家级规划教材）	高培勇
公共经济学教程	秦立建
政府经济学（第四版）（“十一五”国家级规划教材）	郭小聪
政府经济学（第四版）	潘明星　韩丽华

公共管理类专业教材——方法课教材

书名	作者
公共管理研究方法	何兰萍　张俊艳
行政学研究方法与应用案例	萧鸣政　等
管理定量分析：方法与技术（第三版）	刘兰剑

公共管理类专业教材——行政管理、公共事业管理专业教材

书名	作者
行政法学导论	姜晓萍
公共部门人力资源管理（第四版）	孙柏瑛　祁凡骅
公共部门人力资源开发与管理（第五版）（“十二五”国家级规划教材）	孙柏瑛　祁凡骅
公共部门人力资源管理（第三版）	滕玉成　于　萍
公共部门人力资源管理概论（第二版）	方振邦
公共部门人力资源管理案例	周均旭
行政管理学（第五版）（数字教材版）	郭小聪
公共行政学（第五版）	彭和平
公共行政学（第二版）	张康之　张乾友
行政学导论（第三版）	齐明山

书名	作者
行政管理学导引与案例	陈季修
管理心理学（第三版）	范逢春
公共组织行为学（第三版）（“十一五”国家级规划教材）	孙　萍　张　平
公共组织学（第四版）	李传军
行政组织学（第二版）	张　昕　李　泉
公共组织理论	陆明远　冯　楠
公共事业管理概论（第三版）	朱仁显
公共组织财务管理（第三版）（“十一五”国家级规划教材）	王为民
国家公务员制度（第五版）（数字教材版）（“十二五”国家级规划教材）	舒　放　贾自欣
国家公务员制度概论（第二版）	刘碧强　郗永勤
公务员制度概论	李如海
公务员制度	温志强　王彦平　郝雅立
当代国家公务员制度：理论与实践	胡春艳
行政领导学（第三版）	朱立言　李国梁
领导学（第五版）	邱霈恩
领导学	孙　健
现代市政学（第五版）（数字教材版）	王佃利
市政管理学（第五版）（“十一五”国家级规划教材）	杨宏山
社区管理（第四版）	汪大海　魏　娜　郇建立
社区管理原理与案例	魏　娜
电子政务教程（第三版）（“十一五”国家级规划教材）	赵国俊
电子政府与电子政务（第二版）（“十一五”国家级规划教材）	张锐昕
行政伦理学教程（第四版）（“十二五”国家级规划教材）	张康之　李传军
公共危机管理概论（第二版）	王宏伟
公共危机管理	唐　钧
当代中国政府与政治（第二版）	景跃进　陈明明　肖　滨
当代中国政府与行政（第三版）	魏　娜　吴爱明
地方政府学概论（第二版）	方　雷
地方政府管理（第二版）	陈瑞莲　张紧跟
管理秘书实务（第三版）	赵锁龙
行政秘书学	唐　钧
公文写作与处理	赵国俊
机关管理的原理与方法（第三版）	赵国俊　陈幽泓
公共部门绩效管理（第二版）	方振邦
政府绩效管理（第二版）	方振邦　葛蕾蕾
政府绩效评估	蔡立辉
政府公共关系（第二版）（“十一五”国家级规划教材）	廖为建　张　宁
西方行政学理论概要（第二版）（“十一五”国家级规划教材）	丁　煌
公共行政学史（第二版）	何艳玲
西方公共管理名著导读	汪大海
文化管理学（第三版）（“十二五”国家级规划教材）	孙　萍
文化创意产业导论	魏鹏举
卫生事业管理（第二版）（“十一五”国家级规划教材）	李　鲁
现代公用事业管理	崔运武

公共管理类专业教材——劳动与社会保障专业教材

书名	作者
社会保障概论（第七版）	孙光德　董克用
社会保障学	戴卫东
劳动经济学（“十一五”国家级规划教材）	董克用　刘　昕
劳动法与社会保障法	黎建飞
社会保险学（第四版）	孙树菡　朱丽敏
社会保障基金管理	李春根
社会保障国际比较	仇雨临

公共管理类专业教材——土地资源管理专业教材

书名	作者
土地经济学（第八版）（“十一五”国家级规划教材）	毕宝德
土地法学（中国人民大学“十三五”规划教材）	严金明
土地资源学	张正峰　赵文武
土地资源管理学（第二版）	张正峰
国土空间规划学	张占录　张正峰
不动产估价（第二版）（“十一五”国家级规划教材）	叶剑平　曲卫东
土地信息系统	曲卫东　韩　琼
地籍管理（第五版）（“十一五”国家级规划教材）	谭　峻　林增杰

公共管理类专业教材——城市管理专业教材

书名	作者
城市管理学（第四版）	杨宏山
城市管理学：公共视角	陆　军　等
城市管理法	王丛虎
城市总体规划原理	郐艳丽　田　莉

公共管理类教材——应急管理专业教材

书名	作者
应急管理导论：原理与案例	李燕凌　朱正威 张海波　章文光
应急管理概论	王宏伟
应急管理理论与实践	唐　钧
突发事件风险管理	张小明
应急管理新论	王宏伟
新媒体时代的应急管理与危机公关	唐　钧
公共安全风险治理	唐　钧

公共管理硕士（MPA）教材——核心课教材

书名	作者
全国公共管理硕士（MPA）核心课程教学指导纲要	全国公共管理专业学位 研究生教育指导委员会
社会主义建设理论与实践（第三版）	李景治　蒲国良

书名	作者
公共管理英语（修订版）	顾建光
学术规范和论文写作	胡宏伟
公共管理学（第三版）（全国优秀教材二等奖）	张成福　党秀云
公共管理学原理（修订版）	陈振明
公共管理导论	竺乾威　朱春奎　李瑞昌
公共政策分析	陈振明
公共政策分析导论	陈振明
公共政策分析概论（修订版）	谢　明
公共部门经济学（第三版）	高培勇　崔　军
公共经济学	唐任伍
行政法学（修订版）	皮纯协　张成福
行政法学概论（第三版）	胡锦光
非营利组织管理概论（修订版）	王　名
非营利组织管理	王　名　王　超
公共管理伦理学（修订版）	张康之
社会研究方法	陈振明
电子政务理论与方法（第五版）	金江军
公文写作概论	高永贵

公共管理硕士（MPA）教材——专业方向必修课、选修课教材

书名	作者
公务员制度教程（第六版）	舒　放　王克良
比较政府与政治（修订版）	卓　越
当代中国政府与政治（第三版）	吴爱明　朱国斌　林　震
公共部门人力资源管理及案例教程（第三版）	陈天祥
公共部门绩效评估（修订版）	卓　越
公共部门危机管理（第三版）	张小明
应急管理通论（第二版）	李雪峰
公共部门战略管理（修订版）	陈振明
MPA 学位论文写作指南	汪大海

图书在版编目（CIP）数据

公共组织学 / 李传军编著. -- 4 版. -- 北京 ：中国人民大学出版社，2024.8
新编 21 世纪公共管理系列教材
ISBN 978-7-300-32700-6

Ⅰ. ①公… Ⅱ. ①李… Ⅲ. ①管理组织学-高等学校-教材 Ⅳ. ①C936

中国国家版本馆 CIP 数据核字（2024）第 067150 号

新编 21 世纪公共管理系列教材
公共组织学（第四版）
李传军 编著
Gonggong Zuzhixue

出版发行	中国人民大学出版社		
社　　址	北京中关村大街 31 号	**邮政编码**	100080
电　　话	010－62511242（总编室）		010－62511770（质管部）
	010－82501766（邮购部）		010－62514148（门市部）
	010－62515195（发行公司）		010－62515275（盗版举报）
网　　址	http://www.crup.com.cn		
经　　销	新华书店		
印　　刷	北京昌联印刷有限公司	**版　　次**	2008 年 1 月第 1 版
开　　本	787 mm×1092 mm　1/16		2024 年 8 月第 4 版
印　　张	21.5 插页 1	**印　　次**	2024 年 8 月第 1 次印刷
字　　数	485 000	**定　　价**	62.00 元

中国人民大学出版社　管理分社

教师教学服务说明

中国人民大学出版社管理分社以出版工商管理和公共管理类精品图书为宗旨。为更好地服务一线教师，我们着力建设了一批数字化、立体化的网络教学资源。教师可以通过以下方式获得免费下载教学资源的权限：

- 在中国人民大学出版社网站 www.crup.com.cn 进行注册，注册后进入“会员中心”，在左侧点击“我的教师认证”，填写相关信息，提交后等待审核。我们将在一个工作日内为您开通相关资源的下载权限。

- 如您急需教学资源或需要其他帮助，请加入教师 QQ 群或在工作时间与我们联络。

中国人民大学出版社　管理分社

教师 QQ 群：648333426（工商管理）　114970332（财会）　648117133（公共管理）
教师群仅限教师加入，入群请备注（学校＋姓名）

联系电话：010-62515735，62515987，62515782，82501048，62514760

电子邮箱：glcbfs@crup.com.cn

通讯地址：北京市海淀区中关村大街甲 59 号文化大厦 1501 室（100872）

管理书社　　人大社财会　　公共管理与政治学悦读坊